新史学

观 古 今 中 西 之 变

为历史而生

马克·布洛赫传

Marc Bloch
A Life in History

[美] 卡萝尔·芬克（Carole Fink） 著

郑春光等 译

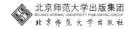

北京师范大学出版集团
BEIJING NORMAL UNIVERSITY PUBLISHING GROUP
北京师范大学出版社

献给
斯特凡·哈罗德·芬克与朱莉·芬克

序　言

　　任何一本传记的开篇，都要说明两点：选择传主的原因和文本的写作方式。本书的传主布洛赫（Marc Bloch），是 20 世纪最睿智的历史学家之一。他是一名犹太爱国者、联合抵抗运动的战士和领导人；他曾与人合办过一本极具影响的学术期刊；他是一名硕果累累的教师、一位著作等身的学者。毋庸置疑，他应该为世人所铭记。然而，他的性格和命运却让他卷入到历史的大潮之中，为法国的解放事业付出了宝贵的生命。

　　对于欧洲当代的历史学家来说，布洛赫无疑是一个理想的研究对象。他生逢乱世，命途多舛，一生经历了从德雷福斯事件到犹太人大屠杀等众多历史大事；切身体验过第一次世界大战、第二次世界大战和祖国被纳粹侵略的惨剧。布洛赫的人生呈现出一种鲜明的对称性：他生命的第一年和最后一年都在里昂；教学生涯的开始和终结都在蒙彼利埃（Montpellier）；在回到日新月异的巴黎之前，他在先人的故乡阿尔萨斯（Alsace）生活了十七年。然而，有一条主线贯穿了他生命的始终，即他对法国最真挚的热爱——法国是他精忠报效的祖国，是他的祖辈获得自由、接受教育的地方。1906 年和 1918 年，他曾以这个共和国为荣。可是，他亲眼目睹了祖国一步步走向衰亡，并于 1940 年最终覆灭的过程。他的研究领域非常广阔，却始终围绕着一个主题——

法国，他后来还为之献出了宝贵的生命。布洛赫具有强烈的民族认同感。在那个时期的法国，甚至是整个西方世界，这种情怀并不少见。然而，真正让他脱颖而出的是，他为之注入的人道主义、自由主义、世界主义等品质，以及聪明、黠慧和想象力的因子。因此，他能穿越狭隘的时空壁垒，位列世人所景仰的英雄谱之中。

本书是布洛赫的第一本传记。它借助大量未曾出版的材料，从思想和政治的视角出发，力图呈现布洛赫生平、思想和生活环境的一系列画面。虽然我努力追求一种平衡，却也往往顾此失彼，难以面面俱到。本书试图从多门学科中汲取营养，但是并没有一个宏大的理论。为了忠实于传主，我尽力将现实中的布洛赫与传说之人分开，赋予他适当的质地和外形，通过还原他的声音和所处的环境，讲述一名知识分子复杂而又勇敢的一生。如今，距离他被害已有四十五载，然而人们并没有遗忘他，甚至在学术殿堂之外，他也赢得了应有的尊重。

在本书的写作过程中，我得到了许多学界朋友的帮助和支持，在此我向他们表示衷心的感谢。1986 年至 1987 年，我非常荣幸地获得华盛顿威尔逊研究中心（Woodrow Wilson International Center for Scholars）的奖学金，那里是绝佳的工作场所，学术氛围良好，与国家档案馆和国会图书馆毗邻。1987 年至 1988 年，我在马里兰州罗耀拉学院（Loyola College in Maryland）担任首任人文学科卡丁讲席（Cardin Chair）学者，享有充裕的写作时间；作为该校历史系的客座教授，我有幸开设过两门课。感谢北卡罗来纳大学威尔明顿分校（University of North Carolina at Wilmington）允许我离职两年；感谢美国大学妇女协会（American Association of University Women）、美国哲学学会（American Philosophical Society）、蒙特利尔欧洲研究校际中心（Inter-University Center for European Studies in Montreal），以及北卡罗来纳大学威尔明顿分校，它们先后授予我各种奖项；感谢国家人文科学基金（National Endowment for the Humanities）和美国南部地区教育董事会（Southern Regional Educational Board）资助我进行研究考察和收集资料。

很多机构为我阅读资料大开方便之门，使我的研究增色不少，它们包括：北卡罗来纳东部历史学家协会（Association of Historians of Eastern North Carolina）、南方历史学会（Southern Historical Association）和美国历史学会（American Historical Association）。1986 年，巴黎举办了纪念布洛赫百年诞辰国际学术研讨会，这让我收获颇丰。此外，我曾在许多学校和研究机构做过有关布洛赫的讲座，如布朗大学（Brown University）、布兰迪斯大学（Brandeis University）、哈佛大学欧洲研究中心（Harvard University Center for European Studies）、纽约大学（New York University）、瓦萨学院（Vassar College）、纽约城市大学研究生院（Graduate Center of the City University of New York）、哥廷根大学（University of Göttingen）、美国天主教大学（Catholic University of America）、乔治城大学（Georgetown University）、马里兰大学（University of Maryland）和威尔逊中心。

最后，我要向一些人表达深深的谢意。对于这项艰巨而又光荣的学术研究，他们有着特殊的贡献。首先是艾蒂安和格洛蕾娅（Etienne and Gloria Bloch），他们表现出的热情和慷慨，让我深怀感激。我以前的老师——梁锡辉（Hsi-Huey Liang）和已经仙逝的加茨克（Hans W. Gatzke），时时激励着我。阿陶德（Denise Artaud）、博灵（Rebecca Boehling）、戴伊（John Day）、戈德温（Hilda Godwin）、格雷奇（Ruth Gratch）、海德尔（Waltraud Heindl）、基尔比（Peter Kilby）、克纳普（Roberta Knapp）、麦克劳林（Melton McLaurin）、马维尔（David Marwell）、施内茨（Evelyn Schnetz）等朋友和同事，曾给予我各种帮助和支持。罗温伯格(Peter Loewenberg)和比尼昂(Rudolf Binion)，慷慨地与我分享他们对传记的看法。贝莱希泽(Diane de Bellescize)为我提供过不少建设性的意见，我在巴黎期间，她曾对我进行盛情款待。维尔纳(Karl Ferdinand Werner)教授十分热情地支持我；埃玛尔(Maurice Aymard)为我提供过一些重要的资料；哈里斯(William Harris)对于不少优良的地图有所贡献。我在威尔逊中心访学期间，科伯恩(Snežana Cockburn)和尼克斯(Tim Nix)曾积极地帮助过我。我以前的学生雷伯恩(Richard Rayburn)、斯劳特(Juanita Slaughter)和廷德尔(Andrea Tyndall)，是最热心的提问者和支持者。面对我无穷无尽的咨询，北卡大教堂山分校威尔逊图书馆(Wilson Library at UNC-Chapel Hill)的各个部门都表现出了极大的耐心；北卡大威尔明顿校区、威尔逊中心、罗耀拉学院的图书管理员们效率极高，对我的帮助极大。班吉(Terry Benjey)和迪斯兰德(John Dysland)经验丰富，为我解决了众多复杂的电脑难题。责编史密斯(Frank Smith)非常称职，极具洞察力；文字编辑塔瑟尔(Jane Van Tassel)技术娴熟、经验老到，西摩尔(Seymour Fink)对我的工作表现出了极大的热爱和支持。我将本书献给两个人，他们是我的挚爱和希望。

北卡罗来纳州威尔明顿市

卡萝尔·芬克

目　录

插图目录

致谢

图一、十二和二十三，均由威廉·哈里斯制作；图二十八，一份英国皇家版权/国防部所属的地图，获得英国女王陛下文书局主管的许可。

图二、六、九、十三、十七、二十、二十四和二十七，均来自巴黎罗杰-维奥莱摄影事务所。

图二十二，来自当代史博物馆收藏品——当代国际文献图书馆（巴黎大学）

图三十，得到《经济、社会与文明年鉴》编委会的允许。

图二十九，由罗贝尔·博特鲁齐夫人提供。

图五，由丹尼尔·布洛赫提供。

图九，来自作者的私人收藏。

图三、四、七、八、十、十一、十四、十五、十六、十八、二十一、二十五和二十六，均由艾蒂安·布洛赫提供。

第一章　先人事迹

　　1793 年，我曾祖父是一名现役军人……1870 年，我父亲参加了斯特拉斯堡守卫战……我从小受到爱国主义传统教育的熏陶，在爱国热情方面，没人能与我们这些流亡阿尔萨斯的犹太人相媲美。①

　　布洛赫是法国东部犹太人的后裔。在现存最早的家庭档案中，有一封他曾祖父加布里埃尔［Gabriel（Getschel）Bloch］写的信。该信以希伯来语写成，落款时间是 1793 年（犹太历 5554 年）7 月 5 日。当时加布里埃尔年仅 23 岁，正在美因茨（Mainz）抵抗普鲁士军队的进攻。他在信中简要地提及了一下惨烈的战事，并向父亲表明自己对上帝的笃信和捍卫先人的决心；他的字里行间流露出对和平的向往，希望能尽快返回位于阿尔萨斯地区温森海姆（Wintzenheim）的故乡。② 在阿尔萨斯流亡的犹太人长期居住在犹太区，生活十分拮据，对 1790 年和 1791

_1_

---

　　① 马克·布洛赫：《奇怪的战败：写在 1940 年的证词》（L'étrange défaite：Témoignage écrit en 1940）（Paris，1957），23～24 页。为避免混乱，本书只称传主为布洛赫，其他家族成员一律称名。——译者注

　　② 该信的原件为艾蒂安·布洛赫（Etienne Bloch）所有。更多背景知识，参见左沙·斯扎考斯基（Zosa Szajkowski）：《法国大革命时期军队中的犹太人》（"French Jews in the Armed Forces during the Revolution of 1789"），见《犹太人与 1789 年、1830 年和 1848 年的法国革命》（Jews and the French Revolutions of 1789，1830，and 1848）（New York，1970），544～575 页。

年的解放法案积极响应。加布里埃尔是家族中该法案的第一个受惠者，但也为之付出了沉重的代价。出身商贩之家的他——其父本雅明[Benjamin Marc(Wolf)Bloch]是一个商人——应征入伍，既是旧传统的继承者，又是新传统的开创者。在一个半世纪之后，他的曾孙公开宣称，自己是一名法国公民。①

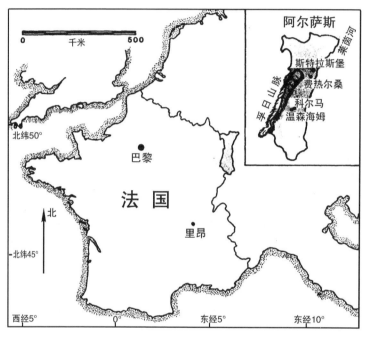

图一　法国和阿尔萨斯的地图

加布里埃尔的儿子马克（Marc Bloch，1816—1880）开创了家族中

---

① 布洛赫：《奇怪的战败》，23页。布洛赫在1941年10月13日的一封信中，以切实的证据表明：他们一家五代都是法国公民，为祖国作出过杰出的贡献。该信在一定程度上体现了布洛赫为反对维希法案的排外政策所做的努力。感谢亨利·布洛赫-米歇尔（Henry Bloch-Michel）博士提供该信的正式译本。

的另一个传统——教书育人。马克 11 岁成为孤儿，由一个叔叔抚养长大，对知识怀有极大的热忱。他信奉卢梭的学说，是科尔马师范学院（École Normale d'Instituteurs of Colmar）的第一个犹太裔学生。为提升自己的法语水平，他在南锡师范学院（École Normale in Nancy）学习了一年。在此后的十二年间，他一直在斯特拉斯堡附近的小镇费热尔桑（Fegersheim）任教。1847 年 8 月 23 日，他与萝丝（Rose Aron）在那里喜结连理。萝丝是当地拉比——犹太法典传授者——亚历山大·阿伦（Alexandre Aron）的女儿，卡尔斯鲁厄（Karlsruhe）和梅茨（Metz）大拉比的外孙女。1848 年 7 月 21 日，马克与萝丝生了一个儿子，取名为古斯塔夫（Gustave）；两年之后，他们搬到了斯特拉斯堡。在新开的斯特拉斯堡犹太中学（École Israélite de Strasbourg）校长竞选中，马克排名第一，成为校长的不二人选。此时，他已远离了费热尔桑的乡村世界，*3*在阿尔萨斯的首府定居下来，法兰西第二帝国的文化生活欣欣向荣，让他获益良多。①

马克一家住在弗朗克-布儒瓦路（rue des Francs-Bourgeois）6 号，生活相对简朴，却非常舒适。他在学校开设了四门课，都与犹太文化有关。学校的生源主要来自上层犹太家庭。1864 年，斯特拉斯堡民事法庭认定，该校校长是希伯来语的权威译者。此时，马克又有了两个儿子——奥斯卡（Oscar Bloch）和路易（Louis Bloch），分别生于 1861 年和 1864 年。在各种犹太节日和暑假时，他们一家往往会去费热尔桑，与阿伦拉比共同度过。阿伦拉比给外孙留下了难以磨灭的印象，他不仅

---

① 有关马克的职业生涯，参见斯特拉斯堡下莱茵省档案馆档案（Archives Départementales du Bas-Rhin, Strasbourg, Série T, Fonds du Rectorat）。关于 1847 年的婚姻契约、马克的教育背景和职业生涯，以及详细的家族史，均来自马克的小儿子路易（1864—1944）。参见位于法国拉艾的艾蒂安藏品（Etienne Bloch Collection, La Haye, France）。

拥有渊博的宗教知识，而且非常和蔼，经常给他们讲述各种趣闻轶事。1874 年，阿伦拉比去世，马克一家与传统和乡村的纽带从此被切断了。① 1870 年，54 岁的马克接连遭受沉重的打击。他先是患了中风，接着斯特拉斯堡被普鲁士军队占领。马克所在的学校被德国人控制，必须使用德语教学。马克日益不堪重负，不得不在 62 岁时退休。此后，他的身体每况愈下，于 1880 年 11 月 9 日与世长辞。②

古斯塔夫是家中的长子，分别比奥斯卡和路易大 13 岁和 16 岁。他在很小的时候，就被视为神童。一开始，他就读于父亲所在的学校，后来前往斯特拉斯堡中学，几乎囊括了该校所有的一等奖。他深受古代史专家埃米尔·贝洛(Emile Belot)的影响，后来两人在里昂成了同事。然而，对古斯塔夫影响最大的人，却是他的外公。他和外公时常在阿尔萨斯的平原上散步，几乎无话不谈。外公虽然身材矮小，却口若悬河，妙语连珠，总是在与天才外孙的聊天中，传授一些经久不衰的智慧。古斯塔夫保留着外公所有的信函，非常珍惜过去的点点滴滴。他在临死前，出于对祖先的尊重，要求按照宗教仪式举行葬礼。③

1864 年，16 岁的古斯塔夫离开阿尔萨斯，前往巴黎准备巴黎高师的入学考试。巴黎是一个举世公认的浪漫之都。④ 古斯塔夫住在斯普林格公寓(Springer Institution)——一个犹太人居住区，七年后亨利·

---

① 阿伦的讣告，参见《阿尔萨斯日报》(Journal d'Alsace)，1874 年 8 月 9 日。

② 相关信息可参见：下阿尔萨斯区犹太教会(Consistoire Israélite de la Basse-Alsace)致马克遗孀的慰问信，艾蒂安藏品。

③ 讣告中古斯塔夫的生平履历，由他的学生杰罗姆·卡科皮诺(Jérôme Carcopino)撰写。参见《古斯塔夫·布洛赫》("Gustave Bloch")，见巴黎高师校友救济友好协会(École Normale Supérieure, Association Amicale de Secours des Ancients Elèves)编：《年鉴》(Annuaire)(Paris, 1925)，86～109 页。

④ 马克·布洛赫：《为历史学辩护》第七版(Apologie Pour l'histoire)(7th ed., Paris, 1974)，150～151 页。后来，布洛赫经常以此来解释特定群体的"滞后性"(décalage)。

柏格森(Henry Bergson)也在这里住过。古斯塔夫在波拿巴中学(Lycée Bonaparte)学习哲学，在班里排名第二。①

四年后，古斯塔夫以第一名的优异成绩晋升到巴黎高师。巴黎高师创立于 1795 年，其宗旨是"培养具有启蒙精神的教师队伍"。在第一帝国时期，巴黎高师就已初具规模，到拿破仑三世统治的时候，它培育的毕业生已经形成了一个精英队伍，在很多中学和大学里占据教授的职位。② 古斯塔夫聪明睿智、朝气蓬勃，后来曾回忆道，巴黎高师的学术氛围极其乏味，课程因循守旧，以哲学和修辞学为基础，根本无法满足职业训练的要求。他对波拿巴主义非常反感，因为这会让法国大学中渗透的德国当代学术成果化为乌有，并产生一种极其单调、迂腐的学术环境，最终会导致国家走向衰弱。③

尽管如此，对古斯塔夫来说，跻身名校仍是提升自己的重要一步。　5
巴黎高师以其自身的民主传统著称于世，它的生源来自法国各个地区，涵盖了不同的宗教派别和社会阶层，这为古斯塔夫认识首都的政治、文化和学术环境提供了一个良机。巴黎高师为他卓越的学术业绩奠定了基础，培育了他良好的"文化素养"(culture générale)——他后来的一位同事曾用该词描述 19 世纪 70 年代的青年人：他们具有相似的文学和艺术品位，热衷于社会事业，对一切充满了好奇之心，甘愿为科

---

① 国家档案馆档案(Archives Nationale)，F17 4201，9042。参见路易斯·M. 格林伯格(Louis M. Greenberg)：《作为儿子和同化者的柏格森和涂尔干：早年时光》("Bergson and Durkheim as Sons and Assimilators：The Early Years")，载《法国历史研究》(French Historical Studies)，1976 年秋(9，no. 4)，662 页。

② 罗伯特·史密斯(Robert Smith)：《巴黎高师与第三共和国》(The École Normale Supérieure and the Third Republic)(Albany，1982)，5～18 页。

③ 在之前的几届巴黎高师学生中，也有人对所受过的肤浅教育表达过类似的不满，比如 1864 届的阿尔弗雷德·朗博(Alfred Rambaud)，1865 届的加布里埃尔·莫诺(Gabriel Monod)和欧内斯特·拉维斯(Ernest Lavisse)。

学献身。① 正是在巴黎高师，这个解放后的第三代犹太人，最终蜕变为一名归化的、具有世界意识的法国公民。②

1870 年的暑假，古斯塔夫抵达斯特拉斯堡，在那里遭遇了德军持续七个星期的进攻。当时，乌尔利希(Ulrich)将军积极组织民兵救火，并奋力营救伤员，古斯塔夫成为第一批民兵成员之一。9 月 27 日，乌尔利希将军被迫投降。在此之前，德国人对斯特拉斯堡狂轰滥炸，造成了极大的人员伤亡和物质损失。当地著名的大教堂被毁坏，市图书馆及馆藏的珍贵手稿也损失严重。此时，古斯塔夫的学业已无法继续。

1871 年 2 月 26 日，德法双方在凡尔赛签订预备和约，法国将阿尔萨斯和洛林大部分地区割让给德国。5 月 10 日，德法双方正式签订《法兰克福和约》，其中第二条规定了一些条款，允许当地居民保留法国国籍。古斯塔夫曾经尝试在说法语的中学求职，经历了几次失败之后，他决定重回巴黎高师。那时，159000 多名阿尔萨斯人选择离开家园，迁往内地(约占总人口的 15%，占天主教为主的上莱茵省人口的 21%，占古斯塔夫所在的下莱茵省人口的 10%)，这为第三共和国的政治、经济和文化生活作出了重大的贡献。在德国人统治的近 50 年里，该地区逐渐失去了独立地位，人们大批离开，人才流失严重。③

---

① 古斯塔夫·郎松(Gustave Lanson)：《讲稿》("Discours")，1923 年 12 月 5 日，艾蒂安藏品。有关古斯塔夫的学校生活，参见国家档案馆档案，61 AJ 182，183。

② 弗拉迪米尔·拉比(Wladimir Rabi)：《法国犹太人剖析》(Anatomie du judaïsme français)(Paris，1962)，65~66 页。

③ 参见致教育部长的信，1871 年 5 月 29 日，6 月 8 日，9 月 6 日。国家档案馆档案，F17 22468。古斯塔夫：《关于选择法国国籍》(Option pour la nationalité française)，1872 年 6 月 28 日，国家档案馆档案，BB 31 47。也可参看阿尔弗雷德·瓦尔(Alfred Wahl)：《阿尔萨斯与洛林移民者的选择(1871—1872)》(L'option et l'émigration des Alsaciens-Lorrains，1871-1872)(Paris，1972)，以及弗朗索瓦-乔治·德雷福斯(François-Georges Dreyfus)：《阿尔萨斯史》(Histoire de l'Alsace)(Paris，1979)，248~255 页。

古斯塔夫回到巴黎之后，开始觉察到巴黎高师的变化。普法战争的失败，使法国学术界面临着越来越大的改革压力，政府最终不得不表态支持重要的人事和课程改革。[①] 福斯泰尔·德·库朗热（Fustel de Coulanges）所做的有关法国古代史的讲座，为巴黎高师注入了一股新的活力和激情，古斯塔夫也深受影响。1872 年，古斯塔夫以文学第一名的优异成绩，通过了教师资格考试。[②]

古斯塔夫在 24 岁时离开巴黎，前往贝桑松（Besançon）的一所中学担任古代史教师，当时他对历史还没有太大的热情。[③] 一年之后，他获得机会前往雅典法国学院（École Française d'Athènes）学习考古，被分配到罗马分部，其负责人阿尔贝·杜蒙（Albert Dumont）也毕业于巴黎高师。罗马考古所（Institut Archéologique de Rome）最初与普鲁士合办，1871 年德意志第二帝国停止了对它的赞助。虽然雅典学院的历史更为悠久，资力也更雄厚，但杜蒙教授反对将罗马考古所作为其实习机构。他极力主张，在罗马成立一个独立的法国研究院，提供一流的考古学训练，甚至"超越德国人的成就"。众所周知，德国人在基础设施、学术研究、专业带头人、学术期刊等诸多方面，均处于垄断地位。1873 年，在罗马法国学院（École Française de Rome）成立之初，古斯塔夫来到了这里，当时这里只有五个热心的学生。[④]

---

① 克劳德·迪容（Claude Digeon）：《1870—1914 年法国思想中的德国恐慌》（*La crise allemande de la pensée française 1870—1914*）（Paris，1959），第 5～7 章。

② 参见 M. 亚奎纳（M. Jaquinet）关于教师资格考试的报告，国家档案馆档案，F17 22468。古斯塔夫的笔试成绩优于口试，有人称他"心思缜密、睿智、坚定，多才多艺，是一块未经雕琢的璞玉"。

③ 国家档案馆档案，F17 22468；杰罗姆·卡克皮诺：《古斯塔夫·布洛赫》，88～89 页。

④ 《时代》（*Le Temps*），1874 年 7 月 19 日；相关记录见国家档案馆档案，F17 4129/4130。

在杜蒙教授的领导下，罗马法国学院蒸蒸日上。最初，该学院与法国艺术研究院在同一个地方，都位于美丽的梅蒂奇宫（Villa Médicis）。1875 年，经官方正式批准，罗马法国学院搬到了华丽的梅达雷宫（Villa Mérode）。年轻的杜蒙教授与学生们志同道合，他不仅开设了考古学课程，而且在处理学校的外部关系方面也非常精明。他呼吁法国为该学院提供更多的学术资源；主张利用德国的贷款，大力补充图书馆稀少的藏书。该学院的历史研究，建立在巴托尔德·格奥尔格·尼布尔（Barthold Georg Niebuhr）和特奥多尔·蒙森（Theodor Mommsen）所代表的批判传统之上。

古斯塔夫从事古罗马行政史研究，专攻碑铭学，成绩显著。他于 1874 年秋和 1876 年春去过雅典两次，但他更喜欢罗马。古斯塔夫受库朗热的影响，试图研究对法国产生过重要影响的罗马文明。在 25 岁到 28 岁的三年里，他潜心研究文本、古代遗址和历史文物，增强了对历史的直觉和洞察力，丰富了语言学和历史学的研究内容。古斯塔夫的罗马时光非常充实，充满了乐趣，尤其是他与杜蒙教授以及众多法国艺术家、雕刻家、考古学家和外交家的友谊，成了他人生中的精彩篇章。[①]

1876 年，古斯塔夫回到法国。在杜蒙教授的推荐下，他在里昂大学文学院找到一份教职，准备开设一门新课——古希腊罗马史。他在就职演说中宣称，自己将恪守古典史学的教条。他指出，"要重建过去的真实"，应该考察各种各样的证据，不仅要充分地研究文本和文物，还要不断地相互比较和印证。在他看来，从业者必须非常勤奋，具备多种优秀的品质："对事实的认识要全面、准确，这是一切知识的首要

条件；在追根溯源的过程中，要实事求是，具备广阔的视野；能洞察

---

① 国家档案馆档案，F17 13600；杜蒙致教育部（Ministère de l'Instruction Publique）的信，国家档案馆档案，F17 22468；杰罗姆·卡克皮诺：《古斯塔夫·布洛赫》，90～92 页。

流行风潮与重大事件的差异；具有再现时代氛围的想象和把握最细微差别的直觉。"对于这种具有"反思精神的折中主义"，古斯塔夫深信不疑，而且他还身体力行，将其传授给了自己的学生。①

这个从罗马回来的年轻人抱负远大，思想新锐，在里昂必然会受到一些老派学者的排挤。不过，由于他中学老师埃米尔·贝洛的庇护，以及巴黎高师和罗马学院的同事夏尔·巴耶(Charles Bayet)和莱昂·科莱达(Léon Clédat)的支持，古斯塔夫最终在里昂获得了一席之地。他是一名很受欢迎和敬重的教师，在教学上赢得了最高的评价；1882年，他被推荐成为一门新课——考古与碑铭学的带头人。这个罗马史专家既能汇聚大量的人气，又能提供非常专业的历史训练。②

1878 年 3 月 26 日，古斯塔夫与差两个月 20 岁的萨拉·埃布斯坦(Sarah Ebstein)结婚。埃布斯坦出生于里昂，也是一名阿尔萨斯人。他们结婚不到一年，儿子路易(Louis Constant Alexandre)诞生了；七年之后，38 岁的古斯塔夫迎来了第二个儿子马克(Marc Léopold Benjamin)。1880 年在父亲去世之后，古斯塔夫把母亲接到了里昂。十五年后，母亲也离开了人世。③

这段时期，古斯塔夫的事业突飞猛进。1884 年，他在索邦大学顺利通过博士论文答辩，其主题是关于罗马元老院的起源，官方的报道中充满了赞许之词。在巴黎高师通过文学教师资格考试之后，古斯塔

---

① 杰罗姆·卡克皮诺：《古斯塔夫·布洛赫》，92～93 页。

② 国家档案馆档案，F17 22468；萨拉·布洛赫(Sarah Bloch)的笔记，未注明日期，艾蒂安藏品。

③ 古斯塔夫把两个兄弟也接到了里昂，此时两人已选择了法国国籍，他们后来在里昂经商。参见马克·布洛赫：《奇怪的战败》，23 页。

在返回巴黎之前，古斯塔夫的母亲萝丝在行李箱中收藏了一面陈旧的国旗。在斯特拉斯堡被围攻期间，这面旗帜曾在她丈夫所在的学校上空飘扬；古斯塔夫夫妇在后来所有的国家节日中都会展示它。参见路易关于家庭历史的记载，艾蒂安藏品。

夫虽然在大学任教多年，却始终没有博士头衔，他在很长的时间里，都被认为是最有实力、最优秀的博士候选人。如今，巴黎高师终于认可了这个自己培养出来的历史学家。评委会认为："这个矮小、结实、黝黑、留着胡须的人……信心坚定、朝气蓬勃，他的演说铿锵有力，非常得体，进一步加强了他的优势。"①古斯塔夫花费十年的时间考察古罗马头几个世纪晦涩不明的历史，将贵族元老院（Senate）作为一项重要、持久的制度进行研究。他从在罗马法国学院学到的知识中深受启发，将库朗热的观点（历史就是一系列问题，并非每一个都能得到解决）与德国学者的治学方法和博学风格相结合；他的演讲博采众家之长，具有比较的眼光。他热衷于指摘古人文献中的错误，反映出他对民众持久的兴趣。②

　　这个时候，巴黎向古斯塔夫抛来了橄榄枝。虽然他没能成为法兰西公学院（Collège de France）的候选人，却被提名为母校巴黎高师的古代史教授，任期从1888年1月1日开始。十一年之后，由于他对巴黎高师的贡献，古斯塔夫获得了荣誉军团（Legion of Honor）军官勋位。1904年，教育部将巴黎高师和巴黎大学（University of Paris）合并，废除了各自独立的院系，古斯塔夫成为索邦大学古代史的教授，直到1919年退休。③

---

　　①　论文答辩报告，1884年2月23日。国家档案馆档案，F17 22468。如果把他和奥拉尔（Alphonse Aulard）做一下比较，会很有意思。奥拉尔于1871年毕业于巴黎高师，成为现代文学的专家，之后他怀着巨大的热情和爱国之心自学，从政治的角度来研究法国大革命，成为许多优秀历史学家的导师。威廉·凯勒（William Keylor）：《学院与社团》（*Academy and Community*）（Cambridge，1975），68～70页。

　　②　古斯塔夫·布洛赫：《古罗马元老院的起源》（*Les origines du Sénat romain*）（Paris，1883）；韦勒姆（Willems）的书评，载《历史评论》（*Revue Historique*），1885（2），164～175页。

　　③　杰罗姆·卡克皮诺：《古斯塔夫·布洛赫》，97页；国家档案馆档案，F17 22468。

古斯塔夫被称为"大人物"，是巴黎高师杰出的一员。[①] 他在这里似乎继承了库朗热的角色，成了一名严谨的学者，一位苛刻的老师。他精力非常充沛，却从不感情用事。他知识渊博，说话绘声绘色。他个子不高，有些肥胖，头上光秃秃，胡子一大把，虽然其貌不扬，却无损他的"静穆和庄严"。他为人正直、坦诚，处事严谨，却并不教条，在课上给学生们展示自己思想演变的过程；有不少听众因此而投身于古代史研究。他对待学生异常苛刻，一些准备草率的发言被他批驳得体无完肤。然而，这并不妨碍他对学生的关心和喜爱。他非常真诚、和蔼可亲，毫无保留地分享自己的经验和研究成果，总是关心学生们的工作和日常生活。

作为一名学者，古斯塔夫非常活跃，撰写了许多文章、评论和简短的专论，始终关注古罗马的平民阶层。[②] 他还参与撰写了欧内斯特·拉维斯（Ernest Lavisse）主编的法国历史丛书，于1900年完成了其中的一卷。他的专著《凯尔特时期的高卢与古罗马时期的高卢》（*La Gaule indépendante et la Gaule romaine*）受到库朗热的启发，也得益于他在里昂的研究。这本书气势恢宏，时间跨度从石器时代持续到5世

10

---

① 拉乌尔·布朗夏尔（Raoul Blanchard）：《在贝玑羽翼下的青年时代》（*Ma jeunesse sous l'aile de Péguy*）（Paris，1961），224～225页；保罗·迪莫夫（Paul Dimoff）：《处于美好时代的巴黎高师（1899—1903）：巴黎高师回忆录》（*La rue d'Ulm à la Belle Epoque, 1899-1903：Mémoires d'un normalien supérieur*）（Nancy，1970），33～34页；爱德华·赫里欧（Edouard Herriot）：《第一次世界大战前的往事》（*Jadis：Avant la première guerre mondiale*）（Paris，1948），70～71页；休伯特·布尔金（Hubert Bourgin）：《从饶勒斯到布鲁姆：巴黎高师与政治》（*De Jaurès à Léon Blum：L'Ecole Normale et la politique*）（Paris，1938），30～31页；吕西安·费弗尔（Lucien Febvre）：《马克·布洛赫与斯特拉斯堡：一段伟大历史的回忆》（Marc Bloch et Strasbourg：Souvenirs d'une grande histoire），见《1939—1945年纪事》（*Mémorial des années 1939-1945*）（Paris，1947），171～172页；主要参考的是杰罗姆·卡克皮诺：《古斯塔夫·布洛赫》，97～100页。

② 古斯塔夫·布洛赫：《罗马平民：当代理论述评》（"La plèbe romaine：Essai sur quelques théories récentes"），载《历史评论》，1911(106)，70～77页。

纪，深受人们的欢迎。作为一名爱国者，古斯塔夫试图打破德国人在该领域的统治地位；然而，对于一名研究者来说，闯入自己并不熟悉的领域具有一定的风险性：他可能会本能地重视罗马文化的影响，从而忽略古代高卢的传统。大多数国外的评论家对该书持褒扬态度，但是法国国内的专家却指出了其中的不足。他的最后两部作品《罗马共和国》(La république romaine)和《罗马帝国》(L'empire romain)，分别出版于1913年和1921年，从总体上研究罗马政治和社会制度形成和衰亡的过程，受到了广泛的好评。[1]

古斯塔夫是众多归化的犹太裔学者之一。他们深受第三共和国自由和改良氛围以及体制的影响，专注于他们民族此前不熟悉的领域。古斯塔夫有几个终生的挚友，在德伦堡寄宿学校（Pension Derenbourg）期间，他结识了来自《圣经》研究世家的阿尔塞纳·达梅斯特泰（Arsène Darmesteter）和詹姆斯·达梅斯特泰（James Darmesteter），两兄弟分别生于1846年和1849年，后来成了中世纪法语专家和东方语言学的权威；涂尔干和柏格森成为他后来的大学同事。涂尔干生于1853年，是一个阿尔萨斯拉比的儿子，后来成为法国顶尖的社会学家。柏格森生于1859年，是那一代人中最伟大的哲学家，其父是一名波兰犹太裔音乐家，家族世代信奉哈西德（Hassidic）教派。由于在古代历史和文化方面的研究，古斯塔夫成了民族和国家的骄傲。[2] 他是一位富有奉献精神的公民，致力于推动教育改革和司法公正。他努力改进巴黎高师的

① 萨洛蒙·雷纳克（Salomon Reinach）的书评见《考古评论》(Revue Archéologique)，1924(19)，389页；参见杰罗姆·卡克皮诺：《古斯塔夫·布洛赫》，101～103页。

② 弗拉迪米尔·拉比：《法国犹太民族剖析》，67页；迈克尔·马鲁斯（Michael Marrus）：《同化的政治：德雷福斯事件时期的法国犹太团体》(The Politics of Assimilation: The French Jewish Community at the Time of the Dreyfus Affair)（Oxford，1980），100～110页。

教学法，呼吁将"科学文化"（*culture scientifique*）注入到"文化素养"（*culture générale*）中。后来，他成为德雷福斯的支持者，加入了人权联盟（Ligue des Droits de l'Homme）。①

1914 年第一次世界大战爆发，古斯塔夫坚守在靠近前线的巴黎，他的两个儿子则投身战场。他一边从事教学工作，撰写《罗马帝国》一书；一边惶惶不安地关注着战况，为失去的朋友和学生悲痛不已②，为儿子们的安危忧心忡忡。不过，他更为儿子们的勇气和成就自豪，坚信法国必然会取得胜利。他参加了同事欧内斯特·丹尼斯（Ernest Denis）领导的爱国公民联盟（Ligue Civique）。③ 战争胜利后，他作为索邦大学的荣誉代表，出席了斯特拉斯堡大学的复课典礼——他的儿子布洛赫已在那里担任教授。④ 当看到三色旗在斯特拉斯堡大教堂飘扬的时候，他欣喜若狂，兴冲冲地与儿子一起去了趟费热尔桑。

---

① 加布里埃尔·莫诺（Gabriel Monod）：《1888 年巴黎高师的历史教学》（"La pédagogie historique à l'École Normale Supérieure en 1888"），载《国际教育评论》（*Revue Internationale de l'Enseignement*），1907（54），199～207 页；马丁·西格尔（Martin Siegel）：《克利俄在巴黎高师：历史学家与法国名校的改革（1870—1904）》（"Clio at the École Normale：Historians and the Transformation of an Elite Institution in France，1870-1904"），载《发现》（*Findings*），1981（2），15～19 页；罗伯特·史密斯：《十九世纪后期巴黎高师的政治环境》（"L'atmosphère politique à l'École Normale Supérieure à la fin du XIXe siècle"），载《现当代历史评论》（*Revue d'Histoire Moderne et Contemporaine*），1973（20），248～269 页；杰罗姆·卡克皮诺：《古斯塔夫·布洛赫》，104 页。

② 古斯塔夫在致乔治·戴维（Georges Davy）的信中（1917 年 11 月 17 日，国家档案馆档案，M1 318 1），对涂尔干的去世非常惋惜（"这是战争引起的另一起悲剧"），两年前涂尔干唯一的儿子也死于战争。参见《历史评论》，1918 年 1—4 月（127），204～205 页。

③ 休伯特·布尔金：《从饶勒斯到布鲁姆：巴黎高师与政治》，31 页；参见古斯塔夫致卡克皮诺的多封信：1916 年 7 月 24 日，1917 年 1 月 3 日、1 月 10 日、10 月 7 日、11 月 3 日，1918 年 4 月 1 日、8 月 1 日、12 月 29 日，见卡克皮诺文稿（Carcopino Papers），法兰西学院档案（Archive of the Institut de France）；古斯塔夫致乔治·戴维的信：1917 年 11 月 17 日，1918 年 1 月 27 日，见国家档案馆档案，M1 318 1。

④ 参见古斯塔夫致卡克皮诺的信，1919 年 2 月 24 日，见卡克皮诺文稿，法兰西学院档案。

古斯塔夫退休后，回到了位于玛尔洛特(Marlotte)的乡村，那里有
12 一个较小的学术团体。早上他研读古代史和卢梭，下午和妻子在附近
的树林里散步，晚上则与朋友们聚会。他每年有两次前往巴黎，去看
望长子一家。他的长子生有两个儿子，都在古斯塔夫的母校读书——
如今该校已改名为孔多塞中学(Lycée Condorcet)。他又回过一次斯特
拉斯堡，参加了由布洛赫及其文学院同事组织的妙趣横生的礼拜六聚
会。1921 年 10 月，他前往巴黎接受纪念奖章，获得了同事和学生们的
敬意。此外，他还着手一项新的研究，即公元前 146 年至公元前 44 年
罗马共和国的社会和政治史。然而，疾病的打击和亲友的离世——尤
其 1922 年 3 月 16 日长子路易的去世——让古斯塔夫的身体和精神每
况愈下。他身患黄疸病，呼吸也非常困难，而且有严重的心脏病，体
重锐减了三分之一。1923 年 12 月 3 日，古斯塔夫与世长辞，享年 75
岁。在临死前，他非常平静地对妻子萨拉说："我很好。"①

---

① 参见《斯特拉斯堡大学文学院通讯》(*Bulletin de la Faculté des Lettres de l'Université de Strasbourg*)，1923—1924(2)，92 页；杰罗姆·卡克皮诺：《古斯塔夫·布洛赫》，105～109 页。也可参见萨拉·布洛赫从玛尔洛特写给西蒙尼·布洛赫(Simonne Bloch)的信，1923 年 11 月 11 日、20 日；萨拉致布洛赫的两封信，一封未注明日期，另一封写于 1923 年 11 月 22 日，以及盖拉德(Gaillard)医生致布洛赫的三封信，一封写于 10 月 8 日，另两封未注明日期，谈到了古斯塔夫的病情。卡克皮诺所写的悼词，1923 年 12 月 5 日，艾蒂安藏品。

第二章　教育背景

我和同学们一致认为，我们是经历"德雷福斯事件"的最后一代人。[①]

法兰西第三共和国充满了各种悖论。它是法国战败（普法战争）和国内政变的产物；1875 年的宪法，是各方势力博弈的结果。第三共和国"社会异常地稳定，政治却异常地不稳定"[②]。在第一次世界大战之前的四十年里，它经历了五十多个内阁。然而，继任的一系列联合政府，进行了一系列重要的社会和教育改革，实施了较为成功的外交和殖民政策。它虽然有过几次严重的衰退，但总体上却很繁荣；它虽然落后于德国、英国和美国，但正是在第三共和国时期，法国发展成了一个现代化工业国家，在艺术、文学和医学等方面，也居于世界领先地位。

1886 年 7 月 6 日，布洛赫出生于里昂。在他不满 2 岁的时候，全家就搬到了巴黎。他的童年、少年和成年初期，都在首都度过。所有

13

　[①]　马克·布洛赫：《为历史学辩护》，151 页。

　[②]　尤金·韦伯(Eugen Weber)：《欧洲现代史》(*A Modern History of Europe*)(New York，1971)，801 页。另一个历史学家用另一种方式描述了第三共和国的悖论："（第三共和国）由贵族阶层创建，中上层资产阶级管理，下层资产阶级统治，然而占支配地位的却是农民阶层。"参见戈登·怀特(Gordon Wright)：《近代法国》第三版(*France in Modern Times*)(3d ed.，New York，1981)，284 页。

的官方资料均显示，他的出生地是法国的第二大城市里昂，但他直到五十多年以后，在人生的暮年才知道这一事实。①

14　布洛赫的成长期正值第三共和国的黄金时代。巴黎历来以其魅力和文化闻名于世，当时它还是法国的重工业和轻工业中心、国际金融中心、大众文化中心和国际交流中心。布洛赫没有直接经历过普法战争的溃败，也不存在什么复仇情绪。他在一个自由、进步的政权下长大，社会上占主导地位的是共和理念，也具有很强的反民主色彩。布洛赫属于中间的一代：他的上一代人创立了共和国，并对其进行各种改造；他的下一代人要么极左，要么极右，始终挑战着国家的政治、理性和哲学原则。②

关于布洛赫的童年，我们所知甚少：一方面，他很少谈及；另一方面，相关资料也非常匮乏。几乎整整二十年里，他们一家都生活在巴黎南部，住在 14 区阿莱西亚街（rue d'Alésia）72 号。布洛赫是家里的小儿子，父母对他产生了重要的影响。在他孩提时代，40 多岁的古斯塔夫就对他进行历史学的训练。他的母亲萨拉聪慧过人，富有音乐才华，是一个细心的组织者，一生致力于丈夫的事业和儿子的教育。布洛赫身材单薄、沉默寡言，非常崇拜他外向的哥哥。虽然兄弟俩分开了七年，关系却一直很好，而且志趣相投。路易学习医学专业，尤其精通小儿科。在第一次世界大战期间，他与一个索邦大学教授的女儿结婚，并生有二子，后来他成了儿童疾病医院（Hôpital des Enfants

---

① 在暮年的一个采访中，布洛赫谈到了姓名和出生地的重要性："如果不与人类现实联系在一起，任何人名或地名都只不过是毫无意义的称谓而已；在历史学家的眼中，二者是紧密相连的。进一步说，如果不将其与具体实际相结合，那么它就永远只是一个空洞的标签。"参见《社会史年鉴》[Annales d'Histoire Sociale (1940)]，62 页。

② 约翰·厄洛斯（John Eros）：《法国共和主义的实证主义一代》（"The Positivist Generation of French Republicanism"），载《社会学评论》（Sociological Review），1955 年 12 月（3），255～257 页。

Malades）白喉科的主任。①

　　布洛赫一家是典型的阿尔萨斯犹太人——共和主义者、自由主义者和爱国主义者。他们切断了与祖先和家族的联系，逐渐淡忘了对犹太区的记忆；他们把首都当作家园，宣称法国大革命让他们获得了自由，第三共和国是他们的庇护所；他们强调，法国在道德、自由和文明方面所体现出来的高贵和理性，是他们所秉持的理念。法国犹太人既不是沙文主义者，也不是盲目的仇外者；他们在狂热的雅各宾派爱国主义和左翼的反民族主义之间，努力寻求一个平衡点。②

　　毋庸置疑，布洛赫早年所受的教育增强了他的爱国热情。第三共和国可谓是一个教学改革的动态实验室。由于第二帝国饱受质疑，第三共和国的学校改革者便把公共教育看作"色当战役之后解决法国政治和社会问题的灵丹妙药"③。随着费里法案（The Ferry Laws）的实施，法国于 1879 年至 1886 年建立了一种集中化、标准化的教育制度，用公立学校的"公民教育"取代了过时的宗教训诫。这样一来，历史学便

---

　　① 布洛赫多次向父母表达敬意："献给父亲，我是他的学生"。参见《国王与农奴：卡佩王朝历史一瞥》（*Rois et serfs：Un chapitre d'histoire capétienne*）（Paris，1920）的献词，以及《国王神迹：对英法王权作出贡献的超自然人物》（*Les rois thaumaturges：Etude sur le caractère surnaturel attribué à la puissance royale particulièrement en France et en Angleterre，new ed.*）（Paris，1983）的序言，vi～vii 页；布洛赫在 1941 年 5 月 10 日的手稿中写道，《为历史学辩护》的扉页题词改为"纪念我挚爱的母亲"。个人备忘录见《遗失的记忆（父亲和路易）》["Souvenirs sur les disparus"（Papa，Louis）]，艾蒂安藏品。关于路易·布洛赫-米歇尔（Louis Bloch-Michel）的医学生涯，参见国家档案馆档案，AJ 16 6500，6525。

　　② 马克·布洛赫：《奇怪的战败》，23～24 页。参见朱利安·邦达（Julien Benda）：《一个知识分子的青年时代》（*La jeunesse d'un clerc*）（Paris，1936），27～28 页；迈克尔·马鲁斯：《同化的政治》，97～99 页，及全书各处。

　　③ 巴奈特·辛格（Barnett Singer）：《从爱国者到和平论者：1880—1940 年的法国小学教师》（"From Patriots to Pacifists：The French Primary School Teachers，1880-1940"），载《当代史学刊》（*Journal of Contemporary History*），1977（12），414 页。

15　　　图二　巴黎：阿莱西亚街(Paris：rue d'Alésia)，约 1890 年

图三　马克·布洛赫与父母、祖母

图四　路易·布洛赫(1879—1922)

图五　马克·布洛赫

成了一门必备的科目，因为它可以再现昔日的辉煌，治愈法国被外国
入侵和战败所造成的创伤。受欧内斯特·拉维斯(Ernest Lavisse)作品
的影响，法国开始重写教科书，以培养青少年对祖国的自豪感。而且，
最早的一批共和派教师，也以激进的爱国主义著称。① 在布洛赫的青
年时代，人们非常重视体育运动和身体素质，因为这是自我重生和国
家复兴的必备技能。②

　　布洛赫在家里不太可能接受犹太人的传统教育，或亲历任何宗教

---

　　① 皮埃尔·诺哈(Pierre Nora)：《拉维斯在民族意识形成过程中的作用》("Ernest
Lavisse：Son Rôle dans la formation du sentiment national")，载《历史评论》，1962
(222)，73~106 页。也可参见 F. 瓦泰勒(F. Wartelle)：《巴拉、维阿拉：教科书中的儿
童英雄主题(第三共和国)》["Bara, Viala：Le thème de l'enfance héroïque dans les manu-
els scolaires(IIIe République)"]，载《法国革命史年鉴》(*Annales d'Histoire de la
Révolution Française*)，1980(52，no. 3)，365~389 页。巴奈特·辛格：《从爱国者到和
平论者》，413~434 页，讨论了该群体第一次世界大战之后的转变。
　　② 让-皮埃尔·里乌(Jean-Pierre Rioux)：《"美好时代"的体育热情》("L'ardeur
sportive à la Belle Epoque")，载《历史》(*Histoire*)，1978(14)，76~78 页；多米尼克·
勒热讷(Dominique Lejeune)：《19 世纪末 20 世纪初的社会史与登山运动》("Histoire soci-
ale et alphinisme en France à la fin du XIXe et au début du XXe siècle")，载《近现代史杂
志》(*Revue d'Histoire Modern et Cotemporaine*)，1978(25)，111~128 页。布洛赫喜欢
爬山。根据他的服役记录，他是一个凑合的骑手，但不会游泳。

仪式。一个世纪前，他们全家就已成为法国公民，接受过法国大革命的洗礼。像大多数归化的法国犹太人一样，古斯塔夫和萨拉把传统的犹太教看作过去的遗物，是分裂和蒙昧的表现。① 因此，"教育"意味着为进入主流社会所采取的训练和准备。通过在学校的学习和各种竞争激烈的考试，任何人都有机会进入一流的高校，并能在一些受限制的领域任职，如政府、军队、艺术领域、出版社、法律系统、医学行业、学术机构等。法国的犹太人虽然不多，却在各行各业作出了杰出的贡献。②

当然，社会上也不乏诸多反对之声。在布洛赫出生的 1886 年，爱德华·德鲁芒(Edouard Drumont)的两卷本畅销书《犹太人的法国》(*La France juive*)问世。该书罗列了对犹太人和第三共和国的一系列指控，很快就大获成功，一年之内售出了十几万册。《犹太人的法国》标志着现代法国"反犹运动"的诞生。长期以来，犹太人受到了各种各样的宗教指控和法律歧视，如今又加上了经济、政治、种族和意识形态等方面的指责；而且，这种指责与大众传播工具、现代政治结合在一起。法国的反犹主义者打着德国"科学"的幌子，宣称犹太人虽然获得了解放，也逐渐融入了法国社会，却始终存在一个集体的身份认同，这是分裂祖国的潜在因素。作为个人，他们永远也不能融入法兰西民族，因为他们在民族、历史和宗教方面不具备"法国性"。1893 年出生的皮

18

---

① 迈克尔·马鲁斯：《同化的政治》，9~50 页；朱利安·邦达：《一个知识分子的青年时代》，30~31 页。然而，布洛赫拥有一本法语版的祈祷书，上面标注的年份是 1848 年，艾蒂安藏品。

② 罗伯特·拜恩斯(Robert Byrnes)：《现代法国的反犹主义》(*Antisemitism in Modern France*)(New Brunswick，1950)，97 页。《犹太人档案》(*Archives Israélites*)每年都记录犹太人的任职、升迁及其成就；19 世纪末，他们欣喜地发现："在国家机构中的犹太人，已达到了举行礼拜仪式所规定的人数"。弗拉迪米尔·拉比：《法国犹太人剖析》，67 页；不过这些犹太名人几乎都没有任何实权。

埃尔·德里厄·拉·罗歇尔(Pierre Drieu La Rochelle)，借文学人物之口愤怒地说道，犹太人从犹太教堂一下子蹿升到了高校索邦，玷污了他所珍爱的"古老而又丰富多彩的法国文化"[1]。

在德雷福斯事件发生之前，法国犹太人倾向于淡化反犹主义的观点。他们认为这是一种舶来品(德国)，对它的态度非常谨慎，甚至不屑于发表任何评论。[2] 然而，在德雷福斯被捕之后，这就成了一个无法回避的话题。且不论是真是假，反犹主义者将德雷福斯的"罪行"渲染成一个民族的污点："犹太裔法国人"再次成为"犹太佬"，一个不能归化、独立的民族。[3]

法国犹太人面临着身份危机和人身安全，因此他们的反应慎之又慎。一开始，就连古斯塔夫也认为德雷福斯有罪，因为他很难相信，身为国家卫士的军队会犯错——而且会有人仅仅因为一个人的宗教信

①　德里厄·拉·罗歇尔(Drieu La Rochelle)：《吉勒斯》(*Gilles*)(Paris，1962)，112页。也可参见亨利·达甘(Henri Dagan)：《反犹主义探究》(*Enquête sur l'antisémitisme*)(Paris，1899)。相关的研究包括：汉娜·阿伦特(Hannah Arendt)：《极权主义的起源》(*The Origins of Totalitarianism*)(New York，1966)，79～88页；让-巴蒂斯特·杜罗瑟尔(Jean-Baptiste Duroselle)：《1886年至1914年法国的反犹主义》("L'antisémitisme en France de 1886 à 1914")，载《保罗·克洛代尔手册》(*Cahiers Paul Claudel*)，1968(7)，49～70页；雅各·卡茨(Jacob Katz)：《从偏见到破坏：1700—1933年的反犹主义》(*From Prejudice to Destruction：Anti-Semitism 1700-1933*)(Cambridge，1980)，292～300页；斯蒂芬·威尔逊(Stephen Wilson)：《意识形态与经验：德雷福斯事件时期的反犹主义》(*Ideology and Experience：Anti-Semitism in France at the Time of the Dreyfus Affair*)(Rutherford，1982)；泽埃夫·斯坦贺尔(Zeev Sternhell)：《第三共和国反犹主义的根源》("The Roots of Popular Anti-Semitism in the Third Republic")，见弗朗西丝·马里诺、华百纳(Frances Malino and Bernard Wasserstein)编：《近代法国的犹太人》(*The Jews in Modern France*)(Hanover，1985)，103～134页。

②　迈克尔·马鲁斯：《同化的政治》，99、122～143页。

③　西蒙·施瓦茨夫希(Simon Schwarzfuchs)：《法国犹太人》(*Les Juifs de France*)(Paris，1975)，271～277页。

仰，就去迫害一个法国军官。① 其实，德雷福斯并不是第一个在总参谋部任职的犹太人，法国军官中的犹太人不在少数。不论当时还是现在，这或许出乎不少人的意外。② 饶勒斯（Jaurès）等法国自由派人士认为，这一案件会根据德雷福斯援助德国的程度而从宽处理。德雷福斯的家人则四处奔走，为争取改判不懈地进行着斗争。此外，施以援手的还有勇敢的犹太爱国者贝尔纳·拉扎尔（Bernard Lazare），以及自由派政治家约瑟夫·雷纳克（Joseph Reinach）。在营救德雷福斯的整个过程中，一些非犹太人也起了非常重要的作用。正是玛里·乔治·皮卡尔（Marie Georges Picquart）、埃米尔·左拉（Emile Zola）、奥古斯特·修雷尔-凯斯纳（Auguste Scheurer-Kestner）、饶勒斯等人，把一个原本的地方性事件变成了全国瞩目的焦点，这也在一定程度上缓解了犹太人被排斥的感觉。然而，当时有关"辛迪加"的一则流言开始盛行：据说，在争取案件重审的行动背后，有一个财力雄厚的组织企图借机控制和消灭法国。于是，德雷福斯的支持者们开始谨慎起来：他们作为忠诚的法国公民，决心表现出对司法公正原则的信念。③

巴黎高师的德雷福斯派运动，由吕西安·埃尔（Lucien Herr）和加布里埃尔·莫诺（Gabriel Monod）领导。埃尔是一个图书管理员和社会主义者，莫诺是《历史评论》（*Revue Historique*）杂志的创刊人和编辑。

---

① 参考古斯塔夫的孙子让·布洛赫-米歇尔（Jean Bloch-Michel）的访谈。

② 弗拉迪米尔·拉比：《法国犹太人剖析》，67 页；多丽丝·邦西蒙-多纳特（Doris Bensimon-Donath）：《1867—1907 年法国和阿尔及利亚犹太人社会人口统计》（*Sociodémographie des Juifs de France et d'Algérie：1867-1907*）（Paris，1976），167 页及以后诸页。

③ 斯蒂芬·威尔逊：《意识形态与经验》，411～413 页。参见南希·L. 格林（Nancy L. Green）：《德雷福斯事件与统治阶级的凝聚力》（"The Dreyfus Affair and Ruling Class Cohesion"），载《科学与社会》（*Science and Society*），1979（43，no. 1），29～50 页；也可见奈丽·威尔逊（Nelly Wilson）：《伯纳德·拉扎尔：反犹主义与近代法国后期犹太人的身份问题》（*Bernard Lazare：Anti-Semitism and the Problem of Jewish Identity in Late Modern France*）（Cambridge，1978）。

后来，又有一些人加入了这一运动，其中包括主管学生事务的院长保罗·迪普伊(Paul Dupuy)、日耳曼学家夏尔·安德勒(Charles Andler)、文学史家古斯塔夫·朗松(Gustave Lanson)和数学家、科学部副主任朱尔·塔内里(Jules Tannery)，以及古斯塔夫。巴黎高师是支持共和理念和德雷福斯派的重镇，它逐渐分裂成了两大阵营。实际上，德雷福斯事件将整个法国学术界分成了几个派别，使学者们"卷入到群众集会、政治同盟和报刊论战等不太熟悉的领域"。[①]

德雷福斯事件是当时社会的焦点，贯穿了布洛赫的整个青少年时期。布洛赫8岁的时候，德雷福斯以叛国罪被逮捕。虽然军队对此事极为保密，但在10月29日，德鲁芒创办的《自由言论报》(*La Libre Parole*)还是将其披露了出来。为此，总参谋部加快了军事审判的进程，他们利用虚假的文件，仓促地将德雷福斯定罪、判刑，并把他流放到法属圭亚那的魔鬼岛进行单独监禁。[②] 1895年7月，布洛赫9岁的时候，皮卡尔中校被任命为情报处处长，开始独自调查这一事件。在布洛赫10岁的时候，贝尔纳·拉扎尔的小册子《一个司法错误：德雷福斯事件真相》(*Une erreur judiciaire：La vérité sur l'Affaire Dreyfus*)在布鲁塞尔出版，后来它开始在巴黎流传，掀起了声势浩大的德雷福斯派运动。1898年，布洛赫12岁的时候，一系列事件如狂风暴雨一般纷至沓来：左拉发表檄文《我控诉》("J'accuse")，埃斯特哈齐(Ferdinand Walsin Esterhazy)乘航班逃往英国，伪造证据的于贝尔·约瑟夫·亨利(Hubert Joseph Henry)自杀，法庭决定重审德雷福斯案。

20

---

① 罗伯特·史密斯：《巴黎高师与第三共和国》，87～94页及以下；威廉·凯勒(William Keylor)：《学院与社团》(*Academy and Community*)(Cambridge，1975)，144～145页，251页注释6；斯蒂芬·威尔逊：《意识形态与经验》，405～406页。

② 大卫·B. 拉尔森(David B. Ralson)：《共和国军队》(*The Army of the Republic*)(Cambridge，1967)，212～215页；参见让-丹尼斯·布勒丹(Jean-Denis Bredin)：《德雷福斯事件》(*L'Affaire*)(Paris，1983)。

第二章　教育背景 | 023

然而，左拉对政府的指控反而激化了拉丁区的反犹暴行，洗劫、殴打犹太人和"犹太人该死"的咒骂声在整个法国和阿尔及利亚蔓延。①

布洛赫刚过13岁生日不久，法国被迫于1899年8月7日至9月9日在雷恩军事法庭开庭重审德雷福斯案。不出所料，他依然被判有罪，但"情有可原"。法国总统埃米尔·卢贝（Emile Loubet）随即宣布赦免，条件是德雷福斯放弃证实自己无罪的努力。如今，德雷福斯派开始占据优势。1906年7月，在布洛赫20岁的时候，最高法院撤销了雷恩法庭的判决。法国议会作出决议，授予德雷福斯荣誉军团勋章，并恢复了他的军籍。②

德雷福斯事件对布洛赫产生了深远的影响。他曾在一篇简短的证词中说，自己与这个时代的人格格不入，他更认同的是老一代人的价值观。1904年，当他步入巴黎高师门槛之时，恰逢一个杰出时代的终结。1890年至1904年，典型的巴黎"高师人"投身于共和主义理念：他们反对一切教条主义和等级制度，是饶勒斯式的社会主义者、尚未染上沙文主义的爱国者、没有任何宗教派别或偏见的自由思想者。很多学生与教师一起签名请愿，要求法庭重审德雷福斯案。③ 然而，"1905年入学的年轻人"却迥然不同：他们是"赤裸裸的非理性主义者，甚至是反理性主义者"。德雷福斯派对教会和军队的报复使其群情激愤和异

① 斯蒂芬·威尔逊：《意识形态与经验》，106～124页；乔治·魏茨（George Weisz）：《法国现代大学的兴起》(*The Emergence of Modern Universities in France*)(Princeton, 1983)，353页；迈克尔·马鲁斯：《同化的政治》，222～223页；汉娜·阿伦特：《极权主义的起源》，106～117页。

② 德雷福斯被提拔为少校，然而根据他的能力、训练和日常表现，他很可能早已成为一名中校；受株连的皮卡尔则获得了最大的晋升，从中校升为准将。见大卫·B. 拉尔森：《共和国军队》，296页。

③ 杰罗姆·萨洛和让·萨洛（Jérôme Tharaud and Jean Tharaud）：《我们亲爱的贝玑（一）》(*Notre cher Péguy* I)(Paris, 1926)，134页；罗伯特·史密斯（Robert Smith）：《19世纪末巴黎高师的政治氛围》("L'atmosphère politique à l'École Normale Supérieure à la fin du XIXe siècle")，载《近现代史杂志》，1973(20)，267页。

图六 "背叛者：阿尔弗雷德·德雷福斯的堕落"，1895 年 1 月 5 日 21
军事学院（École Militaire）陈列厅。版画由 H. 梅耶（H. Meyer）绘制，
法国《小日报》（*Le Petit Journal*），1895 年 1 月 13 日

化，他们的灵感来源是贝玑，而不是饶勒斯。① 四十年之后，布洛赫

---

① H. 斯图亚特·休斯（H. Stuart Hughes）：《意识与社会》（*Consciousness and Society*）（New York，1958），334～358 页。也可参见弗兰克·菲尔德（Frank Field）：《饶勒斯、贝玑与 1914 年危机》（"Jaurès，Péguy，and the Crisis of 1914"），载《欧洲研究杂志》（*Journal of European Studies*），1986(16)，45～57 页。

在法国的黑暗时期回忆道，贝玑在这一事件中大无畏地站在犹太人一边，像诗人和记者那样对"世事"疾恶如仇；然而，他更欣赏饶勒斯明晰平和的历史视角。

布洛赫并不像父亲那样，盲目地相信法国军队的领导才能。德雷福斯事件让他看到了军队势利、反犹主义和反共和的一面，其教育体系非常狭隘，尤其是在面对国家政治和司法部门时，它极力维护自己的自治权。没过多久，布洛赫就亲历了军队的生活。德雷福斯事件之后，法国在1905年推行的征兵法确立了普遍征兵制，但服役时间从三年减少到两年。布洛赫充分利用了此前针对大学生的豁免权。1905年9月至1906年，他志愿在皮蒂维耶（Pithiviers）第46步兵团服役。在申请休学的时候，布洛赫向巴黎高师的教导主任保证，身体训练应该可以弥补他离开的一年——他优雅地将其称为"智力休眠"。[1]

23   布洛赫对新闻界也产生了深深的怀疑。他指出，即使是最好的记者，也会受到商业行为和时间因素的限制。在很多年之后，他依旧认为这些人"思维模式化"，"一味追求画面感"，始终站在"谎言鼓吹者"的前列。[2]

布洛赫对法庭程序非常迷恋，这或许与德雷福斯事件有关。他主张历史学家在对待材料时，应该像法官讯问证人一样一丝不苟——虽

---

    ① 布洛赫致保罗·迪普伊的信，巴黎，1905年9月27日，国家档案馆档案，61 AJ 110。根据1889年的法律，布洛赫应该作为"三年志愿者"进入军队；然而其中第23条规定，大学生在一年现役期满后，可以恢复学业。1906年布洛赫返回巴黎高师之时，鉴于现役军的实用性，他隶属于枫丹白露军团。1906年9月18日他被提拔为下士，1907年3月18日，他升为中士。参见《征兵注册簿》（"Registre matricule du recrutement"），1907（9）：4277，文森堡陆军历史档案处（Service Historique de l'Armée de Terre，Chateau de Vincennes）；也可看法兰西共和国（République Française）：《服役报告》（"Constatation de services militaires"），1950年3月9日（9582），艾蒂安藏品。

    ② 马克·布洛赫：《为历史学辩护》，88～89页。

然也难免存在缺陷。他一生反对欺骗和谬误，这无疑与他年轻时所受的刺激有关。在德雷福斯获得平反六年之后，正值第一次世界大战爆发前夕，布洛赫出席了亚眠（Amiens）中学的颁奖典礼，向人们展示了一个近期学术造假的目录。布洛赫以精明的德尼·弗兰-卢卡（Denis Vrain-Lucas）为例，讨论捏造史料、抄袭他人的史学家，认为他就像亨利上校一样，为回应人们的各种质疑，不断伪造伽利略与帕斯卡的通信。①

有时候，歪曲的现实会以集体的方式呈现，布洛赫对此也有所警惕。虚假消息（谣言和错误信息）源于人类的错觉、判断失误、不可靠记忆以及特殊的环境。在轰动一时的德雷福斯事件中，涌现出了各种名目的现代反犹主义，然而其内容和传播绝不是"自发的"。虽然布洛赫的思想植根于19世纪后期的理性主义和实证主义，但是他也承认，流言和错误是不可避免的。1914年，他强烈建议自己的学生采取"批判的精神"，因为这是哲人面对现在和过去应有的反应：

> 机灵的人知道，确切的证据不好找，反而不如无知的人，可以不假思索地指责朋友说谎。如果有一天，你在一个公开的场合参与重大辩论，不论是考察一个仓促判决的案件，还是为某人或某个观点投票，你都不应该忘记批判的方法。它是迈向真理的一条路径。②

24

---

① 1914 年 7 月 13 日的演讲《历史批判与证据批判》（*Critique historique et critique du témoignage*）（Amiens，1914），5 页（手稿版藏于北卡罗来纳州达勒姆杜克大学图书馆）。1942 年，布洛赫在阐释"作伪就其本质来说，会引发再次作伪"的观点时，插入了德雷福斯事件中的各种伪证（《为历史学辩护》，88 页）。

② 马克·布洛赫，《历史批判与批判的证据》，7 页。

德雷福斯事件最终水落石出，这让很多已经归化的法国犹太人相信：任何势力——不论是教会、保皇派，还是它们在军队、城镇和乡村中的支持者——都无法剥夺一个世纪前法律赋予他们的自由。根据1789年的《人权宣言》，他们并不是寄居在法国的犹太人，而是"犹太裔法国公民"，其公民权利受到法律和政治程序的保护。作为回报，他们必须对渴望融入的祖国绝对忠诚。布洛赫在关键的青年时期，见证了这些理念所经受的考验和实践，对它们信心十足。

布洛赫在学业方面取得了显著的进步。他在名校路易大帝中学学习三年，于1903年通过了古典课程（文学与哲学）的毕业会考，等级是"优秀"。他每年都在班里名列前茅，曾获得过历史、法语、英语、拉丁语和博物学的一等奖学金。一年之后，他通过了巴黎高师严格的入学考试，其中历史科目的分数很高，还获得了奖学金。这时他还不满18岁，在文科预备班（巴黎高师预科）学习了仅仅一年。中学校长在给他写的推荐信中说，他是一名"优秀的学生，极具创造力，又不乏技巧性"；他是一个教授的儿子，"前途一片光明"。[1] 当年夏天，布洛赫开启了个人的首次英格兰之旅。这一年，英法两国签订"友好协约"（Entente Cordiale）。然而，让布洛赫印象深刻的并非张伯伦（Chamberlain）时期伦敦的繁华，而是泰晤士河边大量无家可归的失业人群。[2]

25

----

[1] 国家档案馆档案，61 AJ 233。路易大帝中学管理员为我提供了布洛赫在中学时的信息；也可参见国家档案馆档案，M1 318 1。有一件非常奇怪的事：《路易大帝中学：1563—1963年》（*Louis-le-Grand, 1563-1963*）（Paris，1963）纪念册上有一个被巴黎高师录取的毕业生名单，然而其中没有布洛赫的名字（189页）；里面还提到了布洛赫同时代人的回忆，如比他年长的拉乌尔·布朗夏尔（Raoul Blanchard）、比他年轻的莫里斯·博蒙（Maurice Baumont），他们都强调文科预备班非常严格（233～239、241～244页）。

[2] 布洛赫致安德烈·西格弗里德（André Siegfried）的信，1931年5月4日，巴黎国家政治科学基金会西格弗里德文稿（Siegfried papers，Fondation Nationale des Sciences Politiques）。

图七　1904 年晋升巴黎高师；马克·布洛赫坐在最右边

1904 年 11 月 1 日，布洛赫抵达位于乌尔姆街的巴黎高师，当年巴黎高师与巴黎大学合并。学校为整合两校的资源，进行了一系列改革。严格的寄宿学制被取消了；全体教员由学校任命；除涂尔干教授开设的必修课法国中等教育史外，高师学生所有的课程都在索邦。11 月 23 日，新任校长拉维斯在就职演讲中敦促高师学生，要努力让自己成为训练精良的教师，为国家服务。

事实上，1904 年的教育改革并没有达到预想的效果。虽然巴黎高师取消了自身的教师和课程，但仍保留了自己独特的学术氛围。在布洛赫学习期间，许多教授依旧在巴黎高师开设小班和研讨会。"高师精

26

---

① 演讲稿再版于《国际教育评论》(*Revue Internationale de l'Énseignement*)，1904（43，no. 2），481～494 页；也可参见加布里埃尔·莫诺(Gabriel Monod)：《巴黎高师的改革》("La réforme de l'École Normale")，载《历史评论》，1904（84），78～87、308～313 页。

神"并没有像一些人希望或害怕的那样随之消失。巴黎高师的入学门槛依然很高,吸引着第三共和国最优秀的年轻人,孕育了一批又一批的记者、政治家、法官、外交家和教师。①巴黎高师积极参政和报效祖国的传统得到了传承。在第一次世界大战中,有800多名"高师人"参军,其中239人壮烈牺牲。②

布洛赫在巴黎高师参加了一个精英团体,他们独特的表达方式、略带讽刺甚至偶尔刻薄的幽默,将他们与其他人区别开来。他们普遍使用亲密的第二人称"你"来称呼彼此,终生维持着良好的私人和职业关系。布洛赫与一些"高师人"保持了终生的友谊,如地理学家菲利普·阿波(Philippe Arbos,1882—1956),社会学家乔治·戴维(Georges Davy,1883—1950),汉学家葛兰言(Marcel Granet,1884—1940),古希腊学者、巴黎高师后来的图书管理员保罗·埃塔(Paul Etard,1884—1962),数学家保罗·列维(Paul Lévy,1886—1940),哲学家伊曼纽尔·勒鲁(Emmanuel Leroux,1883—1942),古典学者路易·塞尚(Louis Séchan,1882—1968),以及法学家雅克·玛斯格里(Jacques Massigli,1886—1971)。

在1904年入学的四十一名学生中,有十人于1914年至1919年去世,其中七人是布洛赫的好友。最有才华的三个人——安托万-朱尔·

---

① 罗伯特·史密斯:《巴黎高师与第三共和国》,72~78、84~86页。1904年改革还增加了一些走读生;1927年之后,女性终于被允许入学。
同为1904级的吕西安娜·高斯(Lucienne Gosse),在其回忆录《一个法国人的生平纪事:雷内·高斯(1883—1943)》(*Chronique d'une vie française*:*René Gosse*,*1883-1943*)(Paris,1962)36~59页中描绘了布洛赫读书期间巴黎高师学生生活的一些情形。
② 法国经历了1940年的溃败之后,有越来越多的"高师人"参与并领导着抵抗运动,他们拒绝与德国或维希傀儡政府合作。参见吕西安娜·高斯:《一个法国人的生平纪事》,355~421页;让·盖埃诺(Jean Guéhenno):《黑暗年代日记(1940—1944)》[*Journal des années noires*(*1940-1944*)](Paris,1947),313页;罗伯特·史密斯:《巴黎高师与第三共和国》,98、126~129页。

比安科尼（Antoine-Jules Bianconi，1882—1915）、马克西姆·大卫（Maxime David，1885—1914）和欧内斯特·巴布（Ernest Babut，1875—1916），均死在战场上，其中两人死于疾病。古代语言和语法专家卡西米·朱利安·瓦扬（Casimir Julien Vaillant，1883—1918），在战争结束前一个月去世，年仅 35 岁。当时，他刚刚接受了鲁昂（Rouen）中学副校长职位。在 1913 年至 1914 年，他和布洛赫曾在亚眠做过同事。埃米尔·贝施（Emile Besch，1884—1919）是布洛赫更为亲密的朋友。贝施年轻时患过肺结核，后来被迫放弃文学研究，在英吉利海峡的度假小镇贝尔克（Berck）生活了很长时间。在此期间，他拜访过以前的同学，并与之保持通信。战争期间，他在靠近前线的巴勒迪克（Bar-le-Duc）中学教过三年书，后来被迫撤退到了诺曼底的卡昂（Caen），继续从事阅读和写作。他本性有些消极，又为战壕中的朋友忧虑，再加上疾病的不断恶化，最终于 1919 年 3 月 14—15 日的夜晚，在贝尔克去世。布洛赫在一天之后复员。[①]

布洛赫在巴黎高师的生活一帆风顺，蒸蒸日上。一年后，他被授予了学士文凭（*licence*），其间他写过一篇论文，分析查理大帝时期牧师会教规中关于 *vassi* 和 *vassali* 的用法。在第二学年的后期，他在中世纪学者克里斯蒂安·普菲斯特（Christian Pfister）的指导下，完成了关于巴黎南部地区社会和经济史的论文，获得高级研究证书（*diplôme d'études supérieures*）。毕业时他以第二名的成绩，通过了历史和地理

---

① 布洛赫的诗歌《伟大的领袖比安科尼》（"Au magnifique cacique Bianconi"）和《纪念大卫》（"Davidiana"）以及贝施给他的信件和卡片，1909—1918，个人档案，《消失的记忆》（"Souvenirs sur les disparus"），艾蒂安藏品；也可参看一份未署名的讣告（布洛赫所写？）：《贝施（埃米尔）1884—1919》["Besch（Emile）1884-1919"]，见巴黎高师校友互助共济协会编：《年鉴》（Paris，1920），53～57 页；巴黎高师图书管理员 P. 帕蒂门金（P. Petitmengin）提供了相关信息，1984 年 7 月 14 日。在 1915 年 7 月 1 日的遗嘱（艾蒂安藏品）中，布洛赫提到了他在巴黎高师的朋友们。

学科的教师资格考试（agrégation）。①

　　布洛赫接受职业训练之时，正值法国历史学家进行自我评估的重要阶段。四十年前，以欧内斯特·勒南（Ernest Renan）为首的一批先驱者，致力于构建一门专业的历史学科，以客观性和科学性为准绳，将历史学家与同样记录过去的牧师、政治家、记者和业余爱好者区分开来。他们本着"批判的精神"，对历史学领域中常见的浪漫化和文学化倾向提出质疑。德国是他们效仿的榜样，因为那里资金充裕，大学和研究所的全职专家可以潜心学术，传道授业。②

　　19 世纪八九十年代，法国政府为了与教会和德意志第二帝国对抗，乐于接受改革家们提出的科学理念。早在在拿破仑三世的时候，法国就进行了各种改革；如今面临来自商业、科学以及学术界的压力，第三共和国开始启动高校体制的现代化改革。1884 年，哲学家、"高师人"路易·利亚尔（Louis Liard）被任命为教育部高等教育主管。利亚尔和以前的同事密切合作，筹备并引领了接下来十八年的教育制度改革。为解决越来越大的升学压力，他们对巴黎大学进行扩建，创建了一些省级中心，新增了不少教职和奖学金，课程的设置和考试形式也

---

　　①　普菲斯特致梯也尔基金会（Fondation Thiers）主席埃米尔·布特鲁（Emile Boutroux）的信，1909 年 3 月 3 日，国家档案馆档案，M1 318 1。布洛赫在巴黎高师的成绩单，见国家档案馆档案，61 AJ 17，186，233；布洛赫在索邦的成绩单，见国家档案馆档案，AJ 16 4966。

　　②　参见欧内斯特·勒南（Ernest Renan）：《学术改革与道德》（*La réforme intellec-tuelle et morals*）（Paris，1871）。也可参见马丁·西格尔（Martin Siegel）：《科学与历史想象力：1866—1914 年法国史学思想模式》（"Science and the Historical Imagination：Patterns in French Historiographical Thought，1866-1914"），2～121 页，博士学位论文，哥伦比亚大学，1965；威廉·凯勒：《学院与社团》，19～54 页；马克·布洛赫：《为历史学辩护》，80 页。

有所改变。① 由于历史在民族意识的形成过程中起着核心的作用，再加上勒南、拉维斯等历史改革家所做的巨大努力，这门学科在政府的大力扶植和庇护下，有了显著的发展。巴黎和外省的一些大学，新增了许多历史教师的岗位，其工资和研究津贴由政府资助。

虽然历史是这一系列改革的中心，但与数学、生物、物理、化学、医学等法国享誉世界的学科相比，历史学家很敏感地意识到自己的从属地位。古斯塔夫那一代的史学家以莫诺为首，他们竭力效仿甚至想要超越德国人；他们不断完善研究方法和技巧，在文本细读、研究和文体等方面，建立了一套严格的准则。莫诺是法国史学之父儒勒·米什莱(Jules Michelet)的学生，参加过格奥尔格·魏茨(Georg Waitz)在哥廷根举办的著名研讨班。即使库朗热、拉维斯等研究民族史的老一代权威，也希望进一步提升法国的学术水平。他们创立了许多学术团体，召开各种地区和全国性的会议，其史学观点集中体现在两种学术刊物上——《历史与文化评论》(*Revue Critique d'Histoire et de Littérature*)和《历史评论》。前者创办于第二帝国时期(1866)，专门刊登各种学术评论；后者由莫诺创办于1878年，汇集了一批最杰出的历史学家，代表了当时最先进的学术成果，对更"深入地理解民族史"起

---

① 乔治·魏茨：《1863—1914 年法国大学改革剖析》("The Anatomy of University Reform，1863-1914")，见唐纳德·N. 贝克尔、帕特里克·J. 哈里根(Donald N. Baker and Patrick J. Harrigan)编：《法国人的形成：1679—1979 年法国教育发展的新趋势》(*The Making of Frenchmen: Current Directions in the History of Education in France, 1679-1979*)(Waterloo，1980)，363～379 页；也可参见安托万·普罗斯特(Antoine Prost)：《1880—1967 年法国教育史》(*Histoire de l'enseignement en France, 1880-1967*)(Paris，1968)；弗里茨·林格(Fritz Ringer)：《近代法国的教育与社会》(*Education and Society in Modern France*)(Bloomington，1979)；乔治·魏茨：《1860—1885 年法国高校教师与大学改革的意识形态》("Le corps professoral de l'enseignement supérieur et l'idéologie de la réforme universitaire en France，1860-1885")，载《法国社会学评论》(*Revue Française de Sociologie*)，1977(18)，201～232 页。

了非常重要的作用。①

　　史学改革在制度上取得胜利之后，实证主义史学家不可避免地会产生各种派系，来自外部的质疑声也不期而至。德雷福斯事件是一块试金石，把 19 世纪七八十年代的政治共识敲得粉碎。老一辈历史学家信奉"德国探寻事实"的理论，然而 90 年代的一些新院士对此并不认同，他们甚至开始质疑历史的科学性诉求。1896 年至 1897 年，夏尔·瑟诺博斯（Charles Seignobos）和夏尔-维克托·朗格卢瓦（Charles-Victor Langlois）在索邦首次开设历史研究法的课程。一年后，他们出版了第一本法国历史培训指南——《历史研究导论》（Introduction aux études historiques），进一步激化了专家群体与批评者之间的争论。瑟诺博斯既反对历史通俗化、浪漫化的余毒，也反对学究们的迂腐之风。他认 *30* 为，如果要重构过去，需要对各种碎片式的文献进行梳理，但这绝不等同于科学家对现象的直接观察。在他看来，历史是研究者对苛刻的事实进行收集和综合的一个过程。② 朗格卢瓦和瑟诺博斯都是布洛赫的老师，他们强调文献的首要地位和个案的独特性。③ 瑟诺博斯在《当代欧洲政治史》（Histoire politique de l'Europe contemporaine）一书中，聚焦于个人和政治事件，重视宏大事件背后偶然性因素的作用。

　　德雷福斯事件引发了一系列新问题，也促使人们透过政治视角，揭示更深刻的社会、经济和文化进程，从而拓宽历史的研究领域。1896 年，莫诺主张历史不应该只关注伟人和大事，还应该考察庞大而

---

　　① 关于莫诺的信息，可参见《历史评论》，1876（1），38 页。《历史评论》与创办于 1866 年的天主教刊物《历史问题评论》（Revue des Questions Historiques）不同，它极力回避政治和宗教问题，在讨论时尽量"采用严谨的方法，避免先入之见"。参见《前言》（"Avant propos"），同上，1 页。

　　② 夏尔·瑟诺博斯：《适用于社会科学的历史研究法》（La méthode historique appliquée aux sciences sociales）（Paris，1901），1、3、5、116 页及以下各页。

　　③ 《历史研究导论》（Paris，1898），204、253、275 页。

又发展缓慢的制度，以及经济和社会状况。^①与前辈们相比，新一代史学家所秉持的共和观点更为激进。他们受饶勒斯《法国大革命：社会主义史》(*Histoire socialiste de la Révolution française*)的影响，开始质疑占据支配地位的主流政治史观。历史学家亨利·豪塞(Henri Hauser)和阿方斯·奥拉尔(Alphonse Aulard)试图在课程设置中加入社会和经济史；中世纪史专家费迪南·洛特(Ferdinand Lot)呼吁同行们更多地从事跨学科研究。1908年，一本面向经济和社会史的全新杂志问世。^②

在莱茵河另一侧的德国，卡尔·兰普雷希特(Karl Lamprecht，1856—1915)也在质疑占主导地位的学术机制，提倡一种"普遍史学"，试图将人类的一切活动囊括在内。兰普雷希特的观点引起了激烈的讨论，甚至在法国的刊物有所体现。比利时中古史专家亨利·皮朗(Henri Pirenne，1862—1935)是兰普雷希特的朋友和学生，他在传统派的国立文献学院(École des Chartes)和改革派的高等研究实践学院(École Pratique des Hautes Etudes)都有过求学的经历。他既受惠于法国的实证主义，也对其科学性的诉求持怀疑的态度。他才华横溢，一空依傍，在讨论西方城市文明的根基和比利时的历史时，超越了狭隘的民族视角和中古史的局限，开创性地采用人口统计学和经济史方面的研究。他重提米什莱的理念，宣称历史如同人类的精神一样微妙，

31

---

① 《历史评论》，1896(61)，325页。

② 该杂志最初的名称是《经济与社会视野下的历史评论》(*La Revue d'Histoire des Doctrines Economiques et Sociales*)，1914年改名为《经济史评论》(*La Revue d'Histoire Economique*)。费迪南·洛特：《法国高等教育状况》("De la situation faite à l'enseignement supérieure en France")，载《半月刊》(*Cahiers de la Quinzaine*)，1905—1906(ser. 7, 11)，136～138页。参见卢西亚诺·阿莱格拉、安杰洛·托尔(Luciano Allegra and Angelo Torre)：《法国社会史的兴起：从巴黎公社到〈年鉴〉》(*La nascita della storia sociale in Francia：Dalla commune alle "Annales"*)(Turin，1977)，158～162页；乔治·魏茨：《法国现代大学的兴起》，288～289页。

与人类瞬息万变的现实休戚相关。历史虽然不是一门精确的科学，但研究者应该认识到，自己的使命非常高贵，也很有必要性。皮朗在民族主义高涨的时期，依旧致力于促进学者之间的文化交流，是第一次世界大战前法德两国史学家沟通的枢纽。[①]

在历史学的一些姊妹学科中，法国学者开始撼动德国人的统治地位，并且对研究方法和目的进行重估。保罗·维达尔·德拉白兰士（Paul Vidal de la Blache，1845—1918）引领人文地理学的新流派。1891年，他与人合创刊物《地理学年鉴》(Annales de Géographie)；1903年，他完成了《法国地理学概论》(Tableau de la géographie de la France)，对法国的自然特征作出了新颖的解释。他还否定了德国人所迷恋的地理决定论，因为这经常会被用来为民族扩张、人类不平等、财富不均等现象做辩护。维达尔是一个坚定的共和主义者、一名娴熟的地图制作师；他深受亚历山大·冯·洪堡（Alexander von Humboldt）所代表的旧传统的影响，强调人与环境的相互依存和联系。他充分借助历史和其他学科，试图创建一种与历史关系密切的、全新的地理学。这门学

32

---

① 雅罗斯拉夫·库德纳(Jaroslav Kudrna)：《1900年关于法国史学方法论争的几个问题》("Zu einigen Fragen des Methodenstreits in der französischen Historiographie um 1900")，载《史学史》(Storia della Storiografia)，1983(3)，62~78页；路易斯·肖恩-舒特(Luise Schorn-Schütte)：《卡尔·兰普雷希特传》(Karl Lamprecht)(Göttingen, 1984)，287~337页；彼得·格里斯(Peter Griss)：《卡尔·兰普雷希特思想述评：处在"美好时代"现代化进程中的历史观》(Das Gedankenbild Karl Lamprechts: Historisches Verhalten im modernisierungsprozess der "Belle Epoque")(Berne, 1987)；布莱斯·李昂(Bryce Lyon)：《1894—1915年亨利·皮朗致卡尔·兰普雷希特的信》("The Letters of Henri Pirenne to Karl Lamprecht 1894-1915")，见《西欧中世纪制度研究》(Studies of West European Medieval Institutions)(London, 1978)，161~231页；也可参见布莱斯·李昂：《亨利·皮朗与〈年鉴〉历史的起源》("Henri Pirenne and the Origins of Annales History")，载《学术年鉴》(Annals of Scholarship)，1980(1)，69~84页。布洛赫在对兰普雷希特的看法上，表现出一定的矛盾心态，参见《为历史学辩护》，153页；他对皮朗非常赞赏，参见该书48、81、162页。

科并非建立在民族中心论或铁律的原则之上，而是以潜心的研究为基础，灵活地运用跨学科、比较的方法。①

对社会语言学家安托万·梅耶（Antoine Meillet，1866—1936）来说，比较的方法极为重要。德国学者长期将语言与地形、气候等因素联系起来，以此来支撑他们关于社会发展和统治的理论。在梅耶看来，语言是特殊群体的"即兴创作"，受现实中各种不可测的因素制约，是一种跨时空的传递。因此，人类无法准确地再现语言流传和转换的过程。他在研究外来词、古语词和"边缘的"语言群体方面，具有创造性的贡献，为修正和完善地名学（toponymy）提供了帮助。但是他依然坚持认为，自己的科学研究最终取决于概率和可能性。②

另一个"高师人"柏格森，是第一次世界大战前法国最有影响力的知识分子之一。1904 年，他荣升为法兰西公学院的院士，他在那里面对着广大听众，对实用主义哲学进行了全面的批判。柏格森的一些概念，如绵延和运动、记忆和感觉、科学和直觉等，为历史现实提供了一个全新的维度。他给布洛赫那一代人的启示是，不能人为地将过去分解或切割成某些时间周期和空间格局，应该使用"变量"的尺度和宽泛的区间，从 33

---

① 阿尔贝·德芒戎（Albert Demangeon）：《保罗·维达尔·德拉白兰士》（"Paul Vidal de la Blache"），载《大学评论》（*Revue Universitaire*），1918 年，4～15 页。《法国地理学概论》从属于拉维斯主编的《法国史》丛书，耗费了维达尔十年的时间，他对弗雷德里希·拉采尔（Friedrich Ratzel）的《政治地理学》（*Politische Geographie*）（Leipzig，1897）进行了翔实的批判。布洛赫对该书极为欣赏："人类本身不就是大自然中最大的变量吗？"他与维达尔的学生吕西安·加卢瓦（Lucien Gallois）曾是同学（《为历史学辩护》，125、159～160 页）。

② 安东尼·梅耶：《词语如何改变意义》（"Comment les mots changent de sens"），载《社会学年鉴》，1904—1905（9），1～38 页；也可参见《印欧语比较研究导论》（*Introduction à l'étude comparative des langages indoeuropéennes*）（Paris，1903）。关于布洛赫的认同和评价，可参见《为历史学辩护》，97、101、107～109、130～133、166 页。

而更贴近人类的时间和现实，这是他们学科的最终目标。[1]

哲学家、社会学家涂尔干及其信徒，对学院派史学家作出的贡献最为直接，构成的挑战也最尖锐。涂尔干将法国社会科学从"德国垄断"的格局中解放了出来，并将靶子对准了实证主义者。他在创刊于1896年的《社会学年鉴》(Année Sociologique)上，在各种各样的演讲和作品中，极力批评法国历史学家：他们对德国人亦步亦趋，漫无目的地收集事实，却从来没有一个可靠的理论能解释人类的发展。涂尔干希望社会学成为学术综合体中的基础学科，历史学则主要起辅助作用，如收集数据、创建年表、关注个体等。[2]

历史学与社会学之间的争论爆发于1903年，在接下来的五年中愈演愈烈，其代表人物分别是瑟诺博斯和涂尔干。1903年1月，涂尔干派经济学家弗朗索瓦·西米昂(François Simiand，1873—1935)在法国近代史学会(Société d'Histoire Moderne)面前，不仅反驳了瑟诺博斯对社会科学的诸多指责，而且对瑟诺博斯等人从事的历史学科发起了猛烈的攻击。他指出历史学家有三个"偶像"：政治偶像(沉迷于政治事件之中)、个人偶像(将历史等同于某个伟人的活动)，以及编年纪事偶像

① 马克·布洛赫：《为历史学辩护》，153页。参见 C. 罗兹(C. Rhodes)：《法国史学思想的革命：涂尔干社会学主义作为从历史主义史学到〈年鉴〉转变的主要因素(1868—1945)》("The Revolution in French Historical Thought：Durkheim's Sociologism as a Major Factor in the Transition from Historicist Historiography to the Annales School：1868-1945")，159～177页，博士学位论文，加州大学洛杉矶分校，1974。

② 埃米尔·涂尔干：《社会学年鉴》序言，见柯特·沃尔夫(Kurt Wolff)：《埃米尔·涂尔干(1858—1917)》(Emile Durkheim, 1858-1917)(Columbus, 1960)，341～353页；乔治·戴维：《埃米尔·涂尔干》("Emile Durkheim")，载《形而上学与伦理学评论》(Revue de Métaphysique et de Morale)，1919(26)，181～198页；罗伯特·N.贝拉(Robert N. Bellah)：《涂尔干与历史》("Durkheim and History")，见罗伯特·A. 尼斯比特(Robert A. Nisbet)编：《埃米尔·涂尔干》(Emile Durkheim)(Englewood Cliffs, 1965)，153～176页。布洛赫对涂尔干的评价，参见《为历史学辩护》，63、123页。

（关于"起源"的错误成见）。①

1906 年 5 月，双方的争论持续升温。在法国哲学协会（Société Française de Philosophie）的一次会议上，西米昂提出了历史学家的四条"法则"②。一年之后，瑟诺博斯开始回击。古斯塔夫等历史学家则采取了中立的态度，他们认为虽然历史学中存在一定的"法则"，但它们往往只能用来分析相对简单的现象，而且很容易发生改变。在两派激烈交锋一年之后，古斯塔夫不但批评瑟诺博斯视历史为偶然事件的观点，而且也抨击涂尔干将人类复杂的心理客观化的主张。社会学家大致形成了统一的战线，但历史学家却存在各种各样的分歧。一门根深蒂固的学科在不同的历史时期，必然会面临诸多批评和异议。③

真正为历史学解围的是亨利·贝尔（Henri Berr，1863—1954），然而他并不是历史学家。在他看来，历史是一股统摄人类知识的力量。贝尔曾在巴黎高师学习哲学，是亨利四世中学的修辞学教师，他于 1900 年创办《综合历史评论》（Revue de Synthèse Historique）。他认为，过度专业化会让学术变得越来越狭隘，他希望以"综合"的名义将人文科学统一起来。他的评论面向各个学科的专家，甚至是兰普雷希特和

---

① 弗朗索瓦·西米昂：《历史方法与社会科学》（"Méthode historique et science sociale"），载《综合历史评论》，1903(6)，1～22，129～157 页。西米昂是正统经济学和讲坛社会主义（Kathedersozialismus）的强烈批评者，他认为二者都很肤浅，带有民族主义者的偏见。他在经济分析中，注重历史和社会阶层的影响。参见 B. 达玛拉斯（B. Damalas）：《弗朗索瓦·西米昂学术作品集》（L'oeuvre scientifique de François Simiand）（Paris，1943）；也可参见马克·布洛赫：《薪酬与长期的经济波动》（"Le salaire et les fluctuations économiques à longue période"），载《历史评论》，1934 年 1—6 月(173)，1～31 页；《为历史学辩护》，56、103～104、157、159 页。

② "(1)将宽泛的术语精确化；(2)充分考虑各种因素的作用；(3)用直接的原因进行解释；(4)只有在观点与事实不符的时候，才去寻找原因。"参见《法国哲学协会通讯》（Bulletin de la Société Française de Philosophie），1906 年 5 月 31 日(6)。

③ 《法国哲学协会通讯》，1908 年 5 月 28 日(8)。

贝内德托·克罗齐（Benedetto Croce）等国外的学者；评论中经常充满各种激进的、有争议的词汇和段落。1904年，贝尔就当代研究和教学中存在的问题征求法国历史学家的建议，但是大多数人对方法论以及历史与其他学科的关系并不感兴趣。

贝尔的史学观具有创新性，在很大的程度上也能自圆其说，却游离于主流的学术圈之外。1905年，贝尔与法兰西公学院院士失之交臂，更为传统的莫诺得以当选。尽管如此，贝尔的杂志对年轻的历史学家影响很大。吕西安·费弗尔（Lucien Febvre，1878—1956）曾对自己的专业很失望，认为它尽是一些陈词滥调。1902年，他在巴黎高师的图书馆看到了贝尔创办的杂志，从此又燃起了对历史的激情。①

布洛赫亲历了这场纷争和论证，他的历史观在二十一—二岁的时候就已形成。②他深受时代的影响，将历史学与科学进行了比较。布洛赫认为，历史学与化学和生物学不同，不会涉及太多的分析和归类，它本质上是一个描写和叙述的过程。与瑟诺博斯相似，布洛赫主张一切学术研究都关注"事件"和"现象"：前者是一组事实的随机组合，相互之间的联系是暂时的；后者则是在对相关事件的分析之后才会产生。

布洛赫的看法与父亲类似，认为科学家考察的是相对简单的现象，他们可以进行概括，并给出一些解释；这些现象只是单方面地作用于

35
·

---

① 贝尔关于《综合历史评论》的声明，黛博拉·H. 罗伯茨（Deborah H. Roberts）译，见弗里茨·斯特恩（Fritz Stern）编：《历史种种》（*The Varieties of History*）（New York，1956），250～255页；吕西安·费弗尔：《从〈综合历史评论〉到〈年鉴〉》（"De la *Revue de Synthèse Historique aux Annales*"），载《经济、社会与文明年鉴》（*Annales：Economies，Sociétés，Civilisations*），1952（7），289～292页；马丁·西格尔：《亨利·贝尔的〈综合历史评论〉》（"Henri Berr's *Revue de Synthèse Historique*"），载《历史与理论》（*History and Theory*），1970（9），322～334页；马克·布洛赫：《为历史学辩护》，115～116、125～126、129～130、144页。

② 笔记上标注的时间是"1906年"和"1907年10月"，艾蒂安藏品。

观察者的意识。在布洛赫看来，历史学主要研究的是"心理"现象，它们同时作用于主体和观察者，因此几乎可以有无穷无尽的解释。①

这种概括的过程会受到众多因素的阻碍，如现实因素、人为因素，以及历史学本身所具有的特征——编年性、实证性和综合性等。尽管如此，这门学科仍然具有一些科学性的特征。布洛赫采取中立的立场看待瑟诺博斯与涂尔干之间的争论：他反对"错误地"区分社会和个人，因为社会不仅仅是"一群个人"。实际上，两者都遵循一定的"法则"，也存在一些重合的地方。布洛赫认为，有两个领域适合建立永恒的法则，即语言学和经济现象学（"人类对物质客体的利用"），这也是历史科学性特征的基础。在他一生的历史研究中，这两个领域始终处于中心的地位。②

布洛赫反对打着科学名义的"政治经济学"，因为这门学科被德国人所垄断，逻辑上不够严谨，充斥着各种错误。1908 年至 1909 年，布洛赫在德国读书期间，曾与占统治地位的经济史专家有过密切的接触。他在柏林大学时，修过马克斯·泽林（Max Sering）和鲁道夫·埃伯施塔特（Rudolf Eberstadt）的课；他在莱比锡大学听过卡尔·布歇尔（Karl Bücher）的课。布洛赫非常欣赏布歇尔"系统化"的学问，但对其形而上学的嗜好也有所批评：布歇尔在阐释经济发展的时候，总是借助于达尔文主义的理论框架，而且迷恋社会阶级的铁律，这往往与事实不符。③

① 参见马克·布洛赫：《为历史学辩护》，157 页："现实几乎为我们提供了无限的可能性，它们共同作用在同一现象上"；《为历史学辩护》，157～158 页："从本质上说，历史事实是人类心理上的事实。因此，人们可以在其他的心理事实中找到它的前提"。

② 马克·布洛赫：《为历史学辩护》，108～109 页。

③ 马克·布洛赫：《卡尔·布歇尔》（"Karl Bücher"），载《经济与社会史年鉴》（*Annales d'Histoire Économique et Sociale*），1932(4)，65～66 页。关于他的学习情况，参见洪堡大学档案馆馆长萨克博士（Dr. Kossack）致笔者的信，1983 年 8 月 31 日，1984 年 2 月 15 日，以及莱比锡马克思大学档案馆施文德勒（Schwendler）博士的信，1983 年 11 月 4 日，1984 年 2 月 28 日。

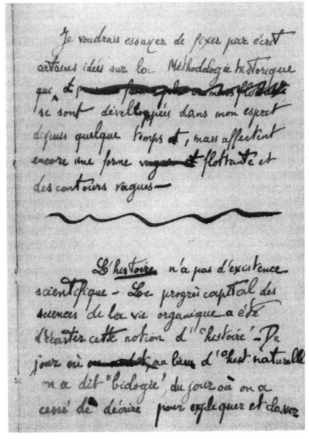

　　　　　　　　　　图八　布洛赫关于历史的思考，1906 年

　　在年轻的时候，布洛赫曾思考过历史学家的研究方法。他拒绝研究荒诞、复杂的问题，反对诸如"路易六世时期"这样武断的划分。①

---

　　① 参见马克·布洛赫：《为历史学辩护》，148 页："我们应该按照现象本身来划分适当的阶段。"

然而，在一年后的教师资格考试中，他却遇到了一些仍囿于传统时间和地理范畴的问题，比如，该犹斯·格拉齐(Caius Gracchus)统治时期的政治生活，第四次十字军东征在希腊帝国衰亡过程中的作用，路易十四统治下的教会和国家。[①]

为消除历史学家各自为政的现状，解决技术上的短板，布洛赫呼吁建立问卷调查的标准。由研究者群体设计和管理的调查问卷，可以为史学家提供有用的证据，修正一些错误理论。三十年后，身为《年鉴》杂志主编的布洛赫，怀着同样的目的发起了问卷调查。[②] 38

在传统史学家与社会科学家之间、"文化"与专业化之间、大众普及者与渊博的学者之间，一直存在着各种激烈的争论。布洛赫像他父亲那样，始终采取中立的立场。由于和上一代学者隔着足够的距离，他可以很好地考察"前科学时期"伏尔泰和米什莱的作品。布洛赫不喜欢勒南，因为他的历史野心过于膨胀。布洛赫对于库朗热给予了高度的评价(他父亲的书房里挂着库朗热的头像)，认为他几乎能与朗格卢瓦和瑟诺博斯相媲美。[③]

布洛赫从巴黎高师毕业时，年仅 22 岁。他选修的课程包罗古今，

---

① C. V. 朗格卢瓦(C. V. Langlois)：《历史和地理教师资格考试：1908 年会考》("Agrégation d'histoire et de géographie：Concours de 1908")，载《大学评论》，1908(17，no. 2)，277～293 页。

② 参见《经济与社会史年鉴》，1929(1)，60～70、390～398 页；《经济与社会史年鉴》，1932(4)，370～371 页；也可参见马克·布洛赫：《为历史学辩护》，66 页。

③ 马克·布洛赫：《福斯泰尔·德·库朗热：研究法国起源的历史学家》("Fustel de Coulanges, historien des origines françaises")，载《法国阿尔萨斯》(L'Alsace Française)，1930(19)，206～209 页，以及《福斯泰尔·德·库朗热》("Fustel de Coulanges")，见《社会科学百科全书(1931 年)》(Encyclopedia of the Social Sciences, 1931)卷六，543 页；马克·布洛赫：《为历史学辩护》，35、80～81、129、138 页。类似的观点参见朱尔·伊萨克(Jules Isaac)：《我的生活经历(卷一)》(Expériences de ma vie，I)(Paris, 1959)，258～266 页。

注重各种因素的平衡，既有专业课，也有基础课；既有时髦课，也有经典课。他认为历史学家的任务在于系统地阐释一些有用而又适当的问题，为综合精神寻找基础。为此，历史学家应该超越瑟诺博斯的局限，摒弃社会科学家的成见。布洛赫在评价前人时，批评方法也日益完善。在他看来，历史学家与生物学家有点相似，他们虽然具有极好的显微镜，却不知道该用来研究什么。①

---

① 参见马克·布洛赫：《为历史学辩护》，80 页："研究工作经常是漫无目的，并不明确其用途何在。"另请参见该书 42、76、129、146、155 页。

第三章　青年史学家

一本真正有趣的书，不是应该能引人深思，激发问题，甚至提出
异议和批评吗？[①]

在第一次世界大战爆发前的十年里，法国的民族主义开始复兴。 39
莫里斯·巴雷斯(Maurice Barrès)、夏尔·莫拉斯(Charles Maurras)和
莱昂·都德(Léon Daudet)等人的作品，就是极好的例证。这在政治上
的表现则是"法兰西行动"(Action Française)。这不仅仅是德国武力威
胁的产物，君主制、天主教和军国主义的复兴也起了非常重要的作用。
与上一代人相比，"1905年一代"更为保守。这些即将奔赴第一次世界
大战战场的年轻人，推崇勇气、个人主义和创造力，尊重权威和传统，
以身着戎装为荣。1910年的索邦，到处弥漫着对朗格卢瓦、瑟诺博
斯、涂尔干等学者"阿加东"式的批判[②]，人们指责他们用科学主义和
专业知识腐蚀高师。1912年，四十名"高师人"公开声称自己是天主教

---

① 布洛赫为费弗尔《弗朗什-孔泰史》(*Histoire de Franche-Comté*)所写的书评，载
《综合历史评论》，1914(28)，356页。

② 阿加东("Agathon")是法国作家亨利·马西斯(Henri Massis)和阿尔弗雷德·德
塔尔德(Alfred de Tarde)的笔名，两人攻击巴黎大学以科学的方法来研究文学，认为社
会的弊病来自于路德、笛卡儿和卢梭的个人主义，对改良、革命、浪漫主义进行激烈的批
判，主张恢复古典主义时期忠君爱国的民族精神，捍卫传统、天主教和理性主义。——译
者注

图九 巴黎：苏福洛路(Paris：rue Soufflot)，约1910年

徒，占学生总数的三分之一——1905年时还只有三四个人。[1]

布洛赫在巴黎高师学习历史专业。1908年毕业后，他前往德国柏林和莱比锡求学。在此之前，他曾申请梯也尔基金会(Fondation Th-

---

[1] 阿加东：《新索邦精神》(*L'esprit de la Nouvelle Sorbonne*)(Paris，1911)；《今日青年》(*Les jeunes gens d'aujourd'hui*)(Paris，1913)。也可参见菲利斯·H. 斯托克(Phyllis H. Stock)：《第一次世界大战前巴黎的学生与高校》("Students versus the University in Pre-World War Paris")，载《法国历史研究》，1971年秋(7)，93~110页；罗伯特·沃尔(Robert Wohl)：《1914年一代》(*The Generation of 1914*)(Cambridge，1979)，5~18页；H. 斯图亚特·休斯：《意识与社会》，342~358页；尤金·韦伯：《1905—1914年法国民族主义的复兴》(*The Nationalist Revival in France，1905-1914*)(Berkeley and Los Angeles，1959)。反犹太主义的兴起，见安德烈·纪德(André Gide)：《1889—1949年日记》(*Journals，1889-1949*)，贾斯汀·奥布莱恩(Justin O'Brien)编、选、译(Harmondsworth，1967)，1914年1月24日，194~196页；罗曼·罗兰(Romain Rolland)：《约翰·克里斯朵夫》(*Jean Christophe*)，吉尔伯特·甘南(Gilbert Gannan)译(New York，1938)，384~388页。

iers)的奖学金，但终因竞争激烈而失败。他在莱茵河彼岸求学时，经历了波斯尼亚危机和《每日电讯报》(*Daily Telegraph*)事件——这是"威廉帝国"(Wilhelmian Reich)在外交和制度上动荡的缩影。1909 年春，布洛赫回到巴黎，再次申请梯也尔奖学金。他参加了体检和由法兰西学院杰出成员组织的面试，短暂地投身于学术政治争论中。这一次他获得了成功。他曾在莱比锡有过短暂的停留，于夏日返回巴黎。①

梯也尔基金会成立于 1893 年，由法国政治家、历史学家梯也尔 (Adolphe Thiers)的遗孀创建，旨在资助杰出的青年学者撰写博士论文。它每年资助五个人，最长可达三年。在获奖者中"高师人"往往占很大的比重，布洛赫获奖的那一年，有三个人来自巴黎高师。作为一名常驻学者，布洛赫不仅能享受到专设的府邸、优厚的奖金、与同人们交流的机会，而且他还可以利用国家档案馆、图书馆以及周边各市政部门的丰富收藏。②

布洛赫的博士论文主要研究 12、13 世纪巴黎乡村农奴制的消亡史。他充分利用庄园和教会的各种资料，首次从社会、经济和法律等方面，对特定地区农奴解放的历史进行了系统的考察。③

早在 1907 年，布洛赫就对此有过初步的研究。为撰写学位论文，他曾在国家档案馆研究过巴黎圣母院南方牧师会的财产契约。他的结

---

① 布洛赫致梯也尔基金会主席布特鲁(Boutroux)的信，1909 年 3 月 29 日，以及致乔治·戴维的信，未标明日期(1909 年 3 月?)，国家档案馆档案，M1 318 1，387—388，432，437，439；也可见贝施致布洛赫的信，1909 年 4 月 9 日，6 月 14 日，8 月 23 日，艾蒂安藏品。

② 艾德姆·塔西、皮埃尔·莱利(Edme Tassy and Pierre Léris)：《法国知识分子的学术资源》(*Les ressources du travail intellectuel en France*)(Paris，1921)，312 页；也可参见《梯也尔基金会名录》(*Annuaire de la Fondation Thiers*)(Paris，1910-1913)。

③ 普菲斯特致布鲁特的信(第一次申请)，1908 年 5 月 1 日；国家档案馆档案，M1 318 1，433—436；关于布洛赫的更多资料参见《法兰西岛》("L'lle-de-France")，见布洛赫：《历史作品集》第二卷(*Mélanges historiques* II)(Paris，1963)，754～764 页。

论很有创见，受到了导师普菲斯特的首肯。普菲斯特（1857—1933）也是一位阿尔萨斯流亡者，曾与来自东部的爱国者庞加莱（Raymond Poincaré）在皇家中学结下了深厚的友谊。普菲斯特在巴黎高师求学期间，师从福斯泰尔、拉维斯和莫诺等人，后来在贝桑松和南锡（Nancy）执教十六年。1902 年，普菲斯特回到巴黎，结识了更为保守的中古史学家朗格卢瓦。他向梯也尔基金会大力举荐布洛赫：如果布洛赫在德国，那么他关于乡村经济转型的研究必然会得到肯定，而且会大受欢迎；但是在库朗热之后的法国，这一课题却一再受到忽视。[①]

布洛赫在第一部重要的历史著作中，采用了全新的研究方法，收集了大量材料，甚至敢与德国学者相抵牾。他探讨的主题是农奴解放：其发生于何时、何地？以何种方式和速度展开？主要的条件和连带的问题又有哪些？布洛赫申请奖学金时强调的几个兴趣点，清晰地表明他对动态的历史演变情有独钟：（一）领主与农民关系的转变：从前者对后者身体和财产的全面占有转变为布洛赫所谓的收租者（rentier）和佃户（petit propriétaire）的关系；（二）乡村经济的转变：乡村在城市的资助下，开始引进货币与信贷体系，使农民的自由和领主的经济利益得到了保证（莱比锡大学教授卡尔·布歇尔称之为"中世纪经济革命"，即乡土化的市场、标准和理念为城市化所取代）；（三）人口结构的转变：从几乎静态的乡村群体转变为流动的劳动力（布洛赫在之前基于籍贯的姓氏研究中已有所提及）；（四）农民对领主法律义务的转变：从原来任意、多变的形式转变为每年固定征收的人头税。[②]

---

① 普菲斯特致布鲁特的信，1908 年 4 月 28 日，国家档案馆档案，M1 318 1，431。关于布洛赫论文的报道（1907 年 4 月），国家档案馆档案，61 AJ 186（其他的读者是朗格卢瓦、加卢瓦和古斯塔夫）。马克·布洛赫：《克里斯蒂安·普菲斯特（1857—1933）全集》（"Christian Pfister, 1857-1933：Les oeuvres"），载《历史评论》，1933（172），563~570 页。

② 布洛赫致布鲁特的信，1908 年 5 月 1 日，国家档案馆档案，M1 318 1，435—436。

布洛赫在从事研究时，有意识地采用涂尔干学派推崇的比较法。他在众多前人研究的基础上，考察了法国农奴制消失较早的地区（诺曼底）、较晚的地区（勃艮第）以及国外的类似地区。布洛赫坦承，自己缺乏治思想史的经验。但是，思想的世界会影响一切"社会转变"（他将之笼统地表述为"新观念"的结果或目标），因此他宣称自己要爬梳当代的宗教文本，尤其是布道辞，以期发现更重要的脉络和线索。①

随之，布洛赫迎来了欢乐而又卓有成效的三年。在 23 岁到 26 岁 43 的时候，他已成为一个专职研究者，完全不用担心个人生计和教学压力；而且在一个人口超过二百五十万的现代都市，他可以近距离地接触所需要的各种材料。他当时住在奥尔良大道（avenue d'Orléans），离父母和哥哥的住处都很近。布洛赫与戴维、葛兰言以及古希腊研究专家路易·热尔内（Louis Gernet）——布洛赫在巴黎高师的朋友、梯也尔基金会的同事——之间的交流日益密切，个人生活更加丰富多彩。这几位学者精力充沛，富有开拓精神，经常在堆满图书和笔记的书案前埋头苦读。布洛赫从父亲那里学会了一套适用于学术研究的分类体系，这让他受益终生，庞杂的学术工作因此而变得井井有条。②

布洛赫的博士论文进展非常缓慢。第一年，他收集整理了很多法兰西岛（Ile-de-France）农奴制演变的地图，考察过农奴制自身的发展演

---

① 布洛赫致布鲁特的信，1908 年 5 月 1 日，国家档案馆档案，M1 318 1，435—436。参看《宗教生活》（"Vie religieuse"），国家档案馆档案，AB XIX 3827。

② 贝施致布洛赫的信，1910 年 6 月 29 日，10 月 26 日，1911 年 1 月 6 日，5 月 30 日，12 月 13 日，艾蒂安藏品；乔治·戴维：《作为个人与社会学家的路易·热尔内》（"Louis Gernet, l'homme et le sociologue"），见马塞尔·巴塔永（Marcel Bataillon）等：《悼念葛兰言》（*Hommage à Louis Gernet*）（Paris，1966），8 页。关于布洛赫、热尔内、葛兰言之间的关系，见雅克·勒高夫（Jacques Le Goff）为布洛赫的书《国王神迹》所写的序言，iv～v 页。布洛赫的学术文件（国家档案馆档案，AB XIX 3796—3852），按照一种精细的、主题的分类体系进行整理；在一些重复利用的文件中，有他父亲的样稿，二者的组织结构非常相似。

变。作为一种制度，农奴制几乎完全建立在习俗之上，随着时间和地域的变化而有所差异，是古代奴隶制残余和中世纪附庸制相结合的产物。①

此外，布洛赫还考察了一系列与农奴制相关的问题——它们也成为他终生的兴趣所在，如封建法制的形式和实践，古代奴隶制的终结，封建主义的源头，什一税的发展演变，贵族的特征，牧师在社会和经济中的地位，商业、货币和信贷的发展演变，古罗马到中世纪以来城市社会的历史，中世纪艺术、文学和建筑中的社会和政治维度。②

布洛赫后来作品中的一些元素，在这个时候开始出现。他在评论库朗热有关法国农村社会特征的研究时，专门考察了圈地与敞田的区别。③他站在大师的肩膀上，进一步考察近代法国的起源；在民族认同的问题上，他对风行一时的种族理论进行了严厉的批评。④布洛赫是一个不折不扣的比较历史学家，研读过英德两国法律、社会和经济史的基本文献。⑤同时，他还是一名区域史研究专家，对巴黎周边的乡村地区进行了详尽的考察，比如11、12世纪的开荒运动——后来导致了大型种植园的出现，促使教会主要领地形成的宗教活动，新型城

---

① 梯也尔基金会主席为董事会做的年度报告，1910年10月1日，国家档案馆档案，M1 318 1，450—451。

② 年度报告，1911年10月1日，1912年10月1日，国家档案馆档案，M1 318 1，452—453。国家档案馆档案，AB XIX 3796，3798—3799，3801—3802，3804—3810，3811—3815，3820—3823，3833—3834，包含了布洛赫这一阶段的研究记录。

③ 国家档案馆档案，AB XIX 3846，3851，以及布洛赫：《关于两部历史作品和乡村经济的札记》("Note sur deux ouvrages d'histoire et d'économie rurales")，载《综合历史评论》，1913(27)，162～167页。

④ 国家档案馆档案，AB XIX 3828；A. 郎格农(A. Longnon)为《法国国籍的起源和形成》(Origine et formation de la nationalité française)(Paris，1912)所写的书评，载《综合历史评论》，1912(25)，365页。

⑤ 国家档案馆档案，AB XIX 3808—3809，3934；相关评论见《综合历史评论》，1912(24)，417页；《综合历史评论》，1912(25)，105～107、244页。

镇的发展，巴黎的经济影响力，该地区的城堡、教会、地形和气候等特征。此外，他还将这里与法国其他地区以及国外进行比较。[1] 在奖学金即将到期之时，他对卡佩王朝（Capetians）后期的农民政策产生了兴趣，这也成为他的博士论文《国王与农奴》的灵感来源。第一次世界大战结束之后，他才完成了博士论文。[2]

从这一阶段布洛赫发表的文章中，我们可以看出他对原材料的批评视角和处理技巧，以及对主要问题提炼和分析的能力。布洛赫的第一篇文章《卡斯蒂利亚的布朗歇与巴黎牧师会的农奴》（"Blanche de Castille et les serfs du chapitre de Paris"），"纠正"了两篇 14 世纪王权纪事中的不实之处。这两篇作品记述了被困于圣母修道院里的农民获得自由的过程，但夸大了 1251 年至 1252 年王后谕令所起的作用。布洛赫追根溯源，指出这次逮捕事件起因于修道院教士与奥利（Orly）农奴之间的税收争端，后来王室出面干预，作出了对反抗者不利的判决，但他们最终获得了解放。作为一名年轻的历史学家，布洛赫将自己的专长展示得一览无余。他揭示出 13 世纪中期巴黎地区在法律、政治、经济和社会等层面上的奴役状态，剖析了农奴解放运动的复杂性：野心勃勃的巴黎资产阶级和王室官员，如何增强了农民对自身解放的渴望？受财政危机和王室税收逼迫的教会庄园主们，在剥削农民的问题上存在着何种分歧？一个相对孱弱的王权面对不同主体之间的争端时，用什么样的方式来维护自己的司法权？[3]

45

---

[1] 国家档案馆档案，AB XIX 3813，3816，3833，3848。

[2] 国家档案馆档案，AB XIX 3830。梯也尔基金会主席的年度报告，1911 年 10 月 1 日。国家档案馆档案，M1 318 1，452。

[3] 《巴黎及法兰西岛历史学会论文集》（*Mémoires de la Société de l'Histoire de Paris et de l'Ile-de-France*），1911（38），224～272 页；重印本见布洛赫：《历史作品集》第一卷（*Mélanges historiques* I）（Paris，1963），462～490 页。

布洛赫对考据工作情有独钟，但绝非为考据而考据。19 世纪后期，法国涌现了一大批区域史专家，但他们往往热情有余，知识储备不足，文献考据则能有效地矫正这一弊端。布洛赫在《瑟尼还是塞林》（"Cerny ou Serin?"）一文中，运用古文字学和地理学的技巧，纠正了一个区域史研究专家的错误。该学者提到一个领主曾于 1345 年释放了自己的所有农奴，但是他把地名弄错了。① 此外，布洛赫还利用文献阐释了一些很有意思的问题。在《古代封建法下臣服礼破裂的形式》（"Les formes de la rupture de l'hommage dans l'ancien droit féodal"）一文中，布洛赫借助大量的文本分析，再现了象征封建关系破裂的仪式，即一方在另一方的面前扔掉或折断一根或一缕稻草。在现实生活中，这种看似普遍的仪式又各有差异。由此可见，封建主义在法律和现实中并非铁板一块。布洛赫对于资料的来源非常慎重，虽然有证据显示法兰克人解除家庭纽带束缚时的方式与之类似，但布洛赫不像德国学者那样草率，并未将日耳曼的先祖放置到六个世纪之后才发展起来的封建仪式名下。②

　　在这个阶段，布洛赫的代表作是一篇有关法兰西岛的论文，这是研究这一主题的第一篇学术作品。这种地域研究在 1903 年至 1913 年之间达到了高潮。在贝尔主编的《综合历史评论》杂志上，刊登了一系列名为《法国各个地区》（"Les régions de la France"）的文章。③ 贝尔之所以推出这个系列，是因为他相信这是认识"历史群体心理"的一种方

46

---

　　① 《加蒂奈地区考古与历史学会年鉴》（Annales de la Société Historique et Archéologique du Gâtinais），1912(30)，157～160 页。

　　② 《法国内外法制史新论》（Nouvelle Revue Historique de Droit Français et Etranger），1912(36)，141～177 页。

　　③ 《综合历史评论》，1912(25)，209～233、310～339 页；《综合历史评论》，1913 (26)，131～199、325～350 页。作为独立论文出版的《法兰西岛》（L'Ile-de-France）（Paris，1913）。

式。在他看来，民族不应是一个模糊的概念，人们应该从事非常具体的研究。他在"综合精神"的名义下，建立了一种普遍适用的模式，要求参与的学者们评估当今的学术状况，完成各自领域的工作。①

作为一名新出道的学者，布洛赫在法兰西岛区域史的研究方面提出了一系列的重要问题。他勾勒了这个地区的自然特征，肯定了一些区域史学专家的作品。然而，他也质疑他们没有提供一种特殊的视角，对"总体"或真正的历史贡献不大。② 布洛赫与贝尔组织的其他作者有所不同，他否定了该区域的整体性特征：弗朗什-孔泰、洛林、布列塔尼(Brittany)以及诺曼底都有它们各自的历史，在地理意义上也具有自身的一贯性。布洛赫描绘法兰西岛时用的副标题很朴实："巴黎周边地区。"

布洛赫虽然受过地理学的训练，但他研究问题时主要用的是历史和比较的方法：人们何时以何种方式来到干燥或湿润的平原定居？城镇或乡村的自然特征与人类的选择和行为之间有什么关系？哪些具体特征使一个地区与其他地区有所区别？在第一篇论文中，布洛赫否定了自然科学研究的作用，因为它并不是建立在人类时间和变化的基础上。③

1912年，布洛赫的奖学金到期，之后他在蒙彼利埃(Montpellier)中学教学一年，这也是他人生中的第一个教职。④ 蒙彼利埃是埃罗省(département of Hérault)的省会，朗格多克(Languedoc)地区的主要城

---

① 亨利·贝尔(Henri Berr)：《巴黎各个地区》("Les régions de la France")，载《综合历史评论》，1903(6)，180页。

② 《综合历史评论》，1913(26)，151、348页。

③ 《综合历史评论》，1912(25)，339页；《综合历史评论》，1913(26)，147～148、152、154页。

④ 古斯塔夫致卡克皮诺的信，1912年9月22日，卡克皮诺文稿，法兰西研究院档案馆。蒙彼利埃中学，国家公务人员，1912年11月1日，埃罗省档案馆档案(Archives Départementales de l'Hérault)。

市，距地中海只有六英里，位于广阔的葡萄酒产区的中心。蒙彼利埃是一个很小的大学城，居民只有 6.6 万人，却拥有法国最古老的医学机构。这是布洛赫第一次在外省和南部地区长期居住，也是他第一次远离家人、朋友和巴黎的档案馆。他的日程很满，需要备课和批改作业，一周授课十六个半小时，几乎没有时间写博士论文。

蒙彼利埃是一个与巴黎迥异的世界，这里几乎没有受到德雷福斯事件的影响，更多地充斥着宗教纷争。[①] 1913 年 1 月，布洛赫在大学中做了一次关于民族历史的讲座。他强调法兰西民族的构成具有多元性，包括利古里亚人（Ligurians）、伊比利亚人（Iberians）、凯尔特人（Celts）、罗马人、勃艮第人（Burgundians）、哥特人（Goths）、法兰克人（Franks）、布列塔尼人（Bretons）、诺曼人（Normans）以及犹太人。他指出，由于不同文明之间的融合以及忠君观念的发展，现代法国民族国家在 10 世纪时开始形成。[②]

布洛赫在这个时期主要致力于王权的研究。1911 年，波恩大学历史学家汉斯·施罗伊（Hans Schreuer）出版了一部关于法国和德国加冕礼的专著。施罗伊认为，加冕礼起源于查理大帝时期，并持续到 18 世纪。该书还提及英国和其他欧洲大陆的一些仪式。施罗伊对涂油仪式、加冕礼、权杖和宝剑、登基典礼、效忠仪式等做了深入的研究，结合法国的中央集权和德国的分散王权，分别指出它们在莱茵河两岸不同的政治意义。[③]

---

① 在三十年后，布洛赫曾回忆校长对他的警告："这里 19 世纪没有任何危险的事，但是，一旦触及宗教战争，你就要特别小心。"参见《为历史学辩护》，43 页。

② 《法兰西民族的起源》（"Origines de la nationalité française"），国家档案馆档案，AB XIX 3896。

③ 《法国国王加冕的基本法律思想——并兼及德国的情况》（*Die rechtlichen Grundgedanken der französischen Königskrönung mit besonderer Rücksicht auf die deutschen Verhältnisse*）（Weimar，1911）。

施罗伊的作品在法国学界引起了不同的反应。一些重要的社会学期刊对这种比较研究极力褒扬，但是历史学家们却指责他充满了浮夸之风，具有化约主义的倾向，甚至不乏文献上的错误。① 有关施罗伊作品引起的讨论，反映了在欧洲古老政权式微时期，人们对王权所持有的高度成见。传统强国之间的竞争，以及近期频繁上演的宫廷仪式，使这一争论持续升温。尤其是在柏林地区，王室成员经常会参加各种民间、国家和宗教的仪式。当时出现了很多重大的场合，比如 1908 年约瑟夫一世(Franz Joseph I)登基六十周年纪念典礼，1910 年爱德华七世的豪华葬礼和乔治五世的加冕仪式，1913 年威廉二世登基二十五周年的隆重庆典。②

布洛赫虽然从巴黎来到了蒙彼利埃，却依旧在思考施罗伊作品的问题。他在大学图书馆查证了施罗伊的文献来源和相关阐释，并且阅读了其他一些作品。布洛赫同意作者对库朗热的批评——他夸大了王室涂油礼的神圣面，但是他也指出了施罗伊的疏忽之处(如圣女贞德)，以及他在区分说明性文本和叙述性文本上的不足。③

布洛赫对王权的表现形式——各种神圣的仪式——很感兴趣。后

---

① 《社会学年鉴》，1911(12)，460～465 页；参见保罗·富尼耶(Paul Fournier)：《加冕礼与法国国王的加冕》("Le sacre et le couronnement des rois de France")，载《学者杂志》(*Journal des Savants*)，1913(N. S. 11)，116～120 页；《历史评论》，1911(108)，136 页；《历史与文化评论》(*Revue Critique d'Histoire et de Littérature*)，1913(75)，50 页。

② 阿诺·马耶尔(Arno Mayer)：《旧政权的维持：欧洲之于第一次世界大战》(*The Persistence of the Old Regime：Europe to the Great War*)(New York，1981)，136～146 页及以下。《国王的罪恶》(*The King's Evil*)(Oxford，1911)一书对布洛赫的影响很大，作者雷蒙·克劳福德(Raymond Crawfurd)曾提到自己在研究英法神圣王权时的欢乐时光。

③ 布洛赫关于神圣王权的相关笔记，见国家档案馆档案，AB XIX 3845(他使用的是蒙彼利埃大学图书馆的便条)，包括一些对施罗伊作品的总结和批评。

来，这促使他完成了《国王神迹》(1924)一书。布洛赫曾对封建效忠仪式有过研究。如今他开始关注法国中世纪的国王们——他们发展出来了各种仪式，这也反映出政治和道德统治在不断地加强。他在梯也尔基金会的两个同事——葛兰言和热尔内，分别研究中国和古希腊的神话和仪式；他所敬重的兄长热衷于比较民族志，尤其是宗教心理学。年轻的布洛赫决心"纠正"施罗伊，以及德英两国学者在研究法国王权时的错误。他希望将来自己能完成一本关于兰斯(Rheims)加冕礼的专著。在布洛赫看来，对兰斯加冕礼的认同，是法国公民爱国意识的重要组成部分。①

布洛赫对国王和加冕礼痴迷的具体原因，至今让人捉摸不透。或许，因为他与旧政权以及父亲所憎恶的波旁王朝相隔甚远，可以采用客观的视角进行观察，于是这便成了一个很有价值的研究课题。或许，因为他年轻时对圣女贞德的祭礼耳濡目染。或许，他吸收了勒南的一些关于神秘法兰西的观点——君主制与共和制、精英主义和平等主义的联合。如今，法国已发展成了一个自由的国度，身居其中的犹太爱国者为之感到骄傲和自豪。②

1913 年，布洛赫转到了亚眠中学教书。这里有两个同事是他在巴

---

① 布洛赫在三十年后指出，一个真正的法国人，应该认同兰斯加冕礼和联邦的节日。见《奇怪的战败》，210 页。理查德·A. 杰克逊(Richard A. Jackson)：《国王万岁！从查理五世到查理十世的法国史》(*Vive le Roi*！*A History of the French Coronation from Charles V to Charles X*)(Chapel Hill，1984)，总结了学术的争论。

② 虽然布洛赫批评了勒南的"夸张之处"，但他仍从勒南的文章《法国君主立宪制》("La monarchie constitutionelle en France")中摘录一段精彩的引文，该文是《知识与道德改革》(*Réforme intellectuelle et morale*)(Paris，1871)中的一篇。布洛赫指出，中世纪的法国国王与英、德两国国王的区别在于，他们在赐予人们正义时的身份非常特殊，其加冕仪式来自《列王纪》；他们如同大卫王一样，既是祭司又是国王，能够"显示奇迹"。相关的研究笔记，见国家档案馆档案，AB XIX 3845。布洛赫认为，圣女贞德的幻象赶不上她的"勇气、理智和高贵"重要，见国家档案馆档案，AB XIX 3831。

黎高师认识的。亚眠比蒙彼利埃略大，居民有 78400 人，距离巴黎约 135 千米。亚眠是索姆省（Somme）的省会，是皮卡第（Picardy）地区的贸易、制造业中心和重要的交通枢纽。它位于一个低洼的山谷，那里耸立着一座 13 世纪的大教堂，是法国最宏伟的教堂之一。[1]

布洛赫的学徒生涯即将结束。这一年，他在两个地方说出了自己的新观点：给未来的合作者吕西安·费弗尔的作品所写的评论[2]，以及 1914 年 7 月他在中学的颁奖典礼上面对行政长官和其他显贵所做的一次演讲。[3]

对于费弗尔撰写的弗朗什-孔泰地区（也是他的故乡）的历史，27 岁的布洛赫在不少方面持保留意见，比如作者华丽的文风和语言[4]，以及他对中世纪社会和经济史的掌握程度。布洛赫声称，该主题是一片"真正的学术领地"，非常值得研究。但是，像其他地区一样，这个勃艮第的东部县城——包括侏罗山脉（Jura）和索恩河（Saône）右岸——基本上也是政治和历史偶然的产物。[5]

布洛赫指出了费弗尔区域史的不足之处，认为他在一些方面缺乏系统的分析，比如勃艮第爱国主义的高涨及其本质，该地区分裂主义

50

---

① 贝施致布洛赫的信，1913 年 10 月 13 日，艾蒂安藏品；布洛赫致戴维的信，1913 年 12 月 30 日，国家档案馆档案，M1 318 1。

② 对《弗朗什-孔泰地区史》的书评，载《综合历史评论》，1914(28)，354～356 页。

③ 《历史批评与证词批评》，再版于《经济、社会与文明年鉴》，1950 年 1—3 月(5)，1～8 页。

④ "费弗尔似乎更热衷于效仿米什莱，而不是库朗热。米什莱是一个充满魅力的大师，但也不无危险之处。"《综合历史评论》，1914(28)，354 页。

⑤ 11 世纪，野心勃勃的萨兰议会（House of Salins）并没有统一弗朗什-孔泰地区。该地区非常繁荣，在帝国中的战略位置至关重要，保持着准独立的状态。1491 年，查理八世没有迎娶"奥地利的玛格丽特"（Margaret of Austria），而是选择了与布列塔尼女公爵安妮（Anne of Brittany）结婚，从而免于被勃艮第公国所吞并。《综合历史评论》，1914(28)，355 页。

因素的消失，以及 19 世纪法国公民身份的确立等。布洛赫批评费弗尔的另一点在于，他以程式化的方式描绘"真正孔泰人"（Comtois）的特征。他所认同的一些特征如谨慎、镇静、近似刻薄的聪明、高度的韧性、"比宝石还要顽强"等，差不多是所有法国农民和小资产阶级共同的特征。费弗尔声称的孔泰人的代表，如库尔贝（Gustave Courbet）、蒲鲁东（Pierre-Joseph Proudhon）以及第三共和国的总统格雷维（Jules Grévy）等，其实是一种任意的选择，忽视了古代居民和近代移民的差别。尽管布洛赫为费弗尔的结论所吸引，但他坚持认为，研究集体心理的新型科学需要更"坚实的基础"，要建立在"小心求证和怀疑一切"的原则之上。[1]

1914 年 7 月 13 日，布洛赫给亚眠中心的学生做了一次演讲，此演讲带有很强的自传色彩。他在演讲中归纳了一些历史学家的信条，这些"指导思想"一直指引着他的人生。[2] 历史学家与科学家不同，可怜的他们注定无法认识自己所研究的现象；与他哥哥那样的内科医生也不一样——他们可以直接从事实验，历史学家则只能依赖二手的证词。他如同一名预审法官，只能根据各种各样的证人来重构"现实"。历史批评必须剥离真实、虚假和可能性。[3]

布洛赫认为人类非常懒散，随时都会将各种观点当作事实本身。因此，历史学家要发展出一种批评方法，将其作为一套"永恒的戒律"，与自满、工作过度、疲惫和结果的不确定性等做斗争。面对互相矛盾的证据，批判的精神必须避免做任何判断："如果你左边的邻居说二二得四，你右边的邻居说二二得五，不要因此而得出结论说二二得四

---

① 《综合历史评论》，1914(28)，356 页。
② 吕西安·费弗尔，《序言》，载《经济、社会与文明年鉴》，1950 年 1—3 月(5)，1 页。
③ 《历史批评与证词批评》，2 页。

点五。"①

　　如果针对一个特殊的事件，三个证人给出了相似的言辞，那么精明的历史学家就要找出谁是抄袭者。一般来说，原创者与抄袭者的区别在于，前者具有一定的表述风格，使用的主动词汇多于被动词汇。绝对的数量并不一定会指向真理，如果十个甚至一千个人坚称北极的海没有冰，那么只需要一个人——皮尔里上将（Admiral Peary）就可以将他们的言论推翻，因为他五年前到过那里。② 在亚眠大教堂的正面，大天使在得救者和被诅咒者的灵魂之间维持着一种平衡；同样，历史学家也需要两种证人，他不能完全相信或否定任何一方。所有的证据都有瑕疵，有时虚假的证据也会包含有用的细节。历史学家的任务是对整体进行解剖——往往是各种美好、有趣的现象，从而去伪存真。正如歌谣中所唱的那样：罗兰（Roland）死于龙塞沃（Roncevaux）；但是历史学家必须纠正诗人的错误——他并非被撒拉逊人（Saracens）所杀。③

　　布洛赫指出，人的记忆非常脆弱，也不够完美，是一面遍布污点的镜子，它所照出的图像也会随之变形。人类的智力在不断地运转，像一个渗漏的容器，会丢失它所存储的一些记忆，与事实本身相比，它只能保留很小的一部分。与一件事情持续接触最多的人，往往最不可靠。布洛赫用一些最新的实验表明，我们往往关注重大事件，而忽略了日常生活。④ 医生天天照料病人，能够给出很好的诊断报告，但

52

---

① 《历史批评与证词批评》，3页。

② 差不多八十年之后，人们在皮里的日记中发现了一些证据，挑战了他到达过北极的说法。但是，布洛赫应该不会对此吃惊。《纽约时报》（*New York Times*），1988年8月22日，1989年2月5日。

③ 《历史批评与证词批评》，3～4页。

④ 为证实这一现象，布洛赫建议学生们利用暑假在朋友中间做一个测验：关于各种手表上的数字"6"，他们是否知道它是罗马数字还是阿拉伯数字，或者更可能的是，他们是否会想起这个数字早已被小三针所取代。

他们对病房却视而不见。

历史学家只有借助比较的方法，才能在充满错误和矛盾的证据中保持清醒的头脑。他必须将每一个易犯错的证人与尽可能多的证据进行对比，最终才能推导出真理。人们可能会指责历史学家吹毛求疵，用事实摧毁了"诗意的过去"；一些严谨的学者们，也很容易受到谴责。人们依然会为古代诗歌中的细节所感动，虽然它们的时间顺序极为混乱；它们不仅是在伟大、神秘而又动荡的时代发生的美好的故事，同时也是反映历史真实的一面哈哈镜。虽然一些美好的形象可能会被历史批评所玷污，但人们不必为此而遗憾。布洛赫很有信心地说："批判的精神会为知识分子提供一种方法。我们的第一要务就是净化它。"①

在说这些话的十五天前，哈布斯堡帝国王位继承人斐迪南大公(Archduke Francis Ferdinand)在萨拉热窝被一个波斯尼亚的塞尔维亚人刺杀。维也纳政府在德国同盟者的支持下，向塞尔维亚提出了一系列无法满足的要求，意在发动一场战争。布洛赫在亚眠的演讲刚过去一周，法国总统庞加莱(Raymond Poincaré)和总理维维亚尼(René Viviani)动身前往圣彼得堡，希望巩固 1894 年结成的法俄防卫同盟，以应对人们对战争的恐惧。虽然德国人气焰嚣张，但多数人认为危机很快会得以解除。这时，布洛赫一家前往瑞士的奥伯朗特(Oberland)旅游。他与哥哥、嫂子以及两个侄子率先抵达，父亲古斯塔夫因毕业会考之事，于 1914 年 7 月 29 日才和妻子萨拉动身前往。一天后，奥地利宣布对塞尔维亚发动战争。第二天傍晚，俄国宣布全国总动员。消息很快传到了罗森劳伊(Rosenlaui)，瑞士的预备役军人收到坚守岗位保卫边境的命令。布洛赫毫无选择，必须在边境线被攻击或关闭之前返回法国。7 月 31 日，布洛赫和哥哥路易选择了从韦威(Vevey)到巴黎的

① 《历史批评与证词批评》，6～7 页。

第一班车。他们看过德国关于"战争威胁"的公告；紧接着，德国对俄国下达了最后十二小时的通牒，还询问法国在俄德冲突时的反应。8月1日，他们抵达里昂车站，报刊充斥着布洛赫的偶像——饶勒斯被暗杀的报道。当得知这出悲剧没有引起骚动和内乱时，布洛赫的悲痛才稍微有些平复。如今，所有的城墙上都贴满了动员令。①

　　布洛赫回到祖国后，看到的却全是让人心酸的场景：人们在一个死寂的城市里惊慌失措，而又不乏果敢。巴黎被分成了两派：随时准备逃离的贵族和其余的人——"他们当时似乎没有意识到自己的责任，而是一味地纵容将来的士兵。"8月3日，德国向法国宣战，并入侵了持中立态度的比利时。一天后，布洛赫动身前往亚眠参军。他在赶往小教堂车站（Gare de la Chapelle）的途中，乘坐了一个菜农的四轮马车——该车被一名警官所征用。布洛赫坐在马车的后排，四周堆满了蔬菜，卷心菜和胡萝卜不时散发出清新而又略微刺鼻的气味。布洛赫在兴奋之余，也疑惑重重。② 这个年轻的历史学家，在 28 岁之时毅然走上了战场。

---

　　① 马克·布洛赫：《1914—1915 年战争回忆》（*Souvenirs de guerre*，*1914-1915*）（Paris，1969），9 页；杰罗姆·卡克皮诺：《古斯塔夫·布洛赫》，载《年鉴》，104～105 页。
　　② 马克·布洛赫：《1914—1915 年战争回忆》，9～10 页。

第四章　第一次世界大战岁月

一个受理性引导的人，在必要的时候可以为了职责而牺牲自己的生命，就连自我保护的本能也要为之让位。[1]

我深谙历史之道：如今的重大危机要很久才能过去。像我们这群可怜的家伙，只能以退休为荣。[2]

54　　布洛赫的偶像、社会主义领导人饶勒斯预期到，德国将会大举进攻法国，因此他呼吁把全国人民武装起来，根据"智慧、条理和爱国"的原则，实施完全防御的策略。[3] 然而，法国总参谋部却试图发动全面进攻，而且几乎完全依赖有凝聚力的正规军。1913 年，法国通过了三年制的兵役法，这是传统主义者的胜利。自德雷福斯事件以来，他们严阵以待，努力将法国军队民主化。然而，这却为 1914 年灾难的来

---

①　让·饶勒斯：《新型军队》(L'armée nouvelle)(1910；repr. Paris, 1977)，330～331 页，引自布洛赫 1916 年的日记，布洛赫档案：《1914—1918 年战争手记》("Carnets de guerre, 1914-1918")，艾蒂安藏品。

②　布洛赫致戴维的信，1917 年 9 月 16 日，国家档案馆档案，M1 318 1。

③　让·饶勒斯：《新型军队》，80～104 页；莫里斯·法夫尔(Maurice Faivre)：《饶勒斯的军事思想》("La pensée militaire de Jaurès")，载《战略》(Stratégique)，1985(25)，63～121 页。猛烈的批评参见道格拉斯·珀尔奇(Douglas Porch)：《进军马恩河：1871—1914 年的法国军队》(The March to the Marne: The French Army 1871-1914)(Cambridge, 1981)，210～211、246～250 页。

临埋下了种子。①

果然不出所料，1914 年 8 月德国入侵中立的比利时。阿尔弗雷德·格拉夫·冯·施里芬(Alfred Graf von Schlieffen)之前就精确地指出，法国的反应肯定是全面进攻(*offensives à outrance*)。《第 17 号计划》使法国正规军与德军左翼力量在洛林、阿登高地(Ardennes)以及沙勒罗瓦(Charleroi)发生交锋。随后的一系列战役，从比利时一直延伸到阿尔萨斯，被统称为边境战役(Battle of the Frontiers)。德国、法国、英国、比利时共有 350 万士兵卷入其中，造成了数千人伤亡，这也为德国带来了第一次大胜。出人意料的是，由预备役军人组成的德国右翼军装备精良，训练有素，很快就横扫比利时，在桑布尔(Sambre)和蒙斯(Mons)击败协约国军队，迫使他们节节败退，不得不在马恩河展开重新部署。这种局势也威胁着巴黎的安全。霞飞将军(Joseph Joffre)该为这次溃败负责，他对军队指挥不当，致使战争伊始就有 40 万军队几乎毫无用武之地。8 月底，他终于调整了策略，并最终拯救了法国，但是西线也从此陷入了漫长而惨烈的战争状态。②

像同时代的大多数法国人那样，布洛赫对战争的爆发并不感到兴奋，但非常果敢。③ 8 月 4 日布洛赫离开巴黎，当时他已获悉德军入侵卢森堡，甚至还闯入了法国的领土。他在亚眠被指派为第 272 预备役

① 杰克·斯奈德(Jack Snyder)：《进攻的意识形态：军事决策的形成与 1914 年灾难》(*The Ideology of the Offensive*：*Military Decision Making and the Disasters of 1914*)(Ithaca, N. Y., 1984)，15～106 页。

② 马克·费罗(Marc Ferro)：《第一次世界大战(1914—1918)》(*The Great War*, *1914-1918*)(London, 1973)，49～55 页；巴巴拉·塔奇曼(Barbara Tuchman)：《八月炮火》(*The Guns of August*)(New York, 1962)，28～43、163～262、341～372 页。

③ 马克·布洛赫：《1914—1915 年战争回忆》，9～10 页；参见亨利·迪沙诺(Henri Desagneaux)：《1914—1918 年战争日记》(*Journal de guerre 1914-1918*)(Paris, 1971)，1914 年 8 月 1 日；让-雅克·贝克(Jean-Jacques Becker)：《1914 年法国如何参战》(*1914*：*Comment les Français sont entrés dans la guerre*)(Paris, 1977)。

步兵团（Regiment）的中士（sergeant），隶属第 18 连第 4 排。在奔赴战场之时，他并不像大多数法国预备役军人那样：领导力差，装备不足，组织混乱，要么极端懒散，要么异常狂热，几乎都游离于战场之外。①

8 月 9 日午夜刚过，布洛赫和他所在的部队就乘火车离开亚眠，动身前往东南地区。十六小时的车程，加上闷热的天气，让他们筋疲力尽。他们抵达色当（Sedan）时——差不多半个世纪前法国曾在此蒙羞——情绪被一则消息点燃：法国暂时夺回了米卢斯（Mulhouse）。在斯特奈（Stenay）下车后，他们接着又向南行军三四个小时，抵达七千米外的索尔莫里（Saulmory）。第二天，他们在酷热的天气下，向北行进了十六千米，在下午将近五点的时候，才抵达目的地马尔坦库尔（Martincourt）。在接下来的十天里，他们一直驻扎在默兹河谷（Meuse valley）的巴隆（Baalon）和屈安西（Quincy），守卫着河谷右岸的各处桥梁和边界线。这段田园时光恬静而又略显"单调"。未知的乡村世界给他们带来了很多乐趣，如垂钓、游泳、在草地上打盹等。虽然布洛赫等人在这里无所事事，但是当他们看到第 81 步兵团和第 83 步兵团向东抵达蒙梅迪（Montmédy）时，各种"狂热的想法"开始蔓延。②

12 日晚上，这段宁静的日子突然宣告结束，布洛赫等人一醒来就接到了开赴前线的命令。他们在蒙梅迪第一次听到大炮声，第二天他们又第一次看到了弹片——"在遥远的碧空下，散布着各种白色的圆环"。8 月 22 日，当他们接到消息要进入比利时的时候，他们变得非常

---

① 关于预备役军人在法国军队中的低优先级问题，参见理查德·D. 查理纳（Richard D. Challener）：《1866—1939 年法国全民皆兵理论》（*The French Theory of the Nation in Arms, 1866-1939*）（New York, 1955），82～83 页。

② 马克·布洛赫：《1914—1915 年战争回忆》，10 页；布洛赫档案：《1914—1918 年战争手记》，1914 年 8 月 4—20 日；《行军日志》[Journal de marche, 272e regiment (1914-1915), 72e regiment(1915-1918)，文森堡陆军历史档案处]，1914 年 8 月 9—21 日。

兴奋；然而，后来收到的命令却是要他们长途跋涉，往东南方向行军，抵达比利时边境的韦洛斯内（Velosnes）。他们在这里驻扎了三天，睡在一个寒冷的粮仓中。附近发生过一次重大的战斗，他们还占据了后方的一些战壕。德军占领布鲁塞尔的消息让布洛赫非常沮丧。虽然法国有大量的伤员，但他还是希望法军所向披靡。不过，现实给了他沉重的打击，法军在维通（Virton）遭到了溃败，被迫退回法国境内。这是第4军在阿登高地会战中最惨烈的战役之一。①

8月25日，由于受阿登战役惨败的影响，布洛赫不得不加入漫长而又痛苦的撤退行动。就在前一天，他还饱受痢疾之苦，一夜无眠。高温的天气和混乱的组织，让本已匆忙的撤退行动变得更加艰难，而且路上还夹杂着各种大炮和护卫队。越过蒙梅迪后，他们在一片美丽的森林里休息了一夜，后来在敌人抵达前的几小时仓促地逃离。他们饥肠辘辘，第二天又不得不快速行军越过斯特奈（Stenay），情绪都很低落。布洛赫感慨万分，他看到法国农民"在敌人抵达前纷纷逃跑，我们却无力保护他们……他们背井离乡，不知所措，对一切都很茫然，而且还要忍受宪兵们的欺侮。他们虽然让人讨厌，却又非常可怜。"当天晚上，他们的部队睡在一个马厩里，难民们则在外面淋雨。第二天，布洛赫看到他们离开的村子已变成了一片火海。②

为了避开符腾堡公爵（Duke of Württemberg）和冯·豪森将军（General von Hausen）的军队，他们的撤退行动一直持续到9月7日。其间则是无休止的行军，只有短暂的休息。他们从边界线迅速撤离，没有进行过任何战斗，对发生的一切也毫不知情。布洛赫对此非常厌

57

---

① 马克·布洛赫：《1914—1915年战争回忆》，10～11页；布洛赫档案：《1914—1918年战争手记》，1914年8月20—25日；《行军日志》，1914年8月20—25日。

② 马克·布洛赫：《1914—1915年战争回忆》，11～12页；布洛赫档案：《1914—1918年战争手记》，1914年8月25—27日；《行军日志》，1914年8月25—27日。

恶，他本已疲惫不堪，后来又伤了脚，他开始变得焦躁不安。他们的撤退路线是向西南方向，经过格朗普雷（Grandpré），穿越阿尔贡（Argonne）森林，途经尚帕涅（Champagne），最终抵达马恩河右岸的拉尔齐库尔（Larzicourt）。9 日那天，布洛赫所在的部队被仓促地叫醒，他们突然被告知，要奔赴战场参加士兵纵队。几小时后，他们在倾盆大雨中抵达位于马恩河西南的大佩尔特（Grand Perthes）农场。他们饥寒交迫，早已筋疲力尽，但是一小时之后，他们继续踏上了征程。现在，他们终于要开始战斗了。①

半年后，布洛赫在描述自己的第一次战场经历时说，他对于 9 月 10 日的记忆——具有决定性的一天——并不"完全准确"。他保留着"不连贯的图像，虽然它们都很逼真，但是顺序完全乱了，就像一盘电影胶片，包含着大量的空白，一些场景也有所颠倒"。② 在炮火的狂轰滥炸和机关枪的疯狂扫射中，他们继续向前行军，八小时只走了三四千米。他们遭受了重大的伤亡，布洛赫的胳膊也受了伤。最终，战火在夜幕中偃旗息鼓，凄凉的战场上四处回响着受伤者的呻吟声，弥漫着鲜血和死亡的气息。③

第二天早上，布洛赫所在部队的上校向大家宣布，德军已经撤退。三天以来，他们终于可以好好地吃一顿饭了。虽然布洛赫目睹了伤员的悲惨场景和战争的巨大破坏，但 9 月 11 日的时候他还是很庆幸自己依然活着。

---

① 马克·布洛赫：《1914—1915 年战争回忆》，12～14 页；布洛赫档案：《1914—1918 年战争手记》，1914 年 8 月 28 日至 9 月 9 日；《行军日志》，1914 年 8 月 28 日至 9 月 9 日。

② 马克·布洛赫：《1914—1915 年战争回忆》，14 页。

③ 马克·布洛赫：《1914—1915 年战争回忆》，15～18 页；布洛赫档案：《1914—1918 年战争手记》，1914 年 9 月 9 日（原文如此）；《行军日志》，1914 年 10 月 10 日。

我的水壶上有一条很深的裂缝；子弹在我的外套上打穿了三

个洞，却一点也没有伤到我；我的胳膊虽然很痛，但检查结果显
示我并无大碍。我回想这一切的时候，不由得暗自庆幸。在经历
了一场大屠杀之后，如果撇开极其痛苦的个人不幸，生活看起来
还是很美好的。对于我这种自我中心式的满足感，人们尽可以去
谴责。在那些还没完全意识到自身存在的个人身上，这种想法扎
根得更加牢固。

布洛赫也会为胜利欢欣鼓舞。

或许，在我设想胜利的时候，我可能还有一些疑虑。德国人
在我们之前撤退，但我怎么知道，他们是否会在别的地方继续前
进？幸运的是，这只是我的胡思乱想而已。由于长时间睡眠不足，
持续地行进和战斗，我早已疲惫不堪，情绪也非常紧张，可是我
的感觉却依然鲜活。虽然我对这次战斗几乎一无所知，但我确信，
这是马恩河战场的胜利——我还不知道该怎么去称呼它。但这又
有什么关系呢？重要的是我们胜利了。战争开始以来，坏运气压
得我们喘不过气，如今它终于烟消云散了。那天早上，在尚帕涅
的一个狭小、干燥、满目疮痍的山谷，我欢呼雀跃。[1]

现在轮到法国人穷追不舍了。他们重新跨过战场，在布拉西（Blacy）
附近的一个粮仓休息。这里昨晚还被德军占领，如今依然留有他们的痕
迹。第二天一早，追捕行动继续进行。他们跨过马恩河之后，布洛赫已
筋疲力尽，但当他发现德军匆忙逃离的迹象时，又一下子兴奋了起来。[2]

---

① 马克·布洛赫：《1914—1915 年战争回忆》，18 页。

② 马克·布洛赫：《1914—1915 年战争回忆》，19~21 页；《行军日志》，1914 年 9
月 11—16 日；布洛赫档案：《1914—1918 年战争手记》，1914 年 9 月 11—16 日。

9月16日，他们到达阿尔贡，并在这里停了下来。后来，他们被派往豪兹（Hauzy）森林，去增强那里的防御。豪兹位于一块山地，森林稀疏，在埃纳河（Aisne）与图尔布河（Tourbe）交汇处以南，圣梅内乌尔德-武济耶（Sainte-Menehould-Vouziers）铁路横跨这一区域。因此，豪兹是一个重要的、易受攻击的战略据点，它将法国尚帕涅的战线与阿尔贡森林连接起来。这时天突然变冷，还下起了雨。布洛赫在简陋的居所和战壕里，看到黏质土壤逐渐变成沼泽般的泥浆。他在第一个干燥的夜晚，曾指挥一个小分队保卫铁路。骤然降温让布洛赫感到如同"赤身裸体置身于冰窖之中"[1]。由于他们对这种战事毫无经验，加上饥寒交迫，情绪非常低沉。他们开始意识到，夏天已经过去，行动也该结束了。在大雨滂沱的时候，他们几乎对敌人毫不设防，却最终顽强地筑起了防御工事，建立起了联络机制，甚至还前往危险的豪兹森林执行侦察任务。[2]

接下来的三周相对平静，没有什么大事发生。布洛赫被安置在有守备部队的两个城镇——拉纳维尔奥蓬（La-Neuville-au-Pont）和弗朗若（Florent）。然而，他仍然无法收到任何信函和情报，这让他变得有些焦躁。不过，他很喜欢当地安逸的生活和田园风光。秋天带来了好天气，但是他们收到了羊毛内衣——这意味着他们还要坚守一个漫长的冬季。他们每天轮流执勤，从事各种活动：在田地里挖堑壕，到城镇去站岗，在"当年入伍的第一天"（10月1日）回访豪兹，有时候他们也无所事事。然而在10月11日，这一切戛然而止。这时他们开始进入

---

① 马克·布洛赫：《1914—1915年战争回忆》，22页。

② 马克·布洛赫：《1914—1915年战争回忆》，21～23页；布洛赫档案：《1914—1918年战争手记》，1914年9月16～20日；《行军日志》，1914年9月16～20日。在9月20日的公告中，第272步兵团受到了嘉奖。他们五天以来持续地执行任务，使豪兹免于敌人炮火的攻击。

茂密而又可怕的格鲁埃里（La Gruerie）森林。^①

堑壕战开始于 1914 年的秋天，撤退的德军收到了挖堑壕的命令，并对法国和比利时的解放军进行轰炸。如今，西边战线已基本形成，从北海到瑞士之间蜿蜒曲折 790 千米，双方挖掘了大量的坑洞和堑壕。^② 格鲁埃里森林里驻扎着德国王储的部队，他们都是一流的正规军和预备役，几乎很少变动位置。他们企图拖垮法国的防御体系，并最终奇袭比耶姆（Biesme）谷地，从而切断与凡尔登（Verdun）联络的大干道和铁路线。^③ 这支德军非常顽强，始终坚守阵地，而且拥有技术高超的堑壕挖掘者和优秀的射手。两支军队经常相距只有 50 米。

布洛赫保存了两首通俗的德语诗，它们写在几张明信片上，是德军对那未曾照面但又无处不在的敌人发出的心声：

---

① 马克·布洛赫：《1914—1915 年战争回忆》，23～27 页；《行军日志》，1914 年 9 月 21 日至 10 月 11 日；布洛赫档案：《1914—1918 年战争手记》，1914 年 9 月 21 日至 10 月 11 日。

② 约翰·埃利斯（John Ellis）：《凝视地狱：第一次世界大战中的堑壕战》(*Eye-Deep in Hell：Trench Warfare in World War I*)（New York，1976）；其他相关的作品包括：H. 瓦尔纳·艾伦（H. Warner Allen）：《连续的战线：沿法国战壕从瑞士到北海》(*The Unbroken Line：Along the French Trenches from Switzerland to the North Sea*)（London，1916）；埃里克·冯·法金汉（Erich von Falkenhayn）：《德国总参谋部及其决策(1914—1916)》(*The German General Staff and Its Decisions，1914-1916*)（Freeport，N. Y.，1971），43～53 页；C. R. M. F. 克鲁特维尔（C. R. M. F. Cruttwell）：《第一次世界大战（1914—1918）》(*A History of the Great War，1914-1918*)（2d ed.，Oxford，1969），106～113 页；J. 梅耶（J. Meyer）：《第一次世界大战时期战士的日常生活》(*La vie quotidienne des soldats pendant la Grande Guerre*)（Paris，1966）；埃里克·J. 里德（Eric J. Leed）：《无主之地：第一次世界大战时期的战斗和身份》(*No Man's Land：Combat and Identity in World War I*)（Cambridge，1979）；以及托尼·阿什沃斯（Tony Ashworth）：《1914—1918 年的堑壕战：和平共存体制》(*Trench Warfare，1914-1918：The Live and Let Live System*)（New York，1980）。

③ 《第一次世界大战中的德军 251 个师（1914—1918）》[*Histories of 251 Divisions of the German Army Which Participated in the War*（1914-1918）]（Washington，D. C.，1920），198～200、320～323、371～373 页；例如，第 27 师（隶属符腾堡王国第 13 军团）是德国最优秀的部队之一，在阿尔贡驻扎到 1915 年年底。

阿尔贡森林

你知道那片被毁的森林

没有走兽，也没有飞禽

四周硝烟弥漫，炮火轰鸣，

地球上有这么一个小地方——阿尔贡……

来自阿尔贡的问候

这里寒风刺骨，荒无人烟，

我们在地下的洞穴中入眠

两眼盯着前方，为了德国的光荣

随时愿意付出宝贵的生命。

我们会誓死坚守阵地

直到四周响起

渴盼已久的和平音符

直到我们把敌人彻底消灭

法国人、俄国人、英国人

还有比利时人、日本人、塞尔维亚人。

我们不需要雇佣兵、外邦人和野蛮人，

我们民族会为自己的家园浴血奋战。

为帝王、为国家、为妻儿

为了德国的荣誉，我们身赴战场。

在这第一百个夜晚

请接受我们诚挚的问候

我们会誓死守卫前线

直到命令我们："返回家园！"①

---

① 这两首诗由第 26 师第 10 连的 P. 里克特（P. Richter）所写，参见布洛赫档案：《1914—1918 年战争手记》。

稳定的战事是格鲁埃里所特有的。这里地势陡峭，到处都是难以通行的丛林，只有羊肠小道可以通过。这里不适合步兵射击，也不适合炮兵观察；一到冬天，就全都覆盖上了厚厚的叶子。然而，炮火还是从未间断。白天狙击手在树上监视，日落之后来复枪和机枪不停地开火，每一次行动都很危险。两军时时处在枪林弹雨之中，伤亡惨重，然而指挥官却位于遥远的后方。①

1915 年 1 月 5 日，布洛赫因病被迫撤离。1914 年 10 月 11 日以来，他在格鲁埃里的堑壕中度过了一段漫长的时间；他偶尔还赴前线待了七天多。森林战事非常单调，也十分危险，他们宁可在枪林弹雨中与德军直接交锋。刚迁到敌军附近的几小时里，是极其危险的，因为他们要适应一个全新的环境，往往准备不足。质量粗劣的法国堑壕经常被持续的轰炸和雨水摧毁，他们要不断地进行修复。户外执勤非常危险，精准的德国狙击手经常把巡逻队当作目标。夜间的各种声响往往引起人们的恐慌，甚至造成不必要的开火，后来人们才逐渐克服对突袭的恐惧感。布洛赫"学会了在空旷的夜间分辨各种声响：雨打树叶的滴答声与远处的脚步声很像；森林的地面上铺满了落叶，干燥的树叶掉在上面的声音与某些金属摩擦的声音很像（我们经常会将其当成德军枪支上膛的喀嚓声）"。如同詹姆斯·费尼莫尔·库柏（James Fenimore Cooper）孩提时所崇拜的莫西干人和狩猎者，布洛赫已经能辨别并长久地记得各种声音：

自从 1914 年在阿尔贡开始，嗡嗡的子弹声已在我的大脑中留

---

① 关于地形地势，参见《1914—1918 年的凡尔登与阿尔贡》（第一次世界大战战场图解指南）(*Verdun*，*Argonne*，*1914-1918*)(Illustrated Guide to the Battle Fields, 1914-1918)(Clermont-Ferrand, 1931)，14～16 页；也可参见马克·布洛赫：《1914—1915 年战争回忆》，28～29 页。

下了深深的印象，就像灌制成的唱片一样，只要轻轻一按开关，就会不停地响起那个旋律……即使二十一年后的今天，我依然能凭借声音判断出子弹的轨道和可能攻击的目标。①

这里的军备物资明显不足，这也是法国军队整体的缩影。打仗的第一个月，就消耗了一半的弹药储备。格鲁埃里的法军缺少铁丝网，没有挖掘堑壕的重型工具，与后方的电话通信设施也不齐全。在这一年中，这些不足之处都逐渐地有所改进。② 在二十年后，布洛赫对当时的上级进行了严厉的批评。他们要求前线的部队绝不让出一寸土地、坚决夺回失去的每一米国土，可是他们提供的装备和物资却严重不足。1914 年的格鲁埃里战役，虽不具有特殊的战略意义，但第一次世界大战中有几次最惨烈的战斗就发生在这里，这一切都拜他们所赐。③

他们在拉纳维尔（La Neuville）和弗洛朗轮换的时候，可以过几天平静的日子，然后去格鲁埃里的营地驻守几天；他们多次辗转，每次都会换一个新位置。10 月 17 日至 22 日，布洛赫所在的排遭受了炮弹、手榴弹和机关枪的猛烈袭击，他们死里逃生，副官和上尉特意向他们表示慰问。布洛赫对于自己蓬乱的胡须和头发非常自豪。11 月 3 日，他被提升为副官。虽然他很惋惜再也不能与同伴朝夕共处了，但他也为自己所能享受到的军官待遇而自豪："一张桌子，一盏台灯……一个安静的角落——我可以读书、写作，哪怕只是沉思或者做梦……对话

---

① 马克·布洛赫：《奇怪的战败》，84 页。参见马克·布洛赫：《1914—1915 年战争回忆》，27~31 页；布洛赫档案：《1914—1918 年战争手记》，1914 年 11 月 11—16 日；《行军日志》，1914 年 11 月 11—16 日。
② 马克·布洛赫：《1914—1915 年战争回忆》，46 页。
③ 布洛赫致艾蒂安的信，1936 年 4 月 4 日，艾蒂安藏品，详细描述了他的战场经历。

更为高雅和有趣……也有更多的机会获得情报。"①

然而,死亡悄然而至。10 月 18 日,布洛赫生命中第一次失去一个好朋友,而且就倒在他的肩膀上。那个人来自加来海峡省(Pas-de-Calais),是一个性格温和的矿工。当时,布洛赫已经做好了被射杀的准备。11 月 23 日,当一颗子弹击中他的头部时,他还很冷静地想:"如果我两分钟没死,就不会有事。"两分钟过去了,他慢慢地回到指挥所,并前往拉哈拉泽(La Harazée)的医疗站接受治疗。他再次见到同伴的 63 时候,一只眼睛仍然灼热和红肿。②

12 月,他们在维埃纳堡(Vienne-le-Château)"休养"。那是一个位于比耶姆河两岸的小镇,时刻都处于德军炮火的攻击之下,可以说是一个小型的阿拉斯或兰斯(Arras or Rheims in miniature)。③ 炮弹呼啸而过,人们极力脱身的时候也开始抢劫。布洛赫拿了一个烛台,但很快就丢了,他还带了一本 1830 年出版的诗集,后来一直保留着。暴雨成就了一个名词"泥浆时代"。黏土粘在铁锹、衣服和皮肤上,弄脏了食物,堵住了枪管,塞满了炮尾。雪上加霜的是,他们不得不在漆黑的冬夜返回前线。堑壕变成了泥泞的运河,需要不断地排水,而且经常会坍塌。维埃纳发生过一出悲剧,一个凿山而建的避难所塌陷,造 64 成了三人死亡、七人受伤,布洛赫的一个好友也在其中。④

临近年末,每个人都想"回家过圣诞"。12 月 20 日,布洛赫兴奋地

---

① 马克·布洛赫:《1914—1915 年战争回忆》,36 页。布洛赫认为,他与长官的个性相冲突,他压根儿就不喜欢也不尊敬那个人,他晋升少尉的时间也因此被推迟;布洛赫致艾蒂安的信,1936 年 4 月 9 日,艾蒂安藏品。

② 马克·布洛赫:《1914—1915 年战争回忆》,39～40 页。

③ 马克·布洛赫:《1914—1915 年战争回忆》,40～41 页;《行军日志》,1914 年11 月 23 日至 12 月 1 日。

④ 《行军日志》,1914 年 12 月 19 日;马克·布洛赫:《1914—1915 年战争回忆》,41～42 页。

图十　穿军装的布洛赫，约 1914 年

得知，霞飞将军宣布发起"解放全国"的大反攻。然而，这不过是一场空欢喜而已。炮火轰鸣声依旧此起彼伏，一切都还是老样子。[①] 到月底的时候，他们从塞尔翁（Servon）向北慢慢挺进，最终到达了维安莱沙托的大路。此时布洛赫的视野豁然开朗，他能看到敌军的阵线，甚至更远的比纳尔维尔（Binarville）钟楼——一个可见而又难以企及的地方。[②]

布洛赫从事的活动也越来越危险。为了验证同伴的观点，他独自执行了一次侦察任务，并在德军步枪的射击下爬了回来。后来，他在描绘这次枪林弹雨的经历时说，这就像在联谊会上有个怪人把你逼到角落里一样，让人非常痛苦和窘迫。圣诞夜的时候，布洛赫与中学同学、亚眠的同事比安科尼欢聚在一起。然而没过多久，这位老友就在战场上牺牲。此外，还有一次不必要的死亡。有一个很有教

① 马克·布洛赫：《1914—1915 年战争回忆》，42～43 页。参见皮埃尔·昆廷-鲍查特（Pierre Quentin-Bauchart）：《1914 年 8 月至 1916 年 10 月信件》（*Lettres août 1914-octobre 1916*）（Paris，1918），44～45 页，给出了公告的文本。昆廷-鲍查特是一个历史学家，第 272 步兵团的参谋，在索姆河战场牺牲；他的信件和回忆录记载了法军从比利时撤退以及马恩河战役的情景，可以与布洛赫的《1914—1915 年战争回忆》相互补充。
② 马克·布洛赫：《1914—1915 年战争回忆》，43 页。"当我们谈论一件大事或一次漂亮的进攻时，我们不说'等我们到梅济耶尔'或'到里尔'，而是说'等我们到比纳尔维尔'的时候吧。但我相信，这个时候还没有到来。"

养的布列塔尼人，由于不会说法语，无法向长官和医生准确地描述自己的病情，从而酿成了一出悲剧。在阿尔贡对峙的法军和德军与其他地区的部队不同，他们即使在圣诞节也没有停火。①

1915 年 1 月 2 日晚上，布洛赫在前线带病坚守岗位。在经历了高烧和不眠之夜后他要求回到后方。有人陪同他步行到维埃纳，接着他乘车抵达圣梅内乌尔德(Sainte-Menehould)，然后乘救护车转移到了特鲁瓦(Troyes)医院。他被诊断为伤寒症。②

伤寒症曾是军队的灾难，其破坏性在第一次世界大战时已削弱很65多，这要归功于 C. J. 艾尔贝特(C. J. Elberth)识别了伤寒杆菌，1897年引进了阿尔姆罗思·赖特(Almroth Wright)发明的疫苗，以及相关诊疗知识的提高。虽然如此，法军在战争一开始的九个月里还是饱受伤寒症之苦，并于 1915 年 1 月达到高峰。这是因为军人——尤其是预备役军人——接种疫苗的比例很低，疫苗的效果也不太明显，而且一些安排部署不符合卫生规范，再加上不能有效地识别患病者。③ 这里的法军早已身心俱疲，他们经历了长时间的撤离行动、惨烈的马恩河战役、漫长的寒冷期，以及在格鲁埃里森林的堑壕中的无数个不眠之

①　马克·布洛赫：《1914—1915 年战争回忆》，43～45 页；《行军日志》，1914 年12 月 20 日至 1915 年 1 月 2 日。又参见约翰·埃利斯：《凝视地狱》，172～173 页。

②　马克·布洛赫：《1914—1915 年战争回忆》，45 页；《行军日志》，1915 年 1 月1—3 日。又参见布洛赫致艾蒂安的信，1936 年 4 月 9 日，艾蒂安藏品。

③　H. 文森特、L. 穆拉特(H. Vincent and L. Muratet)：《伤寒与副伤寒(症状、病因与预防)》[*La fièvre typhoïde et les fièvres paratyphoïdes* (*Symptomatologie*, *étiologie*, *prophylaxie*)](Paris, 1917)。威尔莫特·海宁汉姆(Wilmot Herringham)：《法国的内科医生》(*A Physician in France*)(London, 1919)，103～104 页。在一开始的九个月，法国预计有 5 万至 6 万伤寒病例，而截止到 1915 年 11 月 10 日，英国的病例只有 1365 人。也可参见弗里德里希·普林真(Friedrich Prinzing)：《战争中的流行病》(*Epidemics Resulting from Wars*)(Oxford, 1916)，8～9 页及各处，以及阿瑟·赫斯特(Arthur Hurst)：《战争中的内科病》(*Medical Diseases of War*)(Baltimore, 1944)，261～283 页。

夜（有时候水能漫过膝盖）。1914 年至 1915 年的冬天，有很大一批人被伤寒症所压垮。35 岁以下的人死亡率很高，因为他们易受心脏、肺、肠等器官并发症的侵害，并且还有肺炎和白喉等疾病。治疗期非常漫长，也很无聊。患病者会在一个专门的伤寒症中心被立即隔离，并被实施严格的杀菌措施，经常用凉水和温水洗澡以降低体温，增强其呼吸和分泌系统，从而缓解紧张的情绪。① 布洛赫差点死于这种疾病，整个治疗和恢复期足足有五个月。一开始他在特鲁瓦，后来迁移到距波尔多（Bordeaux）不远的鲁瓦扬医学院（Hôpital du Collège in Royan），在那里待了四个月。②

66　　　布洛赫康复不久，就开始撰写《战争手记》的第一部分。他希望在记忆消失之前，记录下刚刚挣扎出来的"让人惊奇的五个月"③。布洛赫对军队的领导能力和部分长官进行了严厉的批判，并向勇敢、慷慨的战友致以敬意——这些人大多出身低微，主要来自法国的农村地区，但是他们一心为国、克己奉公、无怨无悔。布洛赫认为，正是这种精神将法国拯救于水火之中。④

　　在颇具总结性的评论中，布洛赫谈论的是勇敢，这丝毫不让人惊

---

① 《伤寒症研究成果》（"Contribution à l'étude des états typhoïdes"），载《法兰西科学院周刊》（*Comptes-Rendus Hebdomadaires des Séances de l'Académie des Sciences*），1915(160)，263～265 页；《稽留热的整体演变》（"Evolution générale des fièvres continues"），载《医学杂志》（*La Presse Médicale*）（Paris），1915 年 8 月 26 日（23），317 页；M. 所罗门（M. Salomon）：《伤寒症最新的临床成果》（"Récentes acquisitions cliniques sur la fièvre typhoïde"），载《战争病理学概论》[*Revue Générale de Pathologie de Guerre* (1916)]；尤其是雅克·卡莱斯（Jacques Carles）：《士兵的伤寒症》（"La fièvre typhoïde du combattant"），载《波尔多医学杂志》（*Journal de Médicine de Bordeaux*），1916 年 2 月（6），65～68 页。
② 马克·布洛赫：《1914—1915 年战争回忆》，9、45、53 页。布洛赫的军队医疗记录，直到他出生 150 年后（2036 年）才会公开。
③ 马克·布洛赫：《1914—1915 年战争回忆》，9 页。
④ 马克·布洛赫：《1914—1915 年战争回忆》，46～50 页；参见布洛赫：《奇怪的战败》，139～141 页。

讶。对于一个健全的人来说，勇敢与危险毫不沾边，它虽然很不容易获得，但负责任的领导却能够强化它。

> 当死亡看起来不是那么危险的时候，勇敢就离你不远了：这一点基本上能说清楚勇敢的含义。人们大多会对枪林弹雨非常忌惮，尤其是再次回到那里的时候。但是，他们一旦踏上了战场，就不再害怕……除了一些最崇高、睿智的士兵，很少有人会在勇往直前的时候想到自己的祖国；他们更多地是被个人荣誉感所支配——这种荣誉感在团体中又不断地滋生，变得非常强大……我们排里几乎没有懦夫，这让我有所启发。我总觉得，大胆地说出自己极端厌恶的事情，是一个很好的方法。①

1915 年 6 月 1 日，布洛赫刚逃离鬼门关不久，就立下了一份遗嘱。他强调说，自己很乐意为崇高的事业献身，而且坚信法国一定会取得胜利。此外，他还向家人和好友做了深情的告别。他希望将自己在军队里获得的全部工资、奖金和抚恤金奉献出去，捐给因战争而出现的孤儿，捐给他的母校——巴黎高师的校友会，以及"为了更公平、更合理的社会而奋斗的组织（福利社、反酗酒团体等）"。至于自己的藏书和个人财产，他则全部分配给了朋友和家人。最后，他请求举行一个"完全贫民式的葬礼，不要任何鲜花或花圈"。②

1915 年 6 月 7 日，布洛赫的康复假期宣告结束。于是，他前往位于布列塔尼东北部的莫尔莱（Morlaix）报到——那里是第 72 步兵团和第 272 步兵团的补给站。他非常沮丧地发现，这里的士兵和军官们"死守着一个位于后方的萧条而又安全的军事小镇"，他们本是很有能力的

---

① 马克·布洛赫：《1914—1915 年战争回忆》，49~50 页。
② 原件为艾蒂安所收藏。

"一群人，却不想发生任何变动"。布洛赫渴望成为一名"有用之人"，迫不及待地直面危险，于是他登记成为第72步兵团的志愿者。这是一支正规军，曾在马恩河战场和阿尔贡战场与他的部队并肩作战。[①]

在布洛赫返回前线的途中，战场上并没有什么大事发生。军用列车缓慢地行进，整个旅程用了三天四个夜晚。布洛赫也借此机会得以观察平静的后方：卢瓦河旁边的乡村，勒克鲁佐(Le Creusot)熙熙攘攘的厂房，还有蒂尔河畔伊斯县(Is-sur-Tille)颐指气使的车站长，他以自己理解的"前线规则"不断地骚扰军队。布洛赫并不清楚自己的目的地，6月25日他伤心地发现，自己竟然又回到了阿尔贡。[②] 在他生病期间，第72步兵团目睹了在尚帕涅和凡尔登附近的战斗，最近回到了阿尔贡东部的一个新防区。6月30日，布洛赫在莱西斯莱泰(Les Isle-ttes)下车不久，德军就从北方对火车站发动了一轮攻击，所幸并没有成功。[③]

1915年7月中旬，德国王储带领普鲁士和符腾堡的几个师，对整个阿尔贡地区发动了攻击。他们狂轰滥炸，甚至还使用了毒气（一年后他们在凡尔登进行了更大规模的进攻）。虽然德军损失惨重，却并没有达到预定的目标，即打通维埃纳堡与巴黎福尔(Le Four-de-Paris)的交通要道。7月13日，布洛赫第一次经历了毒气攻击；在法军发动反击

---

① 马克·布洛赫：《1914—1915年战争回忆》，53～54页；二十五年后，布洛赫在《奇怪的战败》(25页)中回忆说，他作为一名志愿者提前返回前线。关于第72步兵团的历史，见《行军日志》；也可《第一次世界大战期间的第72步兵团》(*Historique de 72e régiment d'infanterie pendant la campagne 1914-1918*) (Paris，1920)。布洛赫档案《1914—1918年战争手记》中，包含了出版物的草稿。

② 马克·布洛赫：《1914—1915年战争回忆》，54～56页，最后一个条目写于1916年。

③ 《第72步兵团史》(Historique du 72e régiment d'infanterie)，见布洛赫档案《1914—1918年战争手记》，艾蒂安藏品。

时，他临危不惧，领导有方，并因此获得了人生中的第一枚奖章。[1] 68

由于阿尔贡铺满了厚厚的叶子，德军的观察视线受到了极大的妨碍。他们面对极其薄弱的法军防线，却不能进一步发挥自己的优势，守卫着被称为"短裤"（"Courtes-Chausses"）的峡谷。当时，第72步兵团曾援助过莱西斯莱泰。虽然莱西斯莱泰每天都面临着德军大炮的远程袭击，但令人费解的是，法军却一再推迟在南边开辟一条通往凡尔登的线路。布洛赫对此感到非常遗憾，这是"霞飞将军和总参谋部所犯的最大的错误之一"[2]！

此后，布洛赫度过了一段平静期。法军有时会在阿尔贡东南的前线堑壕执勤，有时则会在拉卡拉德（La Chalade）等被居民完全遗弃的村子短暂地休息，偶尔也会住在森林中的庇护所。9月23—24日，布洛赫在日记中记载了霞飞将军另一次重要的进攻声明。法国54个师，英国13个师，辅以1500门大炮，对将近90千米的尚帕涅沿线发动了进攻。阿尔贡驻军的任务是分散德军的主要进攻火力，双方的战斗于10月13日停止。之后，阿尔贡森林地区变得非常平静，双方都开始奉行防御策略，有时候也会为争夺堑壕而交火，比如暗中破坏对方的堑壕、短暂地执行轰炸行动。[3]

布洛赫在阿尔贡一直待到1916年7月。第72步兵团是法国少数几支没在凡尔登战斗过的部队之一，但在春天的时候，它依然遭到了敌军的猛烈进攻。3月24日晚上，布洛赫带领一个投弹小组执行一项

---

[1] 关于他第一次嘉奖的记录：第250旅二等勋章，1915年8月7日，布洛赫档案，文森堡陆军历史档案处。

[2] 布洛赫致艾蒂安的信，1936年4月9日，艾蒂安藏品；《第一次世界大战期间的第72步兵团》；也可参见 H. 瓦尔纳·艾伦：《连续的战线》，146页，以及《1914—1918年的凡尔登与阿尔贡》，16～18页。

[3] 布洛赫档案：《1914—1918年战争手记》，1915年6月26日至10月21日。

大胆的任务——转移德军主攻堑壕的注意力。4 月 3 日，布洛赫获得了第二次嘉奖，被评为优秀的预备役军官。他机智、认真、乐于奉献、一丝不苟，对军队的法规和变革了如指掌。他"枕戈待旦，蓄势待发，时时都能充当楷模"，而且"在自己领导的队伍中有绝对的权威"。最终，他被提拔为一名少尉，从原来的部门分派到一个新的岗位——担任情报官，负责汇报各种信号、收集飞机情报、绘制地图、测量地形等。①

为了更好地参与霞飞将军在索姆河的进攻，7 月底第 72 步兵团离开阿尔贡森林。他们经历了两个月的训练和预备役任务之后，最终驻扎在易受攻击的布沙韦讷（Bouchavesnes）前线，抵御着德军一系列的狂轰滥炸。在布沙韦讷的时候，曾提拔布洛赫担任情报工作的长官，机智、勇敢的博内（Bonnet）中校，几乎就死在他的身边。②

1916 年是战争最惨烈的一年，其间布洛赫曾四次前往巴黎，亲身体验了战争中首都的现状，目睹了轰炸所造成的严重后果，不过他也与父母重新取得了联系。在战争开始后的二十个月里，布洛赫的哥哥路易一直在前线担任医生，后来被派往贝桑松的一个细菌实验室，之后又辗转到普瓦捷（Poitiers）。③

9 月 14 日，布洛赫开始了新的冒险征程。由于对法国征兵政策不

---

① 布洛赫档案：《1914—1918 年战争手记》，1916 年；布洛赫（1936 年 4 月 9 日致艾蒂安的信）对这一嘉奖并不看重，他认为自己当之无愧；而且来得太迟了，他早在格鲁埃里的时候就该获得了。

② 《第 72 步兵团史》；古斯塔夫致卡克皮诺的信，1917 年 1 月 3 日，卡克皮诺文稿，法兰西学院档案。

③ 布洛赫档案：《1914—1918 年战争手记》，1916 年 1 月 13—22 日，5 月 30 日至 6 月 1 日，10 月 1—21 日，11 月 15—29 日；古斯塔夫致卡克皮诺的信，1916 年 7 月 24 日，1917 年 1 月 3 日，卡克皮诺文稿，法兰西学院档案；加布里埃尔·佩尔勒（Gabriel Perreux）：《大战期间法国平民的日常生活》(La vie quotidienne des civils en France pendant la Grande Guerre)(Paris，1966)，188～201 页及全书各处。

满，阿尔及利亚有不少城市发生了一系列的反抗和骚动，布洛赫所在的步兵团也因此开赴北非。他们得到的命令是，在君士坦丁(Constantine)分散成几个小队，以维持当地的秩序，用机动部队在该地区巡逻，保证新兵招募工作顺利进行。① 对布洛赫来说，这是一次突然的转变，他从寒冷、阴郁的尚帕涅战场转移到了温暖、明媚、风景如画的北非。布洛赫刚从索姆河战场的疲惫中平复下来，就开始利用空闲的时间考察菲利普维尔(Philippeville)、比斯克拉(Biskra)、君士坦丁、阿尔及尔(Algiers)等城市，他还去过突尼斯。然而，这次愉快而又相对平静 70

图十一　1917 年布洛赫(右)在阿尔及利亚

① 《第一次世界大战期间的第 72 步兵团》(9 页)将这些骚乱事件归因于“德国的间谍活动”，从而迫使宗主国转移注意力，派军队前往北非。

的插曲，让他觉得自己像个"逃避者"。①

　　1917 年 3 月底，布洛赫返回法国。5 月，第 72 步兵团驻扎在圣康坦(Saint-Quentin)西部，与英国的军队毗邻。春天的天气非常舒服，而且唯一的行动就是巡逻。② 1916 年年底，罗贝尔·内维尔(Robert Nivelle)将军取代了霞飞总司令的职位，轻率地对兴登堡防线(Hindenburg Line)发动大举进攻，给盟军造成了重大的损失，也引发了大规模的兵变。亨利·菲利普·贝当(Henri Philippe Pétain)很快取代了内维尔，实行"恢复期的政策"，使军队的秩序和士气都有所改善。他不断增强军备，静待美国军队和坦克的到来，这种战略性防御策略是胜利的重要保障。他选定了一些有限的攻击目标，在步兵缓慢地抵达那里之前，先用重炮、坦克和飞机进行猛烈轰炸。③

　　6 月初，布洛赫所在的团再次参加战斗。他们向东南行进到贵妇小径(Chemin des Dames)，占领了德军所觊觎的一个高地。德军原本希望夺取这一制高点，从而控制努瓦永(Noyon)峡谷。6 月 21 日到 7 月 2 日，布洛赫在塞尼昂洛努瓦(Cerny-en-Laonnois)参加了"观察所惨烈战"。他们两次受到迫击炮的狂轰滥炸，其激烈程度与布沙韦讷军团所遭受的攻击旗鼓相当。此外，闯入前线的强大的突击队也袭击过他

---

　　① 古斯塔夫致卡克皮诺的信，1917 年 1 月 3 日，10 月 7 日；马克·布洛赫：《1914—1918 年战争手记》，1916 年 12 月 14 日至 1917 年 3 月 27 日；《第 72 步兵团史》；马克·布洛赫：《1914—1915 年战争回忆》，53 页。

　　② 《第 72 步兵团史》；布洛赫档案：《1914—1918 年战争手记》，1917 年 5 月 14 日至 6 月 4 日。

　　③ 盖伊·佩德罗西尼(Guy Pedroncini)：《1917—1918 年的总指挥贝当》(*Pétain, général en chef, 1917-1918*)(Paris, 1974)，20～21、40～42、44～48、57～62、109、166 页；也可参见杰雷·克莱门斯·金(Jere Clemens King)：《将军与政治家：1914—1918 年法国统帅部、国会与政府之间的冲突》(*Generals and Politicians: Conflict between France's High Command, Parliament, and Government, 1914-1918*)(Westport, Conn., 1971)，140～191 页。

们。他们的堑壕和通信线路被炮弹所摧毁，毒气弹如雨点般落下，然而第72步兵团依旧坚守阵地。[1]

夏末，贵妇小径高原上非常平静，但对布洛赫来说，却发生了一件难忘的事。[2] 法国军团驻扎在布莱斯内（Braisne）小镇以北的莱皮讷谢夫雷尼（L'Epine-de-Chevregny），当时他们收到主动战斗的命令，目的在于抓捕一些俘虏，获悉敌军的实力。布洛赫认为，这一命令是炮战过剩的典型产物，不过他们也俘获了一名德国中年哨兵。[3] 他是一名预备役军人，来自不莱梅（Bremen），当时正被火速护送到后方。9月7日，布洛赫对他进行了审问。随后，军队中就开始沸沸扬扬，到处流传着有关德国人狡猾的故事。人们将不莱梅（法语是 Brème）与布莱斯内相混淆，这个俘虏也被说成是一名间谍，战前就已经被安插在法国。人们口耳相传，于是就出现了这种说法："这些德国人，真不可思议！他们的间谍无所不在。我们在莱皮讷谢夫雷尼抓到了一个俘虏，你猜，我们发现了什么？这个人在和平时期是个商人，就潜伏在几千米外的布莱斯内。"[4]

人们为什么会如此缺乏理性和地理常识？难道他们仅仅是"听错

---

① 《第72步兵团团长、中校先生的报告》（"Rapport de M. le Lieutenant-Colonel, Commandant du 72e régiment..."）（布洛赫手写"由我编写"），布洛赫档案：《1914—1918年战争手记》；布洛赫致戴维的信，1917年9月16日，艾蒂安藏品；古斯塔夫致卡克皮诺的信，1917年10月7日；克鲁特维尔：《第一次世界大战（1914—1918）》，404～417页；《第一次世界大战期间的第72步兵团》，9～10页。

② 布洛赫档案：《1914—1918年战争手记》，1917年9月7日；马克·布洛赫：《一个历史学家对战争虚假消息的反思》（"Réflexions d'un historien sur les fausses nouvelles de la guerre"），载《综合历史评论》，1921(33)，53～57页。这一事件在《为历史学辩护》中被再次提及，93～94页。

③ 根据军团的历史，"9月7日他执行一项任务，在遭遇第二队敌人之前还颇为成功。"《第一次世界大战期间的第72步兵团》，10页。

④ 马克·布洛赫：《一个历史学家对战争虚假消息的反思》，53页。

了"这名俘虏的家乡，将韦斯勒河(Vesle)上的小镇当成古代汉萨同盟(Hanseatic)时期威悉河(Weser)上的城市？当然，人们在传播的过程中会犯错误，将一个地名替换成另一个相似的、遥远的城市名。但是布洛赫坚持认为，这个错误绝非偶然，它源于两种普遍而又根深蒂固的信念：德国人精于各种策略，而法国饱受背叛者之苦——这导致了它早期的溃败，并拖累了战争。[①] 人们之所以将布莱斯内与不莱梅相"混淆"，是因为他们在无意识里就倾向于歪曲所有的证据，以符合"普遍接受的观点"。因此，这一谣言(虚假消息)是无意识的外在表现，反映了当时法国人集体意识中的恐惧感和怀疑主义。"谣言的杜撰过程"是一个持续的传播链，它源于后方(厨房是产生各种奇闻轶事和流行偏见的温床)，并经由通信员和杂役队口口相传，从而散播到相对孤立的前线。疲惫不堪的士兵们满腹狐疑，对一切消息都如饥似渴，失去了正常、健康的"理性怀疑"能力。[②] 布洛赫对错误信息和集体心理的产生过程非常感兴趣，他认为这次战争就像一个很好的实验室，可以用来研究虚假新闻的传播过程，考察不同的阶级、群体、民族的更替和变迁，以及围绕一些多姿多彩的主题所制造的神话。他想知道，谁会谱写"德国王储传奇的一生"[③]。

73

在第三年的战斗中，布洛赫已习惯了暴力与平静交替的"死循环"。作为一个情报官员，他的活动范围很广，既有脑力劳动，也有体力劳

---

① 布洛赫说，军队经常把一些毫无意义的灯火当成敌军的信号，被钟楼窗户上猫头鹰的影子弄得惴惴不安。马克·布洛赫：《一个历史学家对战争虚假消息的反思》，54 页。

② 1914 年 9 月 8 日，布洛赫的一个长官宣布，俄国人已经轰炸了柏林。对于这一荒谬而又诱人的消息，布洛赫毫不怀疑地接受了，因为长期的撤退已让他筋疲力尽、士气消沉。然而，这位长官犯了一个错误，他将德国的首都柏林(Berlin)与法国盟军刚刚抵达的伦贝格(Lemberg)混为一谈。马克·布洛赫：《一个历史学家对战争虚假消息的反思》，54 页。昆廷-鲍查特：《1914 年 8 月至 1916 年 10 月信件》，222 页，也描述了这一事件。

③ 马克·布洛赫：《一个历史学家对战争虚假消息的反思》，56 页。

动；不仅要在堑壕指挥所工作，即使在休战期间，他也要在一些不太平静的部门执行"地形测量、观测，收集敌军情报"等任务；此外，还包括一系列琐碎、"可笑"的任务，比如把嘉奖令的言辞润色成漂亮的法语。① 1917 年 9 月 16 日，布洛赫在致戴维的信中说，他需要用时间来检验战争对他的影响。他受过伤，生过病，还缺衣少食，但他以出人意料的速度迅速地恢复。尽管如此，长期的战争还是消耗了他的专注力。② 布洛赫发现，自己很难"清楚地表达"众多模糊、困惑的事情。他严厉地批判正规军不够灵活，缺乏历史观，对士兵们冷酷无情；他赞美普通士兵的勇气和耐心，希望人们加以效仿。他读过亨利·巴比塞(Henri Barbusse)生动形象的战争小说《炮火》(Le Feu)。③

11 月初，布洛赫所在的团重返战场，以响应贝当对马尔梅松(Malmaison)要塞的进攻。为了给战地指挥所提供宝贵的情报，布洛赫不顾敌军的狂轰滥炸，依旧坚守在堑壕中观察敌情，他也因此而获得了第三次嘉奖。④ 由于周密的计划，创新性地将坦克战、奇袭战相结合，以及合理地调兵遣将，布洛赫所在的团在马尔梅松一役中取得了大捷，该要塞被彻底摧毁，他们的阵线向前推进了 5.5 千米，而且还收缴了 180 杆枪，擒获 1100 多名俘虏。经此一役，贵妇小径战区的实力有所增强，军队也恢复了之前的士气和信心。⑤

11 月 16 日，乔治·克列蒙梭(Georges Clemenceau)被任命为总 74

---

① 布洛赫致戴维的信，1917 年 9 月 16 日；也可见古斯塔夫致卡克皮诺的信，1917 年 11 月 3 日。

② 布洛赫的《1914—1918 年战争手记》包含了论文的五部分计划；1916 年以来，他开始列出看过或打算要看的书。

③ 贝施致布洛赫的信，1917 年 12 月 3 日。

④ 军队奖章，1917 年 11 月 17 日，国家档案馆档案，M1 318 1。

⑤ 《第 72 步兵团史》；约翰·特拉恩(John Terraine)：《赢得战争》(To Win a War)(Garden City，N. Y.，1981)，11～13 页。

理，六个月以来的混乱局面宣告结束，反战运动和国内低沉的士气也一扫而空，大后方开始呈现复苏的迹象。76 岁的"老虎"宣布，他唯一的目标就是在国内外发动"全面战争"①。随着意大利军队在卡波雷托（Caporetto）的战败，再加上俄国和罗马尼亚的溃败，盟军第一次开始调整策略。他们在生死攸关的西线战场，非常害怕德军从东线调大批军队过来，在"美国的坦克抵达之前"②发动大规模袭击。

　　1918 年伊始，布洛赫在尚帕涅期待着发动"另一次凡尔登战役"③。严寒、多雪的冬天拖缓了德军的节奏，布洛赫也因此而得以重拾学术，开始研究一个重要的德国中世纪历史学家——格奥尔格·冯·贝洛（Georg von Below）。他批评贝洛的作品在言词上容易引起争论，对时间顺序毫不在意，有不少专业定义上的错误，而且其历史范畴非常狭隘——比如在界定自己的同胞时犯了一个典型的错误。因此他告诫读者，要避免"在我们即将到来的胜利之后"这样的说法。贝洛非常博学，用大量的证据表明中世纪的时候德国就存在国家的概念，但他却忽略了一个问题——民众的爱国精神。对布洛赫来说，民族意识是第一位的，它构成了公共法、公共权力的道德基础和正当性。因此，布洛赫斥责贝洛及其同胞所宣扬的观点——"国家就是一切，人民无足轻重。"④

　　正如人们所料，鲁登道夫（Ludendorff）在西线发动了强有力的进

---

　　① 杰雷·克莱门斯·金：《将军与政治家》，192～218 页。古斯塔夫在致卡克皮诺的信中，极力称赞克列孟梭更强有力的方针，1918 年 1 月 10 日。

　　② 马克·费罗：《第一次世界大战》，197～214 页。

　　③ 古斯塔夫致卡克皮诺的信，1918 年 1 月 10 日。11 月 27 日，布洛赫给哥哥路易写了一封信，一旦他去世就由他的战友克拉锡耶（Crassier）寄出（艾蒂安藏品）。

　　④ 贝洛的评论，《中世纪时期的德意志国家（一）》(Der deutsche Staat des Mittel-alters 1)(Leipzig, 1914)，载《历史评论》，1918(128)，343～347 页；古斯塔夫致戴维的信，1918 年 1 月 27 日，国家档案馆档案，M1 318 1。

攻。1918年3月至7月，德军连续发起了五次袭击，使用奇袭战术、近弹、重炮、冲锋队以及毒气等。德军在距离110千米至130千米左 右，向巴黎发射了一枚远程炮弹，引起了人们的恐慌和混乱，造成了大量的平民伤亡和物质损失。[①] 4月，盟军最终任命费迪南·福煦将军担任盟军总司令。上任伊始，他就显示出了自己的魄力和决心，完全推翻了贝当的防守策略。

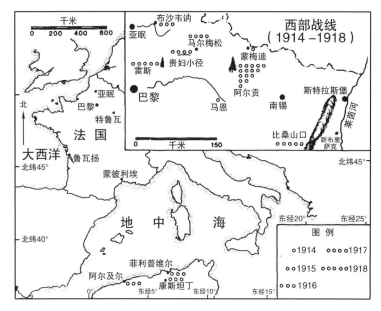

图十二　布洛赫在第一次世界大战中(1914—1918)的位置

---

　　① 古斯塔夫致卡克皮诺的信，1918年4月1日。也可参见亨利·W. 米勒(Henry W. Miller)：《巴黎炮：德军远程炮炮击巴黎与1918年的大反攻》(*The Paris Gun：The Bombardment of Paris by the German Long Range Guns and the Great Offensives of 1918*)(New York, 1930)；阿瑟·班克斯(Arthur Banks)：《第一次世界大战军事地图集》(*A Military Atlas of the First World War*)(New York, 1975)，184~187页，提到了四次主要的炮击及其损失。

对布洛赫来说，1918 年会面临很多新的挑战，但这同时也是他内省的一年。他的卷宗上记载着他所做的情报工作内容，包括军事命令、与英军的联络、各种信号、密码、地形测量以及宣传工作。此外，他还对法国逃兵进行审讯，为其在军事法庭上辩护。[1] 布洛赫清楚地意识到，这场战争所带来的后果是颠覆性的，"针对的不仅是一个阶层，而是全人类"。不过，这也成为他一生中最重要的参照点之一，让他能够界定英雄行为和愚蠢做法，看清技术的优点和缺陷。对他和同时代的人来说，这一经历永远无法泯灭。[2]

在重燃战火的西线，布洛赫见证了多次军事行动。3 月初，他驻扎在阿尔贡东部，两次遭遇过敌军的毒气攻势。他曾离开战场前往巴黎一周，亲眼目睹了贝尔莎大炮（Big Bertha）的巨大破坏力。整个 4 月，他几乎一直处于迁徙之中。在德军的猛烈攻击下，他们的队伍不得不进行漫长、疲劳的行军，曾距离亚眠不到 13 千米。5 月，他两次被派往亚眠，其间他曾前往亚眠图书馆，发现自己第一次世界大战前写的小论文在历经轰炸之后依然完好无损。虽然第 72 步兵团主要参与

---

[1]　马克·布洛赫：《1914—1915 年战争回忆》。背景见盖伊·佩德罗西尼：《第一次世界大战期间的军事法庭》（"Les cours martiales pendant la Grande Guerre"），载《历史评论》，1974(252)，393~408 页。

[2]　布洛赫档案：《1914—1918 年战争手记》，1918 年（引自巴雷斯）；也可见马克·布洛赫：《奇怪的战败》，141 页。参见本书作者卡萝尔·芬克为布洛赫《1914—1915 年战争回忆》所写的序言，布洛赫这本书由卡萝尔·芬克译，新版（Cambridge，1988），64~73 页；大卫·英格兰德（David Englander）：《1914—1918 年的法国士兵》（"The French Soldier, 1914-1918"），载《法国历史（一）》（*French History* 1），1987(1)，49~67 页；史蒂法纳·奥杜安-卢佐（Stéphane Audoin-Rouzeau）：《从堑壕日记看 1914—1918 年的法国士兵与国家》（"Les soldats français et la nation de 1914 *à* 1918 d'après les journaux de tranchées"），载《近现代史杂志》，1987 年 1—3 月(34)，66~86 页。

指导和训练，但它依然处于远程炮弹和飞机的不断轰击之下。[1]

1918 年 6 月，德军对法军的埃纳省发动猛攻。当时，布洛赫在雷斯(Retz)森林东南的小城维莱科特雷(Villers-Cotterêts)——位于易受攻击的前线。6 月 12 日破晓，德军使用毒气发动攻击，这使法军阵线遭到了重创，人员伤亡惨重。布洛赫的联络官就在这次攻击中阵亡。尽管如此，德军的进攻最终还是被遏制住了。由于有大量坦克做后盾，第 72 步兵团在反击中与德军进行了惨烈的近身肉搏。他们不但夺回了阵地，还向前推进了一千多米，擒获了几百名俘虏，以及缴获众多步枪和其他物资。[2]

1918 年 7 月 6 日，是布洛赫的 32 岁生日，他在这一天获得了第四次嘉奖，被表彰为一名"卓越的军官"。在最近的猛烈轰炸中，他非常勇敢地完成了很多侦察任务，为长官提供了不少重要情报，"在完成任务的过程中，他以身作则，显示出了无畏的勇气和坚定的决心"[3]。据说，维莱科特雷附近森林的英勇防御，对拯救巴黎大有裨益。[4]

最近的几次损失使布洛赫所在的团消耗殆尽。7 月 16 日，他们不得不狼狈地撤退到瓦兹河(Oise)右岸的阿尔西(Arsy)。然而，布洛赫很快意识到，这只是法军两天后大反攻的第一步。德军无法打通通往巴黎的路。如今的盟军因美国军队的加入而实力大增，于是更加贯彻

---

① 《第 72 步兵团史》，10～11 页；《行军日志》，1918 年 3 月 1～13 日；古斯塔夫致卡克皮诺的信，1918 年 4 月 1 日；布洛赫档案：《1914—1918 年战争手记》，1918 年 1 月 1 日至 5 月 21 日；《第一次世界大战期间的第 72 步兵团》，11 页。

② 布洛赫档案：《1914—1918 年战争手记》，1918 年 6 月 12 日至 7 月 11 日；连队军官交谈会(Projet de causerie pour les officiers des companies)，1918 年 7 月，见布洛赫档案：《1914—1918 年战争回忆》；《行军日志》，1918 年 6 月 1 日至 7 月 9 日；《第一次世界大战期间的第 72 步兵团》，11～12 页。

③ 第 87 师兵团勋章 115 号，1918 年 6 月 29 日，布洛赫卷宗，文森堡陆军历史档案处。

④ 《第一次世界大战期间的第 72 步兵团》，12 页。

全面进攻的理念。布洛赫参与了对维勒蒙图瓦尔（Villemontoire）的进攻，德军使用机关枪负隅顽抗，使法军伤亡惨重，耗费五天时间才攻下来。8月2日，敌军开始撤退，也使他逐步回到了莱茵河。①

8月18日，布洛赫被提升为上尉，他只参与了最后阶段的一小部分战斗。首先，第72步兵团乘火车和卡车，开赴几乎三百千米之外的孚日省（Vosges），并很快与一支美国部队会合。之后，他们沿着默尔特（Meurthe）河谷向西北行进，途经一系列相对平静的地区。当他们抵达南锡后，布洛赫离开了两周。10月中旬，他们在帕尔鲁瓦（Parroy）森林执行了一些侦察任务，抓捕了大量的俘虏，收缴了很多武器，同时也获得了不少有用的情报。②

78　　　10月底，第72步兵团乘坐卡车返回尚帕涅。法美联军在此地合力进攻布尔特（Boult）森林，第72步兵团则被安置在武济耶（Vouziers）外面的预备队中。③ 11月5日，步兵团收到命令，开始撤离战场。他们强行军返回夏隆（Châlons），接着又开始了向东行进的旅程。布洛赫等人忍受着又湿又冷的环境，一路上几乎没有住所，偶尔还遭受炮弹的袭击。他们向南穿过数条他们1914年曾走过的路，沿途到处散落着德军和英军的卡车、坦克，满目疮痍，一片荒芜。当11月11日停战协定签订的时候，布洛赫已抵达离马恩河9千米远的莱皮讷。④ 布洛赫

---

①　布洛赫档案：《1914—1918年战争手记》，1918年7月16日至8月2日（德军离开，我们继续）；古斯塔夫致卡克皮诺的信，1918年8月10日；《第一次世界大战期间的第72步兵团》，13页。

②　布洛赫档案：《1914—1918年战争手记》，1918年8月7日至10月20日；《第一次世界大战期间的第72步兵团》，14页。

③　布洛赫档案：《1914—1918年战争手记》，1918年10月21日至11月5日；《第一次世界大战期间的第72步兵团》，14～15页。

④　布洛赫档案：《1914—1918年战争手记》，1918年11月5—11日。

签收了团长米尼翁(Mignon)中校的电报，战争宣告结束。①

最后一幕很快来临。布洛赫在三天内乘火车离开马恩，返回到洛林地区。第72步兵团沿摩泽尔河(Moselle)上行，抵达它位于孚日省的源头，并开始向阿尔萨斯行进。11月24日，他们穿过比桑(Bussang)关口的边界，布洛赫第一次踏上祖先们生活过的土地。② 他们开启了一路凯旋之旅，经过许多城镇和乡村：上阿尔萨斯(Upper Alsace)、费尔德基希(Feldkirch)、鲁法克(Rouffach)、普法费南(Pfaffenheim)、涅德雷尔甘(Niederhergheim)，无不受到了当地居民热情、周到的接待。他们在莱茵河的新布里萨克(Neuf-Brisach)附近建立了指挥部。如今，阿尔萨斯已获得解放，军官们开始安定下来。在他们履行和平时期的职责之前，布洛赫获得了二十天的假期，他借此返回巴黎与家人团聚。③

---

① 马克·布洛赫：《1914—1915年战争回忆》。

② 布洛赫档案：《1914—1918年战争手记》，1918年11月14—24日。

③ 同上，1918年11月25—30日；《第一次世界大战期间的第72步兵团》，15页；古斯塔夫致卡克皮诺的信，1918年12月29日。

第五章　斯特拉斯堡时光

在斯特拉斯堡，法国须比德国更胜一筹。①

我们是勤恳的匠人……[但我们是]合格的公民吗?②

斯特拉斯堡处于宗教、政治和语言反复冲突的前沿地带，是西欧的历史交汇节点。1681 年路易十四占领以前，斯特拉斯堡是一个自由的帝国城市，曾是宗教改革几大斗争的战场，此后天主教徒、路德教徒和加尔文教徒各自聚居，与古老的犹太社区共享此地。经过一个世纪的法国管辖，斯特拉斯堡逐渐成为法国大革命的边陲重镇，《马赛曲》在此谱成，一批阿尔萨斯人——包括布洛赫的曾祖父——艰苦跋涉，从这里开赴沙场。1621 年，新教徒建立了斯特拉斯堡大学。波旁时代，该校安然无恙，但在 1793 年被迫关闭，到 1808 年才由拿破仑重建，并将其纳入法国的中央高等教育系统。虽然历经几次大的政治与经济动荡，但纵观 19 世纪，这一莱茵河下游中心的城民们大都保留

---

①　克里斯蒂安·普菲斯特：《斯特拉斯堡大学》（"L'Université de Strasbourg"），载《政治与文学评论》，1921 年 12 月 17 日（59，no. 24），760 页。

②　《奇怪的战败》，218 页。

着本土的语言、习俗和宗教，创造出一种独立于"内陆地区"与阿尔萨斯大区的文化。[1]

德国的统治令斯特拉斯堡改头换面，德意志军人、管理者、商人和教师大量涌入该地，多种法律、工业和文化设施方兴未艾。城市建设如火如荼，旧城土墙被拆除，在外围建起了更为宽阔的新式城墙、大片绿意盎然的宽阔郊区居住地，以及面目一新的现代大学和医学校。德国人翻修了一座市政府和大学共享的图书馆，该馆藏书逾 50 万册，是当时世界上馆藏最多的图书馆，直到第一次世界大战时期才被哈佛图书馆超越。[2] 德国人试图令当地人信服德意志的物质和精神的优越性，在多次的徒劳无功后，德意志帝国的代表们才如梦方醒，尝试展现其对斯特拉斯堡文化的尊重，以赢得本地人的拥戴。但斯特拉斯堡从未成为一座德国城市。到 1919 年，这里仍然只是一座拥有167000名居民的中型莱茵河城市，保留着其传统的独立性，各种方言、信仰和

_80_

---

① 克里斯蒂安·普菲斯特：《斯特拉斯堡大学》，载《政治与文学评论》，1921 年 12 月 17 日（59，no. 23），721～728 页；1921 年 12 月 17 日（59，no. 24），753～756 页。另见富兰克林·L. 福特（Franklin L. Ford）：《1648—1789 年过渡时期的斯特拉斯堡》（*Strasbourg in Transition，1648-1789*）（Cambridge，1958）；又见乔治·里维（Georges Livet）和弗朗西斯·拉普（Francis Rapp）：《吾辈之根：斯特拉斯堡史（第三卷）》（*Histoire de Strasbourg des origines à nos jours III*）（Strasbourg，1982）。

② 约翰内斯·菲克尔（Johannes Ficker）：《斯特拉斯堡威廉大帝大学》（*Die Kaiser-Wilbelms-Universität Strassburg und ihre Tätigkeit*）（Halle，1922），43 页。弗雷德里希·梅尼克（Friedrich Meinecke）：《1901—1919 年斯特拉斯堡/弗莱堡/柏林记忆》（*Strassburg/Freiburg/Berlin 1901-1919：Erinnerungen*）（Stuttgart，1949），7～58 页，其中记录了斯特拉斯堡在 1901 年至 1906 年波澜壮阔的五年。

政治类型在此汇集。①

1918 年 11 月 22 日，法军进驻斯特拉斯堡，标志着一个新时代的开始：历经四十余载，这片德意志土地终于回归法国管辖。当地的主要学术机构——斯特拉斯堡威廉大帝大学（Kaiser-Wilhelms-Universität Strassburg），也重归法国控制。② 战争初期，法国政府已经开始筹备将阿尔萨斯-洛林的机构与母国的政治、经济、法律、教育机构再次统一。1915 年，外交部和国防部共同委任的调查小组提出方案，建议在斯特拉斯堡新建一所法式大学，以促进对阿尔萨斯的再融合，保障法国知识和文化在欧洲地区的领先地位。1917 年年末，隶属于国防部的阿尔萨斯-洛林事务局（Service d'Alsace-Lorraine）组建了一个小组委员会，成员包括七名巴黎教授，负责制定两省的高等教育方案。布洛赫的启蒙老师、历史学家克里斯蒂安·普菲斯特概括了委员会的讨论成果，写成一份长达90页的报告。在战争结束前几天，两部门共同审核

81

82

① 在德国治下，斯特拉斯堡人口从 1871 年的85000人增长至 1910 年的178000人。战后，由于德国军人、商人和公务人员大量撤离，当地人口急剧减少。有关城市改造的问题，参见皮埃尔·费德尔（Pierre Feder）和阿斯特丽·吉多尼（Astrid Gidoni）：《斯特拉斯堡近闻（1855—1945）》(Strasbourg Naguère, 1855-1945)（Paris, 1979）；斯特拉斯堡市统计局编：《斯特拉斯堡市数据纪要》(Comptes-rendus statistiques de la ville de Strasbourg)（Strasbourg, 1934），58～69 页；有关德国的失败见丹·西尔弗曼（Dan Silverman）：《勉强联姻：阿尔萨斯-洛林与德意志帝国（1871—1918）》(Reluctant Union: Alsace-Lorraine and Imperial Germany, 1871-1918)（University Park, 1982）；吕西安·亚伦（Lucien Aaron），笔名乔治·德拉阿什（Georges Delahache）：《1918—1920 年的斯特拉斯堡》("Strasbourg 1918-1920")，载《巴黎评论》(Revue de Paris)，1920 年 8 月 1 日（27），487～513 页。

② 有关该德意志学校的历史，见约翰·E. 克雷格（John E. Craig）：《学术研究与国家建设：斯特拉斯堡的大学和阿尔萨斯社会，1870—1939》(Scholarship and Nation Building: The Universities of Strasbourg and Alsatian Society, 1870-1939)（Chicago, 1984），29～202 页；亦可见丹·西尔弗曼：《勉强联姻：阿尔萨斯-洛林与德意志帝国（1871—1918）》，82～83 页。

图十三　福煦进入斯特拉斯堡

并通过了该报告。[1]

普菲斯特在报告中呼吁，新的斯特拉斯堡大学应配置教员，代替此前的德国队伍，并与莱茵河对岸的各个大学抗衡。该大学将延聘部分阿尔萨斯教授，保留神学系，以承担重整之"特殊使命"。值得注意的是，这一由爱国者（七名委员中的四名来自阿尔萨斯）组成的战时委员会，特别强调斯特拉斯堡大学应成为一所法国大学，其中的一切标准和课程设置都应与内地保持一致。报告中并未提及任何建设国际性大学的实验，也未暗示会在这块新获自由的土地上采取激进的改革措施。在普菲斯特的计划里，文学院的教师规模与德国大学相当，但他同时要求将研究重点转向现代语言与文学，他还希望能保留心理系教职，并尝试设置法国首个社会学系。[2]

1918年12月7日，法国当局下令关闭斯特拉斯堡威廉大帝大学，结束了该校四十六年的光辉历史。除了阿尔萨斯的教师外，大部分教

---

[1] 法国外交部编：《阿尔萨斯-洛林会议记录》（*Procès verbaux de la Conférence d'Alsace-Lorraine*）(Paris, 1917-1919)第一卷，59～67页，第二卷，185～189页；《斯特拉斯堡大学》("L'Université de Strasbourg")，载《S. R. 贝尔福的阿尔萨斯-洛林公报》（*Bulletin Alsacien-Lorrian du S. R. de Belfort*），1915年8—9月，副本见阿尔贝·托马斯(Albert Thomas)论文，国家档案馆档案，210页；法国国防部，阿尔萨斯-洛林事务局，学校和公共教育处，高等教育部直属委员会编，发言记录，1917年9月13日至1918年2月21日；阿尔贝·托马斯论文，国家档案馆档案，209页；克里斯蒂安·普菲斯特手稿：《斯特拉斯堡大学报告》("Rapport sur l'Université de Strasbourg")，斯特拉斯堡国家和大学图书馆(Bibliothèque nationale et universitaire, Strasbourg)；布洛赫：《克里斯蒂安·普菲斯特(1857—1933)及其著作》("Christian Pfister, 1857-1933: Ses oeuvres")，载《历史评论》，1933(172)，569页。
[2] 克里斯蒂安·普菲斯特：《斯特拉斯堡大学文学院未来架构的报告》("Rapport sur l'organisation future de la Faculté des Lettres de l'Université de Strasbourg")，下莱茵省档案馆档案，W1045/176；约翰·E. 克雷格：《法国首个社会学系：关于起源的一点说明》("France's First Chair of Sociology: A Note on the Origins")，载《涂尔干研究》（*Etudes Durkheimiennes*），1979年12月(4)，8～13页。

师被遣散，一个月内即被驱逐至莱茵河对岸。① 与此同时，法兰西第
三共和国教育部(French Ministry of Public Instruction)组建了一个 17
人学者委员会，由物理学家保罗·阿贝乐(Paul Appell)担任主席，12
月中旬抵达斯特拉斯堡的普菲斯特也是该委员会成员之一。为防止最
优秀的阿尔萨斯学生流失，阿贝乐领衔的委员会促请尽快成立一所法
国大学。② 在巴黎，法国政府正在筹备和平会议，教育部遂决定推迟
大学正式重开的日期，但同时也在主要领域开设了少量课程。1919 年
1 月 16 日已经开课。最初的教员规模很小，由从其他院校借调的临时
教授、从德国大学接收的阿尔萨斯教师和驻守当地的军官组成，其中
便有布洛赫上尉。③

　　临时的行政安排导致此后教育状况的混乱，斯特拉斯堡和巴黎之
间的距离使之更为加剧。1919 年 3 月，总代表亚历山大·米勒兰(Al-
exandre Millerand)走马上任，改善了上述格局。米勒兰身处斯特拉斯
堡，直接向首相汇报，并有权立即下达权威决定。④

---

　　① 关于这次驱逐和此后德国人的抗议，见《纽约时报》，1919 年 4 月 19 日、21 日、
22 日；另见马丁·萨潘(Martin Spahn)：《溃败前的日子》("Die letzten Tage des Zusam-
menbruchs")，载《南德月刊》(*Süddeutsche Monatshefte*)，1931 年 12 月(29)，224～231
页；埃里希·克劳斯特曼(Erich Klostermann)：《斯特拉斯堡教师的回归及其安置》(*Die
Rückkehr der Strassburger Dozenten 1918-1919 und ihre Aufnahme*)(Halle，1932)。
　　② 见《斯特拉斯堡大学：委员会报告》("Université de Strasbourg：Rapport de la
Commission")，下莱茵省档案馆档案，UStr.
　　③ 克里斯蒂安·普菲斯特：《斯特拉斯堡新法国大学的第一年(1918—1919)》["La
première année de la nouvelle université française de Strasbourg(1918-1919)"]，载《国际教
育评论》(*Revue Internationale de l'Enseignement*)，1919 年 9～10 月，321～326 页；《教
职工大会记录》(Procès verbal de l'Assemblée de la Faculté)，1919 年 1 月 27 日，下莱茵
省档案馆档案，AL 154 P1/2；古斯塔夫致卡克皮诺的信，1919 年 1 月 27 日，卡克皮诺
文稿，法兰西学院档案。
　　④ 克里斯蒂安·普菲斯特：《斯特拉斯堡新法国大学的第一年(1918—1919)》，338
页；参见亚历山大·米勒兰(Alexandre Millerand)：《阿尔萨斯-洛林重回法国》(*Le retour
de l'Alsace-Lorraine à la France*)(Paris，1923)。

休战期间，布洛赫一直在情报部门任职①，他为能从僵硬的军队职责中解脱而欢欣鼓舞，也为能在斯特拉斯堡大学任职而倍感喜悦。3月13日复员后，他结束了在亚眠中学的学期，以正式休假的形式离开了该校的教师队伍。布洛赫最初的教学任务包括初级法语，因为在当时的800名阿尔萨斯学生中，仍有部分学生未能掌握法语。学校设备的状况参差不齐。布洛赫遭遇了昏暗不明、供暖恶劣的房间，而中世纪史的图书馆内几乎没有收录任何法国史，甚至连一部库朗热的著作都没有。②

在米勒兰的领导下，新的斯特拉斯堡大学在设施和人员上逐渐成形。时任代理教务长的普菲斯特负责文学院常任职员的聘任。经其举荐，布洛赫被任命为中世纪史课程助理讲师，自1919年10月1日起生效。③

结束授课后，布洛赫即刻赶回巴黎，在7月19日与西蒙·维达尔（Simonne Vidal）喜结连理。四天后，宗教婚礼仪式在比福路（rue Buf-

①　D. Q. G信息部公报（Bulletins de la Section de l'Information du D. Q. G.），1918年12月5—17日，见马克·布洛赫：《1914—1915年战争回忆》。

②　布洛赫致费迪南·洛特的信，1920年1月11日，洛特档案（Lot papers），法兰西学院档案；又见克里斯蒂安·普菲斯特：《斯特拉斯堡新法国大学的第一年（1918—1919）》，326～327、332～333页；古斯塔夫·郎松：《斯特拉斯堡大学的复兴》（"La renaissance de l'université française de Strasbourg"），载《火炬》（Le Flambeau），1919（2），501～505页。

③　普菲斯特致校长儒勒·库莱（Rector Jules Coulet）的信，1919年3月7日，下莱茵省档案馆档案，W 1045/1175；《斯特拉斯堡大学文学院未来架构的报告》，下莱茵省档案馆档案，W 1045/176；普菲斯特致库莱的信，1919年5月22日，下莱茵省档案馆档案，UStr。

鉴于阿尔萨斯特殊的政治环境，布洛赫的任命需要当地和巴黎的同时批准：普菲斯特的提名需要提交给咨询委员会（1919年6月5—6日），还需要提交至教育部高等教育委员会常任理事会（1919年6月13日），1919年7月28日米勒兰签字批准提名，同年11月19日获得部长批准。下莱茵省档案馆档案，w 1045/176。

fault)的一座礼拜堂举行。[1] 1894 年，西蒙在迪耶普(Dieppe)出生。其父保罗·维达尔(Paul Vidal，1869—1929)任公共事务部下属桥路总长(Inspecteur-Général des Ponts et Chaussées)，他毕业于综合理工学校(École Polytechnique)与桥路学校(Éclole eds Ponts et Chaussées)，是法国首屈一指的内河航道专家。他的儿子和女婿均为政府工程师，分别来自法国南部和阿尔萨斯。1895 年至 1912 年，维达尔主持了波尔多港的现代化改造，战时则负责塞纳河(Seine)的航道管理，保证物资供应到巴黎。1919 年，第三个孩子嫁给布洛赫后，维达尔从政府离职，转 *85* 而在桥路学校任教。1923 年 2 月鲁尔占领时期，维达尔主动请缨，回到岗位组织各通航水域内复杂的航路调配工作。在整个 20 世纪 20 年代期间，除了在巴黎研究时的住处，位于第十六区莫扎特大街三号的维达尔寓所就是布洛赫的家。[2]

西蒙也曾在第一次世界大战期间服务，她于 1914 年至 1918 年帮助囚犯和难民，并获颁勋章。所有人都认为，她是一名睿智有谋的女性，在音乐和外语上颇具天赋，婚后更兼任丈夫的私人秘书、研究助手、旅行伴侣和挚友。她与布洛赫志趣相投，遍阅布洛赫的文字，也将家中打理得井井有条，这成为布洛赫幸福生活不可分割的一环。[3]西蒙带来丰厚的嫁妆和大量的仆人，她自己也是一名精明节俭的主妇。 *86*

---

① 结婚证明日期为 1919 年 7 月 23 日，艾蒂安藏品。另有一份未签署的宗教证明(ketouba)，藏于巴黎犹太教协会(Association Consistoriale Israélite of Paris)，GG 241，结婚证书编号 9418。

② 保罗·维达尔的生平，见国家档案馆档案，F14 11619。

③ 吕西安·费弗尔：《马克·布洛赫与斯特拉斯堡：一段伟大历史的回忆》，172页；艾蒂安·布洛赫：《马克·布洛赫的生平》("Marc Bloch：Une vie complète")，国家档案馆档案，318 M1 1。有关西蒙·布洛赫手迹的研究甚多，参见国家档案馆档案，AB XIX 3846—3848。

图十四　马克·布洛赫　　　　　　图十五　　西蒙·布洛赫

　　布洛赫夫妇育有六个子女，都出生于他们在斯特拉斯堡生活的十来年间，他们分为以下三组：长女爱丽丝（Alice，生于1920年7月7日）、长子艾蒂安（Etienne，生于1921年9月23日）、次子路易（Louis，生于1923年2月26日）、丹尼尔（Daniel，生于1926年3月11日），还有年少的让-保罗（Jean-Paul，生于1929年8月25日）和苏珊娜（Suzanne，生于1930年10月15日）。作为母亲，西蒙无微不至，虽不及丈夫严厉，但却为家庭的健康、教育和福祉尽心竭力。

87　　　布洛赫一家居住在斯特拉斯堡，与夫妻双方在玛尔洛特和巴黎的祖父母、婶、叔、姐、弟、表亲等人往来密切，假日里多有团聚。除女方一名祖母外，布洛赫家人基本没有再保持与犹太正统的联系。布洛赫家的"假日"只有圣诞节、复活节和几个传统法国节日。布洛赫虽然会给年长的孩子们朗读《圣经》，但他们并未接受宗教教育，并且和他们的父亲一样，在一个完全同化的法式家庭成长。1922年3月16日，布洛赫长兄路易罹患癌症，英年早逝。紧接着，1923年12月3

图十六　布洛赫夫妇及其最小的孩子

苏珊娜(1930 年生)和让-保罗(1929 年生)

日,布洛赫父亲逝世。布洛赫成为家族之首,照料着母亲、两个年轻的侄子和一个守寡的嫂嫂,还有他自己在阿尔萨斯日益壮大的家庭。[①]

1919 年秋,法国斯特拉斯堡大学正式开课。10 月 15 日,七大院

[①]　据一个名为《忧郁的纪念》("Souvenirs sur les disparus")的文件(艾蒂安藏品)记载,布洛赫保留了兄长灵床上的紫罗兰,而在父亲逝世时则保留了玫瑰。保罗·维达尔于 1929 年 7 月 23 日离世,此前其妻猝然身故。之后只有布洛赫之母尚在人世。见信件草稿,国家档案馆档案,AB XIX 3804;布洛赫致卡克皮诺的信,1929 年 8 月 28 日,卡克皮诺文稿,法兰西学院档案。

系聚集一堂，选举各自的院长和大学理事会代表。① 11 月上旬，学校开始授课。11 月 22 日早 9 点，正式的开幕典礼举行，此时适逢法军进驻斯特拉斯堡一周年。这是一场光鲜亮丽、充满爱国热情的盛会，出席者包括总统庞加莱、前总理乔治·克列蒙梭、费迪南·福煦元帅以及大量的法国和国际学者、政治家。典礼以《马赛曲》开场并结束。典礼过程中，新成立的斯特拉斯堡艺术学校（Strasbourg Conservatoire）演奏了塞萨尔·弗兰克（César Franck）、夏尔·卡米尔·圣-桑（Charles Camille Saint-Saens）和乔治·比才（Georges Bizet）的交响作品来活跃气氛。新任校长塞巴斯蒂安·沙莱蒂（Sebastien Charléty）、欢欣自豪的普菲斯特院长、德国占领时期的亲法学生领袖皮埃尔·布歇尔（Pierre Bucher）和庞加莱分别致辞，四人均强调了德意志帝国的失败、法国人对卓越的追求和斯特拉斯堡的特殊使命。② 此后三天都笼罩在浓浓的欢庆气氛中，各类宴请、话剧演出、音乐表演、参观游览和荣誉学位的授予仪式轮番上演。代表索邦出席的古斯塔夫因为法国的胜利和儿子的新职位而备感欢愉。③

---

① 布洛赫一天后首次参加大学会议，他对不能及时收到捐赠的重要中世纪文献副本颇有微词，因为铁路职员不知道"斯特拉斯堡大学文学院"这一地址。见会议记录，1919 年 10 月 16 日，下莱茵省档案馆档案，AL 154 P 1/2。

② 盛大开幕，1919 年 11 月 20—22 日，下莱茵省档案馆档案，w 1045/31, 32；开幕流程见《1919 年 11 月 22 日斯特拉斯堡大学落成庆典》（"Cérémonie de l'inauguration de l'Université de Strasbourg"），1919 年 11 月 22 日，艾蒂安藏品；参见《纽约时报》，1919 年 10 月 30 日，11 月 2 日，11 月 9 日，1920 年 1 月 2 日；又见路易·马德林（Louis Madelin）：《斯特拉斯堡纪念日》（"La journée de Strasbourg"），载《两个世界的评论》（Revue des Deux Mondes），1920 年 1 月 1 日（6 ser., 55），194~205 页；罗伯托·米歇尔斯（Roberto Michels）：《斯特拉斯堡大学》（"L'Università di Strasburgo"），载《新集》（Nuova Antologia），1920 年 3 月 2 日（205），56~62 页；《斯特拉斯堡大学：盛大开幕》（Université de Strasbourg：Fêtes d'inauguration）（Strasbourg，1920）。

③ 见古斯塔夫致卡克皮诺的信，1919 年 11 月 13 日，卡克皮诺文稿，法兰西学院档案。

斯特拉斯堡不失为布洛赫开始大学教学生涯的理想之地，这里有联系一个光辉传统的精神纽带。19 世纪 60 年代早期，库朗热——布洛赫父亲的模范、普菲斯特的老师和偶像——出版了《古代城邦》(*La cité antique*)，开创古希腊和古罗马社会比较研究之先河。[①] 约二百五十年前，斯特拉斯堡大学校长让·若阿基姆·岑特格拉夫(Jean Joachim Zentgraff)研究过法国国王施行的治疗仪式，成为布洛赫《国王神迹》一书的先导。[②]

33 岁的布洛赫并未取得博士学位，但他被任命为中世纪历史研究协会(Institute of the History of the Middles Ages)会长，该研究协会取代了此前的德国"研讨会"("Seminar")。[③] 布洛赫支配着充足的经费，坐拥一座规模尚可但他希望扩建的图书馆，并能随意取阅学校保存的大量文件、期刊和历史文献。[④] 普菲斯特亲自组建的文学院致力于学术研究和教学改革。为将法国学者的研究发扬光大，普菲斯特的小组申领了津贴，用于出版通讯和专著系列。夏季课程很多，也有慷慨的

89

---

① 亨利·萨洛蒙(Henri Salomon)：《克里斯蒂安·普菲斯特》("Christian Pfister")，载《历史评论》，1933(172)，560～563 页；又见 F. 哈托格(F. Hartog)：《1919 年的斯特拉斯堡和古代史》("Strasbourg et l'histoire ancienne en 1919")，见查尔斯-奥利弗·卡尔博内尔(Charles-Olivier Carbonell)与乔治·里维编：《〈年鉴〉的诞生》(*Au berceau des Annales*)(Toulouse, 1983)，41～43 页。

② "生于自由之邦，(他)是路易十四的臣民，为纳瓦拉的亨利谱写颂歌，在故都兴办大学，风光无限，故都终成法邦。本书乃文学院复兴后的出版物之一；我也十分高兴，得以在某种程度上继续——虽然我充分意识到各自时代的思想差异——老斯特拉斯堡大学前校长率先发起的事业。"见《国王神迹》，24 页。

③ 这一时期，布洛赫的许多研究笔记都写在《斯特拉斯堡大学历史研讨会章程》("Satzungen des historischen Seminars der Universität Strassburg")背面，该章程记录了教职员工作的十五条规则。参见国家档案馆档案，AB XIX 3809。

④ 布洛赫致费迪南·洛特的信，1920 年 1 月 11 日，洛特档案，法兰西学院档案；又见布洛赫：《中世纪历史研究协会》("Institut d'Histoire du Moyen-Age")，《斯特拉斯堡大学文学院通讯》(*Bulletin de la Faculté des letters de l'Université de Strasbourg*)，1922—1923(1)，181～183 页。布洛赫的研究协会得到了 2500 法郎的资助，1921 年和 1929 年同此例(下莱茵省档案馆档案，AL，154 p1/2，p3/5)。

补助鼓励教员授课、写作、参加国家与国际组织，还有出访，特别是进行国际访问。① 也有专门的项目邀请外国名人来校，接受荣誉博士学位的皮朗便受邀开设两门课程，进行一场公开演讲，并和文学院各教师讨论他正在进行的经济史研究。②

学校也提供赴莱茵河对岸交流的机会。布洛赫本人便经大学下属部门的安排，在莱茵河对岸的克尔(Kehl)向法国军官面授法国史。③ 1921年，应法国驻莱茵兰高级长官之邀，文学院在美因茨成立德国研究中心(Centre d'Etudes Germaniques)，为法国军官、记者和公务员专门开课。布洛赫不是常任教员，但也在美因茨授课，更两次担任学位外审。1930年，法军撤离莱茵兰，布洛赫在斯特拉斯堡帮助重建了该研究中心。④

斯特拉斯堡大学成为法国规模最大的大学之一，并以"综合精神"而闻名。⑤ 亨利·贝尔令人钦佩地首先注意到了文学院充足的师资，

---

① 1923年，12名斯特拉斯堡大学教员参加了在布鲁塞尔举办的历史科学国际会议，5人参加了1928年在奥斯陆举办的会议。下莱茵省档案馆档案，w 11045/42；AL，154 p2/4。布洛赫出席了两届大会并得到资助。参见克里斯蒂安·普菲斯特：《斯特拉斯堡新法国大学的第一年(1918—1919)》，345～352页；克雷格：《学术研究与国家建设》，233～237页。

② 《斯特拉斯堡大学文学院通讯》，1923—1924(2)，88～90页。

③ 《法国君主传奇》("La légende monarchique française")，1924年11月8日，国家档案馆档案，AB XIX 3845。

④ 关于德国研究中心，见下莱茵省档案馆档案，AL 98/354，361；又见阿尔弗雷德·施拉格登豪芬(Alfred Schlagdenhauffen)：《斯特拉斯堡大学德国研究中心(1921—1961)》("Le Centre d'études germaniques de Strasbourg，1921-1961")，载《斯特拉斯堡大学文学院通讯》，1960—1961(40)，467～476页；艾蒂安·韦赞(Etienne Vézian)：《德国研究中心》("Le Centre d'études germaniques")，载《法属阿尔萨斯》，1930年11月9日(10)，389～390页；布洛赫的参与，见国家档案馆档案，AB XIX 3817。

⑤ 亨利·贝尔：《高等教育之综合精神：斯特拉斯堡大学》("L'esprit de synthèse dans l'enseignement supérieur：L'Université de Strasbourg")，载《综合历史评论》，1921年1月(32)，1～13页。

较低的师生比例，在研究中投入的热忱和时间，以及致力于打破传统历史学科的人为分野的全新研究中心。与法国多数大学不同，五大院系(文学院、法学院、罗马天主教神学院、新教神学院和许多自然科学系)的教师都居于大学宫(Palais Universitaire)，使跨学科研究成为可能。[①] 相对于法国学者各自为政的习惯，斯特拉斯堡大学的教授们在这几年里聆听同行教学，更合作开设课程。他们的合著、专著颇丰，宛若知识疆域的拓荒人。

1920 年 1 月，斯特拉斯堡大学文学院发起礼拜六聚会。[②] 聚会最早只是语言学和宗教史研究所的非正式黄昏讨论会。历史系加入后，实行了三周轮换制，并逐渐有了更为统一的形式。教员们或陈述自己的研究内容，或就各自领域的最新研究展开讨论，随后是有关文献、方法和理论的提问和探讨。古斯塔夫·布洛赫和亨利·皮朗等人都曾以宾客身份参与讨论。[③] 在这些气氛热烈的跨学科聚会上，布洛赫结识了一批最为德高望重的前辈同僚：地理学家亨利·鲍利希(Henri Baulig，1877—1962)、宗教史家普罗斯珀·阿尔法里克(Prosper Alfaric，1876—1955)、阿尔萨斯罗马语言学家欧内斯特·厄普夫内(Ernest Hoepffner，1879—1956)、考古学家阿尔贝·格勒尼耶(Albert Grenier，1878—1961)、德国研究专家埃德蒙·费尔迈尔(Edmond Vermeil，1878—1964)、心理学家夏尔·布隆代尔(Charles Blondel，1876—1939)、社会学家莫里斯·哈布瓦赫(Maurice Halbwachs，1877—1945)、法学家加布里埃尔·勒布拉斯(Gabriel Le Bras，1891—1970)，

91

---

① 医学部的教员多供职于市政医院，他们拥有一个特殊的肺结核研究所，有助于布洛赫开展《国王与农奴》的研究。克里斯蒂安·普菲斯特：《斯特拉斯堡大学》，760 页。
② 《斯特拉斯堡大学文学院通讯》，1922—1923(1)，106～107 页。
③ 1922—1923 年讨论会的纪要刊登在年度通讯中，其中包括书评、学术信息、新课通知等；有关社会史的最重要聚会出现在 20 世纪 20 年代早期。

还有布洛赫近代史学研究的前辈，也是其隔壁的邻居和未来的合作者吕西安·费弗尔。后者从第戎大学(University of Dijon)离职——很可能耽误了他在巴黎的前程——以便能为斯特拉斯堡大学服务。[1]

图十七　斯特拉斯堡大学，1925 年

为了在斯特拉斯堡大学谋得一个稳定的职位，布洛赫必须取得博士学位。他从政府为照顾战争老兵而设立的特别项目中受益，得以提

　　① 克雷格：《学术研究与国家建设》，221 页；又见亨利·鲍利希(Henri Baulig)：《吕西安·费弗尔在斯特拉斯堡》("Lucien Febvre à Strasbourg")，载《斯特拉斯堡大学文学院通讯》，1957—1958(36)，177～178 页；乔治·里维：《吕西安·费弗尔和斯特拉斯堡：文学院的现代历史机构》("Lucien Febvre et Strasbourg：L'Institut d'histoire moderne de la Faculté des Lettres")，见《〈年鉴〉的诞生》，47～55 页。
　　斯特拉斯堡大学原有的历史教员——该校拥有法国最大的历史系之一——还有主攻古代史的尤金·卡芬雅克(Eugène Cavaignac)和安德烈·皮加尼奥尔(André Piganiol)，主攻当代史的乔治·帕里塞(Georges Pariset)，主攻阿尔萨斯史的弗里茨·肯纳(Fritz Kiener)，与教授中世纪和阿尔萨斯历史的院长普菲斯特。

交简略作品而取得学位。布洛赫迅速达标后，并于 1920 年 12 月 4 日重返索邦。下午一点，布洛赫在博士厅（*Salle du Doctorat*）就其主要论文和附属论文进行答辩，高级教授夏尔·瑟诺博斯担任了六人答辩委员会主席，布洛赫受到了最高的评价——"非常优秀"①。

附属论文的要求较为宽松。布洛赫提交了业已发表的作品——1912 年的文章《古代封建效忠仪式破裂的形式》。基于原文中对仪式存在和性质的假说，布洛赫呈交了他称之为"第二版"的作品：该版本增加了新的资源索引列表和方法论阐释。② 大约二十年后，在布洛赫关于封建社会的权威研究中，领主和封臣纽带仪式破裂再度出现，成为决定性因素。③

布洛赫的主要论文《国王与农奴》在索邦大学的资助下迅速发表，奠定其研究中世纪的专家的地位。④ 该文与布洛赫的设计初衷相去甚远，他原本希望研究法兰西岛的农村人口和农奴废除问题。由于"各种条件大大拖后"了布洛赫的宏伟计划，他只能退而选取单个典型事件，抽丝剥茧，深入研究细节。布洛赫承认研究的缺陷，也表达了未来研究整个巴黎地区农奴制度的愿望。⑤

在《国王与农奴》一书中，布洛赫选择了两个法令进行讨论，即1315 年路易十世和 1318 年菲利普五世的法令，从这两个法令中发展出

---

① 布洛赫在致洛特的信中描述了准备工作，见 1920 年 1 月 11 日通信，洛特档案，法兰西学院档案；答辩见国家档案馆档案，AJ 16 4764X；亦可见古斯塔夫致卡克皮诺的信，1921 年 1 月 29 日，卡克皮诺文稿，法兰西学院档案。

② 《附属论文：答辩》（"Thèse complémentaire：Soutenance"），国家档案馆档案，AB XIX 3811；见上，第三章。

③ 《封建社会》第一卷，第 16 章。

④ 完整的题目为《国王与农奴：卡佩王朝历史的一瞥》（*Rois et serfs*：*Un chapitre d'histoire capétienne*）（Paris，1920）；研究笔记见国家档案馆档案，AB XIX 3806，3848，3850。

⑤ 《国王与农奴》，10～13 页。

了几个历史传说。布洛赫依赖其证据考察的功力,论证了二者颇为相似的著名前提——人"生而自由"的说法——其实并未体现王权对自由的认同。相反,它们只是老生常谈,但也反映了中世纪政治理论的深层矛盾,即自然平等的理想与等级制度现实之间的矛盾,后者更有人类堕落观念的支持。布洛赫揭穿了由最后一代卡佩王朝解放所有封建农奴的谎言。实际上,这些耳熟能详的政令只在两个地区施行。最后,布洛赫对这些政令的首创性表示质疑。早在此前一百年,君主便已经着手解放农奴。1315 年和 1318 年颁布的两个法令实际上以老好人菲利普三世的政令为蓝本,后者早在 1302 年便下令保障农奴能享有更广泛的自由。①

《国王与农奴》与附属论文一脉相承,预示了布洛赫此后的主攻方向:研究王权、王室官员的职能及角色,还有扑朔迷离的普通人的历史。虽然篇幅有限,但本书却勾勒出农奴制度的本质属性,初步得出了法兰西岛城乡范围内王权、神权和领主解放的模式,并涉及卡佩君主的历史,他们与此后四百年间的继位者们别无二致,都只考虑眼前利益而不计未来。布洛赫将王权解放运动(该运动最初进展缓慢、十分谨慎,只有相对自由的条款,而最后几个穷兵黩武的卡佩王朝君王——这些"坚定贩卖自由之人"——更是把这些条款转换成固定的收入来源)与农奴的自由运动结合。12 世纪,封建纽带日渐衰弱,地主不断增收苛捐杂税,整体生活水平有所提高,城乡居民联系日益紧密,这些条件都促成了农奴自由运动的兴起。文字虽然书写的是君主王权,

---

① 布洛赫的简要总结,《中世纪社会的一个方面:国王与农奴》("Un aspect de la société médiévale: Rois et serfs"),载《法国季刊》(*French Quarterly*),1921(3),69~72 页。

但农奴的境况才是字里行间的主题。①

布洛赫的风格和方法在《国王与农奴》中一览无余。书中完全没有 94
叙事成分，取而代之的是布洛赫如法庭审查官般展开对文档的研究，
提出坚实的问题（这些问题往往又生发出其他问题），并且时常对证据
本身进行尖锐的批判。他在好几处都引入了比较的例子，填补源头的
空白，为研究王室政策提供参照。《国王与农奴》代表了布洛赫日后的
发展方向，即熟稔地结合法律、政治、社会、经济和心理因素，提供
一个更为全面、客观的历史版本。本书也揭示了布洛赫对经济状况的
重视②、对形式和仪式的兴趣③，以及将现代思维同中世纪思维区别的
敏锐意识。④ 对于这幅宏大且还在不断发展的图景，《国王与农奴》只
能勾勒其形，但本书成为连接布洛赫战前研究与斯特拉斯堡生活的桥
梁，如今他可以尽情地扩展研究领域和研究视野。

斯特拉斯堡大学的教员学术成就斐然，但他们在教学改革方面的
成果却十分有限。与绝大多数同僚相比，布洛赫是法国僵硬体制的严

---

① 吕西安·费弗尔：《马克·布洛赫与斯特拉斯堡》（"Marc Bloch et Strasbourg"），
172～173 页；夏尔-埃德蒙·佩兰（Charles-Edmond Perrin）：《马克·布洛赫的历史著
作》（"L'oeuvre historique de Marc Bloch"），载《历史评论》，1948(199，no.2)，164 页。

佩兰来自洛林，比布洛赫小一岁，巴黎高师学生（1908—1911 年，会考中排名第一
位），梯也尔基金会奖学金得主，前线军官，曾获得六次表彰。1919 年，他在斯特拉斯
堡大学取得临时职位，一年后在福斯泰尔·德·库朗热中学任教，帮助布洛赫校对了
《国王与农奴》。

在格勒诺布尔大学（University of Grenoble）任教七年后，佩兰于 1928 年重回斯特拉
斯堡，作为布洛赫在中世纪研究的前辈，1935 年他终于完成了长达 800 页的博士论文，
讨论洛林地区的农村贵族。1936 年，斯特拉斯堡大学任命其为系主任，1937 年他随布
洛赫前往巴黎。布洛赫关于佩兰论文的报告，见 1935 年 12 月 19 日，下莱茵省档案馆档
案，AL 154 p5/9；相关生平资料见国家档案馆档案，AJ 16 6115。

② 《国王与农奴》，54、166、176 页。
③ 《国王与农奴》，28、41～42、45～46 页。
④ 《国王与农奴》，161 页。

肃批评者，这种体制擅长培训学生参加综合性考试，迫使教授依照教育部的既定课表授课。[1] 虽然与内地大学相比，斯特拉斯堡大学开设的课程更加丰富，但是无论年轻的后辈，还是资深的教员，仍要一丝不苟，花大力气，只为满足主要由巴黎教授组成的委员会所设立的学士学位和教师资格证考试。人为的障碍——古代、中世纪、现代和当代的分野——限制了历史教学；很多老师则继续研读"学术"手册，而它们最多只是教师资格课程的提纲读本。[2] 另一方面，即便是斯特拉斯堡最坚定的改革者也清楚目前的困境。斯特拉斯堡大学只是一所省级地方大学，学生的视野和能力有限，老师的评定不仅要看他们的学术能力，也要看他们在法国传统学术圈的舞台上所取得的成就。[3]

布洛赫从一群睿智雄辩的教员中脱颖而出。他在斯特拉斯堡大学任职十七载，有机会开设类型众多的中世纪课程。学生们一致认为，布洛赫的课程组织细密、方法系统、知识详实、批判得力，并且时而加入篇幅宏伟、引人入胜的评述来丰满教学——类似他的写作风格。

---

① 布洛赫在教员大会上的讲话，1922 年 6 月 10 日，下莱茵省档案馆档案，AL 154 p1/2。同理，"我们的高等教育受学位课程大纲的束缚太多，很多教员由于教师资格考试的压力，变得更加狭隘，他们应该被送上审判台。"又见布洛赫：《论欧洲社会的比较史学》("Pour une histoire comparée des sociétés européennes")，载《综合历史评论》，1928 年 12 月 (46)，重印于《历史作品集》第一卷，37～38 页，注释 1。普菲斯特与布洛赫的父亲也深感这一系统的负担，见布洛赫：《克里斯蒂安·普菲斯特》("Christian Pfister")，568～569 页；杰鲁姆·卡克皮诺：《古斯塔夫·布洛赫》，100 页。

② 布洛赫的部分改革努力见下莱茵省档案馆档案，AL 154 p1/D2，p4/7；又见布洛赫：《中学阶段的历史教育》("Sur les programmes d'histoire de l'enseignement secondaire")，载《历史学教师协会通讯》(Bulletin de la Société des Professeures d'Histoire)，1921 年 11 月，15～17 页。

③ 保罗·勒依罗 (Paul Leuilliot)：《一名"信徒"的见证》("Témoignage d'un 'fidèle'")，和爱丽丝·杰拉德 (Alice Gérard)：《〈年鉴〉之争起源：历史实证主义和大学体系》("A l'origine du combat des Annales：Positivisme historique et système universitaire")，见《〈年鉴〉的诞生》，72～73、80～88 页。

布洛赫是一名严格的老师，对学生的报告要求很高，尤其讨厌缺乏视角或僵化的文章。有的学生认为布洛赫"冷若冰霜"、尖酸刻薄、吹毛求疵。布洛赫的教学方法十分传统，但作为新晋教授，他凭借对文献的掌握、对相关学科的了解，他那高超的语言技巧和独特的洞见，奠定了在学生心中的地位。[1]

布洛赫反对一切教条主义——不论是种族的、经济的、等级的还是环境的。历史学家的技艺之一便是多提问题，而不是仅仅展示超验的真理。他常表示，历史学家既不是神学家也不是道德家，他们的角色并非谴责或开脱某一特定情况，而是去理解造就如此现象的原因，找寻现象背后的目的。[2]

布洛赫教学的独到之处在于，紧抓一个问题，进行深入、细致的研究，穿越时空，直至得出阶段性结论，再提出新的问题。他乐于展示探索的方向。有时，为了激发听众的兴趣、批判的精神或反思，抑或他自己也不确定的答案，布洛赫便坦然承认自己的"无知"（他也经常指责他人避谈无知的行为）[3]。

布洛赫的教学方式与德国古典思想中的育人理念、知识总体、全面发展（*Bildungs-ideal*，*the alles wissen*，*alles tun*）等差异明显。在 19

96

---

① 基于 1980—1983 年对布洛赫学生的访谈，包括：亨利·布伦瑞克（Henri Brunschwig）、菲利普·多兰热（Philippe Dollinger）、让·施耐德（Jean Schneider）、让·布劳恩（Jean Braun）、安德烈·厄普夫内（André Hoeffner）、芒夫杭夫人（Mme. Monfren）、费尔南·吕利耶（Fernand L'Huillier）；又见罗杰·拉奎尔（Roger Jaquel）致作者的信，1982 年 6 月 14 日。

② 基于布洛赫学生提供的信息，见罗贝尔·博特鲁齐（Robert Boutruche）：《学生眼中的马克·布洛赫》（"Marc Bloch vu par ses élèves"），见《1939—1945 年回忆》（*Mémorial des années 1939-1945*）（Paris，1947），196 页。

③ "历史不是演绎科学，它基于事实的搜集和解读，而我们无法全面把握事实。我们的根基就是我们的资料，我们必须常常说'似乎……'和'我们并不知道'。"国家档案馆档案，AB XIX 3930。

世纪和 20 世纪初期，这些思想建立了一种不稳定的平衡，均衡了对个体自主、修养的理想追求，怀有综合情结的学者已经习惯于消极地服从这一普遍现实。布洛赫把教育看作是一种自我追寻，寻找自身与无法把握之整体的各部分之间的关系。个体需要训练心智，发展批判思维和锻炼分析能力，也要学会逻辑抽象、普遍归纳和明智判断，同时得保持开放的姿态，接受全新的观念。布洛赫认为，这一过程本身便意义不凡，事实的搜集远比不上事实的质量和事实的评判。此外，布洛赫教给学生的历史是一种伟大的精神游戏（*jeu d'esprit*）：一项充满乐趣、富于人性的挑战。[①]

世界主义是布洛赫引以为傲的立场，他对时间或空间的分隔深恶痛绝。他喜欢扮演顽固的文献审查者，如一名学生所说，布洛赫总是尝试"证反"。他的课程代表初步的论断。他既不提出任何"方法"，也没有任何"宏伟计划"，坚持每个人都需要发展出各自理解文本的方式。部分学生认为布洛赫的教学令人泄气，尤其是他列出了长长的书单，其中不乏外文书目。而布洛赫更坚持学生通读全文，力求精准，加以批判。一名学生承认，他常常因为有这样一个"开放"的老师而深感挫败。学生也很容易在布洛赫加诸的自由里"迷失"。但此后，布洛赫这个苛刻的老师也会安慰学生，告诉他们虽然个体无法遍阅群书、无所不知，但个体却能发展一项技能，使视野得以"兼顾左右"[②]。

布洛赫擅长对现象进行开放、具体和公允的研究。一次，他带领班级到阿尔萨斯野外考察具有北欧特色的狭长敞田。这片区域从大西洋一直延伸到易北河（Elbe），与南欧的不规则地形形成反差，法国（"不幸！"）因此被一分为二。布洛赫鼓励学生修习德语，他十分关注德

---

① 亨利·布伦瑞克访谈（1980）。

② 菲利普·多兰热访谈（1980）。

国当时推行的奖学金政策，但也强烈谴责其中的民族主义色彩。他嘲笑那些把圆屋村看成"斯拉夫式"的德国中世纪研究者，认为他们忽略了法国南部的类似建筑，论证极不严密，还犯了时代错误。

在年轻学生的眼里，布洛赫令人生畏：他温文尔雅，举止得体，难以亲近。受邀去布洛赫家里喝茶的学生，在老师家中舒适优雅的环境中，只能心生敬畏。[①] 但是面对自己指导的学生，那个冷漠、揶揄、刻薄的布洛赫化身为心胸宽广、体察入微的老师。他对学生生活和家人的关心，丝毫不亚于对他们学业的关注。[②] 布洛赫热爱农村历史，引导学生在资料可靠、问题实际的领域从事研究。然而，他的指导从未演变成任何形式的对研究和思想的控制。

由于布洛赫和费弗尔共同的兴趣、友谊和长期的合作，两人一直被认为是杰出、强大的团队，他们推开了阻隔中世纪和现代研究的大门，为历史研究的发展摇旗呐喊。他们把通常只需两年即可获得的历史学"学士学位"变为了三年，坚持认为学生首先得有"过硬的历史学背景"[③]。他们公开谴责过于怯懦而不敢逾越既定界限的"传统主义者"，有时甚至非常激烈。布洛赫内敛、年轻，费弗尔活跃、年长，二人的性格差异明显。然而，这一杰出的二人组魅力无穷，互相补充，给阿

98

---

① 费尔南·吕利耶访谈（1982）。

② 罗贝尔·博特鲁齐：《学生眼中的马克·布洛赫》，197～205 页；布洛赫长期指导博特鲁齐的论文，他更给学生写过整整五十二封信。感谢蒙彼利埃的博特鲁齐夫人提供信件。

③ 雅克·戈德肖（Jacques Godechot）访谈（1980）；戈德肖致作者：《回忆马克·布洛赫》（"Souvenirs sur Marc Bloch"）。1924 年，布洛赫和费弗尔在一次正式介绍中详细说明了斯特拉斯堡大学的课程项目，时年 17 岁的戈德肖随即决定返回南锡。

尔萨斯年轻的历史学家们留下了不可磨灭的印象。[1]

与半个世纪前的德国人一样，新兴的法国教授们并未融入当地社区。教员们通常在大学附近聚居，住在德国建筑师修建的美丽郊区房屋。布洛赫与他不断添丁增口的家庭在罗巴特绍大街(Allée de la Robertsau)有两处房产，这是一条宽阔、美丽的林荫大道，从斯特拉斯堡大学宫通往橘园(Orangerie)，道路两旁是成群的 19 世纪末别墅。另一个住处位于自由大道(Avenue de la Liberté)，这里离大学更近。学术圈内部的社交活动频繁，但和当地的联系无疑少了许多。

在精神和政治方面，他们也与当地保持着距离。不论是自由派还是保守派，斯特拉斯堡的教职员都赞成国家统一。作为爱国主义者，他们既不同情阿尔萨斯战后的"痼疾"，也不同情之后由学生和当地人发起的自治运动。[2] 除少数法律、神学教授和文学院留任的阿尔萨斯人之外，多数教员对当地的政治漠不关心。普菲斯特一派因为亲德雷福斯、反教权、左倾和国际主义导向而被贴上"雅各宾派"的标签。讽刺的是，这些法国人道主义者和他们的德国前任一样，认为自己的使命是建立一种卓越的国家体制，而不是成为地区的典范。[3]

---

① 菲利普·多兰热：《马克·布洛赫和吕西安·费弗尔在斯特拉斯堡(一些学生的回忆)》["Marc Bloch et Lucien Febvre à Strasbourg(Quelques souvenirs d'un de leurs étudiants)"]，乔治·帕里塞：《斯特拉斯堡杰作……》("Du bon travail à Strasbourg ...")，及保罗·勒依罗：《一名"信徒"的见证》("Témoignage d'un 'fidèle'")，见《〈年鉴〉的诞生》，65～74 页。又见布伦瑞克、多兰热和吕利耶访谈(1980)，安德烈·厄普夫内访谈(1982)，及戈德肖和罗杰·拉奎尔致作者的信，1982 年 6 月 14 日。

② 吉内薇芙·巴斯(Geneviève Bass)：《动荡的阿尔萨斯(1919—1924)》(*Le malaise Alsacien*，*1919-1924*)(Strasbourg，1972)；又见弗朗索瓦-乔治·德雷福斯(François-Georges Dreyfus)：《阿尔萨斯的政治生活(1919—1936)》(*La vie politique en Alsace*，*1919-1936*)(Paris，1969)，9～72 页。

③ 弗朗索瓦-乔治·德雷福斯：《1919—1929 年的斯特拉斯堡和斯特拉斯堡大学》("Strasbourg et son université de 1919 à 1929")，见《〈年鉴〉的诞生》，14～18 页。

德语被完全摒弃，如同第二帝国时期的法语。费尔迈尔拒绝用德语教授任何文学课程。阿尔萨斯方言也被忽视。[1] 尽管布洛赫和哈布瓦赫拥有阿尔萨斯血统，但他们从不研究当地问题。[2] 在这样一群持怀疑态度的同事面前，区域问题专家弗里茨·基纳（Fritz Kiener）不得不为自己的学术声望和对阿尔萨斯独特性的拥护作辩护。[3]

也有一些同化的尝试。文学院对学生糟糕的法语非常痛心，特别开设了夏季语言课程，并采纳了布洛赫的建议，向学生提供奖学金和补助，送他们去法国内陆，用一年的时间强化法语。[4] 为加强同当地社区和老师之间的联系，一些教员开设了流行的公共课程，参与了学校的衍生项目和巡回授课，并为布歇尔的温和周刊《法属阿尔萨斯》（*L'Alsace Française*）撰文。布洛赫只在 1930 年 3 月于周刊上登载过唯

① 克雷格：《学术研究与国家建设》，287、306～307 页；又见吕西安·费弗尔：《皇族政治还是法国文明？关于一个语言历史学问题的一些见解》（"Politique royale ou civilization française? Remarques sur un problème d'histoire linguistique"），载《综合历史评论》，1924 年 12 月（38），37～53 页。

② 约翰·克雷格：《莫里斯·哈布瓦赫在斯特拉斯堡》（"Maurice Halbwachs à Strasbourg"），载《法国社会学评论》，1979（20），273～292 页。哈布瓦赫是最具世界性的教员之一，然而他在《我们在阿尔萨斯-洛林的政治》（"Notre Politique en Alsace-Lorraine"）一文中表达了对阿尔萨斯地方主义的同情，载《人权丛书》（*Les Cahiers des Droits de l'Homme*），1920 年 12 月 20 日（20），3～8 页。他在抵达斯特拉斯堡后不久便搜集、发布了当地的数据，此后他利用这些材料把自己的研究触角伸向更广阔的社会问题。

③ 夏尔-埃德蒙·佩兰：《弗里茨·基纳（1874—1942）》（"Fritz Kiener，1874-1942"），见《1939—1945 年回忆》，99～117 页。

④ 文学院教师会议记录（Minutes of Conseil of the Faculty of Letters），1928 年 5 月 19 日、11 月 24 日，下莱茵省档案馆档案，AL 154 P2/3；布洛赫致加布里埃尔·莫格温（Gebriel Maugain）的信，1928 年 7 月 12 日，下莱茵省档案馆档案，AL 154/4。政府采取强力行动镇压了 1928 年 5 月的自治运动之后，出台了上述设计。参见克雷格：《学术研究与国家建设》，312 页。

一一篇文章，这期是纪念库朗热百年诞辰的专刊。[1]

在某种程度上，阿尔萨斯这些特殊措施强化了某种海外殖民地标签的感觉，也明显影响了局外人。1921 年，布洛赫动情地称他一岁大的女儿为"阿尔萨斯小胖孩"。孩子们入读当地学校后，他们需要尽力适应规定的宗教课程和各式习俗。[2] 20 世纪 20 年代中期，"洛迦诺精神"（"spirit of Locarno"）刺激了当地的德国戏剧、音乐和艺术的复兴。1926 年后的斯特拉斯堡逐渐成为更加激进的基督教和阿尔萨斯地区，使非宗教和法语人士感到不安，也令布洛赫等以国家首都为基准定位的人感到担忧。[3]

第一次世界大战后，法国的知识分子大体分为三类。在持左派和右派理念的学者和活动分子之间，以布洛赫为代表的一派或出于信念，或出于个人需要，属于不介入派（non-engagé）。历经德雷福斯事件和四年堑壕战的折磨，这一派疲惫不堪，退到了国家政治的边缘地带。受朱利安·邦达（Julien Benda）理想主义的影响，他们守护自己的原则，成为不偏不倚的学者，超然于各个政治派别的纷争之外。[4] 宏观的政治和军事斗争似乎已尘埃落定，斯特拉斯堡的雅各宾派与更为保守的同僚站在一起，共同谴责政治介入行为。他们和内地的爱国者保

---

① 《法属阿尔萨斯》（1930 年 3 月 16 日），206～209 页；克雷格：《学术研究与国家建设》，279～282 页，其中也提到两个旨在吸引中低层和工薪阶层的计划，但都中途废止。

② 艾蒂安·布洛赫访谈。引自致乔治·戴维的信，1921 年 3 月 28 日，国家档案馆档案，M1 318 1。

③ 克雷格：《学术研究与国家建设》，290、304～305 页；关于当地愈演愈烈的反犹情绪，见戈德肖在《〈年鉴〉的诞生》中的叙述，32～33 页。

④ 朱利安·邦达（Julien Benda）：《文人的背叛》（La trabison des clercs）（Paris, 1927），详见 246～247 页。据称，在 1928 年于奥斯陆举行的国际历史科学大会（International Congress of Historical Sciences）上，布洛赫将比较历史定义为一个"纯科学的学科……以知识为导向，而非以实际结果为导向"。他的发言稿被重印在《综合历史评论》，1928(46)，15～50 页。

持一致，每晚阅读《时报》(*Le Temps*)，定期投票，但避免就重大公共问题发表意见。①

布洛赫声情并茂地描述了他这一代人：

> 我们从上一场战争中重生，我们疲惫不堪，经过四年的斗争，四年的精神懈怠，我们只是迫不及待地想要回归合适的职位，重拾我们扔在凳子上听任锈蚀的工具。我们已然落后于我们的研究，所以我们不惜冒着消化不良的危险，狼吞虎咽……
>
> 我们许多人早有思想准备，意识到凡尔赛和鲁尔的外交策略实际是一道深渊，威胁着要将我们吞噬。我们完全知晓其带来的两重后果，一是将我们和同盟者卷入其中，二是使我们重新回到与宿敌公开、血腥的争斗，而我们在不久之前，就在不久以前，才击败这个敌人……在一个贫困、人口相对稀少，仅能实现很小工业产能的法国，我们不会愚蠢到认为，他们设计出的这种政策是可取的。②

自打布洛赫定居斯特拉斯堡以来，他很早便意识到了战后赔款问题的危险。它使法国需要与雨果·斯廷内斯(Hugo Stinnes)等顽固的德国民族主义者展开不平等的较量，进行毫无意义的争论，在选择货物、黄金还是一文不值的德国货币偿付一事上互不相让，同时也让美国疏远了此前的盟友。但在 1923 年，法国入侵鲁尔区索赔时，布洛赫保持

----

① P. N. 布鲁德本特(P. N. Broadbent)和 J. E. 弗劳尔(J. E. Flower)：《战间期的法国知识分子及其角色》("The Intellectual and His Role in France between the Wars")，载《欧洲研究杂志》(*Journal of European Studies*)，1978(8)，246～257 页；亦见克雷格：《学术研究与国家建设》，278 页。

② 《奇怪的战败》，215 页。

了中立态度。私下里，布洛赫认为武力行为可能（确实）引起了德国的反击欲望，但他拒绝公开反对政府，或发表任何形式的支持言论。不管是国家政治还是教育改革，他都反对让当地的退伍军人（*Anciens combattants*）组织牵涉其中。①

图十八　布洛赫在斯特拉斯堡的书房，1935 年

102 矛盾的是，斯特拉斯堡大学活跃的知识氛围，反而增强了教授们远离党派立场的趋势。十年来，饱经苦难的法国改变了政策，避免与之前的敌人或盟友正面冲突，转而发扬马其诺防线（Maginot Line）的防御策略。斯特拉斯堡大学明哲保身，成为一个封闭、自足的专家机构，

---

① 布洛赫致戴维的信，1921 年 3 月 28 日，国家档案馆档案，M1 381 1；布洛赫致古斯塔夫·科恩（Gustave Cohen）的信，1923 年 2 月 23 日，3 月 2 日，国家档案馆档案，AP 59 2/3。布洛赫的立场大致与法国庞大的老兵组织相似，他们坚决远离政治。安东尼·普罗斯特（Antonie Prost）：《退伍军人与法国社会》（*Les anciens combattants et la société française*）II—III 卷（Paris，1977）。

其后果之一便是公众对历史和广阔世界的无知。布洛赫发现，英法两国统治阶级的教育程度如今不及德国，难以面对民主的各类挑战。[1]

　　布洛赫之后解释说，在学生中存在着"一种宿命论"，教授们则被禁止"采取个人行为"，"我们习惯了在社会和自然中起强大作用的非个人因素。海底潜流的牵引力如此普遍和强大，让人无法抗拒，在它面前，几个落水水手的挣扎又算得了什么？"[2]

　　1940年，布洛赫愤然回首，分析法国陷落的原因，他指责学者应 *103* 该为此负责。他相信在现代文明中，历史自我意识不断发展的一个有机环节便是"个体意识"持续、有效地与"普遍意识"互动：

　　　　个体若要对社会需求形成鲜明的看法，并广泛传播自己的观点，就要在普遍观念中加入一粒酵母。如此，他为自己争取了一个机会，能在某一很小的层面上改进普遍观念，并最终对事件的过程产生一定的影响，而这些事件归根结底都受人类心理的左右。我们这些教授的真正问题在于，太沉浸于日常的工作。我们大多能证明自己是勤恳的匠人，但我们能同样把自己称作合格的公民吗？[3]

---

①　布洛赫致安德烈·西格弗里德的信，1931年5月4日，西格弗里德档案。
②　《奇怪的战败》，217页。
③　《奇怪的战败》，217～218页。

第六章　人的历史

从本质上说，历史研究的对象是人。[①]

万千起伏的地貌，层出不穷的工具机械，最为正式的书面文件，或者看似浑然天成的设施，这一切背后都隐藏着历史试图去捕捉的人。[②]

104　　第一次世界大战是对历史学家的一次考验。他们客观性、学术性的原则及其基础——对科学事实的搜集和对证据的严格评判，受到了公开的检验。在许多虚假的科学面具背后，浮现了民族主义的幽灵——他们宁愿利用学术的声望和资源，为占领比利时、法国东部和俄罗斯帝国的行为开脱，或者干脆直接宣扬国家自由主义，为来自协约国的各式委托人服务，却不愿客观地依据"事实"得出结论。战争的余震不断，历史学家们对巴黎和约褒贬不一，欧洲的和平、安定和经

---

① 努玛·丹尼斯·福斯泰尔·德·库朗热（Numa Denis Fustel de Coulanges）：《1862 开年之课》（"Leçon d'ouverture de 1862"），载《综合历史评论》，1901（2），243 页，转引自《为历史学辩护》，35 页。

② 《为历史学辩护》，35 页。

济复苏完全无法实现。①

　　战时的人口总动员，层出不穷的新兴科技，让一小部分历史学家深受震撼。他们决心扩展历史学的疆域，开放传统的政治、战争、外交和伟大领袖的研究，升华纯粹的叙事，辅之以健全的分析框架，使历史学更加完备、精确并"以人为本"。虽然实证主义的卫道士仍活跃在各自的职位上著书立言、训练弟子，但与布洛赫同时代的一些退伍军人开始在大学里崭露头角。他们得益于战前的社会和行为科学，受经济、社会、法律和宗教史等创新性作品的影响。这些人不仅对传播伪科学的法国手册作者嗤之以鼻，也与其竞争对手德国历史主义者意见相左，因为他们一贯坚持历史的主体性和独特性。

　　人的历史是一个全新的领域，亟需相关学科的支持，以便解释国家和世界性问题，解答新的经济和科技疑惑，同时吸引更为广泛的国际关注。新旧史学之争在美国已经根深蒂固，又从西欧传播到意大利、西班牙、新兴的东欧各国和日本。之后的一系列事件令这一争论持续发酵，包括早期苏维埃和欧洲马克思主义史学的蓬勃发展，马克斯·韦伯（Max Weber）和法兰克福学派经典著作的出版，还有一批新刊物的发行，如波兰的《社会和经济史》[*Dziejow Spolecznych i Gospodarczych*（1926）]、英格兰的《经济史评论》[*Ecomonic History Review*

---

　　① 杰弗里·巴勒克拉夫（Geoffrey Barraclough）：《历史学主潮》(*Main Trends in History*)(New York，1979)，8 页；克罗斯·施瓦布（Klaus Schwabe）：《科学与战争伦理：德国大学教师和第一次世界大战的根本政治问题》(*Wissenschaft und Kriegsmoral：Die deutschen Hochschullehrer und die politischen Grundfragen des Ersten Weltkrieges*)(Göttingen，1969)；埃里希·J. C. 哈恩（Erich J. C. Hahn）：《德国外交部与 1918—1919 年战争罪责问题》("The German Foreign Ministry and the Question of War Guilt in 1918-1919")，见 C. 芬克、I. V. 赫尔和 M. 诺克斯编：《1890—1945 年德国民族主义和欧洲的回应》(*German Nationalism and the European Response，1890-1945*)(Norman，1985)，43～70 页。

(1927)〕和布洛赫与费弗尔共同发起的《经济与社会史年鉴》〔the Annales d'Histoire Économique et Sociale(1929)〕，本书下一章会讨论这些刊物。①

这一注定少数派的守护神是亨利·皮朗。皮朗的名字广为人知，第一次世界大战前他研究早期资本主义、中世纪城市和比利时历史，奠定了其学术地位；此后他反对德国占领时期的政策，在狱中缺少图书和笔记的情况下，完成了有关欧洲基础的名作，声望进一步提升。②从两人 1919 年在斯特拉斯堡首次见面开始，皮朗便对布洛赫产生了巨大的影响。这位身材略胖、精力旺盛、生性开朗的巨匠，是《年鉴》的灵感来源，是渊博知识与分析性想象、爱国主义与世界主义、忠于过往与立足现实的完美结合。除此之外，皮朗还是比较历史研究的拥护者，他认为这是拯救在第一次世界大战期间遭受重创的历史学的一剂良药。③

① 巴勒克拉夫：《历史学主潮》，5～16 页；格奥尔格·G. 伊格尔斯（Georg G. Iggers）：《历史视野下的历史研究转向》（"The Transformation of Historical Studies in Historical Perspective"），见格奥尔格·G. 伊格尔斯、哈罗德·T. 帕克（Harold T. Parker)编：《历史研究国际手册：当代研究和理论》（International Handbook of Historical Studies: Contemporary Research and Theory)（Westport，Conn.，1979），5 页。

② 马里·莱昂(Mary Lyon)和布赖斯·莱昂(Bryce Lyon)编：《亨利·皮朗战时日记》(The Journal de Guerre of Henri Pirenne)（Amsterdam，1976）；F. M. 鲍威克(F. M. Powicke)：《亨利·皮朗》（"Henry Pirenne"），载《英国历史评论》（English Hisotrical Review)，1936 年 1 月(51)，79～89 页；詹姆斯·李·凯特(James L. Cate)：《亨利·皮朗(1862—1935)》（"Henry Pirenne，1862-1935"），见 S. 威廉·霍尔柏林(S. William Halperin)编：《若干二十世纪史学家》（Some 20th Century Historians)（Chicago，1961），1～29 页；布莱斯·李昂：《亨利·皮朗：生平和思想研究》（Henry Pirenne: A Biograhical and Intellectual Study)（Ghent，E. Story-Scientia，1974），227～276 页。

③ 皮朗的主席致辞："对于历史学家来说，不久之后比较史学带来的震撼，犹如宇宙天演之于地质学家一般。"见《国际历史科学大会报告》（Compte-rendu Ve congrès international des sciences historiques: Bruxelles，1923)（Brussels. 1923；Liechtenstein，1972），23 页；参见布莱斯·李昂：《亨利·皮朗与〈年鉴〉历史的起源》，载《学术年鉴》，1980(1)，69～84 页。

1923 年 4 月，皮朗恢复了国际历史科学大会，在布鲁塞尔主持了第五次会议。这一组织成立于 1898 年 9 月 1 日，由一批经验老到的历史学家在海牙召开了第一次国际历史科学会议，很快又在 1900 年巴黎世博会期间复会。之后该组织迅速发展，成为一个议题广泛的世界性组织，每五年召开一次会议，在罗马（1903）、柏林（1908）和伦敦（1913）举办的会议，吸引了上千名历史学家的参与。会议议程既包含全局性讨论，也有按照传统断代（古代、中世纪、现代）和主题（宗教、法律、经济史）划分的专门研讨。[①] 类似集会为历史学家们提供了与国外同行直接讨论的机会，主办国将其视作一种荣誉，有助于弱化国家之间的矛盾。这一点对于中世纪学家尤其中肯。德国学者主导着该领 107域，尽管皮朗不遗余力地试图引入经济和社会史的视角。

历经十年断层，战后的首次历史学会议终于召开，尝试在历史学家内部恢复国际主义的精神和结构。然而，时过境迁。此前的会议分别受阿尔弗雷德国王、比利时政府和大学基金会（Fondation Universita-ire）的大力资助，相较之下，这次会议则一改铺张的习气，转而在一家德国战地医院举办。不少与会者曾为协约国效力。皮朗虽信奉世界主义，谴责战后的敌对情绪［称其为"战后精神"（"*l'esprit d'après-guerre*"）］，却一直拒绝顶尖德国学者的参与，而且大会也没有邀请苏

---

① 李昂：《亨利·皮朗：生平和思想研究》，198～199 页。有关大会的早期历史，参见《国家》(*The Nation*)，1898 年 9 月 29 日(67)，238 页；1903 年 5 月 7 日(76)，371～372 页；《美国历史评论》，1903 年 7 月(8)，809～812 页；《美国历史评论》，1908 年 10 月(14)，1～8 页；《美国历史评论》，1913 年 7 月(18)，679～691 页；卡尔·迪特利希·埃德曼(Karl Dietrich Erdmann)：《史学家的大同世界：国际历史科学大会和国际历史科学委员会》(*Die Ökumene der Historiker*: *Geschichte der Internationalen Historikerkongresse und des Comité International des Sciences Historiques*)(Göttingen，1987)，13～96 页。并不清楚为何皮朗会跳过第一届海牙会议，将布鲁塞尔会议视为"第五次"大会(见《大会报告》，18、22 页)。当然，原定 1917 年 4 月在圣彼得堡举办的大会未能召开。

联学者。与新成立的国际联盟（League of Nations）一样，在布鲁塞尔的历史学家并不欢迎战时的敌人、理念的对手。[①]

在 1923 年举办的布鲁塞尔会议上，布洛赫首次踏足国际舞台。斯特拉斯堡大学派出了阵容强大的代表团，布洛赫展示了在君权神圣及封建主义方面的最新研究成果，听众则是一群资深的中世纪研究专家。不出所料，他还参加了有关历史主题和方法论的热烈讨论，驳斥了同僚们对"源头"的坚持，认为当手头材料不足以阐明某一术语比如"封地"（"fief"）的意义时，有头脑的历史学家需要从公认的封建主义时期出发，向前回溯，直至能力可及之范围。[②] 布洛赫的这次参会标志着其身份的转变，即从巴黎的研究员转变为斯特拉斯堡的学者。

斯特拉斯堡坐拥莱茵河中心之地利、思维活跃的教员之人和，还有丰富的图书馆资源，是一个优越的工作环境。然而，布洛赫频繁地往返各地做研究、参会和办讲座。布洛赫热爱旅行。他热衷于搜集第一手的文献和资料。他也喜欢会见学者，频频地与历史学家、图书馆员和档案管理员通信。虽然布洛赫只是一个省级地方学校的教员，但他很早便意识到国际交流和历史学家互相合作的重要性。

布洛赫的研究有几大鲜明的特征。与一些同行不同，他反对浮于表面的现实考量，拒绝"将克洛维斯（Clovis）或查理大帝简单地引入到

---

① 尽管皮朗强烈反对，奥地利历史学家卡尔·布兰迪（Karl Brandi）和阿方斯·多普施（Alfons Dopsch）仍被任命为国际历史科学委员会（International Committee of Historical Sciences）理事会成员，该组织由皮朗于 1926 年在日内瓦参与组建。见《大会报告》，20 页；鲍威克：《亨利·皮朗》，87 页；李昂：《亨利·皮朗：生平和思想研究》，293～294 页。

② 《信仰的污点：法国王室、瘰疬病医者、圣徒马赫库与第七子》（"Une contamination de croyances：Les rois de France, guérisseurs d'écrouelles, saint Marcoul et les septièmes fils"），尤其是《何为封地？》（"Qu'est-ce qu'un fief?"），载《大会报告》，315～316、102～104 页；后一篇报告的笔记见国家档案馆档案，AB XIX 3812。

当今欧洲的争论中"，也很反感模仿学究们在羊皮纸上定夺所有民族命运的行为。[1] 他反对体系的奠基者奥斯瓦尔德·斯宾格勒（Oswald Spengler）和 H. G. 威尔斯（H. G. Wells），也不同意马克思主义包罗万象的解释。一切形式的决定论和华而不实的理论，都为他所不容："大自然千变万化，本该对应着人类情感与理智的纷繁复杂。"[2]布洛赫认可涂尔干的研究，并高度赞赏其后继者让《社会学年鉴》（Année Sociologique）复生。虽然布洛赫是历史学家而非年鉴学家，但他坚信因时而变的维度，强调细微的变异与难以预测的缺口，也赞成同辈历史学家推崇备至的表层裂变（surface ruptures）思想。[3] 布洛赫认为，对于任何问题，历史学家的责任都在于理解，而不是去评判研究对象。[4] 实事求是的工匠，能超越日常生活中的浅薄、平庸和偏颇。

　　布洛赫经历过战争对人类心智和知觉的扭曲，深知人们容易接受人为的概念——"一些虚假的必然性"：畅通的河道如何成为国界，看似精细、抽象的地图为何经常影响政客的决策，种族概念缘何"萦绕19 世纪的思想界"，抽象或缺席的黄金如何扭曲了商业交换。在研究与教学中，布洛赫一贯自律，与历史学者天生的"惰性"相抗争。这种惰性往往使人偏好貌似可靠的抽象解释，而不是努力去追溯某一现象

---

① 《综合历史评论》，1920(31)，152 页。

② 关于吕西安·费弗尔的《土地与人类演进：历史地理学导论》(*La terre et l'évolution humaine：Introduction géographique à l'histoire*)(Paris，1922)的书评，载《历史评论》，1924(145)，237 页；又见斯特拉斯堡教学笔记：《法国政府与国家的起源和形成》("Les origines et la formation de l'état française et de la nation française")，国家档案馆档案，AB XIX 3830。

③ 书目笔记：《社会学年鉴，新集，卷一(1923—1924)》("*L'Année Sociologique*，nouvelle série，t. 1，1923-1924")，载《历史评论》，1927(155)，176 页。

④ 《关于中世纪宗教史的几点建议》("Quelques contributions à l'histoire religieuse du Moyen Age")，载《综合历史评论》，1928(46)，160 页。

的独特源头。①

布洛赫致力于寻求历史更广泛的定义。像皮朗那样，布洛赫植根于祖国，心系法国和法国人民，始终将其作为研究的基础和比较的主体。战后不久，布洛赫便将大部分教学、写作和研究重点放在法国君主制度的嬗变、法国国家统一和文化发展上。他不仅研读经典名家伏尔泰、米什莱、基佐（Guizot）、库朗热和拉维斯，也涉猎当代著作。②在完成论文《国王与农奴》后，布洛赫便在法国和英国进行深入调研，着手准备自己的第一本专著《国王神迹》（Les rois thaumaturges）。③

《国王神迹》一书构思于第一次世界大战之前，被染上了战争的热血和痕迹，"为广义的、真正的欧洲政治史研究作出了贡献"④。为达到一定的广度，布洛赫旁征博引，参考医学、心理学和人类学知识，追溯一则流传甚广的虚假消息起源、发展和持续的过程：人们在长达八个世纪的时间里，普遍相信君主能行神迹，治愈瘰疬病（scrofula）。

110　布洛赫拒斥风行一时的做法，反对将欧洲中世纪君主与波利尼西亚或非洲的巫术国王，以及《圣经》或罗马统治者相提并论。他强调说，英法两国出现的国王神迹现象，有其独特的时代和地理背景；国王通过

---

① 参见《历史评论》，1924(145)，238～239 页。

② 研究笔记见国家档案馆档案，AB XIX 3796，3845，尤其是 3830；又见布洛赫：《M. 弗兰奇与古代法国的起源》("M. Flach et les origines de l'ancienne France")，载《综合历史评论》，1920(31)，150～152 页；关于弗里茨·科恩（Fritz Kern）的《中世纪早期的君权神授与抵抗权：君主政体的发展史》（Gottesgnadentum und widerstandsrecht im früheren Mittelalter：Zur Entwicklungsgeschichte der Monarchie）（Leipzig，1914）的书评，载《历史评论》，1921(138)，247～253 页。

③ 该书第一版刊于斯特拉斯堡大学文学院教员出版集（Publications de la Faculté des Lettres de l'Université de Strasbourg）系列，第 19 分册；最重要的研究笔记见国家档案馆档案，AB 3850，3851。

④ 《国王神迹》，21 页；又见雅克·勒高夫：《序言》，i～xxxviii 页；卡洛·金兹伯格（Carlo Ginsburg）：《序言》("Prefazione"，I re taumaturghi)（Turin，1973），xi～xix 页。

触摸治愈瘰疬病——一种颈部腺体淋巴结炎症，带有极强的政治动机。公元 1000 年左右，法国正值卡佩王朝国王虔诚者罗贝尔二世（Robert the Pious）在位，他通过践行这一奇迹树立权威，明确继承权，为当时尚未稳定的王国增添一缕神秘色彩。布洛赫认为，一百年后，亨利一世或亨利二世采取同样的方式宣示君权之神圣，应对英国教会中格里高利改革者的挑战。

布洛赫阐释了对正统君主的普遍尊崇，特别是基督教语境下的神圣统治者如何同施行神迹的国王们的广泛传说相结合。与欧洲其余地区不同，法国和英国的君权不仅体现在军事、法律和制度层面，更在流行的神秘传说里显现，使得君主得以与教堂争夺人民的忠诚。英法两国国王依靠其医者天赋，依赖亲信官员的鼎力相助，扮演起类似牧师的角色。布洛赫精准地掌握了传统和最新的资料，包括图像证据、王室名册和记录国王触摸病人数目的账簿，勾勒了有关国王行神迹记录的发展脉络：从中世纪早期开始，历经宗教战争和专制统治的发展，一直到仪式和君权神圣信仰衰弱的时期——18 世纪的英国和 19 世纪的法国。[①]

《国王神迹》强化了一种流行的观点，即王权——包括其野心和王朝更替——在最初便主导了欧洲的历史。[②] 持共和理念的父亲为该作品贴上了"猎奇主题"的标签，布洛赫本人则称之为自己的"长子"。本书的确体现了布洛赫的学术精神和创新能力，为他赢得了国际声名。书中涉及了大量与神迹相关的细节，但布洛赫的首要问题始终非常明

---

① 英国历史上，安妮王后在 1714 年 4 月 27 日最后一次触摸病人；在法国，查理十世于 1825 年 5 月 31 日在兰斯行神迹，此时距《国王神迹》写成尚不足百年。

② 《国王神迹》，18～19 页。参见汉斯·施罗伊（Hans Schreuer）：《德国君主制：德国研究》（"Das deutsche Königtum：Eine germanistische Studie"），载《德意志帝国立法、管理及公民学》（*Schmollers Jahrbuch für Gesetzgebung，Verwaltung und Volkswissenschaft im Deutschen Reich*），1918（42），53～76 页；路易·鲁吉耶（Louis Rougier）关于《国王神迹》的书评，载《综合历史评论》，1925（39），95～106 页。

确：权力是如何获得、运用并最终失去的。[1]

由于借用了涂尔干的术语"集体意识"，而且在浩瀚的资料中搜寻证据，《国王神迹》被视为心态史学(history of *mentalités*)的先驱——尽管这一称呼并不准确。[2] 对布洛赫而言，这并不是崭新的研究兴趣，然而它表明，无论是在德雷福斯事件时，还是在第一次世界大战及其余震期，布洛赫始终对大众心理的变化非常敏感。一批斯特拉斯堡的同僚，包括莫里斯·哈布瓦赫、夏尔·布隆代尔、吕西安·费弗尔、加布里埃尔·勒布拉斯和乔治·勒费弗尔(Georges Lefebvre)也都在文化历史和集体观念的疆域探索。[3]

在研究普遍曲解和虚假时，布洛赫同时运用了两种方法：去神秘化和分析法。一方面，对虚假消息产生和传播的过程进行批判性的审视；另一方面，深刻地揭示孕育和散布这些"集体表述"的时代和现实。布洛赫反对标准的思想史和政治史，因为它们往往追求刻意而为的抽象性，搞错不同的时期，尤其是排斥心理和物质现实。他的著作在心态史学方面首开先河，为这两个研究领域的沟通提供了可能性，使人

112

---

① 全书分三部分，共414页，第二章几乎占据了四分之三(87～405页)，该章有一个巴尔扎克式的标题《国王奇迹的辉煌及其变迁》("Grandeur et vicissitudes des royautés thaumaturgiques")。

② 雅克·勒维尔(Jacques Revel)：《心态》("Mentalités")，见安德烈·比尔吉埃尔(André Burguière)编：《历史科学词典》(*Dictionnaire des sciences historiques*)(Paris, 1986)，450～456页；米歇尔·伏维尔(Michel Vovelle)：《理念与心态》(*Idéologies et mentalités*)(Paris, 1982)；又见安德烈·比尔吉埃尔：《马克·布洛赫与吕西安·费弗尔的心态史观：两种概念，两种渊源》("La notion de mentalité chez Marc Bloch et Lucien Febvre：Deux conceptions, deux filiations")，载《综合评论》(*Revue de Synthèse*)，1983年7月(3d ser.，no. 111)，333～348页；P. L. 奥斯(P. L. Orsi)：《布洛赫和费弗尔的心态史学》("La storia delle mentalità in Bloch e Febvre")，载《现代历史评论》(*Rivista di Storia Contemporanea*)，1983(40)，370～385页。

③ 《国王神迹》，XL页。

类现实中的理性和情感再度结合在一起。[①]

上述问题布洛赫此前已有涉猎，发表了《一个历史学家对战争虚假消息的反思》一文。[②] 在这篇文章中，他大力推崇"证言心理学"（"psychology of testimony"），这门新兴学科由犯罪学家、心理学家和民俗学家共同发展，在认知和记忆方面进行了突破性的实验，进一步帮助人们理解做假的起源。布洛赫却认为，研究的重心不该止步于个体证词，而应上升到更丰富、更复杂的问题——虚假消息何以广为流传。这就要求历史学家不仅能够参透集体意识，也得明了某一误解在一片适宜土壤内扎根的过程：人们的偏见、仇恨、恐惧等类似的强烈情感如何让"一个错误的认知成为传奇"[③]。

布洛赫的《一个历史学家对战争虚假消息谣言的反思》实际上是对四个新近研究的评论，它们研究的都是第一次世界大战期间的谣言，

---

① 参见金兹堡：《前言》；勒维尔：《心态》(Mentalités)，450～451 页。
有关布洛赫对该主题看法的发展，见斯特拉斯堡大学礼拜六聚会，1922 年 12 月 2 日，1923 年 1 月 20 日、3 月 17 日、11 月 24 日、1924 年 1 月 19 日，载《斯特拉斯堡大学文学院通讯》；又见布洛赫对以下几部作品的评论：哈布瓦赫：《记忆中的社会党同志》(Les cadres sociaux de la mémoire)，载《综合历史评论》，1925(40)，73～83 页；E. 托内拉(E. Tonnelat)：《尼伯龙根之歌》(La chanson des Niebelungen)，载《历史评论》，1926(151)，256～259 页；F. 施耐德(F. Schneider)：《中世纪小说及其思想：文艺复兴之精神基础》(Rom und Romgedanke im Mittelalter：Die geistigen Grundlagen der Renaissance)，载《综合历史评论》，1927(44)，168 页；J. 赫伊津哈(J. Huizinga)：《中世纪的衰落：十四五世纪法兰西荷兰生活及精神形式的研究》(Herbst des Mittelalters：Studien über Lebens-und Geistesformen des 14 and 15. Jabrbunderts in Frankreich und in den Niederlanden)，载《斯特拉斯堡大学文学院通讯》，1928—1929(7)，33～35 页；夏尔·布隆代尔：《集体心理学导论》(Introduction à la psychologie collective)，载《历史评论》，1929(160)，398～399 页；莫里斯·哈布瓦赫：《自杀之因》(Les causes du suicide)，载《经济与社会史年鉴》，1931(3)，590～592 页；乔治·勒费弗尔：《1789 年大恐慌》(La grande peur de 1789)，载《经济与社会史年鉴》，1933(5)，301～304 页。
② 《综合历史评论》，1921(33)，13～35 页；纲要见国家档案馆档案，AB XIX 3845；重印于《历史作品集》第一卷，41～57 页。
③ 《历史作品集》第一卷，44 页。

以及臭名远扬的不莱梅预备役军人传说。布洛赫认为，虚假消息无一例外均缘起于"业已存在的集体表象"，虽它的出现是偶然现象，但实际上，是集体意识的自我写照。布洛赫向历史界同僚们发出呼吁，号召大家勉力搜集类似的证据——这些证据包含重大的政治意义，但也正在快速消逝或被人遗忘，同时，更不应将其托付给未经训练或不负责任的研究者。[①]

113

布洛赫并不准备全盘承担这一任务。相较于分析产生于集体意识并使谣言萌发的文化，布洛赫停在第一部分，着手调查不可靠的见证人、不称职的文本阐释者，并将重点放在误入歧途的历史学家身上。他尤其对与圣徒和国王生平相关的错误记载感兴趣，这些是构成中世纪信仰和文化的核心元素。在布洛赫的时代，无论普罗大众还是学者精英，都关注着这些人物的生平，他们的故事则继续成为虚假消息的沃土。例如，布洛赫揭示了公元4世纪机缘巧合的政治环境，使当时鲜为人知的修道士图尔（Tours）主教化身为举国爱戴的圣马丁（Saint Martin）。但布洛赫的研究重点仍然是分析源头处互相矛盾的说辞、解读者的猜测与误解，以及我们在提到身世模糊但声名显赫的人物时几乎无法逾越的认知鸿沟。同理，对于12世纪时忏悔者爱德华（Edward the Confessor）被经典化的事例，布洛赫考察了其中的政治背景，但他仍不厌其烦，将大量篇幅用来考证本源资料的时间与真伪，包括英国最后的这位盎格鲁-撒克逊君主的品格、预言与奇迹。他调查了桑利斯（Senlis）教堂西面的骑士像，传统的看法认为骑手是菲利普六世（Philip VI），但布洛赫发现塑像最初描绘的是罗马皇帝君士坦丁（Constantine），此后因为政治和宗教原因，到公元6世纪时，又被因时制宜地"重新考证"为瓦卢瓦国王（Valois king）。此外，法国大革命期间"君士坦丁"像几

---

① 《历史作品集》第一卷，56～57页。

近损毁，但毫无疑问，这座塑像以哲学家马克·奥勒留（Marcus Aurelius）为模板，后者完美展现了异教偶像被流行的中世纪文化所吸收的过程。最后，布洛赫分析了英法两国两则戏剧张力十足的中世纪神话，它们讲述的是所罗门王死后所受的惩罚，以及他未能在第一时间升入天堂的故事。布洛赫掌握了几百年来浩瀚的犹太教、伊斯兰教、天主教和新教神学知识，拉丁和斯拉夫世界的民间传说，还有大量偶像崇拜的事例，他据此指出，两则奇怪的传说虽然描述了大卫王的不孝子所受的苦难，但实际上却发源于忏悔观念日渐重要的特定政治和宗教环境。① 114

布洛赫依赖文献和二手资料，非常享受发现一些模棱两可、自相矛盾和确定无疑之事。他小心求证，尤其注意避免偏离实证，很少对群体和社会妄下定论。这块学术阵地上布满争议，受到意识形态和国家矛盾的侵蚀，但布洛赫对自己取得的成果感到欣喜。② 对他而言，"现代"思维和所谓的原始意识之间有着明显分界，虽然这一分界并非无法克服，但前者基于怀疑精神、证据批判和识别矛盾的能力，而后者则信服奇迹之说，将偶然与超验视作存在之根本。诚然，人之自由

---

① 《关于图尔的圣马丁的一个争议》（"Saint Martin de Tours: A propos d'une polémique"），载《历史和宗教文献评论》（*Revue d'Histoire et de Littérature Religieuse*），1921(7)，44～57页；《圣马丁奇遇记》（"La merveilleuse aventure de saint Martin"），载《公平法国》（*L'Impartial Français*），1927年4月26日，16页；《忏悔者圣爱德华生平，作者奥斯伯特·德·克莱尔，附有奥斯本的介绍，以及圣爱德华早期生平》（"La vie de saint Edouard le Confesseur, par Osbert de Clare, avec Introduction sur Osbert et les premières vies de saint Edouard"），载《博兰德学会文选》（*Analecta Bollandiana*），1923(41)，5～31页；《一座骑马雕像的变迁：瓦卢瓦的菲利普，君士坦丁，或马克·奥勒留？》（"Les vicissitudes d'une statue équestre: Philippe de Valois, Constantin, ou Marc-Aurèle?"），载《考古评论》（*Revue Archéologique*），1924(19)，132～136页；《所罗门王身后事》（"La vie d'outre-tombe du roi Salomon"），载《比利时语文和历史学评论》（*Revue Belge de Philologie et d'Histoire*），1925(4)，349～377页。

② 参见布洛赫：《威利斯教令的起源与时代》（"L'origine et la date de capitulaire de Villis"），载《历史评论》，1923(143)，40～56页。

充分依仗理性的发展。^① 作为历史学家，布洛赫既认同对人类现象的伏尔泰式解析，也承认对此的浪漫主义解读：

> 若有这样一个机构，以个人意志界定其具体目标，并得以掌管整个国家的运作，则必定受到集体意识潜流的支持。反之亦然：某一原本模糊的信仰若要形成普遍而具体的仪式，清晰的个体意志表达对其成型举足轻重。^②

评论者们赞赏布洛赫的智慧和博学，更惊叹于他尽心尽力的数据搜集。但也有人质疑他的解读，攻击他的怀疑主义，或反对他对源头的片面重视。^③ 一个批评家直截了当地质问布洛赫，是否理解"中世纪人的精神"。但布洛赫坚持己见，他承认部分的错误和遗漏，但始终维护研究的核心。^④ 布洛赫对待思想的方式，巧妙处理心理和政治因素

---

① 布洛赫对盖伊·德特维仑(Guy de Tervarent)的精彩评述，《圣乌苏拉传奇》(*La légende de sainte Ursule*)，载《历史评论》，1933(171)，626～628 页。

② 《国王神迹》，85～86 页。

③ 见《国王神迹》各类书评，如 J. 迪·克罗伊(J. de Croy)的书评，载《历史问题评论》(*Revue des Questions Historiques*)，1925(7)，429～434 页；F. L. 冈绍夫(F. L. Ganshof)的书评，载《比利时文献学和历史学评论》(*Revue Belge de Philologie et d'Histoire*)，1926(5)，611～615 页；E. F. 雅各布(E. F. Jacob)的书评，载《英国历史评论》(*English Historical Review*)，1925 年 4 月(40, no. 158)，267～270 页；林恩·桑戴克(Lynn Thorndike)的书评，载《美国历史评论》，1925(30)，584～585 页。又见 H. 瑟斯顿(H. Thurstin)：《对忏悔者圣爱德华"传记者"之批判性评论》("Critical commentary on the 'Biographer' of St. Edward the Confessor")，载《月刊》(*The Month*)，1923(141)，448～451 页；R. W. 萨瑟恩(R. W. Southern)：《忏悔者爱德华的早期生活》("The First Life of Edward the Confessor")，载《英国历史评论》，1943 年 10 月(232)，385～400 页；G. H. 杰罗尔德(G. H. Gerould)评《所罗门王身后事》("La vie d'outre-tombe du roi Salomon")，载《滤镜》(*Speculum*)，1926(1)，243 页。

④ R. 法提埃(R. Fawtier)的书评，载《中世纪》(*Le Moyen Age*)，1926(26)，238～244 页；布洛赫的回应《触摸瘰疬患者得民心》("La popularité de toucher des écrouelles")，载《中世纪》，1927(28)，34～41 页。

的能力，使他无疑成为心态史学研究的先驱之一。可是，到20世纪20年代中期，虽然布洛赫继续关注君权、仪式、偶像，还有宗教、社会关系和政治权力之间的联系，但他已经转向了新的领域。原因也许是研究方法趋于局限，可能是研究成果反响平平，或许是斯特拉斯堡大学材料不足，无法再写出一本《国王神迹》，抑或是布洛赫偏爱更为具体的研究对象，而他也确实朝着这一方向转变。①

布洛赫认为，研究中世纪的史学家最大的敌人是西米昂所谓的"源头崇拜"：这是19世纪历史学家们的遗产，他们为国家利益将研究与政治挂钩，"发现"某些种族或部落"首先到达某地"。布洛赫在两种态度之间保持中立，其中一派认为罗马帝国的版图和摧毁帝国取而代之的原始政体之间存在着鲜明的界线，而另一派则强调拉丁和日耳曼文明之间的诸多传承因素。他也对皮朗的论证持类似一分为二的态度，*116*
后者认为伊斯兰扩张"关闭"了美索不达米亚文明之门，催生了中世纪欧洲的诸多基本特征。② 在研究中世纪英国史时，布洛赫指出，一些维多利亚时期及后来的学者要么夸大，要么模糊了盎格鲁-萨克逊和诺曼政治文化之间的差别。这些学者还有另一个倾向，即将自己偏好的意识形态投射于12世纪国王与贵族的斗争中，或者走向反面的极端，

---

① 勒高夫：《前言》，xxix～xxxii 页；H. 斯图尔特·休斯：《受阻之径：绝望年代的法国社会思想》(*The Obstructed Path：French Social Thought in the Years of Desperation*)(New York，1966)，34～37 页。布洛赫的文章揭示了他对"神圣"的持续关注，见国家档案馆档案，AB XIX 3845。

② 布洛赫：《中世纪早期社会及其源头》("La société du Haut Moyen Age at ses origines")，载《学者杂志》(*Journal des Savants*)，1926，403～420 页［at 应为 et 之误。——译者注］；《法国国王征服罗马高卢观察》("Observations sur la conquête de la Gaule romaine par les rois francs")，载《历史评论》，1927(154)，161～178 页；评 E. 帕策尔特(E. Patzelt)著《卡洛琳文艺复兴：中世纪文化之历史遗产》(*Die Karolingische Renaissance：Beiträge zur Geschichte der Kultur des früben Mittelalters*)，载《综合历史评论》，1928(45)，148～149 页；及评 H. 皮朗著《中世纪城市》(*Les villes du Moyen Age*)，载《历史和文学批评》(*Revue Critique d'Histoire et de Littérature*)，1928，203～206 页。

完全忽视了中世纪人们的政治导向。[1] 德国史学家往往具有民族主义的倾向，尤其是在中世纪国王的研究领域，布洛赫对此持保留态度。对布洛赫而言，所谓的"帝国理想"，以及自 1250 年起的德国思想大潮，都指向"一种根深蒂固的权力意志"。他赞赏邻国德国在法律理论领域的成果，褒扬其在人口流动(*Siedlunskunde*)方面的研究，然而威廉帝国的史学突破甚少。此外，他也指出了其中的危险之处，因德国学者往往大力构建抽象的系统，因而对比较的方法置之不理。[2]

关于欧洲封建主义本质的讨论，引起了布洛赫的兴趣。18 世纪的法学家最早提出"封建主义"这一术语，至 19 世纪中叶逐渐成为中世纪研究的主导。[3] 学术界有两种观点：一种认为在 10 世纪和 13 世纪之间

117

---

[1] 譬如，对以下著作的评论：威廉·斯塔卜斯(William Stubbs)：《英格兰宪政史》(*Histoire constitutionnelle de l'Angleterre*)法文版第三卷；威廉·A. 莫里斯(William A. Morris)：《截至 1300 年的中世纪英国郡督》(*The Medieval English Sheriff to 1300*)；F. M. 鲍威克：《斯蒂芬·郎登》(*Stephen Langton*)，载《中世纪》，1928(29)，72~76、76~78、341~342 页。

[2] 《霍亨斯道芬王朝和王朝理念》("L'empire et l'idée d'empire sous les Hohenstaufen")，斯特拉斯堡大学 1927—1928 年课程，专为准备赴德攻读硕士学位的学生开设，发表于《课程和会议评论》(*Revue des Cours et Conférence*)，1929(60)，481~494、577~589、759~768 页；评 V. 欧内斯特(V. Ernst)著《德国地产的发展》(*Die Entstehung des deutschen Grundeigentums*)，载《历史和文学批评》，1927 年，325~326 页；H. 布伦纳(H. Brunner)：《德国法律史》(*Deutsche Rechtsgeschichte*)，ii，同上，1928 年，362 页。又见《历史学通讯：德国中世纪历史》("Bulletin historique：Histoire d'Allemagne. Moyen Age")评论文章，载《历史评论》，1928(158)，108~158 页；皮朗在致布洛赫的信(1932 年 11 月 2 日，艾蒂安藏品)中大体同意布洛赫的处理；也见奥斯卡·J. 阿曼(Oscar J. Hammen)：《德国历史学家和国家社会主义政体的诞生》("German Historians and the Advent of the National Socialist State")，载《近代史杂志》(*Journal of Modern History*)，1941(13)，161~188 页。

[3] 见布洛赫致卡尔·斯蒂芬森(Carl Stephenson)的信，1928 年 1 月 3 日，卡尔·斯蒂芬森论文，纽约州伊萨卡康奈尔大学(Cornell University, Ithaca, N. Y.)。另见伊丽莎白·A. R. 布朗(Elizabeth A. R. Brown)：《暴政的建构：封建主义和欧洲中世纪史学家》("The Tyranny of a Construct：Feudalism and Historians of Medieval Europe")，载《美国历史评论》，1974 年 10 月(79)，1063~1088 页。

存在一个独特、统一的封建体制，另一种则坚持研究各自的特点，否认任何宏观的相似之处。布洛赫与这两种观点都保持着一定距离。他避免陷入"种族困境"（"ethnic dilemma"）——不论封建主义发轫于罗马文明还是日耳曼文明——他坚持认为封建主义代表的是一个融合凯尔特、罗马和日耳曼特征的"混合体"，由"几大处于不同阶段的文明相撞、相融而生"。

布洛赫也尝试概括封建制度的特征：由于缺乏一个强力的政体，封建体制难以保证物质和领土的安全，它是一种建立在个人和互惠依附关系基础上的制度，存在着不同的等级和契约关系，充斥着"束缚、暴力和虐待"。封建制度在欧洲各地不尽相同（有的地区根本不存在，有的地区则是人为地输入），世界其他地区或多或少地存在着相似的形式。随着城市和货币经济的发展以及民族国家的建立，封建制度逐渐走向衰弱，为后世留下了影响深远的历史遗产，使政治契约的概念足以抗衡并最终战胜了君权神授的传统。[1]

"比较法"并非布洛赫的独创，而是从皮朗和语言学家梅耶那里借鉴来的，不过他很早便是这一方法的忠诚实践者，并且认为这是今后研究的"完美工具"。[2] 比较法包罗万象：研究者可考察被时空分隔的文化和社会，寻求相似或共通的现象，发掘相似性及延续性，但可能

118

---

① 《欧洲的封建主义》（"Feudalism：European"），载《社会科学百科全书》第六卷，203～210 页；另见《关于封建制度、封臣、领主的最新成果》（"Féodalité，vassalité，seigneurie：A propos de quelques travaux récents"），载《经济与社会史年鉴》，1931（3），246～260 页。

② 见《我的身份？一如从前：欧洲社会比较史》（"Mon titre？Le même toujours：'Histoire comparée des sociétés européennes'"）。布洛赫致艾蒂安·吉尔森（Etienne Gilson）的信，1933 年 12 月 28 日，多伦多中世纪宗座研究所档案（Pontifical Institute of Medieval Studies，Toronto）。参考布洛赫：《比较》（"Comparaison"），载《国际综合研究中心公报——综合历史编》（*Bulletin du Centre International de Synthèse - Section de Synthèse Hisorique*），1930 年 6 月（9），31～39 页。

会得出一些局限或狭隘的结论；亦可秉持历史的态度，对相邻或同时代的社会进行平行研究。布洛赫便认为后一种更具体的研究法能得出"更有意义的结论"[1]。在探究英国圈地运动时，还有什么能比在欧洲大陆找到相似（但不尽相同）的进程更具启发意义呢？反之亦然。怎样才能更好地理解加洛林（Carolingian）政体的原创性，是从取而代之的梅罗文加（Merovingian）王朝入手，还是从比利牛斯山另一侧的西哥特人（Visigoths）身上寻求历史联系？要更好地把握中世纪欧洲主要机构的起源，是专注于单一的事例，还是广泛研究欧洲大陆？若将比较法运用得当，历史学家便能区分本源和变异，譬如分辨中世纪英国、法国和德国阶级和法律地位的差异（德国"自 13 世纪以来，等级观念以前所未有的势头发展"）。当然，其中也依然存在一些问题：研究者建立联系时必须一丝不苟，保持清醒，尝试多种解释，但有一个基本前提绝不能背弃——比较是必要的，能将研究从人为的界限和时代的混乱中解放出来。但具体如何操作呢？布洛赫广邀学者设计问卷调查，使其不受地域和国家的限制；他鼓励分工协作，但不论从事什么专业，"研究计划、问题论述甚至是使用的术语，都应该建立在他国研究成果的基础上"[2]。

119　　布洛赫将比较法运用在一个相对具体的领域，研究法德两国的行政阶层。他将法国的军士（*sergent*）与德国的家臣（*Dienstmann*）做对比。

————————

[1] 《论欧洲社会的比较史学》（"Pour une histoire comparée des sociétés européennes"），载《综合历史评论》，1928(46)，15~18 页。

[2] 《论欧洲社会的比较史学》，18~50 页。有关布洛赫的方法，参见小威廉·H. 休厄尔（William H. Swell, Jr.）：《马克·布洛赫与比较历史的逻辑》（"Marc Bloch and the Logic of Comparative History"），载《历史和理论》，1967(6)，208~228 页；阿莱特·欧林·希尔（Allette Olin Hill）与小博伊德·H. 希尔（Boyd H. Hill, Jr.）、小威廉·H. 休厄尔与西尔维娅·斯拉普（Sylvia Thrupp）的讨论见《美国历史评论》，1980 年 10 月（85, no. 4），828~857 页。

10 世纪时，社会尚未定型，拥有一技之长的两个群体逐渐崛起，居于奴隶和权势阶级之间。布洛赫阐释了这一少数群体发展的异同，他反对德国同僚毫无依据甚至时期混乱的分类，也批评某比利时历史学家在"语词分析"上不够准确。法国有不少农奴可以获得自由，但在莱茵河对岸的德国，阶级理念和阶级分化的现实根深蒂固，几乎难以改变。①

　　奴役与自由的二重性，是布洛赫作品中反复出现的主题，在这一点上，他深受父亲——一个坚定的共和主义者的影响。布洛赫年轻时阅读了大量关于农奴解放的文献，在此后的研究中，他多次回归这一主题。② 布洛赫一如既往，在一些界定分明的领域展开研究，重视技术问题，能熟练地掌握各种资料和语言的发展、变化。众所周知但含

---

　　① 《一个比较史学的问题：法德两国的行政阶层》（"Un problème d'histoire comparée：La ministérialité en France et en Allemagne"），载《法国内外法制史》（*Revue Historique de Droit Français et Etranger*），1928 年 1—3 月（ser. 4，7），46～91 页；另见评 F. L. 冈绍夫（F. L. Ganshof）著《佛兰德斯和洛林部长研究》（*Etude sur les ministérals en Flandre et en Lotharingie*），载《历史和文学批评》，1928，207 页。

　　② 《土地之奴：一个既定表达的历史》（"Serf de la glèbe：Histoire d'une expression toute faite"），载《历史评论》，1921(136)，222～242 页；《农奴制的转变：两个关于 13 世纪巴黎地区的文件》（"Les transformations du servage：A propos de deux documents du XIIIe siècle relatifs à la région parisienne"），载《纪念费迪南·洛特中世纪史文学》（*Mélange d'histoire du Moyen Age offerts à Ferdinand Lot*）（Paris，1925），55～74 页；《"Collibertus"还是"Colibertus"》（"Collibertus ou Colibertus"），载《罗马语言学评论》（*Revue de Linguistique Romane*），1926(2)，15～24 页；《土地之奴》（"Servus Glebae"），载《古代研究评论》（*Revue des Etudes Anciennes*），1926(26)，352～358 页；《"佃农"：农奴阶级的形成》（"Les 'colliberti'：Etude sur la formation de la classe servile"），载《历史评论》，1928(157)，1～48、225～263 页；另详见《中世纪个人自由与奴役，重点研究法国情况：对阶级研究的一些见解》（"Liberté et servitude personnelles au Moyen Age，particulièrement en France：Contribution à une étude des classes"），载《西班牙法律史年鉴》（*Anuario de Histoire del Derecho Español*），1933(10)，19～115 页，重印于《历史作品集》第一卷，286～355 页。

义模糊的短语"*serf de la glèbe*"（字面意义为"土地的奴隶"），其源头来自何处？9世纪和11世纪欧洲的某一被贴上"耕农"(*culverts*)标签的群体——该词用于指称曾做过奴隶之人，他们既非农奴也没有被完全解放——如何构成一种典型的阶级和社会力量，并反映出中世纪法律和观念中的自相矛盾之处？中世纪的农奴制与奴隶制有什么区别？为什么在古代世界覆灭很久以后，它依旧存在于中世纪欧洲各基督教国家之中？农奴制和奴隶制的消亡有何种人为、经济和偶发的因素？

在研究无自由的群体时，布洛赫详尽地检验了各种定义及其区别——它们受中世纪法律和实践的影响；考察法律和习俗全部细微的等级分别及其限制——它们经常带有侮辱性，偶尔会自相矛盾；关注获得自由的过程——它们往往代价昂贵、步履蹒跚、不无压迫性。他的研究涉及教堂在封建秩序中的重要作用，将其与王权和世俗领主并列。[①] 他强调了9世纪和12世纪的相异之处：9世纪政局动荡，阶级和封建义务的概念尚未定型；随着罗马法的复兴，12世纪的关注点愈加转向地位、义务和等级。布洛赫主要研究法国，尤其是巴黎周边法国北部地区的状况，但也不时与法国南部及西班牙、意大利和德国的情况进行对照。对布洛赫而言，农民是潜在的参与者，在时代动乱、王朝更替之时若隐若现；布洛赫笔下世俗或宗教的领主，大都是单维度的人物。在布洛赫复杂的、带有说教性的讨论背后，有一种强大的现代语调脱颖而出，在评论中世纪欧洲广泛存在的剥削和暴力时，混合着同情、反讽和愤怒之声，并伴随着一些法学、语言学和文学的例子。试举一例：

> 与所有的封建制度一样，农奴制在艰难的环境中发展，在日

---

① 国家档案馆档案，AB XIX 3805，布洛赫关于农奴的笔记。

常生活中法律经常被滥用……不少文章描绘出一幅井然有序的奴役图景，这不言说，拥有凌驾于他人之上权力的历史学家，无法传达现实中全部的残暴和无序。①

布洛赫也认为当时与现在一样，人们无法享有"绝对的自由"。语言模糊了加诸个体之上的各类限制，但语言的灵活性（不论有意还是无意）不会阻碍对最本质区分的理解，也不会妨碍人们去追寻促进人类对自由之追求的各类力量。②

不论是斯特拉斯堡大学的教职，还是国内外会议对史学的一贯划分，都未能使布洛赫将研究局限于中世纪，他广泛涉猎在此之外的各类主题和问题。自青年时代起，布洛赫便钟情于经济史，看重其具体和确定的性质，可以为搜集和解释统计证据提供机会。③ 在此，他看到了同时研究特殊性和普遍性的可能，结合政治、社会和物质文化，打破特定的时代划分，反对追求"某些机械的、毫无人性可言的事物"④。

布洛赫尤其钟情于货币史，对他来说，货币作为交换行为的工具

---

① 《个人自由与奴役》，见《历史作品集》第一卷，317 页。

② 布洛赫罕见地现身说法："我窃以为是自由之人。身为大学教授，我享有诸如随意支配个人假期的自由，但我并不能自由地放弃学期的教学工作。若要中断工作，我必须向权威人士请示，以批准我的'自由'。"见布洛赫：《历史作品集》第一卷，328 页。

③ 布洛赫关于以下作品的评论：W. T. 雷登（W. T. Layton）：《价格研究导论》(An Introduction to the Study of Prices)（London，1912）；A. 沃尔瑟（A. Walther）：《历史中的金钱价值》(Geldwert in der Geschichte)（Stuttgart，1912），载《综合历史评论》，1912 (25)，105～107、244 页。

④ 重点参见布洛赫关于 J. H. 克拉彭（J. H. Clapham）《现代英国经济史：早期铁路时代(1820—1850)》(An Economic History of Modern Britain：The Early Railway Age，1820-1850)（Cambridge，1926）的评论，载《综合历史评论》，1927(44)，157～159 页。又见布洛赫 1931 年 5 月 4 日致安德烈·西格弗里德的信，西格里弗斯档案。

和标准，构成了经济生活中敏感而恒久的一个因素。[①] 他与当时如日中天的经济理论保持着距离，偏好踏实的研究，而非对经济现象的机械化解释。布洛赫同样排斥实证主义者所穿的"历史束身衣"：他认为，了解资本主义的萌芽需要"对**日新月异的现实**有足够精准的认识"[②]。第一次世界大战后，欧洲经济一盘散沙；1929 年的经济大萧条，又引发了各种危机。于是布洛赫坚信，在现在与过去之间有着某种微妙的联系，存在着连续性——相似和相异之处；我们不能给过去强加上"因对现实缺乏理解而滋生的观念"[③]。

与古典经济学的基本原理相悖，布洛赫认为交换经济缺乏自我约束机制，无法依据贸易状态调整货币供应。收支平衡理论过于简单，不足以解释经济和政治发展的复杂关系，比如，加洛林时代便废除了金币。中世纪晚期，货币供应长期不足，直到海外发现和征服补充了

---

① 布洛赫 1936 年 10 月 10 日致路易吉·埃诺迪（Luigi Einaudi）的信，藏于都灵路易吉·埃诺迪基金会（Fondazione Luigi Einaudi，Turin）；布洛赫：《经济史事实的分类与选择：反思近期作品的方法论》（"Classification et choix des faits en histoire économique：réflexions de méthode à propos de quelques ouvrages récents"），载《经济与社会史年鉴》，1929(1)，256~257 页，及《经济生活解析》（"Une analyse de la vie économique"），载《综合历史评论》，1931(51)，254 页。另见约翰·戴伊（John Day）：《马克·布洛赫作品中的货币史》（"The History of Money in the Writings of Marc Bloch"），见马里奥·戈梅斯·马克斯和 M. 克鲁萨丰·艾·萨瓦特尔（Mário Gomes Marquès and M. Crusafont I Sabater）编《中世纪伊比利亚地区的货币问题》第二卷（*Problems of Medieval Coinage in the Iberian Area II*）（Aviles，1986），15~27 页。

② 《当今社会信贷操作的若干研究》（"Quelques recherches sur les opérations de crédit dans le monde contemporain"），载《经济与社会史年鉴》，1920(1)，445~446 页（强调为作者所加）；另见《财政管理》（"La gestion financière"），载《经济与社会史年鉴》，1930(2)，452 页。

③ 《文化史与经济行为：以美国为例》（"Culture historique et action économique：A propos de l'exemple américain"），载《经济与社会史年鉴》，1931(3)，1~4 页；另见《工资与经济的长期波动》（"Le salaire et les fluctuations économiques à longue période"），载《历史评论》，1934 年 1—6 月(173)，1~31 页。

欧洲金库后，这一问题才得以解决。1620 年，由于来自新世界的金属进口减产，货币匮乏的局面重现，这一现象一直持续到第一次世界大战前的一个半世纪，依靠新矿藏的发现和西方现代银行系统的发展才渡过危机。[①] 布洛赫深入考察了价格和货币变迁史。他既研究笼统的趋势，也重视经济生活中的运气和非理性成分。同时，货币历史为比较研究提供了一个绝妙的机会：现代世界的殖民经济在一定程度上解释了中世纪欧洲混乱的财政经济。[②]

布洛赫的大部分研究兴趣和主题都与农业史相关，这也是他毕生研究的问题。他很早便钟情于土地系统的研究，特别是圈地运动如何给农村生活带来了巨变：用于集体耕种、轮作和放牧的敞田如何转变为被密集围栏、灌木或其他标志分隔出的个人财产。[③] 这便是在物质层面与个人自由的对应——这一革命进程源自个体经营的精神，受益于科技进步和城市人口的膨胀，因而迫切地需要集约型农业，以达到粮食增产的现实目的。布洛赫把目光投向了英国，该国自 16 世纪开始，到 17、18 世纪日益出现一系列现象：议会中资产阶级的力量开始壮大，人们热衷于官僚体制改革，法律、银行和地方行政机构不断发展。这些现象加速了在公共土地上进行的圈地运动，也和该国的工业革命互相联系。他认为，虽然从长远看，圈地运动收益明显，但当时

123

---

① 《货币史与当代银行研究种种》("Publications diverses sur l'histoire monétaire et bancaire contemporaine")，载《经济与社会史年鉴》，1929（1），617 页；《中世纪的黄金问题》("Le problème de l'or au Moyen Age")，载《经济与社会史年鉴》，1933（5），1～34 页。

② 《自然经济还是货币经济：一个伪矛盾》("Economie-nature ou économie-argent：Un pseudo-dilemme")，载《社会史年鉴》，1939（1），7～16 页。

③ 《关于两部历史作品和乡村经济的札记》("Note sur deux ouvrages d'histoire et d'économie rurales")，载《综合历史评论》，1913（27），162～167 页。

确实使农村的贫困雪上加霜，受到权势者、穷人和附属阶层的一致谴责。[1]

农业史这一领域历来被外国巨头主导：德国的格奥尔格·汉森（Georg Hanssen）、格奥尔格·弗里德里希·克纳普（Georg Friedrich Knapp）、奥古斯特·梅茨恩（August Meitzen）和罗伯特·格兰德马恩（Robert Gradmann），还有英国的弗雷德里克·西博姆（Frederich Seebohm）、弗雷德里克·威廉·梅特兰（Frederick William Maitland）、保罗·维诺格拉多夫（Paul Vinogradoff）和理查德·亨利·托尼（Richard Henry Tawney）。除了库朗热和亨利·西（Henri Sée）（布洛赫参考、发展和修正了二人的学说）之外，法国的主要学者，包括朱尔·西翁（Jules Sion）、吕西安·费弗尔、乔治·勒费弗尔和保罗·拉沃（Paul Raveau），大部分都在封建记录的基础上重点研究了区域问题。布洛赫面前是一个开放的领域。他在语言、法律、社会学和经济学上的知识，他对地图的热衷，他对法国农村及其地理范围长期以来的热忱，他对集体意识的兴趣，以及他对比较方法的热情，都有助于他研究各类型的农村居所、乡村社区和农业工具，尤其是不同形态的农业生活。[2]

124　　多种形式的系统、地理形态和人种将法国分隔，使之成为理想的实验室。1928 年，布洛赫成功申请了一大笔政府薪金，资助他未来五年利用每年春假往返于选定的法国各省档案馆，对土地分布进行跟踪、复制和拍照。[3]此后一年，他号召所有研究地方史的法国专家，共同

---

[1] 《关于两部历史作品和乡村经济的札记》（"Note sur deux ouvrages d'histoire et d'économie rurales"），载《综合历史评论》，1913（27），165 页。

[2] 布莱斯·李昂：《前言》（"Foreword"），见《法国农村史》（*French Rural History*）（Berkeley and Los Angeles，1970），ix～xv 页。

[3] 申请和通信见亨利·奥蒙（Henry Omont）的稿件，巴黎国家图书馆，NAF 13080；相关申请、预算和开销见国家档案馆档案，AB XIX 3844。布洛赫从教育部收到 5000 法郎拨款，从农业部收到 2000 法郎。

查阅此前被忽视的土地登记地图，包括第一帝国时代和古代王朝保存下来的地图。他也呼吁外国的历史学家，分享他们在研究各国农村发展时取得的成果。① 从此以后，布洛赫毕生都致力于发掘、分析各类土地规划。他认为，这是研究农村土地使用和管理的关键。②

1931 年，布洛赫发表《法国农村史》（*Les caractères originaux de l'histoire rurale française*），这是一本并不完备但论断精妙的作品，根据他两年前在奥斯陆文化比较研究学会（Institute for the Comparative Study of Civilizations)所做的演讲修订而成。布洛赫意识到数据仍有缺失，勉强发表本书。这是典型的布洛赫作品，分为七个相对独立又互有关联的章节。布洛赫首先进行方法的探讨，接着研究土地使用的主要分期、土地类型、中世纪封建政权、法国大革命前两百年的地主和农奴、乡村生活的类型、农业革命以及过去和现实之间传承的模式。布洛赫文笔精当有力，是同类文章的标杆。他引入了此前的理论工作，参考了区域和地方历史，利用地理、法律、语言学、考古学和农村经济学的研究成果，从当代溯流而上直至史前历史时期，试图揭示法国农村历史的基本特征。传统的土地或农民研究主要基于封建文献，受

125

----

① 《法国土地分区规划》("Les plans parcellaires en France")，载《经济与社会史年鉴》，1929(1)，60～70、390～398 页；《英国土地分区规划：飞机在土地历史研究中的作用》("Les plans parcellaires：L'avion au service de l'hisoire agraire‐en Angleterre")，载《经济与社会史年鉴》，1930(2)，557～558 页；《法国地籍制度研究的一项革新》("Une bonne nouvelle：L'enquête sur les plans cadastraux français")，载《经济与社会史年鉴》，1932(4)，370～371 页；让·雷格涅(Jean Regné)：《前言》("Préface")，《阿尔代什省小型地籍制度报告》(*Répertoire des plans cadastraux parcellaires de l'Ardèche*)(Annonay，1933)。布洛赫致英国托尼和捷克瓦茨拉夫·切尔尼(Vaclav Černy)的信函复印件，见国家档案馆档案，AB XIX 3844。

② 《古代王朝的地籍制度》("Les plans cadastraux de l'ancien régime")，载《社会史论丛》，1943(3)，55～70 页；同时参考研究笔记，见国家档案馆档案，AB XIX 3843，3844。

罗马-日耳曼论争、狭隘的地方主义、干瘪的抽象概念、考古癖、时代错乱或断续研究所主导，而布洛赫则将农村历史视为人类与土地之间充满活力的互动过程。

什么是法国农村历史的最初特征？在简要研究了史前历史，以及凯尔特、罗马和日耳曼殖民问题后，布洛赫着力阅读 11 世纪和 12 世纪的具体文献，其中记录了风起云涌的土地改造工程。与几乎同时期欧洲中东部的情况不同，这些工程由当地一批殖民者发起，旨在重新取得祖先的土地，繁衍生息。布洛赫和同胞一样，强调法国农业文明的连续性，但他也强调其多样性特征。布洛赫将法国分为三种农业形式：（1）北欧式类型：拥有平坦的土地和狭长、平行分布的敞田农田，使用带轮耕犁，谷物三年一轮种，配备完善的社区法律和责任区分；（2）南欧或地中海式类型：环抱崎岖的丘陵土地和不规则的农田，使用无轮耕犁，谷物两年一轮种，社区秩序相对松散；（3）最后是法国西部和中部的零散类型：坐拥森林和山地，土壤贫瘠，村落稀少，耕种时节断续却密集，耕犁酌情使用，农田多与世隔绝，个体自主性强，习惯各异。和梅茨恩的"种族"理论不同，布洛赫坚持认为上述区分（他将其简单定义为"文明的各种形式"）是一系列因素共同作用的结果：气候、土壤、科技、经济、宗教、思维习惯，尤其是人类的适应过程。[①]

126　　布洛赫将本书篇幅最长的两章用于追溯农村权力的转型。12 世纪时，地主逐渐失去对土地的实际控制权，农奴制度衰落。但到 16 世纪，一些地方的通货膨胀造成乡村的二次封建化，导致对农业财产更

---

① 布洛赫在给法国顶尖历史学家、社会学家和法律学者的报告中，进一步发展了上述思想，见《关于农业类型的问题》（"Le problème des régimes agraires"），载《法国社科院通讯》[*Bulletin de l'Institut Français de Sociologiec* (1932)]，1932 年 3 月 15 日会议，45～92 页。

加繁琐的要求和更为严格的农业控制。法国最古老的农业组织"份地"（manse），在 9—11 世纪神秘消失，背后的原因可能就是新的农业赋税政策，或者封建领主采取的新举措。经过一段短暂的稳定期后，新兴的农业社区开始谋求自主，但等级分化却在内部愈演愈烈。受古代政权控制的法国，其一大特征便是"驯服"，它既不能结束混乱的社区行为，也并未稳固土地所有制和圈地运动。① 即便是大革命之后，在农业和农村生产力的资本化发展方面，法国也落后于英国和欧洲其他地区。讽刺的是，法国恰恰是一个尊崇个体财产权利，又保存部分集体农业责任的国家。直至布洛赫的时代，农业财产的形式还多种多样，大小不一。

在《法国农村史》一书中，布洛赫擅长从宏观进行探讨。他讨论了战争、饥荒和减产歉收时期如何与平静和丰收的季节交替，前者往往能改善农村居民的生活，后者却反而使得农民承受更为僵硬的人身和法律限制。布洛赫表现出对地名研究的熟稔、对货币发展的关注，热衷于将法国与欧洲和世界其余地区进行比较。他的文本中极少出现个人，因为他关注的是法国，还有法国人如何在这片土地上留下历史的印记。

本书在欧洲和国际上收获了广泛的赞誉。国外读者赞扬这位库朗热名副其实的继承人，他们欣赏布洛赫客观、博学和进步的见解，称 *127*

---

① 《十八世纪法国农村个人主义的斗争》（"La lutte pour l'individualisme agraire dans la Fance du XVIIIe siècle"），载《经济与社会史年鉴》，1930(2)，329～383、511～543、543～556 页。布洛赫描绘了少数觉醒的改革者反对传统的斗争，各种苦涩的政治暗斗，收益的增长，以及大革命前夕广泛存在的各式区域、法制和经济变化。

赞他在书中转印的信息丰富的地图和插图。① 法国不少评论家同意上述观点，但一些人吹毛求疵（布洛赫对法国南部所知有限；他未将农村工业的发展纳入讨论；他对农村人口分布因素有所忽视），挑剔布洛赫的某些前提，比如对单一文化的强调和生态考量的缺席。② 布洛赫也许是故意在集体行为方面含糊其辞：这点是仅仅适用于耕种，还是可以推而广之，得出整个农村人口对于共同防御和政治控制的态度？这一行为是物质需求、科技限制、外部压抑的原因还是结果？布洛赫对促进经济个人主义的过程不做定论。至于大规模和小规模占有的得失，

---

① F. M. 鲍威克对《法国农村史》的评论，载《历史》(History)，1932(17)，157～159 页；J. H. 克拉彭的评论，载《英国历史评论》，1932(47)，655～657 页；理查德·亨利·托尼的评论，载《经济历史评论》(Economic Historical Review)，1933(4)，230～233 页；阿方斯·多普施的评论，载《总体国家科学杂志》(Zeitschrift für die gesamte Staatswissenschaft)，1933(94)，115～121 页；卡尔·布林克曼(Carl Brinkmann)的评论，载《法律历史基金会期刊》(Zeitschrift der Savigny-Stiftung für Rechtsgeschichte)，1932(52)，538～540 页；詹姆斯·李·凯特的评论，载《近代史杂志》，1933(5)，517～518 页；查尔斯·H. 泰勒(Charles H. Taylor)的评论，载《美国历史评论》，1931—1932(37)，736～737 页；冉·卢特考斯基(Jan Rutkowski)的评论，载《历史季刊》(Kwartalnik Historyczny)，1933(46)，155～157 页；约翰·弗丁(John Frödin)的评论，载《伊莫尔》(Ymer)(Stockholm)，1932(52)，283～286 页；斯文·艾克查(Svend Aakjaer)的评论，载《历史杂志》(Historisk Tidsskrift)(Copenhagen)，1932(ser. 10. 2)，146～147 页；吉诺·卢扎托(Gino Luzzatto)的评论，载《新历史杂志》(Nuova Rivista Storica)，1934(17)，503～505 页。

② 譬如，费弗尔的评论，载《历史评论》，1932(169)，189～195 页；阿尔贝·德芒戎的评论，载《地理学年鉴》，1935(41)，535～540 页；阿尔贝·马迪厄(Albert Mathiez)的评论，载《法国革命史年鉴》(Annales Historiques de la Révolution Française)，1932(9)，72～74 页；罗贝尔·博特鲁齐的评论，载《学者杂志》，1933，200～209、250～260 页；亨利·豪塞的评论，载《历史和文学批评》，1933(N. S. 98)，543～545 页；菲利普·阿波(Philippe Arbos)的评论，载《阿尔卑斯地理评论》(Revue de Géographie Alpine)，1932(20)，609～614 页；朱尔·西翁(Jules Sion)的评论，载《综合评论》，1933(3)，25～37 页。

无论从人文还是经济用语的角度考虑，布洛赫都未给出定论。该书成书之时，正值斯大林屠杀苏联农民的高峰，也恰逢战后西方种植者普遍遭遇长时期的困境。布洛赫很清楚，抛开各自独特的成分，法国农村生活恰恰折射出一台贴切而又引人入胜的剧目，历史学家提供的综合研究虽然常有试探性质，却不无裨益。

第七章 《年鉴》杂志

我们事业的基础是一种小型的知识革命。[①]

　　19世纪中期，近代史学要想得到进一步发展，就迫切地需要一个定期、及时的交流渠道——学术期刊，以促进信息和知识的传播，推动更深层次的学术研究，为写作和批评确立规范和标准。专业的期刊是在17、18世纪刊物的基础之上发展起来的。17世纪的期刊，大多致力于传播科学实验的成果；18世纪，各种地方和区域性的学术团体一般都有自己的出版物。专业期刊的发展，有助于明确界定学科的意义和主体性，在众多的从业者之间建立一套等级和评价体系，将首都与外省优秀的教学、科研机构联系起来，用学术的态度呈现当今的社会和政治问题。

　　1859年，亨利希·冯·济贝尔(Heinrich von Sybel)在慕尼黑创办《历史杂志》(*Historische Zeitschrift*)，这是至今尚存的首个历史专业的学术期刊。[②]该刊物以19世纪的兰克主义为指导原则，主张历史是

---

　　① 布洛赫致费弗尔的信，1929年9月20日，国家档案馆档案，M1 318 1。

　　② 有两个刊物的出现要早于《历史杂志》，它们分别是利奥波德·冯·兰克(Leopold von Ranke)创办的《历史政治评论》(*Historisch-Politische Zeitschrift*)(1832—1834)，以及阿道夫·施密特(Adolf Schmidt)主编的《历史学杂志》(*Zeitschrift für Geschichtswissenschaft*)(1844—1848)。玛格丽特·F. 斯蒂格(Margaret F. Stieg)：《历史学术期刊的起源和发展》(*The Origin and Development of Scholarly Historical Periodicals*)(University，Ala.，1986)，4～6、20～38页。

一门严格的科学。法国、英国和美国也受其影响，很快出现了类似的刊物，如《历史评论》(1876)、《英国历史评论》(*English Historical Review*)(1886)、《美国历史评论》(*American Historical Review*)(1895)。这些出版物都很相似，其原创性的贡献主要包括以下几个方面：对文献和史料的分析非常扎实，学术评论文章按主题进行分类，各种简评针对的是具体的作品，此外还有不少有趣的专业公告。每一个主流的全国性刊物，都有一个杰出的主编和咨询委员会，主要关注的是国家的政治史和外交史——这是主导意识形态和爱国价值观的体现。

在第一次世界大战之前的二十年里，布洛赫经历着成为一名历史学家所必备的专业训练；这个阶段学术期刊的数量，在法国乃至整个欧洲都有了显著的增长，其中还出现了不少专业的出版物，研究领域包括各种具体的时段、方法论、不同学科的划分等。一些刊物体现了新兴社会科学的发展，如影响力颇大的《社会学年鉴》；另一些刊物则试图打通国家的界限，扩大历史的研究范围，如《社会与经济史季刊》(*Vierteljahrsschrift für Sozial-und Wirtschaftsgeschichte*)等；还有一些先驱性的刊物，如《综合历史评论》等，主张从宏大的视角出发，进行跨学科的研究。这些新兴的学术期刊，对传统的出版物构成了极大的威胁，使它们在版式和内容方面有了很大的改变。①

布洛赫与未来的合作者费弗尔从编辑的立场出发，审视维达尔、涂尔干和贝尔等精神导师。他俩抱负远大、斗志昂扬，所写的宣言热情洋溢，但学术争论有时也针锋相对（经常取决于其影响力和职位）。作为年轻的历史学家，他们既是合作者，也是竞争对手，存在不少分

---

① 玛格丽特·F. 斯蒂格：《历史学术期刊的起源和发展》，33～37 页；也可参见阿兰·科尔本(Alain Corbin)：《百年史料：〈历史评论〉的内容》["Matériaux pour un centenaire: Le contenu de la *Revue Historique*（*1876-1972*）"]，载《新闻与舆论史所杂志》(*Cahiers de l'Institut d'Histoire de la Presse et de l'Opinion*)，1976，161～202 页。

歧。他们各自暗暗较劲：谁的文章更有特色，谁的评论更具批判性，谁在回击"德国人的质疑"时更能代表法国史学的声音。①

1929 年 1 月，正值《历史杂志》创办七十周年，布洛赫和费弗尔抵达斯特拉斯堡十周年之际，他们共同创办了一本全新的杂志《经济与社会史年鉴》(*Annales d'Histoire Economique et Sociale*)。该刊物的名称虽几经变化，但一直延续到今天。② 其实，他们在刚到斯特拉斯堡任教不久，就有意创办一本专门研究社会和经济史的杂志。当时，法国传统的历史行业和期刊，具有很浓的实证色彩，而且大多有政治倾向，无法对战后的经济、财政、社会等一系列问题进行充分的考察和分析。1918 年之后，法国的社会科学似乎陷入了困境，没有人能继承维达尔和涂尔干的衣钵。经济学家大多局限于学院内部，理论和实践问题的研究占据主导地位。贝尔所开创的历史综合的方法，还需要进一步发扬和推广。③

---

① 安德烈·比尔吉埃尔(André Burguière)：《历史中的历史：〈年鉴〉的诞生》("Histoire d'une histoire：La naissance des *Annales*")，载《经济、社会与文明年鉴》，1979 年 11—12 月(34，no. 6)，1350～1352 页。

1905 年之后，费弗尔负责《综合历史评论》有关区域史的栏目，1912 年布洛赫发表了不少书评，还出版了第一篇重要的文章《法兰西岛》。

② 1938 年前，该杂志一直保持了原先的名称，1939 年改为《社会史年鉴》(*Annales d'Histoire Sociale*)，1942 年至 1944 年改为《社会史论丛》(*Mélanges d'Histoire Sociale*)，1945 年又改为《社会史年鉴》(*Annales d'Histoire Sociale*)，1946 年改为《经济、社会与文明年鉴》，并延续至今。

③ 贝尔于 1925 年从教师岗位退休，成为国际综合研究中心(Centre International de Synthèse)主任。这是一个跨学科的研究机构，把自然科学也囊括在内，经费既来自政府部门，也有私人捐助。1931 年，他主持的杂志改名为《综合评论》，这反映出他的兴趣已超越了历史领域。第一次世界大战之后，贝尔致力于编辑和推广百卷丛书《人类的进化》("L'évolution de l'humanité")，布洛赫和费弗尔对该项目也有所贡献。亨利·贝尔：《三十年后》("Au bout de trente ans")，载《综合评论》，1931(1)，5 页；也可参见吕西安·费弗尔：《从〈综合评论〉到〈年鉴〉》("De La *Revue de Synthèse* aux *Annales*")，载《经济、社会与文明年鉴》，1952 年 7—9 月(7)，289～292 页。

　　《社会与经济史季刊》是《经济与社会史年鉴》杂志学习的榜样，也是一个竞争对手。这一刊物成立于 1903 年，是一本具有国际特色的杂志，编辑分别来自法国、奥地利、德国和瑞士，顾问团中也不乏瑞典、英国、意大利史学家的身影。然而，该刊物在第一次世界大战后有排斥法国主题和作者的倾向。[①] 其中的一个编辑和主笔贝洛，比布洛赫大二十八岁，是一名优秀的中世纪史和经济史专家，不过他具有狭隘的民族视角，而这正是《经济与社会史年鉴》的主编们想要超越的。[②]

　　1921 年，布洛赫和费弗尔决定创建一个国际性刊物。他们征询皮朗的建议，并邀请他担任主编一职。然而，他们敬爱的导师疲于写作和教学，而且也不想不劳而获，因此拒绝了这一职务。[③]

　　1923 年，在布鲁塞尔举行的国际历史科学大会上，费弗尔向经济史部提出这一想法，很快就引起了热烈的反响和争论，其中德国历史学家的热情尤为高涨，但他们却被皮朗排除在专题讨论会之外。荷兰人在这次讨论中占据了主导地位，他们试图为新刊物赋予一种"真正的国际特色"；波兰人则在形式方面提出了一些建议。[④] 费弗尔的提议颇

---

　　① 《社会与经济史季刊》的第 20 卷(1927)中有 7 篇论文、13 篇评论文章，却没有一篇与法国历史有关；在所有的 72 篇书评中，只有一篇讨论的是一部法语书——《皮朗历史文集专号》(*Mélanges d'histoire offerts à Henri Pirenne*)，该书是纪念皮朗在根特(Ghent)任教四十周年的专刊。

　　② 马克·布洛赫《格奥尔格·冯·贝洛的性情》("Un tempérament：Georg von Below")，载《经济与社会史年鉴》，1931(3)，553～559 页；也可参见贝洛的自传性作品《自叙中的当代科学》(*Die Geschichtswissenschaft der Gegenwart in Selbstsdarstellungen* I)第一卷(Leipzig, 1925)，以及于尔根·弗洛西林(Jürgen Fröchling)：《乔治·冯·贝洛——科学与意识形态之间的历史》("Georg von Below – Stadtgeschichte zwischen Wissenschaft und Ideologie")，载《老城》(*Die Alte Stadt*)，6, 1979(1)，54～85 页。

　　③ 布莱斯·李昂：《亨利·皮朗与〈年鉴〉历史的起源》，载《学术年鉴》，1980(1)，69～84 页。

　　④ 《1923 年布鲁塞尔第五届历史科学国际会议文集》(*Compte-rendu du Ve congrès international des sciences historiques：Bruxelles，1923*)(Brussels，1923；Liechtenstein，1972)，292～304 页。

具争议，大会为此还专门成立了一个委员会，不过里面并没有德国人。他们主张在四年内完成这一目标，但最终还是流产了。作为领军人物的皮朗没能使国际联盟对这一项目产生兴趣，却在委员会上一味攻击那些认为政治史高于比较史的成员。①

1925 年的洛迦诺（Locarno）公约，反映出法国在政治和经济上的衰落。这不仅表现在长时间的法郎危机上，而且也渗透到知识的王国里，法国已经全方位地落后于英国和正在复苏的德国。费弗尔对此有些沮丧，试图前往巴黎寻求解决方案。真正落实杂志计划的是布洛赫，他对刊物进行重新定位。1928 年，他和费弗尔决定放弃原先国际化的路线，改为创办更具民族特色的刊物。②

当年夏天，布洛赫前往奥斯陆参加第六届国际历史科学大会，做了两次发言，主题分别是中世纪社会的比较史和法国的农村制度，受到了参会人员的好评。③ 此外，他还携带了不少小册子，发布《年鉴》的成立宣言："具有国际精神的民族评论性刊物。"由于皮朗的强力支持，布洛赫在委员会上表示放弃创办国际期刊的计划。他在会上代表

① 另一个重要因素可能来自资助方——洛克菲勒基金会（Rockefeller Foundation），其负责人坚决主张国际经济史评论委员会的成员中应该有一名德国人。1924 年 3 月 4 日，利兰文稿（Leland papers），华盛顿国会图书馆。

关于提议的讨论，参见国际历史科学大会：《通讯》（*Bulletin*），1926—1929（1），189、192～194、337～344 页；《通讯》，1929—1930（2），355、403～410 页。

② 保罗·勒依罗：《〈经济与社会史年鉴〉的起源：对法国史学的贡献》["Aux origines des'Annales d'histoire économique et sociale'（1928）：Contribution à l'historiographie française"]，见《纪念费尔南·布罗代尔文集》（*Mélanges en l'honneur de Fernand Braudel*，II）（Toulous，1973），317～318 页；勒依罗致作者的信，1983 年 4 月 29 日。

③ 《论中世纪社会比较史》（"Pour une histoire comparée des sociétés médiévales"）、《农村制度的问题：以法国为例》（"Le problème des systèms agraires：Envisagé particulièrement en France"），见第六届国际历史科学大会（VIe congrès International des Sciences Historiques）：《会议论文摘要》（*Résumés des communications présentées au congrès*）（Oslo，1928），119～121、264～265 页。

刚刚起步的杂志，与一些潜在的合作者有过面对面的交流，与法国和欧洲的一些潜在竞争对手进行了磋商。①

　　布洛赫对奥斯陆会议本身有些失望，这也是他参加的最后一届大会。布鲁塞尔会议已过去了五年，然而这个热衷于世界主义的组织并没有消除历史行业中各种武断、狭隘的派系。在奥斯陆会议上，很多人讨论的问题非常狭隘，几乎没有人关注重大的主题。史学坚持"以问题为中心"，将严谨的学术研究与对当今社会的观察相结合，探求更宏大、更重要的问题。布洛赫希望通过《年鉴》杂志，恢复战前被破坏的"友好关系和组织"，一言以蔽之，即为了历史专业更好地发展。会后，他们顺路前往斯德哥尔摩参观，皮朗对布洛赫的建议发人深省：他们的参观应该从新落成的市政厅开始。他解释说："如果我是个古玩家，就会一直盯着那些古老的东西，但我是个历史学家，因此我热爱生活。"②

　　对布洛赫和费弗尔来说，《年鉴》创办过程中的各种实际工作，是对其才智与耐心的一大考验。最终，他们以切身的行动表明，自己完全能胜任这份工作。他们对出版社非常警惕，深怕出现外行领导内行的局面，为此他们选择了阿尔芒·科兰出版社（Armand Colin）。该社还出版过《地理学年鉴》和其他重要的人文、艺术、社会科学书刊。社长马克斯·勒克莱尔（Max Leclerc，1864—1932）是一个坚定、苛刻的

133

---

① 布洛赫致费弗尔的信，1928 年 8 月 22 日，国家档案馆档案，M1 318 1；国际历史科学大会：《通讯》，1929—1930(2)，105 页；也可参见保罗·勒依罗：《〈经济与社会史年鉴〉的起源：对法国史学的贡献》，322～323 页。

② 马克·布洛赫：《历史科学大会》（"Les congrès：Sciences historiques"），载《经济与社会史年鉴》，1929(1)，71～73 页；布洛赫致费弗尔的信，斯德哥尔摩，1928 年 8 月 22 日，国家档案馆档案，M1 318 1；布洛赫致皮朗的信，1928 年 8 月 30 日。布洛赫和费弗尔致皮朗的信，感谢罗得岛州布朗大学的布莱斯·李昂教授，以及法国耶尔日（Hierges）的雅克-亨利·皮朗伯爵（Jacques-Henri Pirenne）[以下均写为"布洛赫和费弗尔致皮朗的信"。——译者注]。皮朗的话，参见《为历史学辩护》，47 页。

领导，他被称为"皇帝"，虽然有一些鲁莽，却是个现实主义者，非常注重细节，也懂得通权达变。他像布洛赫和费弗尔那样，也怀有一种使命感，生前几乎介入出版过程的方方面面。①

为什么是"《年鉴》"？因为勒克莱尔坚决主张使用一个简洁、精练的名字。他们避免与举步维艰的《社会与经济史评论》发生直接冲突，也拒绝将二者合并的任何可能性。布洛赫和费弗尔很乐意与地理学家共享《年鉴》的名称，当然，这还要感谢他们的朋友、未来的合作者——《地理学年鉴》的编辑阿尔贝·德芒戎（Albert Demangeon）。对一些人来说，"《年鉴》"这个名称有些讽刺的意味，它很容易让人以为是未经加工的编年纪事；另一方面，这个名字比"《评论》"更符合创办者的意图。它如同一个不断更新的工作手册，用当代的散文体写成，偶尔带有挑衅的文风，是与读者进行沟通的工具和知识交流的平台，是他们进军历史学科的方向标。相比于模糊的"《经济学年鉴》"，皮朗更认同"《经济史年鉴》"的名字。历史在人文科学中即使不占主导地位，也应该被看作是统一的因素。"社会"一词是后加的，是对《社会与经济史季刊》的颠倒，以此表明虽然新刊物对广泛的社会问题有一定的兴趣，但这都是次要的；尽管如此，它与社会学仍有着密切的联系，从本质上说，它具有跨学科性。②

---

① 费弗尔致皮朗的信，1928 年 5 月 27 日，布洛赫和费弗尔致皮朗的信；费弗尔致布洛赫的信，未标注日期（2 月之前），1928 年 6 月 13 日，以及布洛赫致费弗尔的信，1928 年 5 月 11 日，7 月 4 日，10 月 31 日，国家档案馆档案，M1 318 2，1；也可参见布洛赫、费弗尔：《马克斯·勒克莱尔》（"Max Leclerc"），《经济与社会史年鉴》，1932（4），337～338 页；保罗·勒依罗致作者的信，1983 年 4 月 23 日。

② 保罗·勒依罗：《〈经济与社会史年鉴〉的起源：对法国史学的贡献》，320～331页；费弗尔致布洛赫的信，未标注日期（2 月之前），1928 年 3 月 28 日，以及布洛赫致费弗尔的信，1928 年 5 月 11 日，国家档案馆档案，M1 318 1。布洛赫致皮朗的信，1928年 5 月 17 日，布洛赫和费弗尔致皮朗的信。

编委会的人员选择，体现了布洛赫和费弗尔的志向所在。他们致力于打通不同学科之间的藩篱，在历史行业内部建立一种联系。此外，这也体现了勒克莱尔避免刊物"太学术化"的主张。除索邦大学经济地理学教授德芒戎（1872—1940）外，最初的八人编委会成员包括：斯特拉斯堡社会学家莫里斯·哈布瓦赫，经济学家、法国央行前副行长、巴黎法学院政治经济学教授夏尔·里斯特（Charles Rist，1874—1955），著名政治作家、法兰西学院院士、巴黎政治大学教授安德烈·西格弗里德（André Siegfried，1875—1959），以及四个不同领域的历史学家，斯特拉斯堡大学古代史教授安德烈·皮加尼奥尔（André Piganiol，1883—1968），法国文献学者、外交部档案馆荣誉馆员乔治·埃斯皮纳（Georges Espinas），索邦大学经济史专业唯一的法国教授亨利·豪塞，还有唯一的外国成员皮朗——其研究兴趣是从欧洲中世纪史到比利时近代史。这些人几乎都已事业有成，1929 年时他们的平均年龄是 56 岁。除了德芒戎外，他们都与其他刊物保持着重要的联系：皮朗是《社会与经济史季刊》最早的编委会成员，第一次世界大战后他又参与创建《经济史评论》（*Economic History Review*）；哈布瓦赫帮助《社会学年鉴》重新恢复活力；里斯特是《经济与社会史评论》的编委会成员；皮加尼奥尔和豪塞是《综合历史评论》的顾问。一般来说，编委会往往都比较被动，但《年鉴》的编委会却有所不同，它更像一个帮助杂志定位的工作组。除里斯特和西格弗里德外，他们都为刊物写文章和评论，并负责招募新作者。①

布洛赫和费弗尔以斯特拉斯堡大学为阵地，招聘了不少职员。他们之前的学生勒依罗已具有斯特拉斯堡大学历史和地理学科教师资格，

135

---

① 皮朗致布洛赫的信，1930 年 11 月 17 日，艾蒂安藏品。保罗·勒依罗（致作者的信，1983 年 4 月 29 日）提到，虽然委员会在形式上的工作逐渐淡化，但基本的日常工作还是由布洛赫和费弗尔负责。

成了刊物的秘书。"忠诚的勒依罗"在日常工作中多才多艺，还撰写了大量的书评。斯特拉斯堡大学的一些主要合作者包括：法国大革命研究专家乔治·勒费弗尔、古罗马史专家欧仁·卡韦尼亚克（Eugène Cavaignac），以及地理学家亨利·鲍利希。此外，两个负责人还大力借助他们在巴黎的关系。费弗尔在巴黎高师的朋友阿尔贝·托马斯（Albert Thomas）——国际劳工局（International Labor Office）的首位负责人，为刊物寻找了不少技术写作人员。①

毫无疑问，让一个初出茅庐的历史学家担任秘书具有很大的风险性，尤其是他还要组织诸多同事和校外人员撰稿。布洛赫和费弗尔也想方设法用各种"有趣的"主题和想法四处网罗人才，还计划邀请一些专家撰写各自领域之外的东西，他们经验老到、准备充足，对自己的判断力、资源储备、领导才能、沟通和协作能力充满自信。②

刊物的两个负责人志存高远，跃跃欲试。1928 年年底，布洛赫和费弗尔在第一期刊物发行之前宣称，他们有资格当选为法兰西公学院的院士——这绝不是偶然。③ 虽然《年鉴》诞生于被收复的东部边境，但它无疑向巴黎的知识界发出了一个信号，传达了刊物革新者的想法。毋庸置疑，斯特拉斯堡的资源储备、教师队伍和学术氛围，哺育了他们对于刊物的很多创意和目标。相对于既有的体制和国际合作理念，他们的合作方式在某些方面具有开创性。④ 布洛赫和费弗尔在阿尔萨

₁₃₆

---

① 吕西安·费弗尔：《史学家阿尔贝·托马斯》（"Albert Thomas historien"），载《经济与社会史年鉴》，1932(4)，381～384 页。

② 费弗尔致布洛赫的信，未注明日期（1928 年夏），未注明日期（7 月 4 日前），未注明日期，9 月 11 日，9 月 23 日，以及布洛赫致费弗尔的信，1928 年 9 月 27 日，10 月 28 日，国家档案馆档案，M1 328 2，1。

③ 布洛赫致院长的信，1928 年 12 月 15 日，法兰西公学院档案馆档案，G-iv-j-36d；也可参见 G-iv-j-35c，G-iv-j-360。

④ 相关的背景参见查尔斯-奥利弗·卡尔博内尔与乔治·里维合编的《〈年鉴〉的诞生》，7～77 页。

斯生活了近十年，对斯特拉斯堡的地方主义非常失望。他们远离了首都的图书馆、档案馆、书商、出版社、基金会、政府资助、精英团体、精英知识分子，以及为巴黎文化生活增加异域色彩的外国人，他们为此焦躁不安。在很大程度上，刊物体现了一种联合的战略——它没有指向"霸权"或"优先权"，而是直接体现了他们的职业素养。这两个天才历史学家，为回到所向往的乐土做着充足的准备。[①]

布洛赫与费弗尔在学术和私人方面的关系，是《年鉴》发展史上的一个主旋律。[②] 这两位学者在十五年间有大量通信，详细记录了他们诚挚、深厚的友谊，这在当代甚至在历史上都极为罕见。他们为了共同的事业通力合作，为《年鉴》注入了血液，使其形成了鲜明的特色。从一开始，两个创始人在生活、工作和性情上虽然若合符契，但也泾渭分明。

费弗尔生于南锡，比布洛赫年长八岁。他出生时，普法战争结束还不满十年，法国尚未能走出它的阴影。费弗尔的父亲生于弗朗什—孔泰地区，毕业于巴黎高师，在一所中学担任法语语法的教授；他叔叔是一名历史学教授。作为家里唯一的孩子，费弗尔少年老成，很受宠爱。他的孩提时代和早年教育，都在洛林地区（当时已割让给德国）一个偏僻的军事小城度过。18岁时，他离开这里前往巴黎，在路易大

---

① 关于"霸权"的术语，见安德烈·比尔吉埃尔：《历史中的历史：〈年鉴〉的诞生》，1353 页。

② 参见 H. 斯图亚特·休斯：《荆棘之路：绝望年代中的法国社会思想》(*The Obstructed Path：French Social Thought in the Years of Desperation*)(New York，1966)，19～55 页；费尔南·布罗代尔(Fernand Braudel)：《个人证词》("Personal Testimony")，载《近代史杂志》，1972 年 12 月(44，no. 4)，448～467 页；保罗·勒依罗：《一名"信徒"的见证》，见《〈年鉴〉的诞生》，70～74 页；马伦·韦塞尔(Marleen Wessel)：《个体因素：布洛赫与费弗尔关系新解》("De persoonlijke factor：Nieuw licht op Marc Bloch en Lucien Febvre")，载《稿本：历史杂志》(*Skript：Historisch Tijdschrift*)，1985 年 12 月(7，no. 4)，251～262 页。

帝中学毕业后，服了一年兵役，于 1899 年进入巴黎高师——比布洛赫早了五年。当时，德雷福斯事件正处在风口浪尖，而且改革前的巴黎高师，知识分子十分活跃，政治上非常激进。费弗尔在这里最好的朋友是心理学家、物理学家、哲学家亨利·瓦隆（Henri Wallon，1879—1962）。除几个历史学家外，费弗尔的亲密朋友包括：哈布瓦赫、地理学家朱尔·西翁(1878—1940)、心理学家夏尔·布隆代尔、德国研究专家欧内斯特·托内拉（Ernest Tonnelat，1877—1948）、语言学家朱尔·布洛赫（Jules Bloch，1880—1953），以及文学史和思想史学家保罗·阿扎尔（Paul Hazard，1878—1944）。

费弗尔选择历史的道路有些曲折，他反对"根据 1870 年的战败"来界定历史，拒绝阿尔贝·索雷尔（Albert Sorel）和埃米尔·布儒瓦(Emile Bourgeois)谨小慎微、按部就班的纪实写作，抵制"索邦人"瑟诺博斯所写的修正性作品。费弗尔原本痴迷文学，后来才选择了历史，他说这是由于古斯塔夫、莫诺、普菲斯特等教授对自己的冲击和启发。与布洛赫相似，费弗尔深受维达尔、涂尔干、梅耶以及语言学家人类学家吕西安·列维-布吕尔（Lucien Lévy-Bruhl）的影响；皮朗不少朴素、睿智的构思，尤其是贝尔的"综合精神"，开阔了他的视野。费弗尔的职业训练在某些方面要早于布洛赫，他于 1920 年通过了历史和地理教师资格考试，后来获得梯也尔基金会的奖学金(1903—1906)。不过他并没有去德国留学，而是在家乡附近的巴勒迪克（Bar-le-Duc，1902—1903)和贝桑松(1907—1912)中学教书。此外，布洛赫是巴黎人，费弗尔则坚称自己是乡下人——深深地扎根于法国东部文化和历史的土壤之中，虽然没有在"库尔贝（Courbet）、巴斯德（Pasteur）和蒲鲁东(Proudhon)的土地上"出生，却来自那里。

1911 年，33 岁的费弗尔获得博士学位，论文研究的是菲利普二世时期弗朗什-孔泰地区的历史、地理、经济和社会状况。一年后，他到第戎大学文学院任职，他的同事、法国大革命研究专家阿尔贝·马迪厄(Albert Mathiez)同样来自弗朗什-孔泰地区。第一次世界大战期间，他几乎四年半都在前线服役。他的履历和布洛赫相似，都是由中士升为上尉，不过他指挥的是一个机关枪连队。他们的相似之处还包括，两人都受过一次伤，荣获过四次嘉奖和军队的骑士荣誉勋章。① *138*

1919 年 10 月，新的斯特拉斯堡大学聘请费弗尔为近代史所终身教授——当然这要归功于他与普菲斯特的交往。两个月后，他在首堂课上问了一个很有挑战性的问题："在一个废墟的世界上"，历史是什么样子？费弗尔把自己定义成一名精力旺盛的"斗士"，他提倡一种"有用的"历史观，反对盲目地收集毫无价值的事实。他认为历史不应该为政治、意识形态或民族事业服务；人们也不能为了"实现综合的目的，就不做分析的工作"，仅仅按照虚假或"错误"的原则对历史进行编排。他告诫在座的听众，永不满足的批判性思维是"捍卫我们民族理想、民族文化和国家独立最好的后盾，是实现和平与自由最坚实的保障"。②

费弗尔在阿尔萨斯生活了十四年。在他前往巴黎之前，如果这里还有什么让他留恋的，那应该就是斯特拉斯堡的优美环境了。1921年，43 岁的费弗尔结婚，成为三个孩子的父亲。费弗尔在学校里取得

---

① 传记材料见法兰西公学院档案馆档案，C-XII：吕西安·费弗尔；传记材料参见吕西安·费弗尔：《为历史而战》(*Combats pour l'histoire*)(Paris，1953)，v～ix，44～49页；罗伯特·芒德鲁(Robert Mandrou)：《吕西安·费弗尔：1878—1956 年》("Lucien Febvre，1878-1956")，载《大学评论》，1957 年 1—2 月(66)，3～7 页；汉斯-迪特尔·曼(Hans-Dieter Mann)：《吕西安·费弗尔：一个历史学家的生活哲学》(*Lucien Febvre：La pensée vivante d'un historien*)(Paris，1971)，15～20 页；费尔南·布罗代尔：《吕西安·费弗尔》("Lucien Febvre")，载《国际社会科学百科全书·卷五》(*International Encyclopedia of the Social Sciences* V)(New York，1968)，348～350 页；帕尔默·A. 斯鲁普(Palmer A. Throop)：《吕西安·费弗尔：1878—1956 年》("Lucien Febvre 1878 - 1956")，见 S. 威廉·霍尔柏林编：《若干二十世纪史学家》，277～298 页。

② 《废墟世界上的历史：斯特拉斯堡大学近代史课首讲》("L'histoire dans le monde en ruines：Leçon d'ouverture du cours d'histoire moderne de l'Université de Strasbourg")，载《综合历史评论》，1920(30)，1～15 页。

了巨大的成功。作为一名演讲者和教师，他想象力丰富，感染力十足，偶尔还带有一点夸张和刻薄的成分。他亲自设计近代史研究所的课程，不仅包括 16 世纪文坛巨匠的作品，还包括对当代经济学家、社会学家、艺术史家、音乐史家、语言学史家和宗教学史家的研究。他的课程内容体现了思想与经济、社会结构的相互作用，以及个人与集体之间的张力。①

费弗尔与布洛赫的友谊始于 1920 年，双方从中收获很大。他们拥有一些共同的学生和校务活动，办公室和住所相互毗邻，交流的机会比比皆是。这种密切关系使他们形成了一种共同的使命：撬动老一辈人的权力杠杆，从而提高历史的技能，打破各种人为的障碍，消除迂腐的学问卖弄和时间错误，实现历史的主要目标——"理解"。他鼓励年轻的同事布洛赫，继续从事《国王神迹》和《法国农村史》的研究。在他的帮助下，布洛赫重新恢复活力，并协助他实现了创办杂志的夙愿。

然而，费弗尔毕竟是年长的一方。他与老一辈学者联系密切，职业素质更高。虽然他兴趣广泛，改革热情很高，但研究领域却非常"专"，很少偏离他所擅长的 16 世纪；而且与年轻的合作者相比，他几乎很少探索新的研究方法或开拓新领地，也没有效仿皮朗将研究范围从中世纪扩展到现代。虽然两人都对历史研究中的比较法感兴趣，但布洛赫真正发展了这一方法；虽然两人都对涂尔干学派的作品很熟悉，但布洛赫对经济现象、社会群体和制度的关注要更持久，也更精通；此外，他还严厉地批判了社会学领域中的非历史化倾向。他们都没有撰写过严格的叙事史作品，都把过去作为一种独特的说教方式。他们反对枯燥乏味的学术研究，经常会像艺术家那样流露出机智和才华。他们喜欢以提问的方式揭示过去的人类现实，作品中包含进一步研究

---

① 亨利·鲍利希：《费弗尔在斯特拉斯堡》（"Lucien Febvre à Strasbourg"），载《斯特拉斯堡大学文学院通讯》，1957—1958(36)，175～184 页。

的各种建议。他们都会批评一些学者的不足之处，但与博学的布洛赫相比，费弗尔往往将其作为研究的起点。例如，费弗尔于1928年出版的广受好评的作品——有关马丁·路德的评传，是对天主教史学家海因里希·德尼夫勒（Heinrich Denifle）神父的批判，他反对神父对宗教改革家所做的初步心理分析。后来，他有一部深入分析拉伯雷的专著，针对的是阿贝尔·勒佛朗（Abel Lefranc）1922年出版的一本书。在勒佛朗看来，拉伯雷是一个无神论者，费弗尔则对此进行反驳，作品在批判的过程中逐步发展和成形。① 布洛赫和费弗尔都是在第一次世界大战之前接受的教育，当时注重的是文学素养、语言技能和笛卡尔式的逻辑。然而，费弗尔很少在档案馆做研究，其批评分析的基础是复杂的——经常是直觉性的——人类意识。他的搭档——历史学家之子布洛赫则更为博学，对自然科学和社会科学都很感兴趣，在作品中往往旁征博引，夹杂着各种各样的引文。

由于双方的共性和差异性，他们必然会对彼此有所影响。其实在《年鉴》诞生前夕，他们似乎就各自的研究重点交换过意见。费弗尔在完成有关马丁·路德的作品后，几乎放弃了对地理学的关注，转而重视心态史。同样，布洛赫在完成《国王神迹》之后，开始致力于研究法国的农村地区。② 然而，这种说法是一种化约主义，过分强调了费弗尔与布洛赫之间的交情和著名的"斯特拉斯堡精神"。事实上，他们在第一次世界大战之前就各自收集过一系列重要的课题，培养了不少新

---

① 吕西安·费弗尔：《马丁·路德的时运》（*Un destin：Martin Luther*）（Paris，1928）；《十六世纪的无信仰问题：拉伯雷的宗教》（*Le problème de l'incroyance au XVIe siècle：La religion de Rabelais*）（Paris，1942）。

② 参见 H. 斯图亚特·休斯：《荆棘之路》，36页；布罗代尔：《费弗尔》，349页；安德烈·比尔吉埃尔（André Burguière）：《〈年鉴〉上"心态史"的命运》（"The Fate of the History of 'Mentalities' in the 'Annales'"），载《社会与历史比较研究》（*Comparative Studies in Society and History*），1982(24)，426页。

的研究兴趣。费弗尔之所以从事思想史研究，很可能是因为他年轻时对哲学和心理学的热爱，再加上贝尔和瓦隆等朋友的影响——这与见证批评（布洛赫始终不曾放弃的研究领域）的具体特征几乎毫无关系。布洛赫对法国农村地区的关注——包括农民解放以及土地的分配和利用——可以从他的博士论文和有关法兰西岛的研究中找到一些蛛丝马

141 迹。虽然他们有一些共同兴趣，研究中存在不少交会点，也互相认可彼此的特长，甚至偶尔还会为对方妥协，但有充足的证据表明，他们丝毫没有委曲求全，更不曾因此而对自己的全面发展做过任何重大的调整。

布洛赫与费弗尔在性格上相得益彰。他们的表达能力强，有良好的修养，充满了自信和活力，拥有传统资产阶级的趣味、举止和外表。虽然战时的兵役中断了他们的学术生涯，斯特拉斯堡偏远的地理位置让他们始终面临着创作的压力，但是真正阻碍他们远大抱负的却是：他们对规模日益壮大的家庭所肩负的责任，对自己和家人健康的忧虑，以及偶尔的疲惫和倦怠。他们在为全新的事业奋斗时，始终具有一种很强的公平意识，不断地协调和平衡各种因素，从而突出双方共同的努力。①

他俩都有拳拳的爱国之心，但并非沙文主义式的爱国者，而是"政治中立派"。他俩都是教授的儿子，所从事的职业与法国和欧洲的政治密切相关；都是退伍军人，担任教职，身为人父；都非常关心政治。他们虽然对当代的领导人不感兴趣，却与饶勒斯事件、德雷福斯事件和共和理念有着密切的关系。当时，几乎每一名法国知识分子都有一种强烈的乐观精神，在表现对祖国的忠诚和社会的责任时会有所流露，这也是《年鉴》创刊的基础。布洛赫和费弗尔都不喜欢传统的政治史和外交史，而是热衷于"新兴的"社会史和经济史，这反映出他们相似的

---

① 通信中有很多这样的例子，参见费弗尔致布洛赫的信，1928 年 3 月 28 日，7 月 2 日，以及布洛赫致费弗尔的信，1928 年 7 月 5 日，国家档案馆档案，Ml 318 2，1。

战争经历和共同的愿望：一名优秀的公民应该具备良好的学识，为当权者指明方向，从而消除社会不公、阶级冲突和毁灭性的国家对抗。

在《年鉴》的第一期上，两位主编明确地表明了自己的使命。[①] 既然法国、欧洲和世界上已经存在大量的刊物，他们为什么还要创办一个致力于"经济和社会史"的全新刊物？两个历史学家在宣言中开诚布公，向广大读者阐明了他们的三重宗旨。其一，他们试图弥合世纪初以来历史学家和社会科学家之间的分歧，为截然不同的研究方法和途径提供一个宣传平台。其二，他们努力打破或削弱历史学科中古代史、中世纪史和近代史的分野，消除"原始"与"文明"社会的人为区分。其三，他们在"合法化分工"的基础上，旨在弱化学科之间的壁垒，为人文科学建立一个交流的空间——这对经济史和历史自身的发展都必不可少。两个负责人最后总结道："我们的共同事业体现了我们所信奉的高贵美德——正直无私、尽职尽责、根深蒂固。"这也可以看作杂志头十年的基调。

《年鉴》问世的头十年——1929年至1938年，正值欧洲和世界极其黯淡的时期，期间经历了世界经济大萧条、日本侵占中国东三省、意大利攻击埃塞俄比亚、西班牙内战、奥地利覆亡和斯洛伐克独立。此外，在印度和中东爆发过宗教、民族和反殖民主义的暴力冲突，苏联实施了第一个五年计划和斯大林的大清洗，意大利、纳粹德国和东欧一些地区发生过政治和民族压迫事件。由于长期的经济危机，大大小小的民主政体逐渐丧失了希望和信心，开始在内部出现分裂，或多或少地破坏了团结的假象，国际联盟在这个背景下成立。法国虽然极力维护1918年代价昂贵的胜利成果，然而随着德国的复兴，一切都付之东流。第三共和国由于缺少盟友和人力资源，加上财政资源短缺，国

---

① 《致读者》("A nos lecteurs")，载《经济与社会史年鉴》，1929年1月15日(1)，1~2页。

内很难再现和谐的局面，其强国的形象也无力维系。在这动乱的十年里，它的总理一换再换——从庞加莱换成了达拉第(Daladier)，然而法国却依然举步维艰。

在这个多事之秋，布洛赫和费弗尔虽然有些与世隔绝，但依然受到了乱世的冲击。他们在个人和共同事业上历经起伏，有过成功，也有过挫折，有过融洽的合作，偶尔也有过摩擦。虽然他们不断进步，事业蒸蒸日上，但《年鉴》在他们的个人和职业生活中依旧占据着中心地位。刊物的出版耗费了他们大量的精力，为此，他们的杰作——布洛赫的《封建社会》(Société féodale)(1939—1940)和费弗尔的《十六世纪的无信仰问题：拉伯雷的宗教》(1942)——完成时间一拖再拖。或许，这是他们这段时期所做的最大的牺牲。① 但另一方面，人们逐渐认识到，《年鉴》的头十年构成了20世纪历史研究里的重要篇章。②

杂志发行的第一年——1929年，是一个很好的检验机会。虽然国内外很多作者尽心竭力，热情的支持者皮朗也积极响应，但两位主编还是对一些作者和文章感到失望。他们在斯特拉斯堡和巴黎之间往返，不时处理编辑工作和员工事务，此外还要面临苛刻的出版商——阿尔芒·科兰出版社的严格审查，以符合其编辑方针和出版规范。在一个有限的、充满竞争性的市场，财政问题越来越突出，他们需要更多的

---

① 布洛赫致费弗尔的信，1934年12月11日、14日，国家档案馆档案，M1 318 1；也可参见勒依罗致作者的信，1983年4月29日。

② 参见杰弗里·巴勒克拉夫：《历史学主潮》；卢西亚诺·阿莱格拉、安杰洛·托尔：《从巴黎公社到〈年鉴〉》；M. 塞得罗尼奥、F. 迪亚兹和C. 拉索(M. Cedronio, F. Diaz, and C. Russo)：《法国史学的昨天与今天》(Storiografia francese di ieri e di oggi)(Naples, 1977)；格奥尔格·伊格尔斯(Georg Iggers)：《欧洲史学的新动向》(New Directions in European Historiography)(Middletown, Conn., 1975)；特别是马西莫·马斯特罗格里高利(Massimo Mastrogregori)：《天才的史学家：马克·布洛赫和吕西安·费弗尔的历史思想与法国的方法论传统》(Il genio dello storico：Le considerazioni sulla storia di Marc Bloch e Lucien Febvre e la tradizione metodologica francese)(Rome, 1987)。

出资人和订阅量。于是，他们不得不在纯学术圈之外寻觅一些能从《年鉴》的视角中获益的读者，如档案保管员、图书管理员、区域史和地方史专家，以及一些有修养的非专业人士。[①]

当年年底，布洛赫和费弗尔对杂志进行重估，在定位、方针和形式方面做了重大的决定，其主要特色也因此得以确立。《年鉴》关注的重点是经济史，时间跨度非常大——从古到今。刊物的创新之处在于对当代议题的关注。在那个年代，无论在大学讲堂还是各类期刊，世界当代史一直受到排斥，或只占很小的位置；银行家和商人也很少阅读学术期刊，因此《年鉴》几乎每一期都以当代问题为主。关注时事不仅仅是一种简单的实用主义，当然更不是某种不切实际的理想主义。这反映出两位主编信奉的理念：现在与过去密不可分，确切地说，这是"研究历史的主要原因"[②]。

费弗尔和布洛赫很清楚，要找到一些研究和撰写当代史的优秀人才，绝不是一件容易的事。但是，他们对同行们还是有过不少批评，因为这些人经常会犯时代错误。布洛赫告诫那些即将从事当代史研究的人，不能仅仅因为拥有"大致相似"的祖先，就将过去和现在机械地糅合在一起。"个案研究法"在军事史领域很受欢迎，也逐渐被新兴的商业史所接受。然而在布洛赫看来，这种方法非常危险，以此为基础的研究往往平淡无奇；最坏的情况是，它往往误导人们进行各种错误的类比。这种方法完全无视一句老话——历史是一门变动的学科。[③] 布洛赫

144

---

① 参见费弗尔致布洛赫的信，1929 年 8 月 6 日、26 日，国家档案馆档案，Ml 318 2。

② "现在和过去紧密相连，确切地说，这是研究历史的主要原因。"马克·布洛赫：《理解今日之欧洲》("Pour mieux comprendre l'Europe d'aujourd'hui")，载《经济与社会史年鉴》，1938(10)，61 页。

③ 马克·布洛赫：《历史文化与经济行为：以美国为例》("Culture historique et action économique：A propos de l'exemple américain")，载《经济与社会史年鉴》，1931(3)，1～4 页。

和费弗尔坚持学者的独立立场，主张积极介入社会。他们既不忽视当代问题，也无意扮演导师的角色，只是希望历史能够变得深刻、有用。①

《年鉴》的经营管理是一项共同的事业，一开始的挫折打击了两位主编的热情，费弗尔开始动摇。但是，布洛赫对两人的合作和肩负的使命充满自信，劝他不要退缩。② 布洛赫认为，杂志要想获得生存和进一步的发展，必须突出自身的特色。如果是经营"改版后的《历史评论》"，完全没有任何问题——索邦的负责人能从最优秀的学术文章中挑选，有选择性地青睐某些评论家，发表该专业领军人物的作品。然而，《年鉴》的规模很小，又是一个全新的地方性刊物，编辑们只有四处宣传，才能扩大自己的影响和声誉。布洛赫和费弗尔并没有妄自菲薄，他们一直渴慕杰出的作者和有趣的话题。布洛赫准确地预见到《年鉴》的精髓——其灵感来源和生存基础，不仅取决于他们灵活的编辑方针，而且在于推出一些有特色的专栏和话题。③

《年鉴》的第一年有些摇摇欲坠，在年底时它的栏目被调整为六个：传统的栏目和创新性的栏目各占一半。一方面，文章的数量被大幅削减，而且局限于原创性研究，其中有不少长书评(关于历史事实和研究方法的问题)和短书评(批评性导论)，运用简练的现代散文体，指出研究对象的长处和不足，具有宏大的国际视野。不过，《年鉴》的重点却另有所在，它们分别是涵盖专业动态的"科学界"("La vie scien-

---

① 费弗尔致布洛赫的信，1929 年 8 月 26 日，国家档案馆档案，M1 318 2；也可见奥利弗·A. 杜默林(Olivier A. Dumoulin)：《1919—1939 年的"历史学家"：处在危机中的"职业"？》("'Profession historien' 1919-1939; Un'métier'en crise?")，法国社会科学高等研究院第三阶博士学位(thèse pour le doctorat de 3ème cycle, Ecole des Hautes Etudes en Sciences Sociales, 1983)，268~271 页。

② 费弗尔致布洛赫的信，1929 年 9 月 24 日；布洛赫致费弗尔的信，1929 年 9 月 29 日，国家档案馆档案，M1 318 2，1。

③ 费弗尔致布洛赫的信，1929 年 8 月 26 日，9 月 3 日、9 日，12 月底；布洛赫致费弗尔的信，1929 年 9 月 29 日，国家档案馆档案，M1 318 2，1。

tifique")——并非原始的年表和归类文档，而是经过了简化和整合，加入了各种评注；布洛赫发起的定向"调查研究"（"Enquêtes"）——分布在很多期里；以及简短的评论文章"总体问题"（"Problèmes d'ensemble"）——这成为《年鉴》批评职能的核心部分。[1]

在第一年里，《年鉴》像一些经营多年的刊物那样，非常注重平衡性，每期的17篇文章中涵盖了古代史、中世纪史、近代史和当代史，作者里既有国内外的著名专家、学者，也有一些非专业人士。之后，刊物有了重大的调整。每一期文章的平均数量减少到11篇，古代史几乎阙如，中世纪史有所下降，重心转移到了近代史，尤其是当代的欧洲史和世界史。1929年至1932年，《年鉴》上有三分之一的文章由外国人所写，其中包括美国和英国的社会科学家、国际劳工组织的官员、布洛赫和皮朗招募的中世纪史和近代史专家。1933年之后，知名作者的数量开始减少，国际化程度也有所下降。《年鉴》上有大量原创性的研究，作者包括法国的历史学家、社会学家、银行家和殖民地的官员。[2]

《年鉴》上的大多数文章都是标准长度，含有脚注、附录和参考文献，完全符合传统期刊的学术规范。但是，研究当代史的文章往往篇幅较短，并非由历史学家或学者所写，在形式和表述上也不太符合规范，它们几乎占了版面的40％。这种鲜明的对比使《年鉴》独具特色，

---

① 费弗尔致布洛赫的信，1929年10月6日，国家档案馆档案，M1 318 2。布洛赫和费弗尔：《创刊一周年》（"Au bout d'un an"），《经济与社会史年鉴》，1930（2），1～3页。在头三年里（1929—1931），《年鉴》每年发行4期；1932年至1937年每年5期；1938年又恢复为4期[1932—1938年发行期数有误，应为每年6期。——译者注]。每年征订的价格从1929年的50法郎，涨到1932年的60法郎，1938年时到了90法郎。阿尔芒·科兰出版社第一年发行了2500本刊物，1930年缩减至1100本，1934年中期成了900本，1935年至1938年只有800本，订阅量从没有超过300本。以上各种数据由阿尔芒·科兰出版社提供，1983年3月15日，1988年12月1日。

② 1929年至1938年，《年鉴》上古代史的文章占8％，中世纪史占16％，近代史占33％，当代史占38％，其他主题占5％。

也在布洛赫和费弗尔之间维持了某种平衡——布洛赫喜欢旁征博引，费弗尔却讨厌卖弄学问。此外，《年鉴》摒弃了出版原始文献的传统样式，比大多数期刊包含了更多的表格、图示、曲线图，极大地增加了生产成本。①

在头十年的上百篇文章中，有不少值得称道。法学家罗贝尔·贝尼耶（Robert Besnier）对"私有财产"的概念进行了梳理，讨论它从古罗马时期到现在的各种变体和局限；国外学者皮朗和弗里茨·罗利格（Fritz Rörig）（《年鉴》唯一的德国学者），对中世纪的商业史研究作出了原创性的贡献；罗伯托·洛佩斯（Roberto Lopez）专门探讨热那亚资本主义的起源；G. I. 布勒蒂亚努（G. I. Brătianu）对巴尔干和拜占庭的农奴制进行了深入考察。1933 年，布洛赫勾勒了修正主义的货币发展史，直接提到了当前的世界危机，呼吁更多的学者参与进来，为发展关于中世纪货币的"信"史奠定基础。②

---

① 或许，奥利佛·A. 杜默林（《1919—1939 年的"历史学家"》，297 页）过分强调了《年鉴》的非学术性。他对 1929 年至 1938 年各种期刊上没有引文的文章做了统计：《年鉴》占 17.6%；《历史评论》占 6.4%；《现代历史评论》占 10.9%；《经济与社会史评论》占 6.6%。

② 罗贝尔·贝尼耶：《从十二铜表法到战后的法律》（"De la loi des douze tables à la législation de l'après-guerre"），载《经济与社会史年鉴》，1937（9），321～342 页；亨利·皮朗：《中世纪商人的教育》（"L'instruction des marchands au Moyen Age"），载《经济与社会史年鉴》，1929（1），13～28 页，《中世纪的大宗贸易：法国的酒业》（"Un grand commerce d'exportation au Moyen Age：Les vins de France"），1933（5），225～243 页；弗里茨·罗利格：《商业至上的文化原因：汉萨同盟》（"Les raisons intellectuelles d'une suprématie commerciale：La Hanse"），载《经济与社会史年鉴》，1930（2），481～498 页；罗伯托·洛佩斯：《热那亚资本主义的起源》（"Aux origines du capitalisme génois"），载《经济与社会史年鉴》，1937（9），429～454 页；G. I. 布勒蒂亚努：《农奴制与税收：罗马尼亚、斯拉夫和拜占庭历史的比较研究》（"Servage de la glèbe et régime fiscal：Essai d'histoire comparée roumaine，slave et byzantine"），载《经济与社会史年鉴》，1933（5），445～462 页；马克·布洛赫：《中世纪的黄金问题》，载《经济与社会史年鉴》，1933（5），1～34 页。

几乎所有考察从 16 世纪到 20 世纪初这一时间段的文章，都在关注现代资本主义的演变，如工业和农业、汇率和信用、银行和股市、铁路和运河的修建等。它们涉及的地域范围极广，包括北美、南美、非洲、中东和亚洲。美国经济史学家厄尔·J. 汉密尔顿（Earl J. Hamilton）记录了 16 世纪卡斯蒂利亚地区（Castille）惊人的价格革命。豪塞呼吁人们研究银行在现代欧洲早期政治和经济中的地位。在布洛赫详细考察农村的个人主义之前，勒费弗尔就法国大革命对法国农村的冲击进行重估。安德烈-埃米尔·萨尤（André-Emile Sayous）重新审视第二帝国时期斯特拉斯堡的经济和城市发展。萨尤是一个多产的经济学家，也是《年鉴》的忠实支持者。①

　　后 1914 年时代，有很多文章涉及人口统计学、社会学和人文地理 148学：哈布瓦赫发表过两篇有力的批评文章，分析"大柏林"和"多元种族的芝加哥"的城市结构。② 在讨论主要的经济、财政和政治问题时，有不少作者采用一种非理论的现代民主主义者的论调。在经济大萧条前夕，莫里斯·博蒙（Maurice Baumont）分析魏玛共和国显著的工业复

---

　　① 厄尔·J. 汉密尔顿：《经济革命的时代：卡斯蒂利亚的货币(1501—1650)》["En période de révolution économique：La monnaie en Castille(1501-1650)"]，载《经济与社会史年鉴》，1932(4)，140～149、242～256 页；亨利·豪塞：《对现代银行史的反思(从 15 世纪到 18 世纪)》["Réflexions sur l'histoire des banques à l'époque moderne(de la fin du XVe à la fin du XVIIIe siècle)"]，载《经济与社会史年鉴》，1930(2)，329～383、511～543、543～556 页；乔治·勒费弗尔：《法国大革命在农业史上的地位》("La place de la Révolution dans l'histoire agraire de la France")，载《经济与社会史年鉴》，1929(1)，506～523 页；安德烈-埃米尔·萨尤：《战争期间斯特拉斯堡的变化(1871—1914)》["L'évolution de Strasbourg entre les deux guerres(1871-1914)"]，载《经济与社会史年鉴》，1934(6)，1～19、122～132 页。
　　② 莫里斯·哈布瓦赫：《作为种族实验的芝加哥》("Chicago：Expérience ethnique")，载《经济与社会史年鉴》，1932(4)，11～49 页，以及《"大柏林"：大聚集区还是大都市?》("'Gross Berlin'：Grande agglomération ou grande ville?")，载《经济与社会史年鉴》，1934(6)，547～570 页。

苏，指出了其优势和不足之处；德芒戎分析了建立欧洲联盟的体制和经济障碍；国家劳工组织官员乔治·梅奎特（Georges Méquet）准确地指出苏联的人口和农业问题；移民学者弗朗茨·博克南（Franz Borkenau）和卢西·瓦尔加（Lucie Varga）各自研究当代社会主义的发展，以及德国与意大利法西斯主义的根源；金融家雅克·乌达耶（Jacques Houdaille）对国际清算银行（Bank for International Settlements）和美国罗斯福新政的成果进行评估；以费弗尔对1931年国际殖民展的暧昧态度为信号，不少行政人员和学者立足海外，就法国的中东、北非和苏丹研究写过不少翔实、睿智的文章，但大多带有欧洲中心主义的视角。①

---

① 莫里斯·博蒙：《战争以来德国的工业活动》（"L'activité industrielle de l'Allemagne depuis la dernière guerre"），载《经济与社会史年鉴》，1929（1），29～47页；阿尔贝·德芒戎：《欧洲联盟的地理状况》（"Les conditions géographiques d'une union européenne"），载《经济与社会史年鉴》，1932（4），433～451页；乔治·梅奎特：《苏联的人口问题》（"Le problème de la population en URSS"），载《经济与社会史年鉴》，1929（1），48～57页，《俄国革命中的农业问题》（"Le problème agraire dans la Révolution Russe"，载《经济与社会史年鉴》，1930（2），161～192页，以及《苏联的农业集体化》（"La collectivisation agricole dans l'URSS"），载《经济与社会史年鉴》，1938（10），1～24页；弗朗茨·博克南：《法西斯主义与工团主义》（"Fascisme et syndicalisme"），载《经济与社会史年鉴》，1934（6），337～350页，《当代欧洲社会主义政党的危机述评》（"Un essai d'analyse historique – La crise des partis socialistes dans l'Europe contemporaine"），载《经济与社会史年鉴》，1935（7），337～352页；卢西·瓦尔加：《国家社会主义的缘起——社会分析概述》（"La genèse du national-socialisme – Notes d'analyse sociale"），载《经济与社会史年鉴》，1937（9），529～546页；雅克·乌达耶：《国际清算银行》（"La Banque des Règlements Internationaux"），载《经济与社会史年鉴》，1931（3），321～348页，《罗斯福经验的兴起和变迁》（"Essor et vicissitudes de l'expérience Roosevelt"），载《经济与社会史年鉴》，1936（8），321～333页；吕西安·费弗尔：《经济史与生活：一次展会的教训》（"L'histoire économique et la vie：Leçons d'une exposition"），载《经济与社会史年鉴》，1932（4），1～10页；亨利·拉伯莱（Henri Labouret）：《法属苏丹的灌溉、殖民与劳作》（"Irrigations，colonisation intérieure et main-d'oeuvre au Soudan français"），载《经济与社会史年鉴》，1929（1），365～376页，以及 J. 伯克（J. Berque）：《在摩洛哥的土地上：地主与农民》（"Sur un coin de terre marocaine：Seigneur terrien et paysants"），载《经济与社会史年鉴》，1937（9），227～235页。

1933 年是《年鉴》的一个高峰，出现了不少精彩的文章和一些积极的投稿人，之后刊物开始衰退。皮朗不堪重负，博蒙、哈布瓦赫和勒费弗尔等坚定的支持者也开始关注自己的出版事业。[①] 当时的政治环境比 1929 年更为紧迫和险恶，然而两个主编却据此得出了不同的结论。布洛赫竭力为《年鉴》寻找优秀的史学文章，网罗更年轻的作者，讨论的主题也更宽泛。他征稿的人群包括自己的学生、斯特拉斯堡的同事、档案管理员以及一些区域史专家。然而，费弗尔具有不同的看法，他更喜欢简短、随性、易引起争议的文章，于是在名单中加入了一些不是历史学家也不在大学里的作者。当时，费弗尔在巴黎的法兰西公学院任职，担任《法国百科全书》（*Encyclopédie française*）的主编，而且依然与《现代历史评论》、贝尔的《综合评论》和国际综合研究中心有联系。费弗尔比布洛赫拥有更多的人脉，肩负着更大的职责，有更多施展抱负的平台，因此他看待《年鉴》的视角也会受到各种因素的制约。

1935 年 10 月，皮朗与世长辞，这似乎成为杂志长期低迷的开始。[②] 由于好几期刊物的出版有所延迟，人们不禁开始怀疑，杂志是否还有生命力、还能否维持下去。虽然两人肩上的担子越来越重，但

---

① 皮朗致布洛赫的信，1933 年 1 月 1 日，艾蒂安藏品；布洛赫致皮朗的信，1933 年 9 月 29 日，布洛赫和费弗尔致皮朗的信；布洛赫致费弗尔的信，1934 年 2 月 15 日，5 月 11 日，艾蒂安藏品，以及 1934 年 10 月 7 日，国家档案馆档案，M1 318 1；费弗尔致布洛赫的信，1934 年 1 月 19 日，未注明日期（1934 年 5 月 31 日前），7 月 4 日，未注明日期（1934 年 6 月 26 日至 7 月之间），国家档案馆档案，M1 318 2。

② 参见费弗尔所写的讣告：《亨利·皮朗（1862—1935）》（"Henri Pirenne，1862-1935"），载《经济与社会史年鉴》，1935（7），529～530 页；"更正"见费弗尔致布洛赫的信，1935 年 11 月 11 日，国家档案馆档案，M1 318 1。也可见布洛赫致皮朗的信，1935 年 5 月 29 日，布洛赫和费弗尔致皮朗的信；马克·布洛赫：《亨利·皮朗（1862.12.23—1935.10.24）》["Henri Pirenne（23 déc. 1862—24 oct. 1935）"]，载《历史评论》，1935（176），671～679 页。

布洛赫仍力主恢复杂志的活力，这也促成了一期技术史专刊的出现。费弗尔在简短的序言中指出，这门新兴的学科应该结合科学和发明中一切偶然、人为和不可预测的因素。布洛赫在文章中追溯了水力磨坊的历史：它发明于古代时期；在欧洲中世纪时，它经历了消失和复兴的过程；在工业时代，它依然展现出强大的生命力。布洛赫将其与资源和劳动力联系起来，并且充分考虑了政治和法律因素。[①] 布洛赫曾说服费弗尔，联合刊发了一篇有关教师资格考试的文章。这只是他远大目标（历史教学改革）的一部分。这一考试制度原本是为保证公平性而制定的一套标准，但如今它却变得僵化和死板了。两位主编认为，各个专业领域应该建立一套更高的标准，视野也需进一步拓宽。布洛赫在文章中极力嘲讽诸如"卡佩王朝前四位成员"这样乏味的考试题目；他对于考试委员会狭隘的视野非常不满，提到自己在教授预科课程"法国封建领主社会"时，竟然有人阻止他引用英国和德国的例子。教育改革的话题对费弗尔来说也许算不了什么，但布洛赫却非常重视，他认为这一症状始终困扰着广大法国人和欧洲人的思维。[②]

　　1934 年至 1938 年，由于紧张的私人关系和当前的政治局势，两位主编在选择文章时必然会有所分歧。他们都想突出自己认可的文章和

---

　　① 布洛赫致费弗尔的信，1935 年 6 月 6 日，艾蒂安藏品，另一封信未注明日期（大约在 1935 年 10 月 30 日），国家档案馆档案，M1 318 1；吕西安·费弗尔：《反思技术史》（"Réflexions sur l'histoire des techniques"），载《经济与社会史年鉴》，1935（7），531～535 页；马克·布洛赫：《水力磨坊的兴起和成功》（"Avènement et conquêtes du Moulin à eau"），载《经济与社会史年鉴》，1935（7），538～563 页。

　　② 费弗尔致布洛赫的信，1937 年 3 月 4 日，布洛赫致费弗尔的信，1938 年 5 月 13 日，国家档案馆档案，M1 318 2，1；马克·布洛赫、吕西安·费弗尔：《历史教学改革：关于教师资格考试的问题》（"Pour le renouveau de l'enseignement historique：Le problème de l'agrégation"），载《经济与社会史年鉴》，1937（9），113～129 页；布洛赫致费弗尔的信，1934 年 2 月 16 日，艾蒂安藏品；1938 年 5 月 13 日，国家档案馆档案，M1 318 1。

写作风格，开始挑剔老搭档的偏好，质疑一些新鲜材料的可操作性。①
《年鉴》上的文章虽然没有统一的风格，却存在一些共同的特征。例如，
有相当多的文章时间跨度很大，但是集中探讨起源问题的却少之又少；
讨论经济史的文章占据着主导的地位，然而几乎没有文章讨论传记、
教会史、政治史、外交史、军事史和思想史，涉及社会史和文化史的
也很少。宗教改革和启蒙运动没有引起多大的关注；法国大革命本身
就能成为一个杂志的主题，却只有勒费弗尔一个人在研究。②

    《年鉴》的特色可以从文章的题目中窥见一斑，它逐渐形成了以下
三个论坛：陈述性报告，其中包括《第二帝国的铁路政策》（"La poli-
tique ferroviaire du Second Empire"）、《圣保罗州的边境地区》（"Les
zones pionnières de l'état de São Paolo"）；普遍盛行的具有科学性的个
案研究，其中包括《铁器史上的重要一章：瑞典人的垄断》（"Un grand
chapitre de l'histoire du fer：Le monopole suédois"）、《叙利亚和黎巴嫩
的农村社区和社会结构》（"En syrie et au Liban：Village communautaire
et structure sociale"）；独具特色的总体问题研究，其中包括《古代的黄
金问题》（"Le problème de l'or dans le monde antique"）、《苏联的人口问
题》、《现在的黄金问题》（"Les Problèmes de l'or aujourd'hui"）。以问题
为导向的历史研究——以过去为鉴进行深入、原创性的调查研究，成
了两个性情和视角迥异的主编沟通的桥梁。

    传统的书评和文评专栏（评论性文章），涵盖了法国和国外的大量
文献，但以西欧地区和经济史为主。我们可以想到，这一专栏的重担
几乎完全落在了布洛赫、费弗尔和勒依罗的肩上。1933 年至 1938 年

---

    ① 布洛赫致费弗尔的信，1935 年 9 月 9 日，国家档案馆档案，M1 318 1；1935 年
12 月 13 日，艾蒂安藏品；也可参见费弗尔致布洛赫的信，未注明日期（大约在 1938
年 3 月至 4 月），以及布洛赫致费弗尔的信，1938 年 5 月 13 日，国家档案馆档案，M1
318 2，1。

    ② 奥利佛·A. 杜默林：《1919—1939 年的"历史学家"》，文中各处。

间，他们每年分别写了 16、14 和 18 篇文章。剩下的文章要么来自德芒戎、埃斯皮纳、哈布瓦赫、西翁等忠实的合作者，要么来自一些偶尔的、一次性的投稿人。他们为人才招聘、杂志能否按期发行、书评截稿日期等长期性问题忧心忡忡。当然，这些问题也困扰着其他刊物。① 对两位主编来说，这同样也是一种机遇，尤其是布洛赫，他所涉猎的主题范围最为广泛。他们的阅读量、藏书量和影响力都有了极大的提升，这种自由和独立性是其他刊物所无法给予的。②

《年鉴》上的短评文章按主题和地理概念进行分类，大胆地使用描述性的标题，文章长度往往一到三段不等，信息性强，具有一定的时效性。③ 这个栏目涵盖了各种文献，从教学指南到学术文章，从艰深的专著到大众丛书，从图表集到档案文集。布洛赫和费弗尔的短评文章含有各种批评和修改意见，呼吁人们研发新的调查方法，鼓励一些具有发展前景的课题，告诫人们要时时警惕民族偏见的"魔鬼"（尤其是在涉及德国文献时）④。

作为一名评论家，布洛赫的文风洗练、直率，他在评论奥地利著名中世纪研究者的文章时说：

　　M. 阿方斯·多普施（M. Alfons Dopsch）曾应《法律史评论》

---

① 布洛赫致费弗尔的信，1933 年 3 月 24 日，国家档案馆档案，M1 318 1，以及 1934 年 5 月 11 日，艾蒂安藏品；未注明日期（1934 年夏），10 月 7 日，11 月 23 日，1935 年 8 月 12 日，国家档案馆档案，M1 318 1，以及费弗尔致布洛赫的信，未注明日期（大约在 1934 年 7 月 4 日），7 月 8 日，国家档案馆档案，M1 318 2。

② 布洛赫的评论文章，在时间段上涵盖了古代史、中世纪史和近代史，涉及的地域包括英国、法国、德国、斯堪的纳维亚、西班牙、意大利和东欧，内容包括经济史、城市史和社会史。关于犹太人历史的评论，参见《经济与社会史年鉴》，1929（1），305 页；《经济与社会史年鉴》，1933（5），99 页；《经济与社会史年鉴》，1934（6），309～310 页。

③ 参见费弗尔致布洛赫的信，1929 年 3 月 29 日，国家档案馆档案，M1 318 2。

④ 参见费弗尔对汉斯·希默尔（Hans Simmer）《地缘政治学原理》（*Grundzüge der Geopolitik*）一书的评论，载《经济与社会史年鉴》，1929（1），129～130 页。

（*Tijdschrift voor Rechtsgeschiedenis*）的要求，概括自己所写的中世纪社会和经济起源的论文。他的表述非常明晰，可以作为理解他众多作品的一把钥匙。作者选取了一些对自己的批评意见，却始终坚持原来的基本立场，并没有增加任何对自己有利的新证据。这是一门科学健全发展的最典型的特征。随着研究的不断深入，一套解释系统或一组初步的假说不可避免地会遇到各种挑战。事实上，综合性的创造工作很少由具有开创性的学者完成。①

一些篇幅较长的评论文章组成了一个特殊的版块——"事实与方法的问题"（"Questions de fait et méthode"），它们大多由布洛赫和费弗尔所写，一些合作者和众多特约作者（以法国为主）也有所贡献。这一栏目不仅包括一些重要的理论作品，也涵盖了很多现当代有意思的话题。但是，这些评论文章往往会滞后一到两年。②

设立这个评论栏目具有两个目的：一是提升"《年鉴》作者群"的作品水平③，二是用作品推动热点问题的讨论。哈布瓦赫批判性地论述

① 《论中世纪的起源》（"Aux orignies du Moyen Age"），载《经济与社会史年鉴》，1935(7)，102页；参见布洛赫致费弗尔的信，1934年2月15日，艾蒂安藏品。

② 豪塞针对约翰·内夫（John Nef）的文章《技术的进步与英国大型工业的增长》（"The Progress of Technology and the Growth of Large Scale Industry in Great Britain"），载《经济史评论》，1934(5)，两年后出现以下文章《英国第一次"工业革命"》（"La première 'révolution industrielle' anglaise"），载《经济与社会史年鉴》，1936(8)，71～74页。

③ 见以下作品，如布洛赫和鲍利希分别对费弗尔和德芒戎共同研究莱茵河地区的作品做过评论，载《经济与社会史年鉴》，1933(5)，83～85、85～86页；布洛赫关于哈布瓦赫的作品《论自杀的原因》（*Les causes du suicide*）的评论，载《经济与社会史年鉴》，1931(3)，590～592页，以及他对费弗尔作品《1789年大恐慌》（*La grande peur de 1789*）的评论，载《经济与社会史年鉴》，1933(5)，301～304页；还有费弗尔对弗里德曼（Georges Friedmann）《苏联与资本主义国家的机械化问题》（*Problèmes du machinisme en U. R. S. S. et dans les pays capitalistes*）的评论，载《经济与社会史年鉴》，1934(6)，397～399页。

现代广告的结构，弗里德曼考察过苏联的斯达汉诺夫（Stakhanovite）现象，勒费弗尔则专门剖析过法国大革命之前的陈情书，还对德国重工业社会和经济的起源有过详细的阐述。布洛赫和费弗尔在评述有关西非和中东地区的作品时，敦促同行们要对这些异域题材进行深掘。布洛赫希望看到的殖民史并不是各种"英雄故事"，而是关注当地的社会结构。费弗尔则建议学者们，不要再"收集"古老、奇怪的风俗，而是成为具有批评精神的科学家，拓宽人类历史的研究范围。①

如果说正式的杂志文章和书评呈现了《年鉴》清新活力的一面，那么它的另一半——专业动态（科学界）、定向调查（调查研究）、主题论文（总体问题），则展现出了它的原创性和主编的抱负。布洛赫和费弗尔试图依靠自己和一小群志同道合者，建构一种全新的标准和更具批判性的视角，为实现更大的目标而奋斗。

《年鉴》也具有务实的一面。与大多数同类期刊相比，它所提供的专业动态更为全面，在组织方面也更有条理性，几乎涵盖了国内外的方方面面。这个栏目原本是为了及时报道行业内的各类消息，如某人的诞辰、退休时间、纪念文集、逝世、最近的出版物，以及作品的进度等，但这一职能很快就被放弃了，改为更有条理和更充实的文献梳理和评论。② 其中涉及的机构包括档案馆、图书馆、博物馆、展览会、研究中心和院系，各种地方性、全国性和国际性的会议，各类期刊和研究工具——例如连载刊物、地图集、百科全书、教科书和手册。尽管布洛赫和费弗尔放弃了刊登完整的年度专业动态的想法，但他们为

---

① 马克·布洛赫：《西非的现实问题与历史经验》（"L'Afrique occidentale：Problèmes de pratique et expériences historiques"），载《经济与社会史年鉴》，1933（5），397～398 页。费弗尔：《在阿拉伯的土地上的民族区域主义或统一的泛阿拉伯主义》（"En terre arabe：Régoinalisme nationaliste ou panarabisme unitaire"），载《经济与社会史年鉴》，1935（5），194～196 页。

② 布洛赫致费弗尔的信，1929 年 8 月 9 日，国家档案馆档案，M1 318 1。

学者和非专业的历史学家提供了一个有效的研究工具。

该杂志也有一些偏爱的主题。每一期的出版公告和统计数据都来源广泛——包括私人和公共领域、学术和商业圈、国内和国外等，涵盖了经济、社会、理论问题等诸多方面。就数量而言，以历史主题居多，而当代议题又是重中之重，比如国际联盟关于国际金融和贸易的报告，流动劳动力和难民问题，政府关于殖民事务、物价、工资、就业、公共卫生方面的年度报告。[①] 1934 年，布洛赫和费弗尔临时增加了一个专栏——"地图学与社会现实"，并于 1937 年和 1938 年再次开设这一栏目。他们借此机会对狂热的地缘政治学进行了强烈的批判，指出了这一学科中存在的技术性和历史性错误，并且建议地图绘制者和出版商不能仅仅依赖狭隘的地理和政治概念，而应该与人文科学进行更深入的互动，同时结合语言、工作、住所、文化等更多的因素，从根本上改进绘图的方法。[②]

刊物曾经有几年推出了一个特殊的栏目——"经济学家、历史学家和实干家"，专门刊登不少已故重要人物的传记，如马克斯·韦伯、弗朗索瓦·西米昂、弗雷德里克·威廉·梅特兰、阿尔贝·托马斯、瓦尔特·拉特瑙（Walther Rathenau）、约翰·雅克·阿斯特（John Jacob Astor）等。[③] 费弗尔用这些个性化的短文，将《年鉴》与一些虽非撰稿人

---

① 例如，关于 1936 年巴勒斯坦犹太人的数量、农业和制造业等方面的数据，参见《经济与社会史年鉴》，1938(10)，59 页。

② 马克·布洛赫：《关于一本历史地图集的思考》("Réflexions sur un atlas historique scolaire")，载《经济与社会史年鉴》，1934(6)，495～497 页；吕西安·费弗尔：《黑与白：一本德国地图集》("Noir-blanc：Un atlas scolaire allemand")，载《经济与社会史年鉴》，1934(6)，582 页；以及吕西安·费弗尔：《经济事实与法国地图的表达法》("La représentation cartographique des faits économiques et l'Atlas de France")，载《经济与社会史年鉴》，1937(9)，382～384 页；马克·布洛赫：《一个错误——评约瑟夫·卡尔迈特编〈历史地图集·第二卷：中世纪〉》["Une erreur"(review of Joseph Calmette, ed., *Atlas historique* II：*Le Moyen Age*)]，载《经济与社会史年鉴》，1937(9)，384～385 页。

③ 布洛赫致费弗尔的信，1929 年 7 月 26 日，国家档案馆档案，M1 318 1。

却意气相投的学者联系起来，既向他们致敬，也不回避对他们的批评。布洛赫所勾勒的人物简传(并非他典型的文风)，则坦率地评述老一辈学者的志向和成就。①

专业动态的栏目使布洛赫和费弗尔在领域之外也引起了反响。他们发布一些合作者作品的信息，促进了民俗学等学科的发展，有助于增强个人和官方对经济和社会史的支持力度。他们还经常发表社论，反对采用陈旧的方法编写历史课本和手册，拒绝强加给研究者的各种繁琐的束缚。布洛赫在英格兰做研究期间，曾享受过大英博物馆优质的服务，回到法国之后，他对国家图书馆的各种规定和程序进行了猛烈的攻击。②

设立这一栏目的想法，源于 1923 年布鲁塞尔历史科学大会。《年鉴》详细地考察了在奥斯陆(1928)、华沙(1933)和苏黎世(1938)举行的几次大会，呈现出一些令人遗憾的问题：所有的日程都过于繁忙，学科内部存在着各种各样的分歧，而且没有一个总体的计划和方针。③

---

① 例如，吕西安·费弗尔：《阿尔贝·马迪厄的性情与教育》("Albert Mathiez：Un tempérament，une éducation")，载《经济与社会史年鉴》，1932(4)，573～576 页，以及《弗朗索瓦·西米昂(1873—1935)》["François Simiand(1873-1935)"]，载《经济与社会史年鉴》，1935(7)，391 页；马克·布洛赫：《乔治·昂文的生平与作品主题思想》("George Unwin，sa vie et les idées directrices de son oeuvre")，载《经济与社会史年鉴》，1929(1)，241～247 页，以及《格奥尔格·冯·贝洛的性情》，载《经济与社会史年鉴》，1931(3)，553～559 页。

② 马克·布洛赫：《克利俄》、《近代史的一个世纪》("Un siècle d'histoire moderne")，以及吕西安·费弗尔：《理解当代欧洲》("Pour comprendre l'Europe contemporaine")，载《经济与社会史年鉴》，1934(6)，378～382 页；马克·布洛赫、吕西安·费弗尔：《我们不应该这样》("Nous n'avons pas mérité cela")，载《经济与社会史年鉴》，1936(8)，151～152 页；马克·布洛赫：《伟大而又可怜的读者(关于国家图书馆)》["La grande pitié des lecteurs(on the Bibliothèque Nationale)"]，载《经济与社会史年鉴》，1938(10)，54～55 页；布洛赫致费弗尔的信，1936 年 5 月 12 日，艾蒂安藏品。

③ 布洛赫致费弗尔的信，1933 年 12 月 27 日，国家档案馆档案，M1 318 1；马克·布洛赫、吕西安·费弗尔：《为下次历史科学大会做准备》("Pour préparer le prochain Congrès International des Sciences Historiques")，载《经济与社会史年鉴》，1936(8)，44～48 页。

为历史而生：马克·布洛赫传

然而,《年鉴》的公告栏也逐渐变得越来越区域化和民族化。1933 年之后,除了一些特定的统计数据外,它所涵盖的国外信息数量锐减。"专业动态"主要关注法国的各种期刊、机构和研究工具,这个栏目在杂志上占有重要的地位,这反映出布洛赫和费弗尔早期所受的实用主义训练,他们力图消除迂腐的学问,为国内外读者(国外读者在不断减少)提供一些重要、有用和易于理解的东西。①

《年鉴》的各种社会调查从"专业动态"里分离出来,成为刊物与更大的世界——分析人员和当代议题——连接的纽带。在头五年里,《年鉴》发表过几组与欧洲银行和农业危机有关的文章。布洛赫和费弗尔更深入的目的是:将现在的问题与过去联系起来,从而推动对物价史、黄金问题、交通和技术史的研究。他们呼吁人们在研究经济史时,对私人企业档案中的原始材料给予足够的重视。②

历史性的调查研究基本上是布洛赫个人的职责,借此他将单个的学者与同行联系起来,共享各个专家的资源,从而真正达到比较史的目的。第一次深入的调查——对布洛赫来说或许也是最重要的——关注的是分区规划(*plans parcellaires*)。这需要对因征税而制定的乡村地图和地籍登记册进行检索和阐释,其中涉及三个历史时期,即封建领主政权时期、法国大革命之后的半个世纪,以及第一次世界大战之前。它们遍布于各个乡村、地方和国家的保管处,虽然存在大量不准确和不完整的地方,却可以为一些问题提供关键性的证据,如移民方式、所有权形式、耕种方式以及变化和持续性等。布洛赫在几年里系统地爬梳了法国各地的档案,仔细检查并抄录这些不被人待见的图册。在他分析法国农村生活的显著特征、研究日益增长的农业自由问题时,

156

---

① 马克·布洛赫、吕西安·费弗尔:《致读者》("Au lecteur"),载《社会史年鉴》,1939(1),6 页。

② 费弗尔致布洛赫的信,1930 年 9 月 20 日,国家档案馆档案,M1 318 2;布洛赫致费弗尔的信,1929 年 9 月 29 日,国家档案馆档案,M1 318 1。

这些资料成了一些基本的数据。①

　　布洛赫在参加奥斯陆历史科学大会的时候，向很多外国同事约稿，希望能进一步分享技术和档案数据，建立一些共同的标准，以警惕某些"浮想联翩"和民族偏见——这曾有损奥古斯特·梅茨恩原创性的研究。② 有关"分区规划"的调查最终持续了七年，除布洛赫的开场白外，参与的作者来自捷克斯洛伐克、丹麦、英国、德国、瑞典和北非（虽然

157布洛赫非常希望有意大利人参与，却未能如愿）。有人建议采用空中摄影制作地形图，也有人告诫要警惕档案的空白和错误。布洛赫作为发起者和灵魂人物，不断地为地方和国家的成就而欢呼，也为人为的拖延而焦虑。他认识到，要对这组珍贵的资源编目并提供访问服务，需要耗费巨大的财力。直到人生的暮年，这一直是他主要的事业之一。

　　布洛赫下一次历史调查的主题是贵族，这不仅与他的研究《封建社会》有关，而且也是《年鉴》所担负的另一项使命——皮朗曾希望他们关注"社会问题"③。布洛赫为这次调查设定了一些题目，并邀请法国、

---

① 马克·布洛赫：《移民与农业制度》（"Peuplement et régime agraire"），《综合历史评论》，1926（42），97～99 页；参见国家档案馆档案，AB XIX 3844，有关布洛赫的研究，包括他最初的成果之一：他于 1932 年 1 月在布鲁塞尔发表的有关法国农业制度的演讲；布洛赫致让·雷内（Jean Regné）的信，1932 年 7 月 31 日，刊登在雷内作品《阿尔代什省地籍图集》（*Repertoire des plans cadastraux parcellaires de l'Ardèche*）（Annonay，1933）的序言里。

② 布洛赫致费弗尔的信，1929 年 7 月 15 日，9 月 8 日，国家档案馆档案，M1 318 1；马克·布洛赫、吕西安·费弗尔：《我们的集体调查》（"Nos enquêtes collectives"），载《经济与社会史年鉴》，1929（1），58～59 页。

③ 马克·布洛赫、吕西安·费弗尔：《关于贵族》（"Les noblesses"），载《经济与社会史年鉴》，1936（8），238～242 页；布洛赫致费弗尔的信，1934 年 5 月 11 日，8 月 12 日，1935 年 10 月 10 日，1936 年 5 月 30 日，艾蒂安藏品，以及 1935 年 4 月 13 日，9 月 11 日，1936 年 3 月 2 日、12 日、30 日，国家档案馆档案，M1 318 1。布洛赫在致理查德·亨利·托尼的信中（1936 年 3 月 20 日），伦敦经济学院托尼档案（Tawney papers，London School of Economics），指出了这次调查的重要性。

英国、意大利和奥地利的作者参与进来。此外，他还监管编辑和翻译工作。然而，这次调查没有之前的那次成功，在国际化和原创性程度上也大打折扣。《年鉴》的调查建立在国内外学者非正式合作的基础上，与私人资助或官方主办的项目不同。布洛赫既不能分配问卷调查——无法选择统一的资源并指定规则，也无法为作者们提供丰厚的报酬。这一系列调查是人文学者通过"有组织的研究"模仿科学的一种尝试[①]，它们也反映出布洛赫和费弗尔对协作的个人努力。虽然其中存在不少缺点，但在民族主义高涨的时期，这些调查使国际学术充满活力，而且还推动了一些正在进行的研究，使不少学者和非专业人士获益良多。

　　杂志上研究总体问题的栏目更具有实验性和挑战性，它主要关注的是历史上和当前社会上的一些重要话题。一批作者运用方法论和阐释技巧，对一篇或多篇文献进行评估。[②] 埃斯皮纳有几篇文章详尽地论述从中世纪到现在的农村史；乌达耶对当代银行、汇率和普遍的经济问题做过不少研究。有一些单独的话题，比如有几篇文章分别探讨哥特建筑的技术层面、栽培植物的起源、挪威公社的本质等。当然，也有重要的学术文章，如勒费弗尔将物价史与法国大革命相结合（1937）；以及重要的理论文章，如弗里德曼对工业化过程中出现的泰勒主义（Taylorism）进行了批判性的考量（1935）；此外还有一些时事热点文章，如国家劳工组织官员伊姆雷·费伦齐（Imre Ferenczi）对当今世界外国人的状况做过调查（1936），亨利·穆然（Henri Mougin）分析过纳粹主义的经济根源（1937）。[③]

---

① 奥利佛·A. 杜默林：《1919—1939 年的"历史学家"》，200～204 页。

② "在很多年里，这个栏目一直最有活力、最新颖、最具特色。"布洛赫致费弗尔的信，1933 年 5 月 14 日，国家档案馆档案，M1 318 1；1934 年 3 月 22 日，国家档案馆档案，M1 318 1。

③ 布洛赫致费弗尔的信，1935 年 10 月 9 日，国家档案馆档案，M1 318 1。

这个版块为主编们提供了另一个平台。费弗尔极力反对将阶级、士绅等概念强加到远古时期或不恰当的场合，他猛烈地抨击"政治优先"的原则，尤其反对在民族认同过程中夸大政治的因素。此外，他还批评了一些国内的法学家——他们采用政治经济学的方法解释经济现象，显得呆板而又肤浅。①

然而，费弗尔使《年鉴》卷入了声名狼藉的"杰西民事件"②。亨利·杰西民（Henri Jassemin）是国家档案馆的管理员，1917 年毕业于巴黎文献学院，他的论文主题与巴黎审计法院（Chambre des Comptes de Paris）有关，受到了高度评价，索邦也因此于 1933 年授予他国家博士的学位。论文出版后，获得了国内外学者的一致好评，并被提名入围一个重要的奖项。③ 义愤填膺的费弗尔无法"袖手旁观，不能不揭露其金玉其外的本质"。他指出，杰西民就像一个典型的文献学家，一直"埋头研究 15 世纪的财政部门，却没有考虑这些计量结果是如何出来的"。

---

① 吕西安·费弗尔：《历史、经济和统计学》（"Histoire，économie et statistique"），载《经济与社会史年鉴》，1930（2），581～590 页，《经济基础与哲学上层建筑的综合》（"Fondations économiques，superstructure philosophique：Une synthèse"），载《经济与社会史年鉴》，1934（6），369～374 页，《从法国到欧洲：历史、心理学与民族心理》（"De la France à l'Europe：Histoires，Psychologies et physiologies nationales"），载《经济与社会史年鉴》，1932（4），199～207 页，以及《关于历史图表的建设性批评》（"De l'histoire-tableau：Essais de critique constructive"），载《经济与社会史年鉴》，1933（5），267～281 页。

② 费弗尔致布洛赫的信，1934 年 1 月 19 日，4 月 14 日，未注明日期（4 月至 7 月之间），未注明日期（约 5 月 31 日），未注明日期（6 月 26 日至 7 月 10 日之间），国家档案馆档案，M1 318 2。

③ 亨利·杰西民：《15 世纪的巴黎审计法院，序论：起源研究》（*La Chambre des Comptes de Paris au XVe siècle，précédé d'une étude sur ses origines*）（Paris，1933）；相关的书评参见：J. 魏亚德（J. Viard）的文章载于《巴黎文献学院文库》（*Bibliothèque de l'Ecole des Chartes*），1933（94），366 页；B. 波凯·德·奥-朱斯（B. Pocquet du Haut-Jusse）的文章载于《历史问题评论》（*Revue des Questions Historiques*），1933（118），499 页；E. C. 劳治（E. C. Lodge）的文章载于《英国历史评论》，1934（49），344～345 页。

有好几个世纪，人们用一些符号来计算德尼厄尔（deniers）、苏（sous）和里弗（livres），这也是"我们研究中'现实主义'的重要特征之一"①。

费弗尔在言词激烈的评论中讥讽道，杰西民虽然在表述上无可挑剔，却如同很多文献学家那样，不加选择地将中世纪各式各样的机构硬塞到半个世纪里。他进一步指出，杰西民的研究中存在一些疏忽和技术性错误，而且缺乏比较的精神。杰西民的回应刊登在下一期上，他非常机智地将这次争论称为老学究和科普作家之间的"老生常谈"：一个专门创作严肃的学术作品，另一个则只是制造一些理论的火花以启发大学生。这次事件产生了恶劣的影响。费弗尔认为巴黎文献学院是法国右派的温床，他自以为找到了一个很好的靶子，挑战杰西民作为历史学家的身份，将其作品称作是"今年（1934）……毫无价值的"。杰西民抱怨说，这是一起不正当的攻击行为，针对的是一所古老的院校及其档案管理员（《年鉴》依赖该校的合作和支持）。虽然主编们对此予以否认，但人们还是对刊物的专横和派系的存在产生了潜在的不满。②

布洛赫虽然没有那么强的攻击性，但一直在宣传自己的想法。他坚持认为历史训练应该更广阔、更有意义，因此推崇多人协作的方式。他反对研究农村领域的历史学家"像经济学家那样思考问题"；他告诫地方史专家做研究时要更加努力；他强调说，任何古代人类迁移活动方面的研究，都必须要借助语言学家、地理学家和考古学家的成果，

---

① 费弗尔致布洛赫的信，未注明日期（1933 年 9 月底），国家档案馆档案，M1 318 2。

② 费弗尔致布洛赫的信，1934 年 1 月 19 日，国家档案馆档案，M1 318 2；布洛赫致费弗尔的信，1934 年 4 月 28 日，7 月 3 日，艾蒂安藏品；吕西安·费弗尔：《账目与审计法院》（"Comptablité et Chamber des Comptes"），载《经济与社会史年鉴》，1934(6)，148～153 页；杰西民所写的信，载《经济与社会史年鉴》，1934(6)，333～336 页；布洛赫与费弗尔的评论参见《通信》（"Correspondence"），载《经济与社会史年鉴》，1934(6)，332～333 页。

才能更好地阐明人类对自然环境的渗透和反应。[1] 虽然布洛赫始终抨
击一个颇为盛行的谬见，即中世纪在发明创造方面停滞不前，但他也
反对理查德·勒费弗尔·德诺蒂斯（Richard Lefebvre des Noëttes）"奇
怪的"理论——马具的出现是中世纪奴隶制结束的标志。此外，布洛赫
对自己的竞争对手——中世纪研究专家路易·哈尔芬（Louis Halphen）
也有所批判。哈尔芬曾参与"民族与文明"（"Peuples et civilisations"）丛
书，撰写 11 世纪至 13 世纪的部分。布洛赫认为，该书没有完全超越
政治史的范畴。[2]

费弗尔的一些"社论"，经常会使自己陷入到各种论辩之中，如过
去与现在的相互作用、"现代"社会与"原始"社会的可比性、言语和典
章的互换性等。另一方面，布洛赫始终致力于寻求更好的研究方法，
以使自己变得更加博学。他努力突破各种规则和束缚，不断拓宽视野，
发展各种兴趣。布洛赫重新运用自己所钟爱的研究方法，建议研究非
主流人群，从而促进和加强比较史学科的发展，"很好地反映出它们尚

---

① 《农村生活过去与现在的问题》（"La vie rurale：Problèmes de jadis et de
naguère"），载《经济与社会史年鉴》，1930（2），96～120 页；《关于一些乡村的历史》
（"Sur quelques histoires de villages"），载《经济与社会史年鉴》，1933（5），471～478 页；
《一个历史学家对若干地名学作品的思考》（"Réflexions d'un historien sur quelques travaux
de toponymie"），载《经济与社会史年鉴》，1934（6），252～260 页；《自然区域与社会群
体》（"Régions naturelles et groupes sociaux"），载《经济与社会史年鉴》，1932（4），489～
510 页。

② 相关信息见哈尔芬的《中世纪的"发明"》（"Les 'inventions' médiévales"），载《经
济与社会史年鉴》，1935（7），634～643 页，还有更早的《技术史的一些问题》
（"Problèmes d'histoire des techniques"），载《经济与社会史年鉴》，1932（4），482～486
页，《技术与社会进化：马具的历史与奴隶制》（"Technique et évolution sociale：A propos
de l'histoire de l'attelage et celle de l'esclavage"），载《综合历史评论》，1926（4），91～99
页；布洛赫评论哈尔芬的文章：《大众手册还是综合研究?》（"Manuels ou synthèses?"），
载《经济与社会史年鉴》，1933（5），67～71 页；布洛赫致费弗尔的信，1933 年 10 月 4
日，艾蒂安藏品。

未显现的影响力"①。各种意外、突发事件、滞后性、早熟症——过早的、无计划的、不平衡的发展——都深深地铭刻在布洛赫的经验和意识之中，也伴随了《年鉴》的头十年。

1939 年，风云突变。杂志改名为《社会史年鉴》，每年减少为四期，由主编自己出版。这是因为几年以来阿尔芒·科兰出版社的问题越来越多，包括技术、人事和编辑等各个方面，并于 1937 年 11 月在纳粹德国特刊的问题上达到了顶峰。布洛赫力劝费弗尔，运用他们自己的资源独立运作，并掌握对刊物的控制权。两位主编在《社会史年鉴》的第一期上向读者保证，刊物在格式、人事和内容方面会保持一贯的连续性。简化的名称仅仅意味着微小的变化：它反映了所有权关系的变更，但刊物在政策和定位上并没有任何重大的调整。②

然而，在新《年鉴》诞生之前，他们内部存在着严重的危机。虽然布洛赫最终于 1936 年抵达巴黎，但肩负事业和生活重担的布洛赫和费弗尔发现，一旦他们之间真正出现分歧，相互磋商和协调是很困难的。他们不仅在一些具体的文章和评论上存在严重的分歧，而且对于杂志的管理和决策也无法形成统一的意见。不过客观地说，正是由于这两位主编十年间的亲密合作，凸显了他们在个人和事业上的分歧。③ 而且，当时新的世界大战正在临近，两人都在努力完成被一再拖延的"巨著"，再加上当时正值他们对《年鉴》重估之际。1938 年，花甲之年的费弗尔终于在勒索盖(Le Souget)拥有了长期的乡间居所，位于弗朗什-

---

① 马克·布洛赫：《一种历史经验：中世纪的撒丁岛》("Une expérience historique：La Sardaigne médiévale")，载《经济与社会史年鉴》，1938(10)，50～52 页。

② 布洛赫、费弗尔：《致读者》("Au lecteur")，载《社会史年鉴》，1939(1)，1～3 页。他们与阿尔芒·科兰出版社的问题和决裂参见：布洛赫致费弗尔的信，1937 年 9 月 20 日，1938 年 5 月 25 日，国家档案馆档案，M1 318 1。社长勒克莱柏已于 1932 年去世。

③ 布洛赫致费弗尔的信，1938 年 5 月 13 日，国家档案馆档案，M1 318 1。

孔泰地区圣阿莫尔镇(Saint-Amour)。费弗尔坐在雪松之下，面对着促膝的学生和好友，为刊物"丧失影响力"而伤心，为它的"迟钝"和"奉行偏左的学术主张"而遗憾。① 此时，布洛赫也已年满52岁，却依然是《年鉴》编委会中最年轻的成员。② 他针对一些具体的事务喋喋不休，如编委会不能定期见面、书评总是在拖延、作者之间缺乏沟通、两个主编联络贫乏等。③

他们在达成一致前，公开承认彼此之间存在着分歧。费弗尔最渴望的是打造一个"充满思想的刊物"。作为《年鉴》的源头活水，费弗尔致力于寻找更年轻的作者，追求更活泼的版式；作为刊物的首席斗士，他将枪口对准了巴黎的既有体制，批判越来越严厉和尖锐。④ 如今的布洛赫正接近职业生涯的巅峰，对费弗尔也不像以前那么毕恭毕敬。虽然他没有费弗尔那么"专"，但无疑他更"博"，而且一直捍卫刊物的"严肃性和知识性"。《年鉴》的成功恰恰在于它"可靠、考究、精确、毫不矫饰的信息"⑤。随着两人争论的进一步发展，双方均表示不希望独自运作杂志，更不愿让它消亡。在1938年夏天前往慕尼黑之前，他们的火气和伤痕都已平复，开始容忍彼此的差异。《年鉴》带着这些固有的问题继续运转，保持了它基本的风格，但也吸纳了一些新鲜的血液。⑥

---

① 费弗尔致布洛赫的信，未注明日期(1938年3月至4月)，5月8日，6月18日，国家档案馆档案，M1 318 2。

② 接下来最年轻的成员是皮格尼奥，当时在索邦担任古代史的教授，于1937年底退休。十人编委会成员包括：屈韦利耶(Joseph Cuvelier，比利时皇家学院院士，取代了皮朗)、德芒戎、埃斯皮纳、哈布瓦赫、豪塞、勒费弗尔、皮鲁(Gaétan Pirou，巴黎法学院教授)、里斯特、里韦(Paul Rivet，民族学博物馆教授、馆长)，以及西格弗里德。

③ 布洛赫致费弗尔的信，1938年5月9日，国家档案馆档案，M1 318 1。

④ 费弗尔致布洛赫的信，1938年6月18日，国家档案馆档案，M1 318 2。

⑤ 布洛赫致费弗尔的信，1938年6月22日，国家档案馆档案，M1 318 1。

⑥ 布洛赫致费弗尔的信，1938年10月29日，11月12日，国家档案馆档案，M1 318 1。

《社会史年鉴》诞生于第三共和国末期——那也是和平时期的最后几个月。它使用了一个新的名字，内容也略有调整，是一个茁壮成长的新生儿。这一年杂志的目录中只有五个栏目。布洛赫对德国中世纪专家布鲁诺·希尔德布兰德(Bruno Hildebrand)和多普施进行批评，认为他们使用的术语——"自然经济"和"封闭经济"——太过"僵化"，而且他们坚持认为中世纪广泛的物物交换体系丝毫没有被货币本位的价值标准所取代。[①] 社会学家弗里德曼分析了当代社会的一个悖论：一方面，熟练的劳动力相当缺乏；另一方面，却又存在着大面积的失业现象。奥地利流亡学者瓦尔加撰文讨论在法西斯统治下北意大利地区民间信仰的命运。布洛赫和费弗尔在斯特拉斯堡的学生亨利·布伦瑞克描绘了大战前夕纳粹德国的经济状况。短书评的栏目讨论过几个热点议题，如罗斯福新政、"犹太问题"和第三帝国等。

　　在长书评的栏目中，两位主编成为了主角：布洛赫对弗雷德里希·梅尼克的专著《历史主义的兴起》(*Entstehung des Historismus*)[②]进行评论，该文可谓姗姗来迟，他批评《历史杂志》的前主编眼中只有德国，却看不到祖国之外的当代学术成果。[③] 费弗尔关注的主题极为庞杂——从伊拉斯谟的思想到国家社会主义的意识形态，他猛烈地抨击索邦前辈塞内博的作品，认为那"根本不是历史"[④]。

163

----

　　① 《自然经济还是货币经济：一个伪的困境》("Economie-nature ou économie-argent：Un pseudo-dilemme")，载《社会史年鉴》，1939(1)，7～16 页。

　　② 德文书名为 *Die Entstehung des Historismus*，作者漏了一个单词"Die"。——译者注

　　③ 《"历史主义"或历史学家的职责?》("'Historisme' ou travail d'historiens?")，载《社会史年鉴》，1939(1)，429～430 页。梅尼克谨以此书纪念"第一次世界大战前斯特拉斯堡大学的美好回忆"。

　　④ 《评欧洲史》("Un essai d'histoire européenne")，载《社会史年鉴》，1939(1)，293～295 页。费弗尔致布洛赫的信，未注明日期(1938 年 6 月)，6 月 18 日，国家档案馆档案，M1 318 2；布洛赫致费弗尔的信，1939 年 6 月 22 日，国家档案馆档案，M1 318 1。

第七章 《年鉴》杂志 | 187

《年鉴》独立之后，自身的两个特点——对当代史的关注和圈子化的倾向——得到了进一步增强。一方面，由于刊物名称的改变，"专业动态"栏目在数量上也有所减少。1938 年夏，在战争威胁的高峰期，"科学界"栏目刊登了一些苏黎世历史大会的负面消息。另一方面，退休的小学校长 A.-V. 雅凯（A.-V. Jacquet）致函，将《年鉴》与众多聪明、非专业的读者联系起来，他说这些人在当地图书馆很爱阅读他们的刊物。[①] 调查研究的栏目还在继续，有几个新作者贡献了有关物价、技术和贵族的文章。此时，刊物增加了一个新话题——资本主义。"问题与总结"（"Problèmes et bilans"）是"总体问题"的简化版，曾简要地讨论过奥斯曼帝国的土地分配、法国大革命前夕的经济状况、第一次世界大战后世界银行系统的改变等问题。刊物的新撰稿人安德烈·瓦拉尼亚克（André Varagnac）在民俗学上的研究成果让费弗尔称赞有加，布洛赫则将《年鉴》精神与豪塞在物价史研究中的严谨态度联系起来。[②] 这一年的最后一期在第二次世界大战爆发之后问世。由于布洛赫到前线参军，费弗尔不得不独自经营刊物。德军的再次入侵，让费弗尔不禁想起了《年鉴》最早的指导者皮朗，虽然这个精神导师已离世，但其勇气和坚忍却让他深受鼓舞，他保证新的《年鉴》会持续下去。[③]

---

① 夏尔-埃德蒙·佩兰：《苏黎世大会上的历史学家》（"Les historiens au congrès de Zurich"），载《社会史年鉴》，1939(1)，307～309 页；A. V. 雅凯：《经济和社会史与数学的结合：一个教师的思考》（"L'histoire économique et sociale intégrée aux mathématiques：Réflexions d'un éducateur"），载《社会史年鉴》，1939(1)，298～306 页。

② 吕西安·费弗尔：《民俗学与民俗学家：批评札记》（"Folklore et folkloristes：Notes critiques"），载《社会史年鉴》，1939(1)，152～160 页；马克·布洛赫：《关于货币史的若干批判性评论》（"L'histoire des prix：Quelques remarques critiques"），载《社会史年鉴》，1939(1)，141～151 页。

③ 吕西安·费弗尔：《致读者和朋友们》（"A nos lecteurs, à nos amis"），1939 年 10 月 10 日，载《社会史年鉴》，1939(1)，353～354 页；参见费弗尔致布洛赫的信，未注明日期(1939 年 5 月之前)，国家档案馆档案，M1 318 2。

20世纪60年代后期至70年代，《年鉴》在国际社会上获得了巨大的声誉，它的头十年几乎成了一个传奇，两个创刊人的奋斗和成就以及对手们的各种反对和阻挠被一再夸大。由于这种"新史学"形式取得了巨大的成功，而且持续的时间很长，有无数的人从中获益。① 在头十年里，布洛赫付出了如此多的时间、感情和精力，那么他到底收获了什么？

与同时代的其他杂志相比，《年鉴》代表了一种"活历史"，更广阔、更直接、更有价值；它洞幽烛微，始终具有比较的视野，能充分借鉴其他学科的视角，对人类现象刨根问底。它上面的文章往往非常新颖，能发人深省，评论也很有见地；研究课题比较宏大，涵盖的学术范围极广，真正起到了一份学术期刊应有的作用。坦白地说，它的办刊方针有些折中，排斥马克思主义辩证法、德国的历史主义以及各种形式的决定论。由于资源有限，野心也不大，它并没有产生特定的群体或派系，而是始终弘扬开放的精神。

布洛赫和费弗尔都是骨子里的实证主义者，他们不断提升和充实自己，使批评变得如科学般严谨和准确，促成了各种地方性、区域性、全国性和国际性的合作。尽管他们后来光环绕身，但在那个黑暗而又动荡的年代，学术圈畏缩不前，竞争又十分激烈，他们并没有获得多

---

① 特别参见费尔南·布罗代尔：《个人证词》，461～467页；雅克·勒·高夫等编：《新史学》(*La nouvelle histoire*)(Paris，1978)。也可参见林恩·亨特(Lynn Hunt)：《20年以来的法国史：〈年鉴〉范式的兴衰》("French History in the Last Twenty Years：The Rise and Fall of the *Annales* Paradigm")，载《当代史学刊》，1986年4月(21)，209～224页；雅克·勒维尔(Jacques Revel)：《〈年鉴〉的延续和断裂》("The *Annales*：Continuities and Discontinuities")，载《评论》(*Review*)，1978(1)，9～18页；特拉扬·斯托亚诺维奇(Traian Stoianovich)：《法国史学方法：〈年鉴〉的范式》(*French Historical Method：The Annales Paradigm*)(Ithaca，N. Y.，1976)；莫里斯·埃玛尔(Maurice Aymard)：《〈年鉴〉与法国史学》("The *Annales* and French Historiography")，载《欧洲经济史杂志》(*Journal of European Economic History*)，1972(1)，491～511页。

大程度上的认可。虽然《年鉴》有不少尖锐的批评者和反对者，但它最大的敌人却是来自索邦的漠视，以及他们与莱茵河、英吉利海峡还有大西洋彼岸学者的隔阂。

　　《年鉴》的创刊和运作是布洛赫最主要的成就之一，这使他和费弗尔在世界学术史上占有一席之地。布洛赫曾渴望创办一本便捷、新颖、独特的法国杂志，向外面的世界发出声音，并能及时回应。如今，他的夙愿终于实现了。

第八章　巴黎之路

绘图板上的任务繁多，我根本无暇心灰意懒。[1]

1930 年 6 月，盟军撤离莱茵兰地区（Rhineland），这比《凡尔赛和 166 约》规定的日程提前了五年。此时，法国早已失去了欧洲的主导地位。法国虽然取得了第一次世界大战的胜利，却付出了惨痛的代价；后来发生的一系列事件使胜利的成果不断贬值，比如同盟逐渐瓦解、德国国力迅速复苏、法国政府不能持续执行和约条款等。在经济大萧条的前夕，优势已经转移到了莱茵河的另一边。1930 年 9 月，希特勒的纳粹党在选举中取得了惊人的成功，这进一步激化了法国的经济危机，并最终破坏了《凡尔赛和约》所带来的和平。[2] 第三共和国是法国历史上统治时间最长的政权，然而它最后的十年却步履蹒跚：国内政治动荡，经济失调，海外殖民地骚乱不断，国际声誉也直线下降。

整个 20 世纪 30 年代，布洛赫在个人生活、职业生涯和政治事件的泥潭中挣扎。在相对和平、乐观的 20 年代，他很少卷入到政治和时

---

① 布洛赫致费弗尔的信，1935 年 1 月 15 日，布洛赫和费弗尔致皮朗的信。

② 萨利·马克斯（Sally Marks）：《胜利的苦果：法国为〈凡尔赛和约〉的挣扎》（"The Misery of Victory：France's Struggle for the Versailles Treaty"），见《历史论文集/历史通讯》（*Historical Papers/Communications Historiques*）（Winnipeg，1986），117～133 页。

事之中；但 1930 年之后，一切都变了样。由于莱茵河对岸纳粹党的威胁，斯特拉斯堡呈现出几许不安的氛围。这时布洛赫前往巴黎谋求教职，然而那里资源紧缺，反犹情绪高涨，人民阵线（Popular Front）的统治备受争议，国际局势也非常黯淡。布洛赫在索邦任教三年之后，完成了重量级的作品《封建社会》；不过很快他又重新穿上军装，因为法国面临着二十五年之后的第二次入侵。

167

布洛赫并不想像他的父亲在里昂长期任教一样一直待在斯特拉斯堡。尽管那里环境宜人，学校的待遇也非常优厚，但从 20 世纪 20 年代中期开始，一批批人陆续离开这里前往巴黎。斯特拉斯堡的教职曾让布洛赫非常兴奋，但这种感觉很快就消失了。阿尔萨斯的生源知识面狭窄，一心追逐名利，虽然学校的师资力量雄厚，但无法从内陆或国外吸引很多学生。在两次世界大战之间，人们学习历史的兴趣普遍下降，这表现为博士生的数量急剧减少。布洛赫在斯特拉斯堡任教十七年，却只指导完成了一篇博士论文。①

斯特拉斯堡最有抱负的师生都渴望逃离这个狭隘的大学和城市，

---

① 社会经济学博士论文保留在斯特拉斯堡文学院，下莱茵省档案馆档案，w 1045/141。后来还有两名博士生安德烈·德莱亚热（André Deléage）和罗贝尔·博特鲁齐获得了学位。

学生威廉·孟德尔·纽曼（William Mendel Newman，1902—1977）是一个美国犹太人，生于密苏里（Missouri），1930 年从图卢兹来到斯特拉斯堡，随布洛赫学习中世纪史。他非常聪明，但也极其内省，国外的文化氛围让他感到孤独。他身体略有残疾，与布洛赫有些误会，在选题操作层面上也存在一些问题。1936 年 10 月 28 日，他的主题论文（布洛赫建议的）《卡佩王朝早期的王室领地（987—1180）》（"Le domaine royal sous les premiers Capétiens，987-1180"）被正式接收，他于 1937 年 2 月 13 日通过答辩，获得的评价是非常优秀（"trés honorable"）。纽曼的日记由普林斯顿高等人文研究院吉尔斯·康斯特布尔（Giles Constable）教授保管，他在日记中对布洛赫的课程和人格——冷漠、偶尔刻薄——颇有微词，当然也不无褒扬，尤其是在晚年，他对布洛赫的学术成就还颇为认可。佩兰和布洛赫致加布里埃尔·莫格温的信评价了纽曼的论文，1936 年 10 月 21 日、25 日，下莱茵省档案馆档案，w 1045/134。

这里逐渐成了巴黎的接待室。事实上,《年鉴》最初的希望建立在两个主编迁往首都的基础上。文学院的创始教授们形成了非同寻常的密切关系,每当有人调往索邦或法兰西公学院,他们都会依依不舍,仍与之保持着密切的联系,这也进一步鼓励和增强了人们逃离的愿望。[①]

20 世纪 30 年代,这里形成了一股逃离的热潮,其中的原因包括:人员不断减少,学生中的政治激进主义逐渐高涨,预算日益削减,教师基本工资外的专门补助有所降低,无法招募有能力的教员填补空缺。而且这是一所地方院校,人们失望的情绪日积月累,很多人渴望获得进一步提升。当地充斥着各种自治主义和纳粹主义的宣传,反犹主义倾向逐渐显现,德国的影响也越来越浓,这使教授们与这所阿尔萨斯高校的联系越来越弱。由于斯特拉斯堡大学地处边界城市,学校的管理部门早在 1934 年就做出预案,如果再发生战争,他们就迁往克莱蒙费朗(Clermont-Ferrand)。礼拜六聚会的次数也急剧减少。1933 年至 1937 年,文学院有 12 个最优秀的教师离开这里。为了避开莱茵河地区日益紧张的局势,一些精明、有野心的学者甚至考虑巴黎之外的地方。[②]

---

① 克里斯蒂安·普菲斯特致古斯塔夫·科恩的信,1925 年 9 月 20 日,国家档案馆档案,Gustave Cohen Papers/3;布洛赫致费弗尔的信,1929 年 8 月 28 日,国家档案馆档案,M1 318 1;《法国斯特拉斯堡大学的十年》("Zehn Jahre französische Universität in Strassburg"),载《阿尔萨斯-洛林通讯》(*Elsass-Lothringische Mitteilungen*),1930 (12),68~69 页。

较好地研究学者离开现象的作品,参见克雷格:《学术与国家建设》,245~248、320~326 页。

② 雅克·戈德肖(Jacques Godechot):《乔治·勒费弗尔:研究督政府、执政府和第一帝国的史学家》("Georges Lefebvre, historien du Directoire, du Consulat et de l'Empire"),见《纪念乔治·勒费弗尔》[*Hommage à Georges Lefebvre (1874-1959)*] (Nancy, 1960),23~24 页;1981 年与雅克·戈德肖的访谈。关于德国在大学生中的宣传,参见下莱茵省档案馆档案,AL 98/361。撤离计划:斯特拉斯堡公共教育管理会 (Direction de l'Instruction Publique à Strasbourg):《1934 年迁移计划》("Plan de mobilisation, 1934"),下莱茵省档案馆档案,斯特拉斯堡大学。

巴黎的吸引力显而易见。那里的教师拥有最高的工资和声誉，接触到的是最优秀的学生和同事，有最好的工作环境，可以非常便利地接触各大图书馆、档案馆、研究中心、教育部门、官方和私人的基金。那里拥有各种学术期刊、出版商和出版社，而且他们有机会对学科产生重大的影响。虽然巴黎的生活水平较高，但首都高校提供了更优厚的待遇，居住环境也更加多元，而且对于在巴黎土生土长或受过教育的教职工来说，这是一个与家庭团聚和恢复人际关系的机会。①

对布洛赫来说，返回巴黎既是个人的理想，也是职业生涯的目标。20 年代，父亲和兄长的去世给他造成了沉重的打击，也使他成为两个家庭的顶梁柱。他们一家离开斯特拉斯堡返回巴黎，可以与身在玛尔洛特的寡母团聚，能够经常见到在巴黎的寡嫂和两个侄子，以及他爱人的三个姐妹和一个兄弟。② 他曾十多次前往巴黎从事研究，住在已故的岳父岳母家里，然而如今，他需要在首都拥有自己的居所。此外，他希望他的六个孩子，尤其是那些即将上中学的，能够接受更好、更严格的教育。1930 年，布洛赫用从维达尔家继承的遗产在克勒兹省(Creuse)的富热尔(Fougères)小镇买了一套乡间住宅，从而结束了家庭在阿尔萨斯的"假期"。富热尔的房子相对偏远，风景也有些黯淡，而且乡村比较贫困，但它却使布洛赫在内陆拥有了自己的居所。他获得

---

① 1933 年 1 月 1 日，索邦文学院最高级别的教授工资比斯特拉斯堡的同等教授多 20000 法郎，第二级别的差别有 10000 法郎，第三级别相差 7000 法郎。参见高等教育/人文学部(Enseignement Supérieur/Lettres)《1933 年 1 月 1 日教师与助教登记表》("Table de classement du personnel enseignant et des assistants au 1.1.1933")，下莱茵省档案馆档案，AL 154 P4/7。斯特拉斯堡最高级别的工资是 70000 法郎，而且三年没变。1936 年，布洛赫最终被提升到这一级别，他离开斯特拉斯堡时的工资是 62000 法郎。

② 布洛赫岳父和岳母去世的时间只相隔了 15 个月，"我们结婚以来，双方都经历过丧亲之痛"(布洛赫致费弗尔的信，1929 年 7 月 26 日，8 月 9 日，国家档案馆档案，M1 318 1)。关于他母亲的情况，参见布洛赫致费弗尔的信，1934 年 4 月 24 日，艾蒂安藏品。

了财产城乡转换的机会，这曾让他父亲和很多巴黎知识分子获益。

斯特拉斯堡天气潮湿、阴暗，冬天非常寒冷，步入 40 岁的布洛赫受此影响很大。他患有严重的风湿性关节炎，这开始于 1914 年 10 月在格鲁埃里的岁月，他的胳膊偶尔会麻痹，不得不前往埃克斯莱班（Aix-les-Bains）做痛苦的水疗。虽然交通非常便利，但当布洛赫的身体和精神都承受痛苦之时，他也会像很多同事那样，幻想"退休"后到一个南方学校，去埃克斯莱班，或蒙彼利埃。与他齐名的中古史学家奥古斯丁·弗利什（Augustine Fliche）就居住在蒙彼利埃。巴黎的气候只比斯特拉斯堡略好，但是它有其他方面的优势。① 170

布洛赫在巴黎奋斗八年，一心希望加入法兰西公学院。法兰西公学院成立于 1530 年，坐落于拉丁区的核心地带，最早只有六位教授，其目标是推动人文科学的研究和"文艺复兴精神"。四百年后，它依旧是一个小规模、纯研究型的机构，常住教授只有四十七名。法兰西公学院的预算直接由政府批准，完全独立于法国的大学机构。获得长期任命的教授不需要具有任何学历证书，也不用辅导学生准备国家考试。他们的课程免费向所有人开放，涵盖了自己感兴趣的一切主题，可以 171
根据自己的日程来排课。②

要进入这个特权的机构，取决于知识分子的声誉、职业交往以及

① 布洛赫致费弗尔的信，1934 年 10 月 18 日，1935 年 6 月 19 日，艾蒂安藏品；以及 1936 年 8 月 4 日，国家档案馆档案，M1 318 1。布洛赫致皮朗的信，1933 年 9 月 29 日，1934 年 8 月 30 日，1935 年 5 月 29 日，7 月 21 日，布洛赫和费弗尔致皮朗的信。常规的水疗会让人衰弱，有时让人觉得孤独：参见布洛赫致艾蒂安的信，埃克斯（Aix），1933 年 9 月 3 日、8 日、13 日，1934 年 6 月 26 日（艾蒂安藏品），他给长子提供了许多有用的建议和鼓励。

② 西奥多·泽尔丁（Theodore Zeldin）：《1848—1940 年法国的高等教育》（"Higher Education in France，1848-1940"），载《当代史学刊》，1967 年 7 月（2，no.3），77 页；参见 A. 勒弗朗、P. 朗之万（A. Lefranc，P. Langevin）等著：《1530—1930 年法兰西公学院》（*Le Collège de France，1530-1930*）（Paris，1932）。

图十九 富热尔：布洛赫的乡村之家

良好的运气。由于成员去世或退休所产生的空缺岗位，将由全体成员决定增补——他们并非只为某些特殊的专业设立或保留岗位。全体成员大会的评议过程往往非常漫长，而且火药味十足，它取决于候选人自身的品格、公学院内部的环境，以及外在的政治因素。候选人要经历严峻的考验：他们不仅要以课堂的形式公开展示自己的能力和研究课题，而且还要接受全体考官的一系列面试，这些考官性情各异，专业分工也互不相同。公开的评议需要做好精心的准备。每个候选人通常有一个担保人——他要充分施展自己的人脉、学术声望和演讲技巧。整个过程有两轮投票，每一轮都需要大多数出席成员的赞成。第一轮投票决定空缺岗位的专业归属，第二轮选择候选人。公学院的投票虽然规模很小，却绝对是学术和政治氛围的晴雨表。在辉煌的时代，它的程序偶尔会非常新颖，极富创新性；但在一个萎靡的环境里，人们往往非常谨慎，更偏爱惯例和习俗。1914年一代的学者数量较多，老一代的学者依然活跃，然而角逐的职位却越来越少。虽然进入法兰西公学院的程序令人生畏，但这是学者们渴望的无上荣誉。[①]

1928 年，当法兰西公学院出现岗位空缺时，布洛赫和费弗尔第一次作出了回应。布洛赫试图为比较史争取一席之地，宣称自己几乎是*172*法国唯一的实践者。然而，最终他慎重地从近十个竞争者中退出，转而支持年长的费弗尔。费弗尔给自己的定位并非比较史，而是近代史。布洛赫不想让考官们为难，在他和费弗尔之间做"尴尬的选择"，因此他同意由费弗尔先申请。[②]

1928 年，费弗尔已年满 50 岁，他一直都渴望重返巴黎，在学者和教师的岗位上发挥更大的影响力。然而，1926 年索邦拒绝了他的申请，后来他主动放弃了高等研究应用学院(École Pratique des Hautes Etudes)的提名，虽然那里是通往法兰西公学院和索邦的捷径，但是工资待遇不高，无法养活家庭和三个孩子。1929 年至 1933 年，费弗尔为进入法兰西公学院全力以赴，甚至有些孤注一掷。他的优势在于发表了大量的作品，包括他近期关于路德的专著，以及新成立的《年鉴》杂志；此外，他在巴黎高师、梯也尔基金会、斯特拉斯堡大学等都有很好的人脉，这些地方为法兰西公学院输送过不少人才。然而，不利的因素则是他的研究领域，因为近四十年来近代史一直不受重视，而且他还远离首都。法兰西公学院的大多数候选人都在巴黎任职，更容易

---

① 见费弗尔致皮朗的信，1929 年 1 月 5 日，布洛赫和费弗尔致皮朗的信，在即将抵达巴黎的一周里，他要"拾级而上"，依次讨好 50 位选民。关于进入法兰西公学院的"窄门"，参见奥利佛·A. 杜默林：《1919—1939 年的"历史学家"：处在危机中的"职业"？》，法国社会科学高等研究院第三阶博士论文，87～94 页。

② 布洛赫致费弗尔的信，1928 年 11 月 23 日，国家档案馆档案，M1 318 1；全体教授会议，1928 年 11 月 18 日，以及布洛赫致克瑞斯特(Croiset)的信，1928 年 12 月 15 日，法兰西公学院档案，G-iv-j 35C，36D。

引起人们的注意，与投票人接触的机会也更多。①

20 世纪 20 年代，不论在自然科学还是人文科学领域，法兰西公学院新增的教授职位一直很稳定，但是参评的人数却越来越多。在费弗尔四年的等待期中，一共出现过十二个职位。几乎每一次投票竞争都很激烈，偶尔还掺杂着政治和宗教的因素，以及自然科学家和人文学者的传统对抗。1929 年 1 月和 1932 年 3 月，费弗尔经历了两次惨败，此外还有一次战略性放弃。费弗尔谨小慎微，等待对手的胜利或退出，不过他在公学院里始终有一批忠实的支持者。②

1932 年，随着阿纳托尔·德·蒙齐(Anatole de Monzie，1876—1947)被任命为法国教育部长，费弗尔开始时来运转。蒙齐不但为法兰西公学院新增了一个职位，还提名费弗尔为《法国百科全书》的总主编——这是一项大型的公民和文化事业，旨在与意大利和苏联的项目相抗衡。如今，费弗尔进入法兰西公学院的机会终于来了。1932 年 11 月 13 日，法兰西公学院全体成员投票决定恢复近代史的席位；1933 年 1 月 8 日，他们一致选举费弗尔为新成员。1933 年 2 月 19 日，费弗尔终于被坐落于马塞兰·贝特洛广场(Place Marcelin Berthelot)的窄门所接纳。③

173

---

① 克里斯托夫·夏尔勒、克里斯汀·迪朗格(Christophe Charle and Christine Delangle)：《1929—1932 年费弗尔在法兰西公学院的竞选：致埃德蒙·法哈尔的信》("La campagne électorale de Lucien Febvre au Collège de France, 1929-1932：Lettres à Edmond Faral")，载《教育史》(Histoire de l'Education)，1987 年 5 月(34)，49~50 页。费弗尔致法哈尔的信，1929 年 12 月 7 日，同上，51~53 页。费弗尔的演讲由三部分组成(简历、书目和教学计划)，法兰西公学院档案，C-XII 491。

② 克里斯托夫·夏尔勒、克里斯汀·迪朗格：《致法哈尔》，53~69 页；法兰西公学院档案，全体教授大会，G IV-K(1929—1932)。

③ 全体教授大会，1933 年 1 月 8 日，法兰西公学院档案，G IV-K-14D；任命由共和国总统和蒙齐共同签署，见法兰西公学院档案，C-XII(L. Febvre)。参见费弗尔致布洛赫的信，1932 年 8 月 20 日，9 月 8 日，11 月 13 日，国家档案馆档案，M1 318 2；费弗尔致皮朗的信，未注明日期(1933 年 4 月底)，布洛赫和费弗尔致皮朗的信；克里斯托夫·夏尔勒、克里斯汀·迪朗格：《致法哈尔》，53~69 页；路易·普朗特(Louis Planté)：《伟人阿纳托尔·德·蒙齐(1876—1947)》[Un grand seigneur de la politique：Anatole de Monzie(1876-1947)](Paris，1955)，200~202 页。

费弗尔认为，他的胜利意味着《年鉴》获得了世人的认可，同时也是近代史教学传统的伟大复兴——这个传统曾在公学院断绝很长时间。然而，他的胜利几乎没有任何反主流的色彩，《法国百科全书》的任命有足够的说服力。而且，他的支持者们虽然看到了费弗尔对社会科学的巨大贡献，但更看重的是他将在公学院延续米什莱、莫诺、拉维斯和丹尼斯的优良传统。费弗尔在就职演讲中，对支持者和布洛赫不吝溢美之词。或许对胜出的原因认识有误，费弗尔充满自信地和老搭档说："你很快也会来的。"①

如今布洛赫已 47 岁，他非常渴望沿袭费弗尔的路线。费弗尔的离职留下了一个烂摊子，再加上普菲斯特的病重和去世，斯特拉斯堡的一个时代宣告结束。这一切燃起了布洛赫进入法兰西公学院的渴望。②事实上，他的一些能力已经获得了认可。他曾被任命撰写两卷本的中世纪经济史，还有一本有关封建社会的专著被贝尔收入了人类进化丛书。他曾到根特和马德里讲学，第二年应邀前往伦敦经济学院（London School of Economics）做过三次讲座。③ 他希望自己能像费弗尔那样直接进入法兰西公学院，因此拒绝了同事的建议，没有申请高等研究应

174

---

① 费弗尔致布洛赫的信，1932 年 11 月 13 日，国家档案馆档案，M1 318 2。就职演讲《从 1892 年至 1933 年：对历史良知和历史学家的考验》（"De 1892 à 1933：Examen de conscience d'une histoire et d'un historien"），发表在《综合研究》（1934 年）上，再版见他的《为历史而战》，2～17 页；布洛赫的欣赏见布洛赫致费弗尔的信，1934 年 8 月 1—2日，艾蒂安藏品。

② 布洛赫致费弗尔的信，1933 年 5 月 14 日，国家档案馆档案，M1 318 1。

③ 布洛赫致费弗尔的信，1932 年 1 月 28 日，国家档案馆档案，M1 318 1；布洛赫致洛特的信，1933 年 2 月 26 日，10 月 26 日，洛特档案，法兰西公学院档案；布洛赫致莫格温的信（普菲斯特的继承者，文学院院长），1933 年 6 月 30 日，下莱茵省档案馆档案，AL 154 P4/7。

用学院第五部空缺的岗位。①

　　费弗尔进入法兰西公学院之时，莱茵河的对岸开始进入黑暗时期。法国知识分子开始了更新换代。1933 年 4 月，日耳曼学家安德勒离世，他是古斯塔夫的好友、德雷福斯的支持者。布洛赫跃跃欲试，试图以比较史学家的身份赢得安德勒在公学院的教席。②

　　布洛赫"狂飙突进"的情感风暴平息之后，开始在费弗尔的强烈建议下非常"谨慎地"写信试探，然而结果不尽如人意。纳粹党在不到三个月的时间里就控制了德国，法兰西公学院几乎不会免去一个日耳曼学家的教席。③ 布洛赫决定在投票之前退出，以等待更好的时机。当时古典考古学家卡米尔·朱利安(Camille Jullian)生命垂危，他的法国古代史教席更有可能被取消。④

　　布洛赫宣布参加竞选之后，发现自己加入了一群野心家的行列。这些人才华出众、野心勃勃，又有些急不可耐，其中包括他的几个朋

175

---

　　① 布洛赫致加布里埃尔·勒布拉斯(Gabrial Le Bras)的信，1932 年 6 月 7 日(艾蒂安藏品)，认为自己是"法兰西公学院有效的候选人"。布洛赫(致费弗尔的信，1941 年 8 月 17 日，国家档案馆档案，M1 318 1)回忆这个空缺的职位，其中涉及中世纪宗教史的教学。

　　② 布洛赫致费弗尔的信，1933 年 4 月 2 日，国家档案馆档案，M1 318 1。

　　③ 布洛赫是正确的：1933 年 6 月 18 日，全体教授大会投票决定保留日耳曼语言和文学的教席；1933 年 11 月 19 日，布洛赫斯特拉斯堡的同事欧内斯特·托内拉(Ernest Tonnelat)成功当选：法兰西公学院档案，G IV-K16C，17A。

　　④ 布洛赫致费弗尔的信，1933 年 4 月 4 日、12 日、19 日、27 日，国家档案馆档案，M1 318 1。在战争期间，朱利安是进入法兰西公学院的最后一位专业历史学家，这也反映出学术圈和大众之间的鸿沟。亨利·迪伯夫(Henri Dubief)：《1929—1938 年第三共和国的衰落》(Le déclin de la IIIe République, 1929-1938)(Paris, 1976)，141 页，143 页。之后见《奇怪的战败》，203 页，布洛赫引用右翼小说家布尔热(Paul Bourget)的话说道，法兰西公学院、英国议会上院(British House of Lords)和德国总参谋部(German General Staff)是"保守主义的三个大本营"。

友、同事和竞争对手，他们等着来自法兰西公学院的死亡和退休的讯息。布洛赫非常渴望即将到来的机会，但也有些害怕。他认识到必须争取来自公学院内部的有力支持，但这受一系列因素的影响。在接下来的四年里，对于教席的争夺非常激烈，其中夹杂着痛苦和希望，充满了令人难忘或怨怼的各种策略。费弗尔虽然深表同情，但是新百科全书的任务让他分身乏术，而且在政治上他还只是一个新手。作为一个小众的精英机构，法兰西公学院能否像接纳费弗尔一样接纳布洛赫，从而在它的内部上演一曲二重奏？然而，布洛赫的犹太裔背景显然成了一个不利的因素。德国的反犹主义阴魂不散，已经渗透到了法国的学术圈，威胁着要减少犹太人获得更高职位的机会。法兰西公学院中犹太人的数量几乎占了15％，会再接纳一个布洛赫吗？费弗尔对此非常不安。一个忧心忡忡的犹太教授曾强烈地建议他，不要制造近期又有一个犹太候选人的喧嚣，避免对各个选举人实行狂热的攻势，而应该采取"平静的"运动。[1] 然而，布洛赫要想实现目标，就必须进行大张旗鼓的宣传和自我推销。他提出的新标签"比较史学"，使他在与传统史学家的竞争中处于不利的地位，这也让人想起了他父亲和贝尔的失败经历。古斯塔夫是个有些不落俗套的古代史学家，贝尔则孜孜不倦地提倡历史"综合精神"。

　　布洛赫的竞选活动极大地影响了他的职业生涯。他投入到法兰西 *176*
公学院上的事务越多，就越远离斯特拉斯堡的生活。他的一些职责——如预科的课程和中世纪历史所的管理事务，大多由他年轻的同

---

　　① 费弗尔致布洛赫的信，未注明日期（1933 年 4 月 16 日之后），布洛赫致费弗尔的信，1933 年 5 月 24 日，国家档案馆档案，M1 318 2，1。西勒万·列维（Sylvain Lévi）的忧虑，见费弗尔致法哈尔的信，1932 年 2 月 4 日，克里斯托夫·夏尔勒、克里斯汀·迪朗格：《致法哈尔》，59～60 页。

事佩兰负责。① 这在他发表的一些作品中也有所体现。一个典型的例子是，他很不情愿地为《历史评论》撰文全面评价西米昂的作品。西米昂是实证主义史学的首席代表，虽然存在方法论上的缺陷，却是法兰西公学院首屈一指的学者。布洛赫的基调是褒扬，但也不无批评之声。他的文章中充满了各种例子、分析和比较，因为他很清楚，自己的作品很可能会被细心的投票人认真地阅读。②

　　1933 年是关键的一年。布洛赫饱受家庭事务和疾病的困扰，为治疗几乎瘫痪的胳膊，他不得不第一次痛苦地居住在埃克斯莱班。由于莱茵河对岸咄咄逼人，5 月底布洛赫在斯特拉斯堡参加了复员后的首次预备役军官的短训。③ 随着布洛赫和费弗尔第一次长时期的分开，两个主编的关系也开始紧张起来。由于费弗尔前往巴黎就职，刊物的秘书处也随之迁移到了首都，这使布洛赫减轻了不少工作压力，但也妨碍了彼此的沟通，一些事情很难迅速作出决定。布洛赫每次访问巴

177

---

　　① 布洛赫致莫格温的信，1933 年 5 月 24 日，1934 年 1 月 7 日，11 月 12 日，下莱茵省档案馆档案，AL 154 P4/7，8。除了要负责布洛赫的课程和学术任务，佩兰还肩负起了推动大学宫改善供暖的责任：低于 16℃时，布洛赫的关节炎会有所加重，教学也会受到影响。见布洛赫致莫格温的信，1933 年 11 月 5 日，下莱茵省档案馆档案，AL 154 P4/7；佩兰致莫格温的信，1933 年 11 月 20 日、30 日，P4/7，以及 1935 年 10 月 28 日，P5/9。1934 年至 1935 年是他在巴黎活动的高潮，斯特拉斯堡文学院的宣传册上没有显示他固定的值班时间，只有他的家庭住址和电话号码（P5/9）。

　　② 《工资与经济的长期波动》，载《历史评论》，1934 年 1—6 月（173），1～31 页。其中的微妙之处参见：布洛赫致费弗尔的信，1933 年 5 月 9 日，国家档案馆档案，M1316 1，以及 1933 年 11 月 16 日，艾蒂安藏品；也可参见尤金·韦伯（Eugen Weber）：《关于布洛赫》（"About Marc Bloch"），载《美国学者》（American Scholar），1981—1982（51），80 页。

　　③ 国防部有关布洛赫的卷宗，见文森堡陆军历史档案处。布洛赫被分到了斯特拉斯堡分区的部队，由于他对部队职能的掌控而受到官方的嘉奖。布洛赫致皮朗的信，1933 年 6 月 30 日，9 月 29 日，布洛赫和费弗尔致皮朗的信；布洛赫致爱丽丝·布洛赫的信，埃克斯，1933 年 9 月 6 日、9 日，致艾蒂安的信，1933 年 9 月 3 日、8 日、13 日，艾蒂安藏品。

黎都很匆忙，这不利于他的健康。他还不得不离开家人，调整课程计划，面临着三重压力：他们必须与斯特拉斯堡大学的管理部门巧妙地协调；他们必须与法兰西公学院谨慎地沟通；他们受制于编辑事务，必须满足《年鉴》规定的出版周期。他在旅行中忧虑与机遇并存，巴黎是最终的目的地，也是一个让人身心疲惫的战场。[①]

1933 年 12 月，朱利安去世，布洛赫开始了他的竞选活动。为此，他寻求斯特拉斯堡的前同事艾蒂安·吉尔松（Etienne Gilson）的支持。吉尔松最近才进入法兰西公学院，教授中世纪哲学史。经过慎重的考虑，布洛赫依旧将自己的身份定位为"欧洲社会比较史"专家——之前他曾考虑将"欧洲"替换为"中世纪"，以便更容易为人接受，但最终还是放弃了。他谨慎地选择德高望重的吉尔松作为庇护人，费弗尔和其他的支持者则退居幕后。[②]

布洛赫在法兰西公学院的正式演讲，是他学术履历的扩展版。他在演讲中直言不讳，充满战斗的气息。法兰西公学院"鼓励知识创新"

---

① "我懒得出奇，又饱受风湿病之苦，很少在巴黎闲逛。"布洛赫致费弗尔的信，1933 年（1934 年?）3 月 20 日，艾蒂安藏品。关于日常安排的困难和复杂性，参见布洛赫致费弗尔的信，1933 年 5 月 5 日，国家档案馆档案，M1 318 1；以及 10 月 9 日、16 日、28 日，11 月 16 日、22 日、28 日，12 月 1 日，艾蒂安藏品。布洛赫先后三次前往巴黎，前两次分别在 1933 年 5 月中旬（法兰西公学院投票决定保留日耳曼语言文学教席之后）和 12 月初（投票决定托内拉取代安德勒的教席之后），都是为了《年鉴》的事务；第三次在 1934 年 1 月，他作为法兰西公学院宣布的候选人。

② 布洛赫致吉尔松的信，1933 年 12 月 28 日。多伦多中世纪宗座研究所图书馆吉尔松馆藏（Gilson Collection, Library of the Pontifical Institute of Medieval Studies, Toronto）。布洛赫致费弗尔的信，1933 年 12 月 24 日、27 日，艾蒂安藏品。费弗尔在一封未注明日期的信中，强烈建议吉尔松突出布洛赫的"传统"技能、渊博学识、文本处理能力，以及他与区域史专家的密切联系，见 J. 安布罗斯·拉夫提斯（J. Ambrose Raftis）：《布洛赫比较的方法与英格兰中世纪农村史》（"Marc Bloch's Comparative Method and the Rural History of Medieval England"），载《中世纪研究》（*Medieval Studies*），1962（34），366~368 页。

的传统深深地吸引着他。他强调说，《年鉴》注重的是社会和经济调查，而不是传统的研究方法；他致力于"打破"陈腐的、错误的实用性分类。布洛赫以中世纪史学家自许，反对教师花名册上对这一头衔简单的归类；他主张应该超越时间的局限，自由地运用所有的资源。他声明自己"会继续热情地从事中世纪研究"，但绝不会限制在"固定的疆域"，他希望能以此吸引一批充满活力的青年学者——他们可能被中世纪"虚假冰冷的表象"排除在外。他计划开设一门欧洲史的课程，注重大洲的统一性和差异性，不仅探索一些普遍的法则，也鼓励进行深入细致的研究。比较史学不仅能为历史研究注入新的活力，扩大国际上的影响力，而且对"我们僵化的大学制度"也有裨益。①

有两个历史学家竞争朱利安的教席，一个是布洛赫，另一个则是考古学家阿尔贝·格勒尼耶。格勒尼耶是布洛赫在斯特拉斯堡大学的同事，也是《年鉴》的撰稿人，比布洛赫年长很多，渴望取代朱利安的席位。布洛赫则需要向选举者展现自己的学术能力，证明自己完全能胜任这门古老的学科，并将其发扬光大。②

1934年1月初，布洛赫开始从事新一年的竞选活动。他在短暂的巴黎之行中，礼节性地拜访了一些主要的投票人。③ 之后，布洛赫开始了期待已久的旅行——十三年后再次前往英格兰。1月28日，他和妻子踏上了旅程。当时，由于斯塔维斯基（Stavisky）的丑闻被揭露了出来，社会上人心惶惶，发生骚乱的消息甚嚣尘上。④

---

① 《欧洲社会比较史教学计划》(*Projet d'un enseignement d'histoire comparée des sociétés européennes*)(Strasbourg, 1933)包含"布洛赫的著作"（截止到1933年12月31日）和"布洛赫的任职情况"（他的简历），副本在国家图书馆。
② 见布洛赫致费弗尔的信，1934年3月9日，艾蒂安藏品。
③ 布洛赫致莫格温的信，巴黎，1934年1月7日，下莱茵省档案馆档案，AL 154 P4/8。
④ 布洛赫致费弗尔的信，1934年1月27日，艾蒂安藏品。"抗议显然已超过了可容忍的范围。实际上，我们注意到这是政界的重大危机。"

布洛赫在英格兰度过了难忘的两周。他在伦敦经济学院用法语发表演讲，三次讲座都与比较史有关，题目为《法国与英国庄园之比较》。在旅行之余，布洛赫还不忘为《年鉴》寻觅撰稿人，他与理查德·亨利·托尼、艾琳·鲍尔（Eileen Power）和迈克尔·博斯坦（Michael Postan）有过交流。他在牛津度过了一个周末，并结识了莫里斯·波威克爵士（Sir Maurice Powicke）和流亡学者欧内斯特·坎托罗维奇（Ernst Kantorowicz）；他在剑桥会见了 G. G. 库尔顿（G. G. Coulton）和 J. H. 克拉彭——他们曾邀请他为《剑桥欧洲经济史》（*The Cambridge Economic History of Europe*）写稿。此外，他还在大英博物馆度过了几小时的欢乐时光。布洛赫对当今法国学术机构的状况非常沮丧，他对英国大学生活的舒适和魅力则不吝赞美之词。①

在布洛赫离开巴黎期间，1934 年 2 月 6 日傍晚，一大群右翼示威者和若干退伍军人组织在波旁宫外的协和广场（Place de la Concorde）聚集，威胁说要越过塞纳河，袭击众议院（Chamber of Deputies），推翻新成立的激进党政府。他们指控政府与无耻的犹太骗子斯塔维斯基（最近神秘死亡）合谋，谴责政府解雇了一个右翼警官。紧接着，示威者和一小部分封锁桥梁的警察发生了严重的冲突，双方共有 15 人死亡，约 1500 人受伤。这是自巴黎公社起义以来最严重的一次事件。一天后，激进党总理爱德华·达拉第（Edouard Daladier）被迫辞职，由更具包容性的"民族联盟"内阁来平息骚乱。在第三共和国的历史上，政府第一

179

---

① 《法国与英国庄园之比较：若干比较史学的问题》（"Seigneurie française et manoir anglais：Quelques problèmes d'histoire comparée"），国家档案馆档案，AB XIX 3834。布洛赫致吉尔松的信，1934 年 2 月 15 日，吉尔松馆藏。布洛赫（致费弗尔的信，1934 年 2 月 15 日，艾蒂安藏品）说："如果老天有意让我们两人一起工作，那么伦敦经济学院会很乐意为我们输送学生"。他也注意到，虽然自己曾努力为《年鉴》寻找英国作者、评论家和订阅者，效果却并不明显。

次被街头的暴力事件所推翻。[①]

布洛赫在海峡的另一边，为无法置身祖国的事变而悲痛；此外，他还不得不向忧心忡忡的英国人进行解释。他为右翼分子的暴行所震惊，这些人来自法国的中产阶级，不禁让人想起了雾月政变。九天后，布洛赫径直回到斯特拉斯堡的家中，依然为此而惊愕和困惑："在这起骚乱的背后，我感觉到了一种可怕和幼稚，他们软弱无力，内部派别勾心斗角，运作方式极其糟糕，没有任何智慧可言。"[②]费弗尔也为法国法西斯主义的幽灵所震撼，他怀疑最古老的高等教育机构是其滋生的温床。在危机期间，布洛赫仅仅从伦敦发来了一条简短的信息。为此，费弗尔对老搭档进行了严厉的批判，他借用于连·邦达（Julien Benda）的概念，将布洛赫描绘成冷漠、无情的知识分子。[③]

实际上，布洛赫和费弗尔已经彼此疏远。一年多以来，费弗尔已经在首都安顿下来，与家人住在舒适的五楼，位于圣宠谷大街（rue du Val de Grace）1号，面向美丽的教堂。如今，他已建立起了广泛的社会和职业关系，承担着很多责任，不仅要经营《年鉴》《百科全书》和《综合研究》，还要负责近代史学会。布洛赫指责费弗尔变成了一个"典型的巴黎人"，挥霍着自己宝贵的精力，抛弃了历史学家的一亩三分地，而

① 朱利安·杰克逊（Julian Jackson）：《法国人民阵线：1934—1939年捍卫民主的运动》（*The Popular Front in France*：*Defending Democracy*，*1934-1939*）（Cambridge，1988），1~2页。戈登·怀特在《近代法国》（380~382页）一书中认为，双方受伤的人数约为1500人；亨利·迪伯夫（《1929—1938年第三共和国的衰落》，76~78页）指出，受伤人数超过了2000人；乔尔·科尔顿（Joel Colton）在《莱昂·布鲁姆：政治上的人道主义者》（*Léon Blum*：*Humanist in Politics*）（2d ed.，Durham，N.C.，1987）92~96页中提到，双方受伤的人数只有1000人。然而，他们一致认为，2月6日的暴力事件是一个催化剂，导致了左翼联盟的出现，并最终形成了人民阵线。

② 布洛赫致费弗尔的信，1934年2月15日，艾蒂安藏品。

③ 费弗尔致布洛赫的信，1934年1月19日，未注明日期（2月9—14日），国家档案馆档案，M1 318 2。

且对《年鉴》漠不关心——如今它的出版已严重滞后，迫切地需要各种作者和文章。然而，布洛赫也身不由己，不得不放弃本职工作，积极筹划竞选活动，这需要仰仗朋友们的支持。在法兰西公学院评审前夕，布洛赫决定放弃第二次巴黎之行，以远离如火如荼的政治环境——然而费弗尔早已卷入其中。① 在这种氛围下，布洛赫理应表现得更加矜持和客观，但费弗尔却因此指责他对现实袖手旁观。

其实，布洛赫绝非冷漠。他私下里常常表达忧国忧民之情，不仅关注极端民族主义者、反共和联盟，以及右翼人士对高级警官、司法和市政官员的应和现象，而且敢于指出温和派和左派阵营的明显不足，甚至是政府的腐败和国会的缺点。当然，他并没有因忙于竞选而对无处不在的危险视而不见。各大高校里的骚乱，以及"我们很多政治家知识上的匮乏"，进一步激化了这种危险。② 布洛赫和费弗尔既不准备顶住压力为懦弱的达拉第辩护，也不打算支持年长的折中派继任者加斯东·杜梅格（Gaston Doumergue）。他俩都不情愿地在 3 月 5 日的"工人宣言"（"Manifesto to the Workers"）上签了名。该宣言由三位著名的左翼知识分子"阿兰"（埃米尔·沙尔捷，Émile Chartier，1868—1951）、保罗·朗之万（Paul Langevin，1872—1946）和里韦（1876—1951）起草，

---

① "我不想在 18 号那天前往巴黎。我要在这里等待宣判。"布洛赫致费弗尔的信，1934 年 3 月 9 日；1934 年 2 月 15 日、20 日，3 月 5 日，艾蒂安藏品；布洛赫致吉尔松的信，1934 年 2 月 15 日、20 日，3 月 5 日，吉尔松馆藏。

② "不要以为我坐井观天，我眼中的法国并非十英尺见方的会议室。我的所见、所闻、所读、所想，深深地困扰着我。现实中的威胁无处不在，比如保罗·福劳（Paul Frot）先生和拉·罗克上校（Colonel La Rocque）的法西斯主义，巴黎警察局长让·希亚普（Jean Chiappe）和市政厅的道德愤慨，布鲁姆煞费苦心的愚蠢行为，以及我们公共安全委员会（Comité de Salut Public）中资深精明老议员的'无知'"。布洛赫致费弗尔的信，1933〔4〕年 3 月 20 日，艾蒂安藏品。也可参见 1934 年 2 月 16 日，4 月 14 日，艾蒂安藏品。对于法国议会制的缺点，布洛赫更是给予了严厉的批评，参见《奇怪的战败》，199～205 页。

他们经历过德雷福斯事件的洗礼，还帮助成立了反法西斯知识分子警备委员会(Comité de Vigilance des Intellectuels Antifascistes)。[①] 然而，该宣言的语调和委员会的领导能力让《年鉴》的两位主编有些担忧，他们对大众的价值观也没有任何信心。责任感("我正蓄势待发")和不作为("像很多人那样无法执行")之间的矛盾撕扯着布洛赫，但是他反对用法西斯主义蛊惑人心的方法对抗国内的法西斯主义。[②] 他不希望法国出现高负荷、政治化的氛围，即由自由主义者、和平主义者、社会主义者和共产党员等共同执政。[③]

　　3月18日，在布洛赫签署宣言之前，法兰西公学院全体教授大会以出人意料的方式落幕。布洛赫的支持者吉尔松提议设立欧洲社会比较史的教席，以阿贝·布勒伊(Abbé Breuil)为首的格勒尼耶的支持者则坚持捍卫古代史的教席。在布勒伊为格勒尼耶发表讲话之后，化学家卡米耶·马提翁(Camille Matignon)突然晕厥并死亡，大会的讨论也

---

① 布洛赫致费弗尔的信，1934年2月16日，3月20日，4月13日，艾蒂安藏品。在讨论朱利安教席会议后的第二天，布洛赫才在宣言上签了名(签名活动在此之前已进行了一个多月)，以避免讨好朗之万之嫌。朗之万是法兰西公学院的物理学教授，也是一个关键的投票人(布洛赫致费弗尔的信，1934年1月14日，艾蒂安藏品)。

② "我坚决反对亦步亦趋地效仿法西斯主义的方法。"布洛赫致费弗尔的信，1934年5月19日，国家档案馆档案，M1 318 1。费弗尔致布洛赫的信，1934年1月1日，未注明日期(2月12日之后)，未注明日期(3月初)，国家档案馆档案，M1 318 2。一方面是"善良的人"[朱尔·罗曼(Jules Romain)小说中典型的高师人形象，在两次大战期间，从教授的岗位转为公职]，另一方面是反法西斯知识分子警备委员会，参见帕斯加尔·欧利、让-弗朗索瓦·西里内利(Pascal Ory and Jean-François Sirinelli)：《德雷福斯事件以来的法国知识分子》(*Les intellectuels en France, de l'Affaire Dreyfus à nos jours*)(Paris, 1986)，78～79、98～99页；也可见大卫·考特(David Caute)：《1914—1960年共产主义与法国知识分子》(*Communism and the French Intellectuals, 1914-1960*)(New York, 1964)，113～114页。

③ 布洛赫在谈到波兰中世纪史学家的一篇投稿时，反对用格但斯克("Gdansk")替代更符合历史语境的但泽(Danzig)。布洛赫致费弗尔的信，1934年5月19日，国家档案馆档案，M1 318 1。

因此搁置了两个月。① 布洛赫一直忙着收集材料，思考造成灾难的深层原因，而且他对费弗尔在公开评审时的消极表现有些懊恼，再加上他从伦敦回来之后表现得很不活跃，这一切都削弱了他的实力。后来，他决定重新恢复竞选活动，并多次前往巴黎。为了让自己的名字出现在投票人面前，他委任费弗尔为"布洛赫集团"的"秘书长"。②

布洛赫重启竞选的活动很快就夭折了。1934 年 4 月 12 日，上台仅两个月的杜梅格政府就宣布削减预算，极大地减少了大学的费用。法兰西公学院被迫削减 10％的经费，这意味着朱利安的教席不太可能被取代。③

布洛赫意识到了这种可能性，尽管他对此非常失望，却并没有绝望。如果进入法兰西公学院的路被堵死了，那么他可以把目光投向索邦，那里有几个中世纪和经济史的教授会在两年内退休。布洛赫很快183投入到另一场激烈的竞争中，这是新一轮的消耗战，职位的声望虽然略低，但要求却更高。巴黎的这两个教席都值得布洛赫全力以赴。他已下定决心离开斯特拉斯堡，因为那里是一座寒冷、偏远的"牢房"，预算一缩再缩，教员不断流失，内部派系纷争，士气十分低落，而且他的升职也曾被推迟。④ 除个人健康和家庭因素外，国内外险恶的环

① 费弗尔致布洛赫的信，未注明日期（1934 年 3 月 18 日前），3 月 18 日、19 日，国家档案馆档案，M1 318 2；也可见法兰西公学院档案，全体教授大会，1934 年 3 月 18 日，G IV-K-18K。

② "之前的德雷福斯集团声势浩大，今天的布洛赫集团也应如此。敬请您担任我的秘书长。"布洛赫致费弗尔的信，1934 年 4 月 9 日，艾蒂安藏品；也可参见布洛赫致吉尔松的信，1934 年 3 月 20 日，多伦多中世纪宗室研究所图书馆吉尔松馆藏。布洛赫致费弗尔的信，1934 年 3 月 20 日、22 日，国家档案馆档案，M1 318 1。

③ 法兰西公学院档案，全体教授大会，1934 年 6 月 20 日，G IV-K-19B。

④ 布洛赫致费弗尔的信，1934 年 3 月 20 日、22 日，4 月 9 日、12 日、14 日、28 日，5 月 3 日、11 日，国家档案馆档案，M1 318 1。关于斯特拉斯堡大学的预算削减情况，详情参见克雷格：《学术研究与国家建设》，320～323 页。

境加剧了《年鉴》的困境，使他的作品进展缓慢。1934年中期，纳粹德国蛮横地干涉奥地利内政，兴登堡总统（Hindenburg）去世，法国显示出各种衰落的迹象。像费弗尔那样，布洛赫试图在自己的作品中寻找提升士气的良方，在《年鉴》上寻求对于当前政治的批评之声（如果不是强有力的）。1934年夏，布洛赫恢复了精神和体力。他先是独自在埃克斯莱班接受治疗，后与家人在富热尔一起生活，还前往威尼斯做了一次愉快的旅行。此时，另一场艰巨的战斗马上就要来临。①

秋天的时候，法兰西公学院空出来的四个教席只被批准了一个，竞争变得异常地激烈。布洛赫的竞争对手包括两个斯特拉斯堡的同事，还有费弗尔的老朋友——心理学家瓦隆。② 布洛赫尽心尽力地前往巴黎运作，也为《年鉴》的事务奔波，回家后他身心俱疲，开始生病；而且，由于错过了一次空中摄影展——对他的研究很有帮助，他非常气恼。他关心自己的家庭，日常的工作也让他分身乏术。此时，他的研究计划包括：为伽利玛出版社（Gallimard）编写多卷本的农民史系列，为《剑桥欧洲经济史》撰写有关封建社会的一章，为《年鉴》技术专刊撰写关于水磨的文章，为《法国百科全书》撰写"食品"（"Alimentation"）的条目。他平时还要为多种语言的著作撰写评论，所涉及的主题非常广泛。为缓解等待结果的焦虑，布洛赫全心投入到作品的创作之中，为

184

---

① 见布洛赫致皮朗的信，富热尔，1934年8月30日，布洛赫和费弗尔致皮朗的信。费弗尔致布洛赫的信，1934年4月14日，未注明日期（5月31日前），未注明日期（6月26日至7月10日），国家档案馆档案，M1 318 2；布洛赫致费弗尔的信，埃克斯莱班，1934年6月26日，未注明日期，富热尔，8月24日，国家档案馆档案，M1 318 1；埃克斯莱班，1934年7月9日，富热尔，7月14日、29日，8月1—2日、12日、23日，艾蒂安藏品；致爱丽丝·布洛赫的信，埃克斯莱班，1934年6月25日，7月5日，致艾蒂安的信，埃克斯莱班，1934年6月26日，艾蒂安藏品。

② 布洛赫致费弗尔的信，1934年10月18日、21日，艾蒂安藏品；费弗尔致布洛赫的信，未注明日期（1934年10—11月），国家档案馆档案，M1 318 2。

再次失败做好了充足的准备。既然并非费弗尔那样的多面手，他便致力于渐进的、细腻的技巧，希望从参与竞争的狭隘领域里寻找一种"内在的自由"[1]。

　　然而，1935年1月15日，沉重的打击还是到来了。两天前，萨尔州(Saar)进行了全民公决，以压倒性的优势通过了归属第三帝国的决定。[2] 在这决定性的一天，五个候选人为争夺一个教席展开了竞争，演讲的顺序依次是古代史、统计学、化学、实验心理学和欧洲社会比较史。正如布洛赫预想的那样，实验心理学分散了他大量的选票，科学家们偏爱格勒勒尼耶。在第四轮投票中，历史悠久的古代史赢得了必要的多数票22票。实验心理学得到了19票，成为下一个教席的有力竞争者。布洛赫则遭到了惨败，仅仅获得了1票。[3]

　　布洛赫对于自己的惨败非常冷静，他写信给皮朗说，他有太多的事情要做，绝不会因这次失败而气馁。[4] 费弗尔极力安慰布洛赫，同时也安慰自己，他揭示了问题的要害：关于自己莫名的沉默，以及

---

　　① 布洛赫致费弗尔的信，1934年10月21日，11月21日、23日、30日，艾蒂安藏品；以及1934年11月23日、28日，12月11日、14日，国家档案馆档案，M1 3181；费弗尔致莫格温院长的信，1934年11月12日，下莱茵省档案馆档案，AL 154 P4/8。

　　② 莫斯科针对前布尔什维克核心成员的肃反运动卷土重来，法国在皮埃尔·赖伐尔(Pierre Laval)的领导下，开始对意大利、德国和苏联采取谨小慎微的友好姿态。让-巴蒂斯特·杜罗瑟尔：《1932—1939年衰退时期的法国政治外交》(*Politique étrangère de la France：La décadence，1932-1939*)(Paris，1979)，124～142页。

　　③ 法兰西公学院档案，全体教授大会，1935年1月15日，G-IV-K-210。布洛赫的情况由西格弗里德进行陈述，得到了亚历山大·莫雷(Alexandre Moret)和梅耶的支持；参见《关于法兰西公学院设立欧洲社会比较史教席的建议》("Proposition de création d'une chaire d'histoire comparée des sociétés européennes au Collège de France")，同上。G-IV-K-21A；格勒尼耶的上一次选举，1935年12月8日，G-IV-K-26K。

　　④ 布洛赫致皮朗的信，1935年1月15日，布洛赫和费弗尔致皮朗的信。

法兰西公学院中谣传的反犹太思想。[①] 然而，不管有什么更深层的原
因，这次失败对布洛赫来说不啻当头一棒，他长期的计划和加入法兰
西公学院的前景也深受影响；而且，这也迫使布洛赫将注意力转向了
索邦。[②]

1935 年 4 月，西米昂突然去世，重新燃起了布洛赫的希望。当时
的国际局势让他非常沮丧：纳粹德国违反《凡尔赛和约》对军队的限制
条款，实行全民皆兵。布洛赫努力从悲观的情绪中走出，寻找一段"新
的旅程"。他渴望填补法兰西公学院中西米昂劳工史的教席，这一途径
的优势在于它避免了与热门的心理学家之间的竞争。但是，他要再次
仰人鼻息，作为一个"长期的候选人"，不得不依附朋友们尤其是费弗
尔的支持。[③]

为保险起见，布洛赫参加了豪塞的退休仪式；同时，他在索邦积
极运作，以争取法国唯一的经济史教席。[④] 然而，他对两边的前景和
自己的未来很不乐观。1935 年 10 月，皮朗去世，这对他是一个沉重的
打击。他与费弗尔的关系也有些棘手，两人在私人和编辑事务上的争
论白热化，《年鉴》的出刊依然严重滞后。布洛赫盘算能否在未来的三
年内——在 1938 年 8 月国际历史科学大会召开之前——为自己找到一

---

① 费弗尔致布洛赫的信，1935 年 1 月 13 日、30 日，2 月 2 日，国家档案馆档案，
M1 318 2；以及费弗尔致皮朗的信，未注明日期(1935 年 3 月?)，布洛赫和费弗尔致皮
朗的信。

② 布洛赫致费弗尔的信，1935 年 3 月 15 日，艾蒂安藏品。

③ 布洛赫致费弗尔的信，1935 年 4 月 13 日、18 日，国家档案馆档案，M1 318 1，
以及 1935 年 5 月 1 日，6 月 11 日、19 日，9 月 15 日，10 月 31 日，11 月 2 日、5 日，艾
蒂安藏品。11 月 3 日公学院投票决定保留西米昂的教席，参见法兰西公学院档案，G-
IV-K-24S。

④ 布洛赫致费弗尔的信，1935 年 7 月 4 日，艾蒂安藏品，以及 1935 年 9 月 9 日，
国家档案馆档案，M1 318 1；致费迪南·洛特的信，1935 年 8 月 4 日，9 月 4 日，洛特
档案，法兰西公学院档案馆。

个坚实的堡垒或"集中营"①。

布洛赫渴望获得足够多的支持，以继承西米昂的教席，但他自始至终都很谨慎。他很快意识到，法兰西公学院内部有一股强大的势力，反对历史学家填补西米昂的空缺。1936 年 2 月初，索邦文学院进行投票，出人意料地保留了豪塞的教席，布洛赫的申请终于有了眉目。他不愿同时竞聘两个岗位，便选择了可能性更大的索邦，退出了法兰西公学院的申请。阴差阳错，与他争夺索邦教席的埃米尔·科奈尔（Emile Coornaert）在法兰西公学院的竞争中脱颖而出。自 1930 年以来，科奈尔一直在高等研究应用学院担任教授，他最终在 3 月 29 日的投票中胜出，继承了西米昂的席位。②

布洛赫更加意想不到的是，他在索邦的申请决议被推迟了。同时，德国军队已经正式入侵非军事区莱茵兰。第三帝国断绝了法国对东欧盟友支持的可能性，彻底改变了欧洲力量的平衡。对于德国肆无忌惮破坏公约的行为，法国和英国没有任何反应，但是布洛赫身处边境——斯特拉斯堡，非常担心家人的安全。③ 直到 6 月 18 日，索邦文

186

① 布洛赫致费弗尔的信，1935 年 12 月 20 日，国家档案馆档案，M1 318 1。

② 布洛赫致费弗尔的信，1936 年 1 月 27 日、28 日，2 月 7 日，艾蒂安藏品；布洛赫致管理员贝迪耶（Bedier）的信，1936 年 2 月 11 日，法兰西公学院档案馆档案，G-IV-K-29H；费弗尔致布洛赫的信，未注明日期（1936 年 3 月 29 日），国家档案馆档案，M1 318 2；布洛赫致费弗尔的信，1936 年 3 月 30 日，国家档案馆档案，M1 318 1。科奈尔在第三轮投票中获胜，票数比为 23 比 13。法兰西公学院档案馆档案，全体教授大会，G-IV-K-29X。

③ 布洛赫致费弗尔的信，1936 年 3 月 12 日，国家档案馆档案，M1 318 1。关于莱茵兰危机的解释，参见巴里·R. 柏森（Barry R. Posen）：《军事思想的源头：世界大战期间的法国、英国和德国》(*The Sources of Military Doctrine：France，Britain and Germany between the World Wars*)(Ithaca，N. Y.，1984)，104～106 页，126～127 页；斯蒂芬·A. 舒克（Stephen A. Schuker）：《1936 年法国与莱茵兰的再度军事化》("France and the Remilitarization of the Rhineland，1936")，载《法国历史研究》，1936（14，no. 3），299～338 页。

学院才一致投票同意授予布洛赫经济史的教席。他的正式聘书由新任教育部长让·扎伊(Jean Zay)签署，时间是 1936 年 7 月 28 日。①

事后，布洛赫愤愤不平。毕竟，这是他职业生涯的第一次重大挫折；而且，他始终郁郁不得志，在专业上的贡献和个人的成就得不到认可。以前，他曾克服过不少中世纪史学家的排斥，用作品、教学、讲座和杂志为自己赢得了声誉。然而，他却无法说服法兰西公学院的投票人认可自己。另一方面，他意识到一股强烈的反犹主义思潮死灰复燃——这种"奇怪的社会现象"从东部渗透到了前线，针对的并非他个人，而是他的民族和血统。在布洛赫看来，有两种类型的反犹主义者：一种人主张"消灭"或驱逐犹太人，他们极端和敌对的态度反而使其危险性较小；另一种人则主张通过"众多的条款"，为外来者设定一个理想的、无法逾越的配额——这些人中有许多归化的犹太人，他们严格地把守着门槛，捍卫并陶醉于既得的利益。这两类反犹主义者都排斥布洛赫，用外在的因素限制他的抱负，这与他反传统的治学态度不无关系，但背后却是更为痛苦和普遍的顽疾。

布洛赫认为，自己所遭受的挫折是法国学术和政治生活腐败的表

---

① 布洛赫最初的任命是讲师(*maître de conférences*)，1937 年 1 月 4 日晋升为无职教授(*professeur sans chair*)，同年 11 月 1 日正式成为经济史教授(国家档案馆档案，AJ 16 4757)。

关于布洛赫的竞选，参见法提埃(Fawtier)致洛特的信，1936 年 1 月 5 日，洛特档案，法兰西公学院档案馆；布洛赫致费弗尔的信，1936 年 4 月 19 日，国家档案馆档案，M1 318 1，以及 1936 年 5 月 12 日，艾蒂安藏品。

在选举委员会中，推荐他(他是唯一的候选人)的人包括帕赫斯(Pagès)、卡克皮诺、拉塞尔。"毫无疑问，布洛赫出众的能力和无可争议的专业知识，让他完全能胜任索邦经济史的职位。"1936 年 6 月 18 日，教师委员会表决一致通过决议(国家档案馆档案，AJ 16 4757)；文学院院长致校长的通知函，巴黎大学(Université de Paris)，1936 年 6 月 19 日，同上。

现。① 他将索邦的成功看作一种肯定，立志要在那里耕耘不懈，以带来"新鲜的气息"。当然，新职位赋予他的责任也会限制他的视野。他曾梦想拥有法兰西公学院教授的自由，如今却化为泡影。他只好继续从事 17 年以来的斗争——反对教师资格考试的限制。他希望和费弗尔一起，共同肩负起改革的使命。②

布洛赫抵达巴黎后，发现这里非常动荡，这让他想起了在德雷福斯事件中度过的青年时代。1936 年四五月间，法国国会经过残酷的竞争，终于产生了人民阵线的多数派。6 月 4 日，莱昂·布鲁姆(Léon Blum)获得国会里共产党人的支持，组成了社会党-激进党内阁。面临人民群众的罢工，新政府采取有力的措施，平息了全国性的劳工争议。在最初的十周里，它向国会递呈了一系列社会立法，一项具有历史意义的集体谈判法案，有关国有化的措施，以及一项解散右翼联盟的法案。反犹主义曾非常嚣张。在新国会的开幕会上，极右势力代表扎维埃·瓦拉(Xavier Vallat，四年后他被任命为维希政府犹太事务专员)说道："尊敬的会议主席(Président du Conseil)先生，您的到来无疑将成为历史性的一刻。因为这个古老的高卢-罗马国家，将第一次被犹太人统治。"③

社会党人布鲁姆是一名人文主义者，奉饶勒斯为楷模，却缺少领

---

① 他在四年后曾批评一些强大的准公益性机构，其"官僚化的倾向、例行公事的心态，以及职业上的傲慢"削弱了第三共和国的活力。布洛赫的批评涉及一些受人尊敬的学术机构，它们在填补空缺岗位时"使用一种推选的体系，在吸纳新鲜血液上会遇到短板"。《奇怪的战败》，202～203 页。稍晚的回应见布洛赫致费弗尔的信，1943 年 5 月 28 日，艾蒂安藏品。

② 布洛赫致费弗尔的信，1936 年 3 月 30 日，4 月 19 日，国家档案馆档案，Ml 318 1。

③ 《官方日志，众议院，国会讨论，速记笔录》(*Journal Officiel，Chambre des Députés，Débats parlementaires，compte-rendu sténographique*)，1936 年 6 月 6 日。新当选的众议院议长爱德华·赫里欧刚刚以 377∶150 击败瓦拉，试图打断他，却没有任何效果。瓦拉继续说："在这里我肩负着特殊的使命……大声地说出每个人对他的看法：在我们土地上出生的每一个人，不论出身多么卑微，都比一个高雅的犹太人更适合统治法国这个农民的国度。"赫里欧谴责演讲者，却并没有给布鲁姆回应的机会。参见乔尔·科尔顿《莱昂·布鲁姆：政治上的人道主义者》，144～145 页。

袖所特有的气质。64 岁的他面临着艰巨的任务，成为舆论攻击的靶子。法国被极左和极右的势力所包围，国外的威胁也一直存在。1936年 7 月，西班牙内战爆发，他的不干涉政策疏远了共产党人。右派人士对他的社会政策充满敌意。财政赤字、物价水平和失业人数不断攀升，大量资金外流，社会上出现了大批异化的工人。布洛赫返回首都时，法国社会乌烟瘴气，人民怨声载道。"一夜之间，法国社会的阶层就会出现裂痕，各个社会群体又会重新分成两派。"①

然而，巴黎依然是一个重要的知识和文化中心。在人民阵线的领导下，法国的学术得到了极大的支持。1936 年，法国成立了国家科学研究中心（Centre National de la Recherche Scientifique），一年后又设立

189 了人类学博物馆（Musée de l'Homme）。② 巴黎文化氛围浓郁，与东方和南方的邻国相比，在文学、绘画、舞蹈、戏剧和电影等方面竞相闪耀。对于很多创造性的灵魂，尤其是那些极权主义的避难者来说，巴黎具有极大的吸引力。③

190 布洛赫一家迁到了塞夫尔街（rue de Sèvres）17 号，位于公寓顶端的两层，非常宽敞，包括一个为他工作准备的私人书房和图书馆，为他家人提供的舒适套房，以及一些美观的会客区域——用来招待朋友、同事和学生。④ 50 岁的他气宇轩昂，虽然矮小却很壮实，穿戴整洁，

---

① 《奇怪的战败》，209 页；参见亨利·迪伯夫：《1929—1938 年第三共和国的衰落》，171～207 页。布洛赫希望人民阵线政府对学术进行改革：布洛赫致费弗尔的信，1936 年 5 月 12 日，艾蒂安藏品；对西班牙的担忧，见 1936 年 8 月 4 日，国家档案馆档案，M1 318 1。

② 布洛赫有一个"正派的"资产阶级老友，他非常顽固，拒绝参观 1937 年的巴黎世界博览会。虽然这里有"无与伦比的法国艺术展"，但却有"一个让人讨厌的部长主持开幕式"；其他人则以公会要求为由，为自己的回避进行辩护。《奇怪的战败》，209～210 页。

③ 关于人民阵线政府的文化政策，参见帕斯加尔·欧利、让-弗朗索瓦·西里内利：《德雷福斯事件以来的法国知识分子》，102～103 页；朱利安·杰克逊：《法国人民阵线：1934—1939 年捍卫民主的运动》，113～145 页。

④ 关于塞夫尔街优雅、有序的环境，在他的大儿子艾蒂安的文章中有过描述，见艾蒂安：《布洛赫传》（"Marc Bloch: Une vie complète"），11～13 页，国家档案馆档案，M1 318 1，以及与艾蒂安、爱丽丝、路易、丹尼尔（Daniel Bloch），还有他几个学生的访谈。

图二十　巴黎：先贤祠和苏福洛路，约 1936 年

装扮优雅。光秃秃的脑袋和满脸的皱纹显示出了他的年龄。他硕大的鼻子和狭窄的嘴唇之间，布满了浓密的胡须。他最显著的特征是一双苍白的眼睛，它们从厚厚的眼镜里定睛凝视着，这往往会表现出一种严肃的表情，但他偶尔也会流露出讽刺或温暖的微笑。布洛赫非常严苛，但也是一个慈爱的丈夫、父亲；他烟瘾很大，却极度自律；他很容易激动，在私下里有时会勃然大怒，他将这归因于自己"糟糕的性格"①。

布洛赫非常享受巴黎资产阶级的生活：这里有精美的饮食，能经常见到巴黎高师的老朋友，有各种各样的音乐会、展览、戏剧和电影。他在休闲的时候，会广泛地涉猎科学和文学领域。像很多同时代的欧洲中产阶级那样，他阅读原汁原味的英文，最喜欢的侦探小说家是阿加莎·克里斯蒂（Agatha Christie）和桃乐丝·L. 塞耶斯（Dorothy L. Sayers）。②

布洛赫在索邦是一个深受欢迎和尊重的教授。他与同事哈布瓦赫共同创建了经济与社会史研究所（Institute of Economic and Social History），并专心致力于它的发展。③ 此外，他还在巴黎高师、圣克鲁（Saint-Cloud）和丰特奈（Fontenay）高等师范学院教课。在他的学生中，有未来的历史学家米歇尔·莫拉（Michel Mollat）、弗朗索瓦·舍瓦里

192

---

① 艾蒂安：《布洛赫传》，11 页。

② 艾蒂安：《布洛赫传》，13～16 页。

③ 布洛赫：《在索邦的浓荫下（关于经济与社会史研究所）》["A l'ombre de la Sorbonne(Note sur l'Institut d'histoire économique et sociale)"]，载《经济与社会史年鉴》，1938(10)，53 页。

1938 年 2 月 12 日，该所由文学院全体教工大会成立，6 月 10 日获得教育部长让·扎伊的批准，旨在"推动、整合和提升他们自身的经济史研究，以及他们与思想史和社会结构史的关系"。它所运营的图书馆与任何已有的收藏都不雷同，而是真正弥补了巴黎学术资源的一个空白。1939 年 11 月 28 日，布洛赫被任命为该所的所长，并于 1939 年 1 月获得 16000 法郎的津帖。国家档案馆，AJ 16 2597，4758。

图二十一　萨拉·布洛赫、马克·布洛赫及其外甥让·布洛赫-米歇尔　*191*

耶(François Chevalier)和皮埃尔·古贝尔(Pierre Goubert)，未来的政府官员皮埃尔·苏德勒(Pierre Sudreau)。布洛赫天生适合做教师，很有奉献精神。对年轻的学者们来说，他的课堂是一段难忘的经历；他的个人魅力——和蔼、机智和智慧，也给他们留下了无法泯灭的印象。①

如今，布洛赫身处国家的中心，有机会参与各种各样的专业活动。1937 年夏，他在巴黎促成了国际民俗学大会(International Congress of Folklore)的召开，加入了《法国百科全书》联合编委会、法国历史学委员会(Comité Français des Sciences Historiques)、历史与地理教师协会(Société des Professeurs d'Histoire et de Géographie)，并积极参与贝尔综合研究中心的日常工作。而且，他还在一些法律史、地名学和人类地名学(anthrotoponymy)、法国大革命经济史等相关领域的委员会任职。② 在两年的时间里，他为《经济史评论》汇编了大量法国经济史的文献。在这段忙碌、艰难的时期，布洛赫仍然抽出时间，于 1937 年 9 月前往英国农村进行工作考察和家庭旅行。③

---

① 与皮埃尔·古贝尔(1980 年)和乔治·利韦(1982 年)的访谈(布洛赫的学生，地点在圣克鲁)；与弗朗索瓦·舍瓦里耶(巴黎高师，1981 年)和苏德勒(索邦，1982)的访谈。

也可参见布洛赫致布伦瑞克的信，1939 年 6 月 11 日(感谢布伦瑞克教授提供)。在这封长达十页的信中(包括五页尾注)，他对自己之前在斯特拉斯堡大学的学生的论文《十八世纪后期普鲁士的危机与浪漫心态的兴起》("La crise prussienne à la fin du XVIIIe siècle et la genèse de la mentalité romantique")给予了详细的点评和建议，该学生当时由另一名教授进行指导。

② 布洛赫关于"食品"的文章，见《法国百科全书》第 14 卷(日常文明)[L'encyclopédie française ⅩⅣ (La civilisation quotidienne)](Paris，1954)，14-40-2，3。此外，《致游客》("Au visiteurs")，布洛赫为国家图书馆展览"古代法国的工作与时日"(Les travaux et les jours dans l'ancienne France)所写的介绍，1939 年 6—9 月。布洛赫的其他活动详细地记录在他的档案《多样化的合作》("Collaborations diverses")中，艾蒂安藏品。

③ 布洛赫致费弗尔的信，伦敦，1937 年 9 月 20 日，国家档案馆档案，M1 318 1。

对布洛赫来说，这是一个非常高产的时期。作为一名正式的经济史学家，他将自己特有的精力、智慧和批评视角投入到这门学科中。1937 年 1 月，在为"综合理工人"（*polytechniciens*）做的一次演讲中，他概括了自己所从事的新兴学科的基本特征：要理解当代的现象，必须建立在长期分析的基础上，追溯最遥远、最相关的各种迹象，而不是仅仅依赖"最毗邻"的联系。① 根据布洛赫的说法，研究经济乃至一切人类问题的历史学家，必须扯碎"便利的屏幕"——与过去最直接的联系，努力感受那些可能会再次显现的"遥远的历史事实"。② 另一方面，布洛赫反对忽视政治现实的倾向。他在索邦讲授路易十四统治时期的经济时，将法国经济衰退的原因归结为太阳王统治下的专制制度（同时期的周边国家荷兰和英国相对繁荣）；这使法国开始系统地向资本征税，扼杀了创造精神，农民变得越来越贫困。③

布洛赫依旧认为，他有责任认真考察德国的学术状况。1938 年，布洛赫最终完成了为《历史评论》所做的艰巨的调查任务：他强烈地批判了德国中世纪史学中渗透的纳粹意识——这会将第三帝国与欧洲分

---

① "一个天文学家更偏重于研究月亮，而不是太阳，其理由很有意思：他说我们处于行星系中心的星体与地球的距离大约是我们与我们卫星距离的 390 倍。你怎么看待这种说法？"《向历史问什么？》（"Que demander à l'histoire?"）1937 年 1 月 29 日演讲，载《巴黎理工学院经济研究中心》（*Centre Polytechnicien d'Etudes Economiques*），1937（34），15～22 页，再版见《X 危机小组（巴黎理工学院经济研究中心）成立五十周年：1931—1981》（"X-Crise，Centre Polytechnicien d'Etudes Economiques，Son Cinquantenaire 1931-1981"）；《经济危机的重现》（*De la récurrence des crises économiques*）（Paris，1982），138～149 页。感谢曾听过布洛赫演讲的勒内·布鲁伊莱（René Brouillet）大使，我曾访谈过他，此外他还提供了一份文字记录。

② 三年后，参见《奇怪的战败》，169 页。布洛赫也曾批判过海洋学家："他们拒绝研究远离大海的星星，因此不能发现潮汐的原因"（197～198 页）。

③ 《路易十四统治时期的经济状况》（*Aspects économiques du règne de Louis XIV*）（Paris，1939）。

裂开来。① 在评论梅内克的两卷本著作《历史主义的兴起》时，他高度
赞扬了该书无与伦比的学术价值，但对其中的一些基本前提也进行了
有力的批判：书中有一种"国家神化"的倾向；历史思想具有不一致
性——这在歌德和兰克时期表现得最为明显；反对 20 世纪将历史融入
到更宽广的人文科学中，而且对德国之外的研究表现出一种胆怯和不
确定性；最后，该书以考察史学思想为借口，却完全忽视了技术问题，
这就如同研究物理原理却无视在实验室里真实发生的现象。布洛赫认
可古代的理念(*idée*)与概念(*Begriff*)之争，但他在仔细考察边界之后
指出，双方都没有界定对事实的专属权。②

作为心态史学的研究者，布洛赫非常警惕纳粹在大众中的吸引
力——它善于运用各种象征性的符号和仪式发动大众。在 1940 年溃败
之前，一个法国民族学研究者在书中强调，基督教之前的神话和诸神
正在第三帝国复苏。对此，布洛赫给予了赞扬之情。③ 不久之后，他
遗憾地发现，第三帝国实际上已经放弃了那些用来增强和凝聚大众的
民族仪式，而任由"希特勒复活古代世界的颂歌"④。

在第二次世界大战爆发前的最后几年里，布洛赫重点研究和关注

① 《历史评论》，1938(184)，190 页。实际上，布洛赫已经与德国同行失去了联
系。1937 年 9 月 20 日(国家档案馆档案，M1 318 1)，他对费弗尔说起第三帝国代表在
巴黎民俗学大会上的"可憎"行为。

② 《"历史主义"或历史学家的职责？》，载《社会史年鉴》，1939(1)，429～430 页。

③ 布洛赫关于乔治·杜梅齐尔(Georges Dumézil)《德国的神话与诸神》(*Mythes et
Dieux des Germains*)(Paris，1939)一书的书评，载《历史研究》，1940 年 4—6 月(188)，
274～276 页。布洛赫的书评很快就引起了争议。参见卡洛·金兹伯格(Carlo Ginzburg)：
《德国神话与纳粹：乔治·杜梅齐尔的古代专著》("Mythologie germanique et nazisme：
Sur un ancien livre de Georges Dumézil")，载《经济、社会与文明年鉴》，1985(4)，695～
717 页，以及乔治·杜梅齐尔：《科学与政治：对卡洛·金兹伯格的回应》("Science et
politiques：Réponse à Carlo Ginzburg")，载《经济、社会与文明年鉴》，1985(5)，985～
989 页。

④ 《奇怪的战败》，210～211 页。

的主题是他迟迟没有完成的封建社会。早在 1931 年，他在《社会科学百科全书》(*Encyclopedia of the Social Sciences*)上的文章里就已经勾勒出了一个大纲。1934 年，他在伦敦的几次演讲中进一步发展了自己的思路；1937 年，他在为《剑桥欧洲经济史》第一卷撰写有关庄园制度的章节时，所有的想法最终成型[①]；1938 年 5 月，他在剑桥做了三次题为"封建社会的经济和心理状况"的演讲，全面地展示了自己的想法。[②] 195
1939 年和 1940 年，他姗姗来迟的两卷本巨著《封建社会》终于问世。[③]

这是体现布洛赫中世纪史学训练的巅峰之作，也最清晰地呈现了他在《年鉴》上的策略。在《封建社会》中，布洛赫运用了所掌握的一切技巧——语言学、法学、文献学、图像学、地名学、地理学以及心理学，完美地再现了 9 世纪中期到 13 世纪初期西欧和中欧的社会结构。但是，这并非静态的画面。布洛赫的意图是开放式的，不仅包括经济和社会分析，他对心态环境也做了令人信服的描述。他把封建社会划分为两个阶段：第一阶段产生于外族的入侵和破坏，第二阶段则以经济扩张和文化复兴为标志；而且，他使用一个阶段来界定另一个阶段。他充分利用《年鉴》杂志上的问题研究法，不仅考察了法国、德国和意大利等各种区域性的封建制度，还将它们与输入的封建制度（英国）和一些封建主义没有生根的著名地区（爱尔兰、斯堪的纳维亚和弗里西亚）做比较，甚至将比较的范围延伸到了日本，从而突出西欧封建社会的特点。

---

① 第六章，《依附耕种的兴起和庄园制度》("The Rise of Dependent Cultivation and Seignorial Institutions")，J. H. 克拉彭译，见《剑桥欧洲经济史》第一卷，1941，224～277 页；参见克拉彭致布洛赫的信，1937 年 9 月 12 日，1938 年 3 月 3 日，艾蒂安藏品。

② 文本见国家档案馆档案，AB XIX 3813；计划和准备，见艾蒂安藏品。

③ 卷一：《依附关系的成长》(*La formation des liens de dépendance*)(Paris，1939)；卷二：《社会等级和政治体制》(*Les classes et le gouvernement des hommes*)(Paris，1940)。

布洛赫的文字虽然不像早期那样简洁和好辩，却常常很有说服力。他在讨论中世纪混乱的时间概念和造成人们团结与分裂的表达方式时，运用了很多令人难忘的妙语；他的书中使用了不少具有惊人效果的反讽，比如好战的维京人轻易地皈依了基督教，普遍盛行的附庸效忠礼具有多种形式；他揭示了不少文化线索，比如英雄史诗的作用——虽然它们经常遭到歪曲和篡改，却是构成中世纪欧洲人想象力的基本要素；他对暴力世界、贵族特征以及农村地区风貌进行了清晰的描述；此外，他还插入了一些引人入胜的话题，比如马镫在历史上的重要性以及 13 世纪家庭结构的变化；最后，他的结论也非常精妙：封建主义在西方已经成为捍卫自由和抵抗权的契约基础。

196 在《封建社会》一书中，布洛赫对封建社会的描绘突破了传统的以法律为着眼点的概述模式，在对罗马和日耳曼源头的论述方面也超越了前人。他喜欢将大量不同的信息进行分类，而且也精于此道；复杂、有机的社会现实在他的归纳之下，丝毫没有卖弄学问和简单化之嫌。当然，书中也有不少缺漏和不足之处。布洛赫的"欧洲"局限于加洛林王朝（Carolingian）时期的边界划分，他对维京人的评价也有失公平；此外，他几乎完全忽略了两个阶级——神职人员和资产阶级；而且，他过分强调现代民族主义和民族仇恨的中世纪渊源，也夸大了法德之间的差异性。

布洛赫的《封建社会》诞生于一个不幸的年代。虽然该书作为贝尔"人类进化"丛书中的一部，会拥有广泛的读者，但人们的回应却姗姗来迟，也非常有限——基本上都是一些专家。[①] 奇怪的是，主要的批评之声来自他的搭档费弗尔。费弗尔在《年鉴》批评该书分类武断，具有概论化的弊端，缺少对个人肖像的描绘，对"文明"的看法也很片面。

---

① 布洛赫致洛特的信，1941 年 11 月 28 日，洛特档案，法兰西公学院档案馆。

但另一方面，一些法国、比利时甚至德国的中世纪学者，对布洛赫的作品表示认可，并给予了高度评价。如今，这部专著虽历经多次修订，却依然对专业和业余的读者具有深远的影响。[①]

布洛赫完成代表作的时候，国内外的环境开始恶化。在《封建社会》第二卷出版之前，他重新穿上了军装。[②] 1937 年 6 月 22 日，布鲁姆宣布辞职，不过人民阵线的统治一直持续到 1938 年 4 月。然而，由于后继者的重大失误和暧昧态度，再加上敌人的阻挠和蔑视，这种统

---

① 费弗尔的书评载于《社会史年鉴》，1940 年 1 月 (2)，39～43 页；《社会史年鉴》，1941(3)，125～130 页。布洛赫的回应，参见 1942 年 5 月 8 日，国家档案馆档案，M1 318 1。当时重要的书评包括：威廉·A. 莫里斯(William A. Morris)的文章，载《美国历史评论》，1940(45)，855～856 页；以及《美国历史评论》，1941(46)，617～618 页；F. M. 鲍威克的文章，载《英国历史评论》，1940(55)，449～451 页；F. L. 冈绍夫的文章，载《比利时语言与历史评论》(*Revue Belge de Philogie et d'Histore*)，1941(20, nos. 1-2)，183～193 页；查理-爱德蒙·佩兰的文章，载《历史评论》，1942—1944(194)，23～41、114～131 页；费迪南·洛特的文章，载《学者杂志》，1943 年 1—3 月，12～32 页，49～58 页；特奥多尔·西弗(Theodor Schieffer)的文章，载《德国中世纪历史档案》(*Deutsches Archiv für Geschichte des Mittelalters*)，1940—1941(4)，278～279 页。

之后的褒扬和批评包括：劳伦斯·沃克(Lawrence Walker)的文章，载《历史与理论》，1963(3)，247～255 页；布莱斯·李昂：《布洛赫的封建主义》("The Feudalism of Marc Bloch")，载《历史杂志》(*Tijdschrift voor Geschiedenis*)，1963(76)，275～283 页；G. 毕加索(G. Picasso)：《布洛赫作品中的封建社会制度》(*Le istituzioni della società feudale nell'opera di M. Bloch*)(Milan，1971)。最近的评论作品包括伊丽莎白·A. R. 布朗(Elizabeth A. R. Brown)：《一种建构的暴政：封建主义与欧洲中世纪学家》("The Tyranny of a Construct：Feudalism and Historians of Medieval Europe")，载《美国历史评论》，1974 年 10 月（79，no. 4），1063～1988 页；康斯坦斯·B. 布沙尔(Constance B. Bouchard)：《重评法国贵族的起源》("The Origins of the French Nobility：A Reassessment")，载《美国历史评论》，1981(86，no. 3)，501～532 页。《封建社会》拥有众多的版本，意大利、日本、墨西哥、英国、美国、匈牙利、阿根廷、瑞典、葡萄牙、西班牙、以色列和德国曾出版过。

② 在《封建社会》英译本(London，1961)的序言中，迈克尔·博斯坦回忆说，该书是从"服役的作者"那里获得的。在布洛赫个人档案中，有一份记载收到该书的个人和期刊的名单，艾蒂安藏品。

治只是形式上的，其活力早已丧失。① 法郎一跌再跌，政府开支和贸易赤字不断攀升，法国的外交也处于明显的被动地位。庞加莱的精神已经被墨索里尼、希特勒和赖伐尔(Pierre Laval)的思想所取代。当时法西斯主义猖獗，柏林-罗马轴心已经形成，反共产国际协定(Anti-Comintern Pact)也已缔结，佛朗哥肆意妄为，日本入侵中国。受此国际局势的影响，法国丧失了不少盟友。比利时恢复了中立的立场；小协约国(Little Entente)停止了运作；英国在张伯伦的领导下实行健全、独立的政策，试图平息独裁者们的怒气；法国则被孤零零地甩在后面。②

布洛赫确信法国已经"堕落"，显然国内外的环境也证实了这一点。③ 不久之后，他记录下了这些表现。出版界哗众取宠，教育体制让人窒息，根本无法培育人的批评意识。一系列联合政府为了巩固统治，灌输各种互不相容的价值观和意识形态。外交政策早已过时，如同昔日"飘荡着的幽灵"。左右翼政党目光短浅，双方冲突不断。工会中弥漫着宗派利益和小资产阶级的趣味，限制各种急需物资的生产。资产阶级染上了傲慢的偏见，对大众不屑一顾。军队岌岌可危，毫无思想可言。年迈的统治者普遍患有宿命论的沉疴，顽固地死守着迂腐的观念，拒绝任何新鲜的事物，这与德国有着天壤之别。虽然 1937 年

198

---

① 《奇怪的战败》，209～212 页；参见亨利·迪伯夫：《1929—1938 年第三共和国的衰落》，219～222 页。

② 布洛赫致费弗尔的信，伦敦，1937 年 9 月 20 日，国家档案馆档案，M1 318 1。参见让-巴蒂斯特·杜罗瑟尔：《暗淡的 1937 年》("La pâle année 1937")，见《1932—1939 年衰退时期的法国政治外交》，314～325 页。

③ "当比利时选择中立而拒绝盟国时(后来这被证明是一个巨大的错误)，我在布鲁塞尔的一个朋友说：'您想象不到，你们那些伟大的周刊对你们的事业造成了多大的损害。它们每一期上都宣称，法国正经历着高度的腐败。我们可是信了这些话。这叫我们如何不信呢？而且，恐怕我们已经深信不疑了。'"《奇怪的战败》，211 页。关于"堕落"的讨论，可以参见 1980 年 5 月 10 日举办的一个会议的论文集《法国陷落的原因》(Fall of France：Causes)，哈佛大学欧洲研究中心(Center for European Studies, Harvard University)(Cambridge, Mass., 1980)。

之后，法国对经济结构进行了一系列调整，武器的生产能力也有所提升，但是它并没有制造出大量的现代化引擎、坦克和飞机，没有充分训练自己的军队和预备役，也没有使用必要的外交手段或战略战术遏制法西斯主义的威胁。①

　　1938 年 3 月，纳粹德国兼并奥地利。此时布鲁姆再次成为法国总理，然而他维护民族团结的努力宣告失败，他惨淡经营的人民阵线内阁只持续了一个月。当德奥合并之时，有一些法国人甚至高声喊道"希特勒比布鲁姆强"！种种明显的迹象表明，第三帝国公然违反条约，完全不顾忌 183000 多名奥地利犹太人的命运，然而民主人士却束手无策。布洛赫和费弗尔一直为奥地利的命运担忧，为纳粹主义在学术圈的泛滥和对左翼人士的压制悲痛。在德奥合并之后，对奥地利学者的迫害随之而来。布洛赫决定撤回为奥地利著名中世纪学者多普施纪念专集所写的稿子，因为他怀疑这种学术致敬作品会受到新秩序支持者的限制，缺乏"学术自由和良好的科学氛围"——而这正是该事业的基础。他认为，一个在乎"自己国籍、思想和名望"的人，不应该为一本出版于维也纳的著作撰稿。②

---

　　① 《奇怪的战败》，176～214 页各处。关于军备重整及其不足，参见让-巴蒂斯特·杜罗瑟尔：《1932—1939 年衰退时期的法国政治外交》，445～458 页，以及罗伯特·艾伦·道蒂(Robert Allan Doughty)：《灾难的根源：1919—1939 年法国军事思想的发展》(*The Seeds of Disaster：The Development of French Army Doctrine，1919-1939*)(Hamden, Conn., 1985)，178～190 页。

　　② 布洛赫致厄纳·帕策尔特的信，1938 年 4 月 13 日，由帕策尔特教授提供。更早的通信：1936 年 12 月 9 日，1937 年 9 月 23 日、29 日。然而，布洛赫却为意大利历史学家 E. 贝斯特(E. Besta)写过一篇文章：《从王室到罗马法院：罗斯丛林地区的农奴审判》("De la cour royale à la cour de Rome：Le procès des serfs de Rosny-sous-Bois")，见《历史和法律研究：纪念 E. 贝斯特》(*Studi di storia e diritto in onore di E. Besta*)第二卷(Milan, 1938)，149～164 页。通信藏于艾蒂安藏品。

1938 年 8 月 28 日至 9 月 3 日，第八届国际历史科学大会在苏黎世举行，当时的政治氛围比布洛赫三年前预想的还要糟糕。希特勒对捷克斯洛伐克虎视眈眈，人们对战争的恐慌使彼此关系非常紧张。[①] 在 9 月 30 日召开的慕尼黑会议上，同盟国作出妥协，战争也随之暂时被避免。7 月，布洛赫在斯特拉斯堡分区指挥部参加了为期三天的训练。他在担任预备役军官十七年半之后，依然是一名负责参谋的上尉。他没有参与任何使自己升职的"进修班"。由于捷克斯洛伐克面临着空前的危机，9 月 25 日布洛赫收到召集令，与数千名预备役军人一起在那个人心惶惶的周末前往斯特拉斯堡集结。在这片易受攻击的边境地区，布洛赫悲伤地注意到，"41 号军事行动"存在着很多缺陷：抵达的预备役军人缺少管理人员，军备物资供给不足，这进一步导致了各种混乱和恐惧，人们的士气比较低落，普遍存在着反抗的情绪，这些不利因素始终伴随着法国第一次正式的军事演习。[②] 这有点儿第一次世界大战的影子。法国先是严阵以待，做好准备等待敌人的入侵和轰炸；之后又热烈地迎接从慕尼黑归来的达拉第；然而，它对自己抛弃弱小民主盟友的行为熟视无睹。[③]

慕尼黑会议虽然换来了和平，却付出了很大的代价。布洛赫安慰

---

① 参见 213 页的注释 1。查理-爱德蒙·佩兰：《苏黎世会议上的历史学家》（"Les historiens au congrès de Zurich"），载《社会史年鉴》，1939（1），307～309 页。

② 布洛赫：《证词：对 41 号军事行动的看法》（"Témoignage：Observations sur les opérations d'application de la mesure 41, 26-27 sept. 38"），国家档案馆档案，AB XIX 3852。也可参见国防部有关布洛赫的卷宗，文森堡陆军历史档案处；《奇怪的战败》，26～27 页。

③ 让-巴蒂斯特·杜罗瑟尔：《1932—1939 年衰退时期的法国政治外交》，355～366 页。法国人经历了恐惧，后来又如释重负，参见让-保罗·萨特（Jean-Paul Sartre）：《缓期执行》（*The Reprieve*），埃里克·萨顿（Eric Sutton）译（New York，1951）。

自己说，很多年轻的生命得以幸免于难，国土免遭涂炭。然而，他的慰藉中却带有一种失落和痛苦，他开始回顾历史，从《凡尔赛和约》和占领鲁尔区开始，直到西班牙内战和慕尼黑会议。最终，他们在 10 月 6 日被解散。像往常一样，工作依然是他消除忧愁和苦恼的良方；他在忘我的工作中，又恢复了昔日的活力。①

然而，在工作的园地里也会随之出现一些其他问题。《年鉴》的两位主编已合作十年，但此时的关系却非常紧张。在慕尼黑会议前后，他们关于杂志的名称、人事和指导方针等问题有过激烈的争论。② 在大多数时候，费弗尔的观点占据主导地位，他为《社会史年鉴》注入了新的成员和想法。此时的费弗尔身为法兰西公学院的终身教授，《百科全书》已完成大半，长期拖延的拉伯雷研究也重新回到日程。他在学术圈中的声望与日俱增，追随的门徒越来越多。比布洛赫年长的他已完全适应了在法国学术界的稳固地位。③ 然而，此时的布洛赫仍在经济史领域打拼，努力建构自己的学术堡垒。当然，他已经完成了自己的巅峰之作——《封建社会》。④ 200 在右边缘

1938 年年底，巴黎高师校长的职位突然出现空缺。时任校长、哲学家兼社会学家塞莱斯坦·布格勒(Célestin Bouglé，1870—1940)即将

① 布洛赫致费弗尔的信，1938 年 10 月 3 日，国家档案馆档案，M1 318 1。参见 J. H. 克拉彭(《剑桥欧洲经济史》编辑)致布洛赫的信，1938 年 9 月 21 日、22 日，艾蒂安藏品。

② 参见第七章。

③ 1938 年 11 月，费弗尔作为法兰西公学院的代表，成为布洛赫经济与社会史研究所的顾问。在前一个春天里，年过花甲的费弗尔在索盖乡间"自己的雪松"下，回顾"以前的事业、作品和挂念之事"。费弗尔致布洛赫的信，1938 年 6 月 18 日，国家档案馆档案，M1 318 2。

④ 布洛赫致费弗尔的信，1938 年 12 月 5 日，国家档案馆档案，M1 318 1。

第八章 巴黎之路 | 229

退休，有关继任者的问题也便提上日程。1928 年至 1935 年，他曾担任副校长，1935 年起成为校长。布格勒治校期间非常重视师生的福利，赢得了"高师人"的爱戴和感激。[①] 在他的一生中，学术事业与政治参与紧密结合，他努力调解人文主义与社会正义之间的关系——这是 19 世纪 90 年代"高师人"的特点。1893 年，他通过哲学专业教师资格考试，谨慎地倾向于涂尔干的思想。德雷福斯事件时，他在圣布里厄 (Saint-Brieuc) 中学执教，协助创立了人权联盟 (Ligue des Droits de l'Homme)，并成为副主席。布格勒终生都是激进党的追随者，曾参加过图卢兹 (Toulouse) 和巴黎立法委员会的选举。三十年来，他隔月为《快讯报》(La Dépêche) 撰稿。1924 年，他是左翼联盟 (Cartel des Gauches) 的强烈支持者。1926 年和 1938 年，他先后两次访问美国，分别在哈佛大学和哥伦比亚大学做过讲座。他与自由民主派哲学家埃利·阿莱维 (Elie Halévy) 和左派涂尔干信徒关系密切。他致力于营造良好的文化氛围，为系统地开展社会学和其他社会科学提供必要的条件。布格勒曾担任私人资助的机构——巴黎高师社会文献中心 (Centre de Documentation Sociale) 的主任，负责学术与人才交流，对战间期 (interwar) 社会学的发展作出了重要的贡献。总之，他掌舵巴黎高师期间，始终秉持思想自由、兼容并包的理念，努力把学校打造成社会思

---

① 在布格勒任职期间，包括西蒙娜·薇依 (Simone Weil) 在内的一些女学生第一次进入巴黎高师。罗伯特·史密斯：《巴黎高师与第三共和国》，76～78、101、136 页；关于布格勒管理方面的反对意见，参见他的继任者杰罗姆·卡克皮诺的作品《七年回忆》(Souvenirs de sept ans)(Paris, 1953)，189 页。

潮和行为的引领者。①

　　布洛赫并不想期待这种升职，因为这会影响他的学术事业，而且还不得不面对各种官僚化、程式化以及政治上的压力。但是，他相信自己完全具备一名管理者应有的能力，他也需要为经济与社会史研究所的生计考虑。此外，他认为自己作为一名军人比竞争对手更有资格——对方是一名非战斗人员，持明显的左派、和平主义的观点。② 202
受慕尼黑会议的影响，布洛赫感到知识分子必须挺身而出，提高"警惕性"，以应对威胁法国的各种势力。③ 然而，受布鲁姆重创事件的牵连，布洛赫不得不为承担民族的重负做好准备。在反法西斯事业上，犹太人表现出的好战性和"狂热行为"让他们备受质疑，但是布洛赫并不因此而畏首畏尾，他随时准备好捍卫自己的原则，表明自己一直都是一名正宗的法国公民。

　　布洛赫根据十年来的习惯，向费弗尔咨询母校竞选的情况。然而，

---

　　① 参见塞莱斯坦·布格勒：《法国的"文化氛围"及其对教育的影响》(The French Conception of "Culture Générale" and Its Influences upon Instruction)(New York, 1938)。以及《布格勒传(1870—1940)》("Célestin Charles Alfred Bouglé：1870-1940")，载《美国社会学期刊》(American Journal of Sociology)，1940(45)，770 页；W. 保罗·沃格特(W. Paul Vogt)：《一个矛盾的涂尔干信徒：布格勒(1870—1940)》("Un durkhei-mien ambivalent：Célestin Bouglé，1870-1940")，载《法兰西评论》(Revue Française)，1979 年 1—3 月(20, no.1)，123～140 页；帕斯加尔·欧利、让-弗朗索瓦·西里内利：《德雷福斯事件以来的法国知识分子》，46 页。
　　巴黎高师激进的传统和社会主义的传统"虽是两种政治理念，却具有共同的根源——启蒙运动"。参见罗伯特·史密斯：《巴黎高师与第三共和国》，114～126 页。
　　关于社会文献中心的材料，参见国家档案馆档案，61，67，AJ 97，以及纽约塔里敦洛克菲勒基金会档案(Rockfeller Foundation Archives，Tarrytown, N. Y.)。
　　② 布洛赫致费弗尔的信，1938 年 12 月 5 日，国家档案馆档案，M1 318 1，提到费弗尔支持哈布瓦赫——布格勒长期的合作者和潜在的继任者。
　　③ 1938 年冬天，布洛赫加入了真理之友(Amis de la Vérité)——曾是一个主张和平的组织，但当时已变成了一个激烈反对慕尼黑协议的平台。参见艾蒂安：《布洛赫》，国家档案馆档案，M1 318 1。

由于费弗尔支持另一个人，表现得非常消极。从个人的立场上，他提醒布洛赫说，其"刚直的"性格可能会激怒高度自信的高师人。从专业的角度上，他告诫这位已经不堪重负的同事，一些嫉妒心重的对手可能会指责他野心太大。最重要的一点是，反犹主义的议题压倒了一切。鉴于目前紧张的政治氛围，他担心布洛赫可能会尊严扫地，遭受大众对犹太人的各种凌辱。①

虽然布洛赫尚未决定是否参选，但他拒绝接受费弗尔提出的任何反对意见。② 他承认确实存在着反犹主义，绝不能忽视其危险性，但对此最好的回应就是"勇气"。从法律的层面上讲，他是一名法国公民，他坚信这个事实将超越一切。面对窘迫的政治氛围和严重的个人危险，布洛赫援引消失殆尽的 1915—1916 年的价值观。如果事情不可避免，那就必须"坚持到底"。布洛赫既不会退缩，也不会考虑校长助理的职位。③

203 　二十五年前，年轻的历史学家布洛赫为法兰西民族和自己的公民身份而自豪。他曾经历过战争的洗礼，体验过胜利的荣耀；二十多年以来，他在个人、职业和政治上起起伏伏。如今已是 1939 年，他虽然对祖国不无批评之声，却依然热爱自己的祖国。④ 作为一名学者，布洛赫学会了考察自己社会的主要特征和区域特色，并将其放在欧洲更大的背景下进行比较。他通过爬梳过去与现在之间遥远、复杂、隐秘

---

① 费弗尔致布洛赫的信，未注明日期（1938 年 12 月 6 日），国家档案馆档案，M1 318 2，信件的抬头是法国百科全书委员会，他提到斯特拉斯堡的学生曾威胁说，如果教育部长扎伊访问学校，他们将实施暴力活动。

② 布洛赫致费弗尔的信，1938 年 12 月 7 日，国家档案馆档案，M1 318 1。

③ 布洛赫致布格勒的信，1939 年 5 月 18 日，国家档案馆档案，M1 318 1。1940 年 1 月 25 日，布格勒在办公室去世，当时布洛赫已经从军，校长的职位由古斯塔夫的学生卡克皮诺担任。

④ 课堂笔记，国家档案馆档案，AB XIX 3796，3831。

的联系，来证明历史的价值。然而，这位公民偶尔也会懈怠，也许是太过谨慎，也许是心不在焉，无法对自己和祖国的各种危险信号作出回应。随着年龄的增长，布洛赫对法国的热爱演化成了一种新关系："祖国母亲"过去曾朝气蓬勃、声名赫赫，有过辉煌的历史，如今她却极度脆弱、不堪重负，甚至遭到了子孙后代的背叛。他是一个杰出而又苛刻的"孩子"，竭力用自己的作品为她增光：他二十五年的奋斗和成就进一步巩固了这种联系。与此同时，法国第一次世界大战前的对手和劲敌不断壮大——它们对于法国的虚弱和腐败幸灾乐祸，期待着法国受到"惩罚"①。在最终的挑战面前，他所挚爱的法国似乎开始退缩；但布洛赫仍然坚持采用古代更高的标准，一味强调自己的责任感，却忽视自身的脆弱——他的这种声音也被逐渐孤立起来。②

1939 年，国际局势更加黯淡。2 月，佛朗哥推翻了西班牙共和政府。一个月后，捷克斯洛伐克沦陷，纳粹德国进一步占领了默麦尔（Memel）。然而，极具讽刺意味的是，1939 年 3 月是布洛赫的丰收月。他在布鲁塞尔高等研究所（Institut des Hautes Etudes in Brussels）做了题为"旧政权下法国货币的转变"（"Monetary Mutations in France under the Old Regime"）的演讲；在剑桥举办的英法大会上，他讲述"中世纪法国和英国的阶级问题"（"The Problem of Classes in France and England in the Middle Age"）。③ 新的国际危机使布洛赫被紧急召回，他从剑桥返回加入了斯特拉斯堡的预备役部队，在那里他被简要告知"1938

204

---

① 布洛赫：《奇怪的战败》，214 页。

② 关于虚弱的母亲与失落、苛刻的爱慕者这一意象，在一年后的《奇怪的战败》中表现得非常明显，参见该书 167、197 页。

③ 布鲁塞尔的文本，参见国家档案馆档案，AB XIX 3824；剑桥的文本，参见国家档案馆档案，AB XIX 3834。与布鲁塞尔演讲有关的信息，见让·斯腾格尔（Jean Stenghers）致布洛赫的信，未注明日期，以及布洛赫致斯腾格尔的信，1939 年 3 月 29 日，承蒙斯腾格尔教授提供。

年动员计划的修正版"。①

如今，法国完全被法西斯国家和较小的中立国所包围，极其依赖马其诺防线和英国盟友。此时的英国虽然开始醒悟，但向希特勒下一个可能攻击的目标——波兰和罗马尼亚——轻易作出的许诺，却又难以兑现。在第三共和国的最后一个春天，凡尔登、达豪（Dachau）、格尔尼卡（Guernica）和布拉格形势非常严峻，低落的情绪弥漫整个法国。"为什么要为但泽牺牲"的思想嘲弄着正义的力量。②

整个夏天，布洛赫都静静地居住在富热尔的乡间公寓。他曾因工作原因与妻子乘车到巴黎小住，未来的前景让他悲欣交集。他们还前往日内瓦旅行、参观了普拉多博物馆（Prado Museum）的画展——那里并没有展出戈雅（Goya）关于枪杀起义者的画作《1808 年 5 月 3 日》。布洛赫解释说，这很可能是因为它太过痛苦，会让人想起"更多最近的屠杀"③。

8 月 23 日，德国与苏联签订互不侵犯条约，整个世界为之震惊，这使德国可以在东线上放手一搏。由于纳粹对波兰的威胁日益严重，西方民主国家不得不在关键问题上作出决定：是继续妥协还是选择战争？布洛赫为战争做着准备，随时都能为保卫法兰西而战。④ 1939 年 8 月 24 日，他收到第三次也是最后一次召集令。在之后的四年半里，他长期远离巴黎，其间只有几次简短的旅行。⑤

———————————

① 国防部有关布洛赫的卷宗，文森堡陆军历史档案处；布洛赫致爱丽丝·布洛赫的信，1939 年 4 月 6 日，艾蒂安藏品；《奇怪的战败》，27 页。

② 马塞尔·戴亚（Marcel Déat）：《全集》（L'Oeuvre），1939 年 5 月 4 日。

③ 布洛赫致艾蒂安的信，1939 年 8 月 12 日，艾蒂安藏品。

④ 与雷蒙·阿隆（Raymond Aron）的访谈，1982 年，以及他的《回忆录》（Mémoires）（Paris，1983），161 页。布洛赫致艾蒂安的信，1939 年 8 月 12 日、24 日，艾蒂安藏品。

⑤ 《奇怪的战败》，27 页，提到这次召集时间是 8 月 24 日；布洛赫的军事记录（国防部有关布洛赫的卷宗，文森堡陆军历史档案处）记载的却是 8 月 25 日。

第九章　奇怪的战败

评论历史事件毫无意义。它们带来的恐怖和屈辱，超过了我们所有最糟糕的噩梦。[①]

1914 年，大多数欧洲国家弥漫着浓厚的理想主义和爱国主义。二205十五年后，这里却是一番阴沉、低迷的景象。第二次世界大战初期，波及的范围并不广，只有波兰人同仇敌忾保卫家园。1939 年 9 月 1 日，德国入侵波兰。两天后，希特勒拒绝从波兰撤军，同盟国这才决定履行承诺，向第三帝国宣战。此时，意大利再次在大战爆发前宣布中立；斯大林统治的苏联继续奉行《苏德互不侵犯条约》，随时静观其变；另外 21 个欧洲大陆国家则畏缩一旁，尽力规避战争可能带来的征服与破坏。[②]

大战前夕，法国的凝聚力每况愈下，经济持续衰退了十几年，政治和意识形态上四分五裂。这是一场迫于无奈的战争。法国没有明显的、迫在眉睫的危险，没有失地如阿尔萨斯-洛林需要收复，也毫无明确的战争目的。当时，布洛赫像许多人一样，意志消沉，看淡了个人

---

① 布洛赫致费弗尔的信，1941 年 7 月 8 日，国家档案馆档案，M1 318 1。

② 参看戈登·莱特：《1939—1945 年全面战争的考验》(*The Ordeal of Total War 1939-1945*)(New York，1968)，7～12 页。

对国家的忠诚与荣誉。毕竟对于他们来说，这场战争仅仅是"重新来过"①。

　　这一回布洛赫再次被调往斯特拉斯堡，他的首要任务是帮助马其诺防线后方未受掩护的平民撤离。然而，德军没有像预计的那样于近期轰炸斯特拉斯堡。在一种"莫名辛酸的平静"中，撤离行动完成得颇为顺利。莱茵河对面，狡猾的敌人表现得出奇地仁慈。比如，1936年克尔桥头堡（Kehl bridgehead）被重新军事化时②，靠近河岸的地方有两个新兵训练营不知何故未被撤离，德军竟然没有进攻如此容易发现的目标。

　　尽管警报不断，但敌人一直按兵不动，人们对战争的恐慌很快便被打消，至少西线如此。起初空袭警报往往是虚惊一场，没过多久巴黎市民便收起了防毒面罩，巴黎重新恢复了昔日的宁静。然而，布洛

---

　　① 布洛赫致费弗尔的信，1939年9月17日，国家档案馆档案，M1 318 1。参见弗雷德里克·西格（Frederick Seager），《民意下不同盟国的目标》["Les buts de guerre alliés devant l'opinion(1939-1940)"]，载《近现代史杂志》，1985年10—12月（32）：618～638页；让-皮埃尔·阿泽玛（Jean-Pierre Azéma）：《从慕尼黑协定到法国解放（1938—1944）》(From Munich to the Liberation，1938-1944)，珍妮特·劳埃德（Janet Lloyd）译（Cambridge，1984），19页；德·巴洛内（D. Barlone）：《一名法国军官的日记：1939年8月23日至1940年10月1日》[A French Officer's Diary(23 August 1939-1 October 1940)]，L. V. 卡斯（V. Cass）译（Cambridge，1942），1～5页。巴洛内是第一次世界大战老兵，时任第一军团第二北非师上尉，后来加入自由法国军队。他虽然在指挥所而非参谋部门工作，但他的著作可作为布洛赫《奇怪的战败》的补充。

　　② 《奇怪的战败》，92页；另见布洛赫致菲利普·沃尔夫（Philippe Wolff）的信，1940年1月1日，由沃尔夫教授提供；布洛赫致爱丽丝·布洛赫的信，1939年8月31日，艾蒂安藏品；布洛赫致费弗尔的信，1939年9月5日，国家档案馆档案，M1 318 1。参见阿利斯泰尔·霍恩（Alistair Horne）：《输掉一场战役：法国1940年》(To Lose a Battle：France 1940)(Harmondsworth，1979)，126～127页。斯特拉斯堡撤离时，河对岸的德军装作乐善好施的样子，打开探照灯为法方的撤离行动提供方便（134页）。尽管撤离过程十分顺利，但仍有很多阿尔萨斯人不太情愿离开。文森堡陆军历史档案处，31 N 142。

赫早已决定把全家安置在克勒兹省(Creusois)省会盖雷市(Guéret)的一间公寓里，这里离古镇富热尔约 29 千米，可以远离首都巴黎随时拉响警报的紧张气氛，与任何可能的交战区都保持安全的距离。①

事后布洛赫承认，战前动员的头几天让他"颇为震动"。可想而知，新的兵站系统取代了旧的军团组织，造成了一系列的耽搁和困难。军需供给程序毫无规律，效率低下。军官们费力地应付预先设定的密码编号"措施"②，军事单位与命令的设置也简直是"骇人的混乱"。9 月 5 日，布洛赫所在的总指挥分部从斯特拉斯堡后撤到莫尔塞姆(Mol-sheim)——位于法国孚日山脉丘陵地带的交通枢纽。起初，布洛赫忙于"文书和一些细节工作"，能"全身心地投入"工作，也喜欢有机会和"不同类型的人"接触。后来，第 6 军团最终建立了自己的组织机构，接管了布洛赫手头的零星事务，他的工作变得无关紧要，高涨的工作热情逐渐消退。布洛赫外表平静，内心却烦闷不已，急切地渴望有用武之地。③

法国战前的动员工作虽然局部出现了一些问题和困难，但总体上却出乎意料地顺利和周密。战争初始，法军 67 个师就已进入战争状态，另外，英国远征军分遣队 5 个师的兵力陆续抵达法国北部。德军

---

① 布洛赫致费弗尔的信，1939 年 9 月 17 日，10 月 4 日，国家档案馆档案，M1 318 1。布洛赫致莫拉的信，1939 年 12 月 4 日，由莫拉教授提供。整个冬天，布洛赫的母亲都和他的家人在一起。

② 后来布洛赫回忆道，由于对一条信息理解有误，阿尔萨斯和洛林"提前杀死了所有的信鸽"。《奇怪的战败》，91～92 页。

③ 布洛赫致爱丽丝的信，1939 年 8 月 31 日，9 月 14 日，艾蒂安藏品；布洛赫致费弗尔的信，1939 年 9 月 5 日，国家档案馆档案，M1 318 1；《奇怪的战败》，27～28、92～93 页。布洛赫的小型聚会上有五个人——一名准将、一名陆军中校、两名上尉和一名中尉，他们坐在学校办公室里，"急切地盼望突然有人带来各种官方表格，我们好有借口填更多的表"。关于战前动员：文森堡陆军历史档案处，31n、139、144 页。

共派出 107 个师，其中四分之三部署在法国东边。① 虽然波兰先是屈从于纳粹的屠杀，后来又被苏联入侵，然而西方的民主国家却行动迟缓，无所作为。法国出于履行条约义务，只向德国萨尔发动了一次小规模袭击，每日从马其诺防线的霍赫瓦尔德军事基地(Hochwald bastion)朝德军方向打几发子弹。由于惧怕德国报复，法国对英国提出的沿莱茵河安置浮动水雷的议案投了否决票。英国则出于同样的担心，拒绝轰炸德国鲁尔区，仅向德国散发了些无关痛痒的宣传单。实际上，战果本可更进一步。当时法军完全可以穿过德国防御较弱的齐格菲防线(Siegfried Line)，一直攻至柏林。置之死地的波兰与强敌放手一搏，这虽然获得了普遍的支持，却没人甘愿冒险向德军大举进攻。布洛赫虽然认可波兰人民的英勇抗战，但与法国人历来普遍的看法一致，他不赞成第一次世界大战后波兰"人为地"扩大和划定已不设防的国界，批评波兰政府言而无信。9 月 28 日波兰向德国投降，布洛赫支持法国当时"审慎"的战争策略，一方面是为防止德国"突然袭击"做好充分的准备，另一方面是为了避免再次发生第一次世界大战那样巨大而又不必要的牺牲。②

波兰投降后，法国失去了最初向德国宣战的理由，然而达拉第拒绝回应希特勒于 10 月 6 日提出的和平协议，反而接受了西欧必将卷入武装冲突的事实。布洛赫很有预见，看到这次战争在时间上的持久性和地域上的广泛性；盟军必将凭借其雄厚的物质资源优势，最终彻底

---

① 阿利斯泰尔·霍恩(《输掉一场战役：法国 1940 年》，127～128 页)指出，战前动员过于讲究效率，致使关键的战争工业有时出现劳动力枯竭的情况，还造成非军事医生的人数锐减(布洛赫致费弗尔的信，1940 年 5 月 3 日，国家档案馆档案，M1 318 1)。

② 布洛赫在致艾蒂安的信中批评波兰人：1939 年 9 月 14 日、28 日，10 月 5 日，艾蒂安藏品。

打垮凶悍猖狂的敌人。他还担忧，法英两国战后会再次彼此"误解"①。同时，一些有关战争的重大问题仍在盟军的控制范围之外：斯大林的密谋、墨索里尼的盘算，还有周边诸中立国心存戒备的独立状态。这些国家严守机密，不愿配合协调其防御计划，为此布洛赫十分懊恼。②此外，布洛赫对达拉第的决心有所怀疑，对其国防内阁的国内政策颇为不满。布洛赫虽然批评法国共产党人缺乏"道德勇气"，但反对政府剥夺他们的公民权利，因为政府对那些同样具有颠覆性的极右派并未采取任何同等的措施。③

在那段痛苦而又无奈的闲散时期，布洛赫为应对即将到来的战争做了些个人打算。他让两个年龄最大的孩子不要急于参军，而是先完成学业，因为他认为这场战争将是一场"持久战"④。布洛赫闷闷不乐地对费弗尔预言，新的希望和失落、个人英雄主义和战场的屠杀，定会吞噬年轻的一代。他坦言自己"问心有愧"：从 1914 年到 1918 年那段惨不忍睹的岁月，包括他在内的一代人，为了些许生活的安宁和思想上的自由而"出卖灵魂"，无知地将国家权力托付给了一些无能的领导者，亲眼目睹他们用错误、不当的和平方案毁了欧洲，而自己却始

---

① 布洛赫致艾蒂安的信，1939 年 10 月 22 日，艾蒂安藏品，对乔治·萧伯纳"古怪的"政治，英国左翼中残余的和平主义，以及庞加莱主义（Poincarism）可能在战后复活的忧虑有过评论。

② 布洛赫对中立者进行了严厉批评："他们害怕时会立刻呼救，但又不希望损害其形象；他们有人性又有点胆小；他们的命运在德国获胜的情况下也不太可能改变。"布洛赫致艾蒂安的信，1940 年 2 月 14 日，艾蒂安藏品。

③ 布洛赫致艾蒂安的信，1939 年 9 月 14 日，10 月 27 日，11 月 3 日，艾蒂安藏品。法国共产党代表最初投票赞成战时信贷，但是 9 月 20 日由于收到共产国际的指令，转而支持分割波兰，谴责"帝国主义战争"，敦促结束敌对状态。一周后，政府宣布解散共产党。阿泽玛：《从慕尼黑协定到法国解放》，26～27 页；阿利斯泰尔·霍恩：《输掉一场战役：法国 1940 年》，145～148 页。

④ 布洛赫致艾蒂安的信，1939 年 9 月 11 日，致爱丽丝的信，1939 年 9 月 14 日、20 日，艾蒂安藏品。

终袖手旁观、沉默不语。①

　　在这个秋季布洛赫愤愤不平，但作为历史学家的他并没有厌世。他像往常一样，为周围"人类的景观"而着迷。他从繁忙的琐事中抽出时间，读了一些书，买了一个笔记本，开始写作。② 为"驱走当下无聊的魔鬼"，他构思了一个关于法国人民史的大纲，在整个欧洲文明的背景下，以"深厚的现实"为基础，为独特、宝贵的民族群体撰写历史，但又不排除政治、战争和伟人。这本书将献给皮朗，"当时他的祖国与我的祖国为了正义与文明并肩作战，而身陷囹圄的他写就了一本欧洲史"。在没有笔记和图书馆资料的支持下，布洛赫首先完成了引言。这部分是长达九页的有关史料来源批评的讨论，字里行间透露出布洛赫重操旧业的喜悦和艰辛。③

　　10 月 10 日，布洛赫被调往驻扎在萨韦尔讷（Saverne）的一个新集团军司令部，承担一些"同样沉闷的任务"，但他只在那里停留了两天。在之前的几个星期里，布洛赫一直向上级恳求调动，后来在身居高位的友人相助下，高兴地离开了阿尔萨斯，重新调往位于皮卡第的第一

----

① 布洛赫致费弗尔的信，1939 年 9 月 17 日，10 月 10 日，国家档案馆档案，M1 318 1。参见《奇怪的战败》，215～216 页："我觉得我们是道德败坏的一代……但愿后人能原谅手染鲜血的我们！"

② 布洛赫致艾蒂安的信，1939 年 9 月 14 日，10 月 5 日，致爱丽丝的信，1939 年 9 月 29 日，10 月 9 日，艾蒂安藏品；布洛赫致费弗尔的信，1939 年 10 月 8 日，国家档案馆档案，M1 318 1。参见《奇怪的战败》，28 页。

③ 《欧洲文明框架下的法国社会史》（"Histoire de la société française dans le cadre de la civilisation européenne"），莫尔塞姆，1939 年 9 月 22 日（艾蒂安藏品），成为布洛赫《为历史学辩护》一书的萌芽。参见吕西安·费弗尔：《〈历史学家的技艺〉是如何出现的》（"Comment se présentaient les manuscrtis de ' Métier d'historien'"），《为历史学辩护》，161～162 页。

军团司令部。[①]

　　布洛赫离开法国东部的重型防御工事，来到与比利时接壤的北部。自比利时政府宣布中立三年多以来，这里的马其诺防线仍未修建完成。自20年代中期起，法国就一直坚持立足于坚固防线的基本战略。然而，本应将防线继续延伸至大海的法国却制定了"比利时策略"：德军如果在马其诺防线受挫，则预计会再次从低地国家入境，此时法英两国军队可迅速集结至国界交会处，与比利时军队会合，建立一个短期、严密的防线以抵御德军的进犯。实际上该策略的制定基本属于政治上的考虑，既可以展示法国保卫中立小国的决心，也可以更加坚定英方的承诺，不仅能为盟军增强防务力量，还可避免将战火燃烧到法国境内。[②]

　　然而，这一计划存在着严重的漏洞。战争的时候，由于盟军要协调中立国，敌军便会趁此机会赢得时间优势。进攻的一方需要大量战前准备，要面临极大的迅速行动的风险，可能会出现军事指令、通信和供应上的混乱，储备的耗损，无法预料的缺点，以及放弃用于防卫家园的人员和资源优势。然而，法国的防御计划同样存有缺陷。马其

211

---

　　① 布洛赫致爱丽丝的信，1939年10月9日，艾蒂安藏品；《奇怪的战败》，28页。布洛赫分别向第二局(情报局)的同事加布里埃尔·勒布拉斯、高师同学爱德华·赫里欧以及甘末林(Gamelin)将军的一名副官提出请求，决意成为与英国远征军(British Expeditionary Force)建立联系的法方联络员。布洛赫致费弗尔的信，1939年9月5日、17日，10月8日，国家档案馆档案，M1 318 1。尚不清楚是哪一位"上级官员"实现了布洛赫的调动。《奇怪的战败》，28页。

　　② 《在比利时的使命》("La mission en Belgique")，第1军团的行动(Opérations de la lère Armée)，文森堡陆军历史档案处(参见《奇怪的战败》，52～53页)；罗伯特·阿兰·多蒂(Robert Allan Doughty)：《灾难的种子：法国军队条例的形成》(*The Seeds of Disaster：The Developement of French Army Doctrine，1919-1939*)(Hamden，Conn，1985)，62～69页；巴里·R. 波森(Barry R. Posen)：《军事条例的来源：两次世界大战之间的法国、英国和德国》(*The Sources of Military Doctrine：France，Britain，and Germany between the World Wars*)(Ithaca，N. Y. 1984)，105～140页。

诺防线表面上坚不可摧，但法军容易麻痹大意，完全忽视了德国闪电战（Blitzkrieg）在战场上的潜力：它既可以作为一种值得效仿的战争模式，发展出更多有效的武装力量，也可以在进攻之初对骄傲自满起到警示作用。

作为研究变化科学的历史学家，布洛赫同意上级的战略思想，认为拿破仑和福煦以进攻为主的传统战略思想已经过时："le feu tue"（字面意思是火力决胜）。布洛赫坚信，如果坚固的防御阵地配有先进的火力、自动步枪、现代反坦克武器，以及迅速提高军需供给储备部署的铁路运输，即使策划最为周全的进攻也会受挫。因此，暴露于敌军之下的法国北部，消极地等待着穿过低地国家前来进攻的纳粹德军，布洛赫在这里亲身经历了法国由于战略失误而造成的惨痛后果。[1]

布洛赫途经巴黎，迂回地抵达位于皮卡第博安昂（Bohain）的第1军团指挥部，迎接他的是"北方和煦的阳光"。经过多次请求，布洛赫终于被批准调至情报部门，负责与英方的联络工作。然而他很快发现，作为承担同样任务的三个人之一，他不得不分担职责。后来他被安置在第四（军需总长）处，再次负责运输、劳动力和给养供应。在仓促地学习了英语军事词汇和军队组织机构之后，他于10月23日首次与英方军需官会面。[2]

布洛赫很快意识到，盟军内部两国之间的合作关系非常表面化。法英两国军队分别占领了两个邻近的区域，完全没有真正意义上的接触和理解。一般认为，英军勤于军务，然而根据布洛赫的观察，英国士兵掠夺、淫乱，军官冷漠、势利，让法军非常反感。由于布洛赫的

212

---

① 布洛赫致艾蒂安的信，1939年10月27日，艾蒂安藏品。

② 布洛赫致费弗尔的信，1939年10月15日，国家档案馆档案，M1 318 1；致艾蒂安的信，1939年10月16日、22日，致爱丽丝的信，1939年10月17日、22日，艾蒂安藏品；参见《奇怪的战败》，29页。

努力，一位英国军官与第 1 军团情报处建立了联系，但是双方在个人和国家层面上的互不信任与偏见超越了一切。更糟糕的是，布洛赫无法说服上级指派一名法军联络员常驻英国陆军上将戈特勋爵（Lord Gort）的指挥部。由于没有日常接触，两军的友谊与亲密感无法维系。布洛赫非常气馁，他对英军的造访收效甚微，经常断断续续，非常敷衍。后来在上级的默许下，他最终不再继续前往英军驻地阿拉斯（Arras）。[1]

后来，布洛赫被调去替换一名负责汽油供给的军官，这对他来说是一个新的挑战。一夜之间，他变成了"法军战线最机动化部队中伟大的燃油大王"[2]，他必须在接到通知后的几小时内完成保障军队快速挺进的燃油供给任务。一位颇有同情心的军官帮他完成了一堂燃油知识的速成课，他很快就学会了如何"以滴量为单位计算汽油罐和汽油配给的数目"。学习结束之后，布洛赫"像其他人一样，又恢复到一名军官平淡的生活中"。期间，阶段性的平静总是不断间杂着狂乱的变动。由于对比利时的燃油供应组织缺乏关键性的信息，布洛赫设法在中立国的领土上对汽油贮存情况进行调查，尽管未经授权，却依然取得了成功。[3]

初学燃油行当的布洛赫给妻子写信说："但愿希特勒能推迟一两周再进攻。"[4]实际上，这位纳粹元首最初计划在波兰沦陷后立刻进攻西

---

① 《奇怪的战败》，99～103、108～113 页。参见巴洛内：《一名法国军官的日记》，35 页；阿利斯泰尔·霍恩：《输掉一场战役：法国 1940 年》，138 页。

② 《奇怪的战败》，29 页。

③ 布洛赫致费弗尔的信，1939 年 11 月 12 日，国家档案馆档案，M1 318 1；布洛赫致加布里埃尔·勒布拉斯的信，1939 年 11 月 15 日，艾蒂安藏品；《奇怪的战败》，29～31、114～116、133～138 页。在布洛赫给他 14 岁的儿子丹尼尔写的信中（1940 年 4 月 16 日、26 日，艾蒂安藏品）关于他具体的任务有过十分详细的描述。

④ 《奇怪的战败》，29～30 页。

线。10月，希特勒曾下令最早在11月12日发动进攻。然而，欧洲当年遭遇了半个世纪以来最冷的冬天。一方面，严寒的天气造成了军事上的延误；另一方面，德国将领在如何赢得决定性的胜利、避免又一次西线消耗战的问题上分歧颇大。希特勒举棋不定，最终将进攻时间推迟至第二年春天。[①] 当时德军与盟军双方僵持长达八个月之久，有观察家称其为"奇怪的战争"、一次"假战"（*la drôle de guerre*）、一场"静坐战"。[②]

对于布洛赫来说，这是一场新的战争。他常常站在平静的国境线上，焦急地守望着随时可能燃起的战火。在此期间，布洛赫和一些年轻人一起住在参谋部。这些年轻的男士表面上看起来都是能干的职业军人，但骨子里的偏见却根深蒂固，思想视野极为狭隘。他们流露出对法国社会现状极大的无知，他们的世界观与"历史精神"格格不入。布洛赫在军队里百无聊赖，感觉大材小用，担心为此而牺牲个人家庭得不偿失。布洛赫想念妻子，为落在她身上的家庭重担深感不安。他在科雷兹的挚友——学者路易·拉克劳克（Louis Lacrocq）一直帮布洛赫照顾家庭，他的去世让布洛赫非常痛心。由于有一大堆事务无法脱身，布洛赫婉言拒绝了申请回家探亲的机会，但他却始终挂念居住在偏僻小镇、缺少父爱的孩子们，尤其担心长子和次子的教育、职业和

---

① H. A. 雅各布森（H. A. Jacobsen）：《黄色方案》（*Fall Gelb*）（Wiesbaden，1957）；W. 瓦利蒙特（W. Warlimont）：《在希特勒指挥部内部》（*Inside Hitler's Headquarters，1939-1945*）（London，1964）；巴里·波森：《军事条例的来源》，86～88页。布洛赫（致爱丽丝的信，1月29日，140页，艾蒂安藏品）预言，"谨慎"的希特勒会避免在低地国家战败，那将是对纳粹政权的"致命打击"。

② 阿利斯泰尔·霍恩：《输掉一场战役：法国1940年》，133～136页。

未来。①

入冬不久，法军的士气开始整体下滑。枪械、反坦克武器和飞机，都出现短缺的情况。后方军官们应付着铺天盖地的文书工作，第 1 军团的战士们则在天寒地冻的前方架铁丝网、挖反坦克壕和地雷区，在国界线处建造根本无法抵挡重型轰炸的混凝土掩体。② 冬季的严寒，加之战士们的怠惰和厌烦情绪，造成了严重的负面影响；法军队伍里时不时传出谣言、假警报，敌方阵地动辄向法军进行密集火力扫射和进行宣传战，以动摇法军的军心。③ 军人们情绪低落，对比利时军人、214 英国军人、国内大后方以及安顿在军区宿舍里的人愤愤不平。邮件的收发也变得迟缓、反复无常，还遭到严格的审查。战争爆发初期，一些前线的士兵连续六周未能收到家中的信件。最为不利的是，对于"我们为什么要打仗"这样最基本的问题，没有任何人能给出答案。总参谋部试图转移士兵注意力，通过体育运动和轻松的娱乐项目来提高士气，但反而加剧了他们对现状的迷惘。这里的天空总是铁灰色，偶尔才会晴朗无云，寒冷的北极空气覆盖了整个被钳制住的西部战线。布洛赫陷入了沉思，目前的状况给将士们造成了一种内心的困境，一个"拿起武器却没有战斗的国家，一支动员起来却丧失了所有警觉的军队"④。

暂时的逃避是可行的。在前线，布洛赫闲暇时大量阅读英语推理

---

① 布洛赫致费尔南·洛特的信，1939 年 11 月 3 日，洛特档案；致艾蒂安的信，1939 年 10 月 22 日，艾蒂安藏品；致费弗尔的信，1939 年 11 月 12 日，国家档案馆档案，M1 318 1；致爱丽丝的信，1940 年 1 月 22 日、28 日，艾蒂安藏品。

② 巴洛内：《一名法国军官的日记》，26～29 页；《第 1 军团的防区》（"Le secteur de la 1ère Armée"），第 1 军团的行动，文森堡陆军历史档案处。

③ 布洛赫致艾蒂安的信，1939 年 11 月 3 日，艾蒂安藏品；巴洛内：《一名法国军官的日记》，21～26 页；阿利斯泰尔·霍恩：《输掉一场战役：法国 1940 年》，138～144 页。法军中还发生了几起违抗军令、抢劫、酗酒和擅自离岗的违纪事件。

④ 布洛赫致菲利普·沃尔夫的信，1940 年 1 月 4 日，由沃尔夫教授提供；参看巴洛内：《一名法国军官的日记》，28、43、82 页。

小说，还读了蒙田的作品。他通过无线电广播欣赏音乐。1940 年 1 月
10 日，布洛赫从柏林的电台上听到了贝多芬第八交响曲非常具有学院
派风格的演奏，从伦敦的电台上欣赏到了莫扎特的四重奏。他在此期
间去过巴黎两次，与再次从事医院志愿者工作的妻子见过面，探望了
亲人，见到了费弗尔以及在巴黎高师做图书管理员的朋友保罗·埃塔。
尽管战争的创伤在后方也依稀可见，但布洛赫还是享受到了一些小小
的快乐：他在咖啡厅吃了块三明治，欣赏了斯特拉文斯基的《婚礼》，
还观看了几部不错的电影。①

　　苏芬战争让布洛赫更加绝望。同盟国又一次袖手旁观，唯一做的
是将苏联逐出了国际联盟。1940 年 3 月 12 日，又一个小国被迫屈从于
邻国的侵占，西方列强在道德战场上再次遭受重创。② 当时，布洛赫
因身患急性支气管炎，在巴黎的军事诊所住院治疗。后来，布洛赫经
历了一个漫长的恢复期，先后在巴黎的住所和克勒兹疗养。③

　　芬兰战败后，犹豫不决的达拉第被精力充沛的保罗·雷诺（Paul

---

　　① 一部"优秀的美国电影，《史密斯先生到华盛顿》(*Mr. Smith Goes to Washing-
ton*)"和明显"多愁善感但表演出色的《再见奇普思先生》(又名《万世师表》，英文名 *Good-
bye Mr. Chips*)"，以及令人极度不安的法国戏剧《危险重重！》(*Menaces!*)——埃里希·
冯·斯特拉海姆(Erich von Stroheim)脚踏战争乌云，出现在 1939 年至 1940 年的战前动
员中。布洛赫致爱丽丝的信，1940 年 1 月 11 日、22 日、27 日，2 月 1 日、6 日、12 日，
艾蒂安藏品。
　　② 布洛赫致艾蒂安的信，1940 年 2 月 14 日，艾蒂安藏品。巴洛内：《一名法国军
官的日记》，27～31 页。
　　③ 布洛赫被撤离至一个搭建于比利时馆大学城的临时医院。西蒙·布洛赫致爱丽
丝的信，1940 年 3 月 5 日，巴黎，致艾蒂安的信，1940 年 3 月 12 日；布洛赫致爱丽丝
的信，1940 年 3 月 8 日、12 日、16 日，艾蒂安藏品；布洛赫致费弗尔的信，1940 年 3
月 20 日，国家档案馆档案，M1 318 1；吕西安·费弗尔：《马克·布洛赫：1939—1940
年间的见证：私人通信选》("Marc Bloch: Témoignages sur la période 1939-1940: Ex-
traits d'une correspondance intime")，载《社会科学年鉴》，1945；《悼念马克·布洛赫》
("Hommages à Marc Bloch")-I，17 页，注释 3。

Reynaud)所取代。3 月下旬,同盟国采纳了丘吉尔提出的方案,在挪威领水区域布置水雷,然而这引发德军对丹麦和挪威的闪电式袭击。盟军远征挪威的纳尔维克(Narvik),试图切断铁矿砂公路,保全挪威这块尚未被德军侵占的飞地,结果却惨遭失败。这导致英国政坛更迭,张伯伦下台,丘吉尔成为首相。布洛赫因为此前在挪威有些经历和人脉,又有工作热忱,曾考虑过志愿参加此次远征。那次惨败后,他为远征的"备战不足"及带给各中立国的"糟糕印象"深感遗憾。①

布洛赫没有痊愈就赶回了前线。当时,前线刚经历过长达七个月之久的"神经战"("war of nerves"),处处充满了阴郁沉闷的情绪。慕尼黑刺杀希特勒的计划失败,除此以外,几乎一切照旧。布洛赫抱怨军官们的"驻守心态",这会降低军队的士气;抱怨残忍黑暗的春季,"还在迟疑是否该给予我们那份应有的阳光绿地";抱怨那份说不清道不明、或许结局惨淡的"等待",而这"等待"正是他们"荒谬存在"的目的。布洛赫大骂中立国行为不端,但是鉴于自慕尼黑刺杀事件以来盟军的懈怠,他也理解各中立国为何如此疏远。布洛赫怀疑那些顽固的绥靖主义者——博内、戴亚、社交界、右翼报刊——看似处于上升的趋势,实则会削弱早已低迷的战斗士气。另外,布洛赫还抱怨自己无所事事地整理文书,认为这是"和平时期"旧有习惯和态度的遗毒,弥漫于整个前线。布洛赫只要手头事务清闲,就会盘算以秋季开学的"特殊任务"为由申请回到索邦,尽管他仍疑虑重重。②

———————

① 布洛赫致爱丽丝的信,1940 年 2 月 1 日,还有致艾蒂安的信,1940 年 4 月 5 日;西蒙·布洛赫致爱丽丝的信,1940 年 4 月 13 日,艾蒂安藏品。

② 布洛赫致费弗尔的信,1940 年 4 月 6 日,国家档案馆档案,M1 318 1。参看布洛赫致艾蒂安的信,1940 年 3 月 28 日,还有致爱丽丝的信,1940 年 3 月 31 日,艾蒂安藏品。《奇怪的战败》,31 页。

216

在德国发动猛攻前的最后几天，布洛赫寻求法国的真正意义。[①]
第一次世界大战中，布洛赫因战斗而和"人民"打成一片，与他并肩作
战的有来自加来海峡省勇敢的矿工，也有来自巴士底军营的商店业主，
两位都是为法国献身的烈士，其中一位就牺牲在布洛赫的肩膀上。在
令他坐立不安的"假战"期间，布洛赫不断看到的是法国的"另一面"，他
们是一群彬彬有礼、教育不足、思想狭隘、自私小气的中产阶级后备军
人和职业军官。他们所表现出来的思想品位、言谈举止、语言和意识形
态，完全与法国人民脱节。布洛赫意识到，早在 1936 年 6 月，随着左
翼人民阵线的到来，中产阶级与普通民众之间就出现了很深的裂痕，如
今恐怕已经到了无法弥补的地步，中产阶级甚至仍对人民阵线心存报
复。在遭受第二次入侵前夕，法国既没有像饶勒斯这样被人民拥护的领
袖，也没有像第一次世界大战中克列蒙梭这样优秀的领导。他知道，此
刻，一个分裂的法国所面临的内部危机，与外部威胁同样地严峻。[②]

　　然而，法国骄傲自满的情绪仍在继续。5 月上旬，尽管春暖花开，
德军在别处发动进攻的信号明确，可是甘末林将军竟然在全军恢复了
正常休假。5 月 9 日，前方阵地"一片平静"，没人认为德军除了会拨动
紧张的战争神经外，还会有什么大的动作。[③] 这一天布洛赫例行公事
地离开军队，在巴黎见到了妻子，那里仍沉浸在安宁和相对愉快的气

---

　　①　年龄比布洛赫稍小的巴洛内在《一名法国军官的日记》(34～35 页)中将政客的
"腐烂"与"法之心……清白、诚实、勇敢"做了反差式的对比，说他的将士们才是"真
正的法国。他们所有的人——卑微之人、农村人、艺术家、劳工、小业主——是多么地
正直和爱国，各个方面都值得尊敬。那些议员们多么卑鄙，他们当选只是为了个人的目
的，为了能从人民身上攫取利益"。

　　②　布洛赫致费弗尔的信，1940 年 5 月 3 日，国家档案馆档案，M1 318 1；《奇怪的
战败》，205～210 页。另见巴洛内：《一名法国军官的日记》，45 页。

　　③　第 1 军团的行动，文森堡陆军历史档案处。5 月上旬比洛特将军(Billotte)回复
军团司令员有关军械匮乏的申诉："有什么可担心的？1941 年之前一切照旧！"阿利斯泰
尔·霍恩：《输掉一场战役：法国 1940 年》，237 页。

氛里，夜里一阵阵防空警报和防空炮火时时搅扰着他们的睡眠。此时，法国总理雷诺刚刚提出卸任，英国的新任首相丘吉尔即将接替伦敦事务。5月10日下午4点30分，德军将领古德里安（Guderian）率领第1装甲师穿过卢森堡边境，接着隆美尔（Rommel）和他的第7装甲师穿过比利时边境。日出时分，纳粹德国空军便开始轰炸荷兰、比利时和法国。同日早晨，还在法国莫城（Meaux）指挥部的布洛赫突然接到命令，要求他出示记录各部门单位汽油消耗总量的票据。布洛赫得知昨天德军发动总攻的消息后，立刻奔赴车站，穿过巴黎市区，搭乘一列"拥挤得出奇的火车"[①]，赶回到战斗岗位。

现在，战争真的开始了。布洛赫把这场战争称作"北方大悲剧战役"[②]。法军原定的E计划要求短途行军进入比利时，抵达埃斯考河[Escaut，亦称为"斯海尔德河"（Scheldt）]。这一保守计划能为盟军赢得充足的时间，以准备防御工事和保持军队间的联络活动。然而，该计划的缺陷在于，比利时有三分之二的国土——包括首都、主要工厂和大部分军队——完全暴露在敌人的进攻之下。E计划预期的是打一场类似第一次世界大战的消耗战，这样法军即使遭受包围，损失也不会太大。1939年11月15日，甘末林将军采取了较为激进的D计划，军队远途挺进至迪莱河（Dyle），把布鲁塞尔纳入其保护范围，与更多的比利时军队会合，形成的防线较短，"增加了遭遇战的概率，缩短了准备防御工事的时间"[③]。D计划导致了一些严重的运输和情报问题，

---

① 《奇怪的战败》，31～32页；西蒙致爱丽丝的信，1940年5月13日，艾蒂安藏品。
② 《奇怪的战败》，32页。
③ 巴里·波森：《军事条例的来源》，91页；《奇怪的战败》，65～67页；巴洛内：《一名法国军官的日记》，33页；阿利斯泰尔·霍恩：《输掉一场战役：法国1940年》，157～165页；L. F. 埃利斯（L. F. Ellis），《法国和佛兰德斯的战争（1939—1940）》(*War in France and Flanders*，*1939-1940*)(London，1953)，17～38页。

尤其是比利时军方过于保密，使得法军在境外难以开展空中战、坦克战以及相关战斗防御措施。

按照 D 计划，布朗夏尔(Blanchard)将军的第 1 军团一旦发现德军
入侵，便会挺进比利时境内。这支高度机动化和装备先进的部队，在
英国远征军和科艾普(Corap)将军的第 9 军团之间行进，要抵达比利时几乎毫无天然屏障的让布卢高原(Gembloux plateau)，需在六至八天内前进约一百千米。总参谋部于 1940 年 3 月实施了 D 计划，增加了更加冒险也颇受争议的布雷达变通计划(Breda Variant)，将法军第 7 军团派往荷兰，完全破坏了基本上属于防御性的军事原则。保卫法国色当和阿登高地的盟军未能在其薄弱环节适当增加防御，一些精锐力量投入过于匆忙，反应迅速的德军机械化部队便有机可乘，突破、包围并消灭了这支盟军部队。[①]

5 月 10 日早 9 点，第 1 军团的第一批士兵穿越比利时边境线，主力部分随后于正午赶上。布洛赫匆匆从巴黎赶回部队，并从博安昂转移至位于法国北部边境瓦朗谢讷(Valenciennes)的一个新的临时参谋部。布洛赫第一次亲眼目睹了德国轰炸式袭击的威力。为了获取有关比利时燃油供给的第一手宝贵信息，布洛赫依赖其从未被上级看好的"游牧式本能"，与比利时当地军需部门指挥官手下的一名好心的副官讨价还价，总算用汽油换得了一辆汽车。5 月 11 日，布洛赫开车出发前往蒙斯(Mons)，一天后又去了尼韦勒(Nivelles)、弗勒吕(Fleurus)和沙勒罗瓦。这里的乡下起伏不平，绿树成荫，内伊(Ney)元帅曾在这里征战，如今，比利时矿工在阳光明媚的五旬节夹道欢迎法军机动纵队的到来。然而，布洛赫看到的却是阴暗的一面。道路上的难民相互拥挤

---

① 《在比利时的使命》("La mission en Belgique")，第 1 军团的行动，文森堡陆军历史档案处；另见 R. 普利欧将军：《战争回忆》(*Souvenirs de guerre*)(Paris，1947)，29～35 页；巴里·波森：《军事条例的来源》，91～94 页。

250 | 为历史而生：马克·布洛赫传

着，或搬或推，把一堆堆随身物品从列日(Liège)战区带走。①

接下来的消息糟糕透顶。埃本埃马尔要塞(Eben Emael)失陷，德国人迅速向西移动，一路上几乎未遭遇任何抵抗。5 月 11 日正午，普利欧(Prioux)将军的电报让人吃惊，他今晨率骑兵部队占领让布卢缺口(Gembloux gap)，如今极易受到敌军攻击。此前比利时和法国的军队几乎从未有过任何交涉，在如此至关重要的开阔原野上，面对德军的进犯，竟然毫无准备。普利欧将军请求立刻重新考虑 D 计划，催促盟军马上撤退并沿埃斯考河建造牢固防线。布朗夏尔将军将这一消息传达给第 1 军团司令比洛特将军，比洛特将军当晚将回复传达给了普利欧将军。鉴于第 7 军团和英国远征军已经前往目标地点，D 计划必须照常进行，第 1 军团将加快行军速度，到达目的地的时间从七天缩减至四天。第 1 军团的机械化部队不得不在白天行进，在无法组织抵抗的情况下，不断遭受纳粹德国空军的轰炸，以至于遗弃了大量火炮军械。②

5 月 11 日至 12 日，在从列日到迪莱的途中，法军与德军在阿尼高原(Hannut plateau)进行了首次坦克战。双方损失惨重。面对数量两倍于己的敌人，法军顽强抵抗，在短暂的休息之后，坚守到 15 日。法军早在 13 日就获悉，德将隆美尔已率军渡过了默兹河。③

---

① 有关比利时士兵和军队变节的恶意谣言四起，布洛赫一路上更加冷静地搜集真相。《奇怪的战败》，32～33、97～98 页。另见"第一阶段"(lère phase)，第 1 军团的行动，文森堡陆军历史档案处；巴洛内：《一名法国军官的日记》，46～47 页。5 月 13 日布洛赫给儿子丹尼尔(Daniel)匆忙写信("我很好。我很忙。拥抱你。")，艾蒂安藏品。

② 《奇怪的战败》，66 页。另见第 1 军团的行动，文森堡陆军历史档案处；巴洛内：《一名法国军官的日记》，48 页；普利欧将军：《战争回忆》，66～69 页；阿利斯泰尔·霍恩：《输掉一场战役：法国 1940 年》，278～279、283 页。

③ 《奇怪的战败》，66～69 页；埃尔温·隆美尔(Erwin Rommel)：《隆美尔档案》(The Rommel Papers)，B. H. 利德尔·哈特(B. H. Liddell Hart)编(London，1953)，7～14 页。

转瞬间，D计划的硬伤显露无遗。它对进军比利时的计划考虑不周、缺少相应的空中掩护、对进攻型坦克战组织不力、与英国和比利时军队的协同作战十分有限，此外，对德军超常规作战能力极度无知。希特勒对盟军的动向了如指掌，采取了冒进的曼施坦因计划（Manstein plan），重新调集驻扎在比利时和荷兰的武装力量，以突破防守力量不足的阿登高地，冒险穿越深沟高垒的默兹河谷。普利欧将军坚守在让布卢附近区域，突然收到骇人消息：亨辛格（Huntzinger）将军第9军团惨遭溃败，那慕尔省（Namur）与色当之间被撕开了一个长达60千米的口子，对第1军团后方构成了极大的威胁。但是直到5月15日，布朗夏尔将军才下令分三步向边境撤退50到75千米，然而此次撤退与英军的配合极差，路线被大批难民堵塞，而且空中没有一架执行掩护任务的法军飞机。[①]

接着便是法军一连串零零散散的被布洛赫称为"啃骨头式的"撤退。德军飞机和坦克乘势追击法军至海边，根本不给法军第一次世界大战中马恩河奇迹般脱险的希望。[②]这些撤离部队的平均距离在20至30千米，驱车不足半小时便可赶上，基本上无法摆脱德军的火力追击。实际上，法军根本不清楚德军的具体位置、方位以及物资情况。这不仅仅是因为情报失误，而且是由于法军判断距离失误，自身行动迟缓，作战反应迟钝。比如，5月22日在梅尔维尔（Merville）设立的后方"安全"指挥部，竟然比在埃斯泰尔深入挺进敌方的集团军还要靠近作战

---

① "第一阶段（5月15日）"，第1军团行动，文森堡陆军历史档案处；《奇怪的战败》，67～68页；巴洛内：《一名法国军官的日记》，48～49页；L. F. 埃利斯：《法国和佛兰德斯的战争》，59、63、76页。

② 《奇怪的战败》，64页；参见"第一阶段（5月16—20日）"，第1军团行动，文森堡陆军历史档案处。

区。① 德军出其不意、攻其不备，使法军士气受挫，从上到下灰心丧气，思想一片混乱。② 法军本应组织"脱身"，将部队退后至可以重新建立牢固防线的位置，但是"众多小股增援部队不断汇入突破口，队伍无疑变得支离破碎"③。

布洛赫抱怨道，尽管"现代战争的整个节奏早已发生变化，法军的指挥却总是慢一个节拍"④。 *221*

> 德军作战的根本理念是速度。然而，我军的军事思想还停留在昨天，甚至是前天。更甚的是，我们对德国人采用新战术的事实视而不见，或者根本无法理解这加快了节奏的时代。可以确切地说，双方来自人类历史发展的两个不同时期。长年殖民扩张的经验告诉我们，战争只不过是长矛对来复枪。可是在这一次较量中，我们就好比舞枪弄棒的土著。⑤

D 计划惨遭失败，可是该计划中的那些错误可以纠正吗？伟大的德国元帅冯·毛奇公爵(von Moltke)曾断言："一旦军队的初次部署出了问题，在接下来的整个战役中，负面作用都无法消除。"⑥布洛赫极力反对这一说法，他认为："如果责任人没有纠错能力，早期的错误才

---

① 《奇怪的战败》，71 页。

② "一些事故……的主要原因在于，过去的训练使他们反应太过迟钝。我们的士兵们被打败了，从某种程度上说，是他们轻易地输给了自己，这主要是因为他们的脑袋太呆滞了。"《奇怪的战败》，75 页。

③ 《奇怪的战败》，64 页。

④ 《奇怪的战败》，68～69 页。

⑤ 长官们"顽固不化，执意要在瓦朗谢讷(Valenciennes)和德南(Denain)方向保留一个突出部，结果当决定撤向海岸时，把守这些前沿阵地的师部不能及时跟进"。《奇怪的战败》，64 页。

⑥ 引自阿利斯泰尔·霍恩：《输掉一场战役：法国 1940 年》，658 页。

会酿下大错。"显然，盟军的领导人没有防止小挫败演变成大灾难的能力。①

5月19日，73岁的老将马克西姆·魏刚（Maxime Weygand）从叙利亚被匆忙召回，接替甘末林将军。在对法军的严重损失、突破口和错失的宝贵时间评估之后，魏刚将军便前往比利时的伊普尔（Ypres），决议于5月23日发动反攻。但是由于法军关键人员突然更换、盟军内部的混乱，以及德国军队的强大攻势，魏刚的计划破产了。英国远征军统帅戈特将军担心遭到包围，于5月23日撤离阿拉斯，前往英吉利海峡，一路炸毁桥梁、剪断电话线，给法方造成了不少的苦头。在"假战"期间布洛赫就察觉到，法英盟军之间埋下了疏远、怀疑和不信任的种子，如今他们终于在阿拉斯尝到了苦果。②

此时，布洛赫在沉闷的撤离路线上行进——该路线是布朗夏尔将军为撤离指挥部而制定的。部队一路上多次宿营，所到之处弹坑累累，惨不忍睹，让人刻骨铭心，本来就"愈加抑郁的情绪"雪上加霜。5月18日，他们在杜埃（Douai）郊区的一间校舍躲避德军的重型轰炸。19日，他们躲避在朗斯（Lens）的一家托儿所，在遥远的地平线上还能看到阿拉斯燃烧的熊熊大火，朗斯很快也遭到了德军燃烧弹的袭击。22日，他们驻留在利斯河畔埃斯泰尔（Estaires-sur-Lys）的一家旅馆。这

---

① 《奇怪的战败》，68页。

② "第三阶段（5月21~24日）"，第1军团行动，文森堡陆军历史档案处；《奇怪的战败》，103~109页；埃利斯：《法国和佛兰德斯的战争》，172~176页。

后来布洛赫认识到，不能让英军"在欧洲大陆上被击得粉碎"。布洛赫批评甘末林对英军过于重视，为此他引用了挪威战役的一个实例[《战争委员会口头诉讼》（"Procès-verbal du Comité de guerre"），1940年4月26日，《法军高级将领秘密文件》（Les documents secrets de l'Etat-Major général français）（Berlin，1941），98页]：甘末林将军曾宣称："组织大批军队是英国人的任务，我们则需要给予他们精神支持、规划战略战术、提供必要的计划和鼓励。哎！"参见1942年7月他对《奇怪的战败》的增补，106页。

里位于交通枢纽地带，是德国空军袭击的首要目标。23 日，他们在阿蒂什（Attiches）一座装饰华丽、粗俗的城堡里度过。城堡位于一个景色秀丽的公园，可是周围炮火纷飞，电厂、电力和无线电设施均遭到摧毁。[①]

布洛赫对佛兰德斯（Flanders）凄凉的撤退场面记忆犹新。5 月 20 日，布洛赫在朗斯托儿所的挂图上确定了德军在索姆河河口的位置，但是多次拨打总部的电话都未能接通。突然，他的脑海中蹦出"四面受敌"等令人窒息的字眼，有一种孤立无援之感。[②] 作为历史学家的布洛赫时常阅读和讲述战争故事，可这是头一回亲身遭遇那"可怕的、残忍的真实"[③]。

5 月 22 日，布洛赫第一次接受空中轰炸的"洗礼"。机关枪和炮弹的攻击让人"不寒而栗"，但仍在承受的范围。第一波空袭炸弹则让人直接感到一股巨大的威力，产生一种瘫痪性的"恐惧，在灾难临头时毫无防备"：

> 空袭声非常可恶、残酷，让人神经分兮，无论炸弹下落时发出的嘶嘶声……还是爆炸瞬间的巨大声响，都震颤着身体里的每根骨头。空气似乎都被这种最剧烈的力量震得粉碎，接着便是一幅幅肉体炸成碎片的画面……人总是惧怕死亡，尤其是知道死亡来临时自己会粉身碎骨。毫无疑问，这种奇怪的自我保存本能不合逻辑，却扎根在人性深处。如果战争持续时间够长，我们很可能会习以为常，不至于如此大惊小怪……那时候理智肯定会说服他们，无论空袭多么可怕，与其他的攻击形式相比并无二致。[④]

---

① 《奇怪的战败》，33～39 页；西蒙致爱丽丝的信，1940 年 5 月 30 日，艾蒂安藏品。
② 《奇怪的战败》，34～35 页；"第三阶段（5 月 20 日）"，第 1 军团的行动，文森堡陆军历史档案处。
③ 《为历史学辩护》，48 页。
④ 《奇怪的战败》，85～86 页；另见 82～83 页。

布洛赫在撤退的路上，继续充当"燃油大王"的角色。因为担心再次发生上次战争通信失败的情况，布洛赫在"假战"期间发明了一种"分流"系统，以保持与各燃料补给小组的直接联系，在"更繁忙的情况下"仍能正常运作。不论指挥部和补给放置场转移得多么频繁，布洛赫"总是知道它们在哪里"，而且总是"从容地下达紧急指令"。他灵活的摩托车队能找到所有连级以上补给军官，他的部下——四名英勇的补给官，与整个军团一直保持着联系。布洛赫声称，5 月 11 日至 31 日从未通过"官方渠道"与下属部队有过联系，但所有的命令和要求都能顺利到位：

> 据我所知，我所在的部队从未有过一次汽油短缺的情况。我们的"米老鼠们"（机动坦克的绰号，上面印有活泼的小米老鼠徽章）英勇地四处发放补给，经常长途跋涉，不辞辛苦。我们从未因为要突然进入行军状态，而给敌人留下任何补给站。在从比利时蒙斯到法国里尔的整条撤退路线上，我们烧掉了许多来不及转移的补给站，那一路上的熊熊烈火，比当年匈奴王阿提拉（Attila）横扫欧洲的场面还要壮观。[①]

在撤退过程中，布洛赫反思这场灾难所映射出的人性。他目睹了各种希望和绝望、勇气和怯懦的戏剧性场景。他尤其批评这样一些军官：他们"指望什么都和军事手册上一样"，只要德军"没有按照参谋学院传授的军事规则出牌"便手足无措；他们认为一切都完了，也就"默认了这场失败"。[②] 在和平时期严格有序的事物，到了战争中变得犹豫

---

① 《奇怪的战败》，95～96 页；布洛赫致萨拉·布洛赫的信，1940 年 6 月 9 日，艾蒂安藏品。

② 《奇怪的战败》，154～155 页；布洛赫致萨拉·布洛赫的信，1940 年 6 月 9 日，艾蒂安藏品。

不决、一片混乱。布洛赫坚持认为，法军的情报部门"提供的信息严重不足"。信息遭到隐瞒，错误未能纠正，即使是赫赫有名的"情报通报"，在一系列的传达过程中也会变得不确切和自相矛盾，进而导致错误的判断和分析。①

在长时间的"假战"中，法军并没有对一些军官进行必要的裁员，5月10日以后，很多重要的岗位都被大批超龄的、不称职的军官霸占。一个愚蠢之极的陆军上校，竟被留下来负责组织管理指挥车。② 军队中各个办事部门之间毫无沟通，布洛赫为此非常愤怒，尤其是情报部门和补给部门之间缺乏联系，阻碍了迅速警觉的军事行动。③

为马上找到替罪羊，军队里四处谣传士兵们消极怠惰。布洛赫的亲身经历告诉他，事实正好相反。他赞扬与他并肩作战的同事们，他们大多是普通士兵和预备役军人。他们勇往直前，穿过一条条危险的道路倒满汽油桶，冒着巨大的生命危险点燃燃料库，以防补给落入敌人之手。纪律上稍有松动，布洛赫责骂更多的是军官，而不是士兵。④

据布洛赫所言，1940年，领导者太过被动、顽固不化。他们总想躲在后方保全自己，可是当敌军突袭时，他们又惊慌失措地撤退，甚至敌军未到，就已经吓得溃不成军。这种胆小怯懦，即使在责任最为重大的领导层也普遍存在。年老体弱、睡眠失常、事务繁杂、缺乏个人整洁，这些都是最高领导阶层身上的通病。⑤

布洛赫对布朗夏尔将军的批评尤其严厉。据说，在法国朗斯时一

225

---

① "不得不说……我们获得了错误的信息！"《奇怪的战败》，115～122页。早些时候，布洛赫致勒布拉斯的信，1939年11月15日，艾蒂安藏品。

② 《奇怪的战败》，127～128页。

③ 《奇怪的战败》，132～138页。

④ 《奇怪的战败》，141～142页。

⑤ 《奇怪的战败》，142～145、149～150页。

位军团长曾催促他说："做什么都行，将军，看在上帝的份上，您总得做点什么吧！"在阿蒂什的城堡时，布洛赫发现，这个平日里温文尔雅的将军如今坐在那里"沉浸在悲伤之中，一动不动，什么也不说，什么也不做，只是呆呆地凝视着我和他之间的桌子上铺开的地图，似乎是想努力寻回当初他未能做出的决定"①。5月25日至26日晚，布洛赫偶然听到布朗夏尔将军说出了"投降"的预言——这不但令人难以启齿，而且这根本不是一个真正领导者应有的念头。这意味着"巴赞精神的胜利"。1870年10月，梅茨要塞遭到普鲁士军队的围攻，年迈的巴赞(Bazaine)作为法国的政客和将军，在毫无抵抗的情况下向普军投降。②1940年5月25日，比洛特将军死于车祸，布朗夏尔将军接替他担任第1军团司令一职。按照布洛赫的说法，布朗夏尔将军本来可以与此次灾难性的失败毫无干系，可他要对这场失败负全部责任。③

　　5月26日，布洛赫前往最后一个指挥部——位于里尔(Lille)西北部斯滕韦克(Steenwerck)一幢漂亮的别墅里。别墅旁边的一栋房子，是新任第1军团司令普利欧将军的住所，他的职责是整顿溃不成军的第1军团。当时大批的英国、法国和比利时军队正前往敦刻尔克(Dunkirk)进行海上撤离。正如人们所料，比利时国王利奥波德三世(Leopold III)于5月28日投降，普利欧将军的军队不得不面临被德将

---

①　《奇怪的战败》，52页。布洛赫在阿蒂什也看到了"人类弱点中最卑鄙的景象"：一位因削职而沮丧的前将军，两眼呆滞，一根接一根地吸烟，曾经最优秀的师级军团将军，据说竟是因为酗酒而被剥夺了指挥权(37页)。

②　《奇怪的战败》，144～149页；巴洛内更多的批判，见《一名法国军官的日记》，72页。

③　《奇怪的战败》，39页。布洛赫在诺曼底再次遇到这位将军，他言语冒失，竟祝贺布洛赫从"佛兰德斯冒险"中幸免于难。布朗夏尔的部队损失大半，敌军俘虏了被抛弃的继任者(51～52页)。

隆美尔的快速部队包围的威胁。① 随着敌军的逼近，布洛赫加紧了对里尔市燃料库的摧毁工作，毫不屈从于上级犹豫和迟缓的命令，甚至差点搭上了手下一名通信员的性命。但是布洛赫成功了，在德军抵达之前，所有的燃料库和发电站都被完全摧毁。布洛赫还征得了普利欧将军的同意，放弃了自己掌管的所有油槽车，尽管军队因此失去了最后留下的几加仑汽油。②

5 月 28 日，普利欧将军面对着困惑沮丧的将士们宣布，他将与一到两名军官留在德军包围圈前方等待德军到来，并准许其余各部向海边撤离。布洛赫对这位不幸、勇敢的骑兵将军深表同情。在斯滕韦克花园，布洛赫与新任上司"T"建立了难得的友谊。这位身材魁梧、一头金发的炮兵队长，主动提出留下来陪伴普利欧将军。布洛赫为这种前后的变化深感震惊。之前那个负责、真诚但死板、粗俗、满脑子偏见的军官，突然间变成了一个真正的领导、一个伟人，这就是一个"真正实干家"的优点。布洛赫后来写道："当危机来临时，品格的缺陷都被抹掉了，而美德作为潜在的力量，突然间爆发了……面对真正的考验，他不再执着于平凡琐事，争强好胜的一面也消失了。"③根据普利欧将军的指示，5 月 28 日布洛赫大部分时间都在焚烧自己的个人记录，包括他的日记、私人信件，只保留用于旅途的个别珍贵或有用的物品。那天晚上，他在一列长长的、行驶缓慢的机动车队中出发，穿越比利时的乡村——此时通向法国的道路已被堵死。④

---

① "第四阶段(5 月 25—29 日)"，第 1 军团的行动，文森堡陆军历史档案处；《奇怪的战败》，37～39 页；巴洛内：《一名法国军官的日记》，55～56 页；普利欧：《战争回忆》，118～120 页；另见《隆美尔档案》，第二章："拉紧圈套"，29～43 页。

② 《奇怪的战败》，98 页；巴洛内：《一名法国军官的日记》，56 页。

③ 《奇怪的战败》，55～57 页。"T"不想被俘，打算开枪射击德军，但是遭围的第 4 军团司令员及时赶到，精疲力尽的联络官(为布洛赫部队一员)答应替"T"受俘，他才得以获释。

④ 《奇怪的战败》，39～40 页。

在接下来的 24 小时中，出现了许多紧张的时刻。到第二天拂晓时，部队仅行进了 10 千米。布洛赫为躲避德军的机动侦察兵，一路上时而驱车、时而步行，于正午抵达翁斯科特（Hondschoote）。布洛赫和同事拉尚（Lachamp）上尉一起，四处寻找他的主燃料柱，后来发现它们已提前到达布赖-雷-迪讷（Bray-les-Dunes）。由于在弗纳斯（Furnes）遇到桥梁被毁，交通极为堵塞，布洛赫又回到了翁斯科特。[①] 夜幕降临，布洛赫以更直接的方式行进，开始了一段"可怕"的旅程。他步行在机动车的行进队伍中，到处是稠密混乱的车辆。在布赖-雷-迪讷，成千上万的英军和法军车辆以及其他装备被遗弃，堵塞了整个城市。布洛赫在这里找到了他的主燃料柱和一栋可供休息的房屋。由于地处沿海地区，淡水匮乏，布洛赫只能靠喝香槟解渴。[②]

5 月 24 日至 27 日，德国装甲部队暂停行军，开始重新整编，以准备新一轮的进攻。英军四个师和法军若干个师这才有机可乘，逃至敦刻尔克并建立了周边防线。[③] 至 5 月 27 日晚，近 8000 名英国士兵安全撤离。两天后，魏刚将军终于下令法军登船。5 月 27 日至 31 日，英国皇家海军连同法军战舰和由无数小型私人船只组成的临时增援舰队，在英国皇家空军大规模突围行动的援助下，将 165000 名军人载过了英吉利海峡。[④]

---

① 布洛赫与之前的学生莫里斯·雷伊（Maurice Rey）曾短暂相遇。尽管他们处在惊慌失措的撤退之中，雷伊还是热情地评论了刚刚读完的《封建社会》，当时布洛赫开心地笑了。雷伊致本书作者的信，1979 年 9 月 17 日。

② 《奇怪的战败》，39～41 页。

③ 阿利斯泰尔·霍恩：《输掉一场战役：法国 1940 年》，598～603 页；参看艾伦·布洛克（Alan Bullock）：《希特勒：暴政研究》（Hitler：A Study in Tyranny）（New York，1964），584～586 页。

④ 阿利斯泰尔·霍恩：《输掉一场战役：法国 1940 年》，618～620 页；L. F. 埃利斯：《法国和佛兰德斯的战争》，218～220 页。

普利欧将军投降后，第 1 军团几乎名存实亡。尽管布洛赫目前没有职责要求，但他仍坚持为部下担当领导责任。这些军人基本上没有武器装备，在海滩上聚拢，焦急地等待着营救、被俘或死亡。德军逼得愈来愈近，炮火越来越有摧毁力，而他们只能眼巴巴地看着英军安全撤离。布洛赫亲眼目睹了一个极度心酸的场面：一名法国译员"几个月以来在兵营和战场上与英军士兵结下了亲密的友谊……此时却只能看着英国战友们站在战舰的栏杆上渐渐远去，而他被禁止登船，滞留在沙滩上自谋生路"；"看着一艘艘战舰将他的异国战友载向安全的彼岸"，只有"超人般的慈悲心肠才能抑制住内心的苦楚"。①

228

5 月 30 日，布洛赫开始忙碌起来，设法将部下的名字加入官方的撤离名单。在短期担任布赖-雷-迪讷的交通管制官期间，布洛赫在拥挤的街道上四处走动，走访了比利时边境的培拉奎斯特（Perroquest）咖啡馆。这家咖啡馆还做了几小时的战区指挥部。终于，布洛赫在马洛-雷-班（Malo-les-Bains）找到了主军需处分处的同志们，当夜还和他们在沙丘上一起露营。那一夜，德军的炮火声总是打断他们的睡梦，还好德军只是针对某一特定目标进行攻击，他们这才"在四周满是海草的沙丘宿舍里"②免受炮火的屠戮。

撤离行动并不顺利。5 月 31 日一早，布洛赫接到通知，他的部下可以登船。然而，他们的船只遭到了轰炸，大部分人得以获救。现在，布洛赫可以着手考虑个人安排了，但是他的上级并不情愿给他提供任何帮助。当天下午，布洛赫有幸碰到一位骑兵军团司令员，从他那里为自己和两个朋友获得了官方放行准许令。由于信息传达混乱，他们

---

① 《奇怪的战败》，102 页。

② 《奇怪的战败》，41～42 页。巴洛内也于 5 月 30 日抵达马洛（Malo）："和往常一样，没有向导，没有军事交通管制，最高统帅部连一个方向指示牌都没有插。"《一名法国军官的日记》，59 页。

不得不两次穿过敦刻尔克。而此时的敦刻尔克已是"一片废墟的小镇，四处烟雾弥漫，能隐隐约约看到一些残垣断壁"，小镇街道堆满了"与其说是尸体不如说是人体的残骸"。① 在破坏和混乱中，布洛赫偶遇了一个曾在斯特拉斯堡教过的学生，他也在等待登船。布洛赫借此机会和他交谈，表示对"法国的命运"充满信心。②

在佛兰德斯海岸的最后几分钟里，布洛赫满耳充塞着炸弹的坠落声、弹片的爆裂声、机枪的扫射声，以及防空高射炮巨大的射击声。然而，他的眼中并没有恐惧和危险，他所看到的是一个美好的夏夜：金黄的天空、平镜般的海面，阵阵形态各异的烟雾在燃烧的炼油厂上方腾空而起。布洛赫还对他搭乘的舰船名称饶有兴趣——"皇家水仙花"(Royal Daffodil)，一个源于印度童话故事的名字。他真正体会到一名军人逃脱被俘时内心释然的感觉。③

连续八天的撤离工作出奇地高效。到 6 月 3 日即敦刻尔克沦陷的前一天，约二十万名英国军人和十三万名法国军人陆续从海滩撤离，然而仍有约五万名军人被德意志国防军(Wehrmacht)俘虏，而且他们装备尽失。"敦刻尔克奇迹"在当代史上占据了一个十分特殊的位置。④ 有一种广受质疑但仍颇具说服力的说法：希特勒之所以容忍此次敦刻尔克大撤离，其实是为了准备与英国媾和。确切地说，敦刻尔

---

① 《奇怪的战败》，42~43 页。

② 对让·布劳恩(Jean Braun)的采访，1982 年。

③ 《奇怪的战败》，43 页。"皇家水仙花"号是一艘客运渡轮，当天承载 1600 名法军士兵驶往英格兰。阿瑟·D. 迪万(Arthur D. Divine)：《敦刻尔克的九天》(The Nine Days of Dunkirk)(New York，1959)，197 页。

④ 迪万，《九天》；另见阿利斯泰尔·霍恩：《输掉一场战役：法国 1940 年》，617~620 页；艾丽丝，《战争在法国》；H. A. 雅各布森(H. A. Jacobsen)，《第二次世界大战中的决定性会战：德国人的视角》(Decisive Battles of World War II：The German View)(London，1965)。

图二十二　敦刻尔克：岸边的法军

克暴露了纳粹德国空军的弱点：他们表面上所向无敌，但在与德意志 230
国防军快速移动的装甲师的配合方面却捉襟见肘。这也说明，第三帝
国的战争最高领导层中还存在重要的缺陷。对英国来说，敦刻尔克大
撤退的成功把一个意志消沉的民族打造成了领导得当、坚定顽强、能
与希特勒抗衡的强大对手。法国则品尝到了失败的滋味和与盟友不和
的苦果，这使得一支遭受重创的军队从炼狱中得救。① 然而，当敌军
再次到南线袭击时，他们及其所丢弃的宝贵的战争补给——枪械、大
炮、坦克、反坦克炮和防空高射炮——一定会让人感到痛惜不已。②
　　布洛赫在英国只做了短暂的逗留。早晨抵达多佛（Dover）后，他花
了一整天的时间乘坐火车穿越英格兰南部。后来，他回想起当时的场

---

① 参看马克西姆·魏刚（Maxime Weygand），《回忆录：服役回想》（*Mémoires：
Rappelé au service*）（Paris，1953），132 页。
② 《奇怪的战败》，79～80 页；巴洛内：《一名法国军官的日记》，64、72 页。

景时说，"一路上昏昏沉沉"，时不时夹杂着"混乱的感觉和图像"，它们不停地涌进他的意识里：一会儿他狼吞虎咽地吃着"花裙子姑娘"和"行庄严圣餐礼"的牧师从车窗外递来的火腿和奶酪三明治；一会儿是"淡淡的香烟味向我们扑鼻而来；一会儿是柠檬汁的酸味，还有加了太多牛奶味道而发淡的茶香味；一会儿是暖绿色的草坪；一会儿到处是公园、教堂尖顶、树篱和德文郡（Devoshire）的悬崖；一会儿是一群又一群在平交路口大声欢呼的孩子们……"英国民众自发热情、友好地接待他们，这与英国官方冷落和过分怀疑的态度形成了鲜明的对比，一些临时宿营地的气氛"让人觉得几乎是在坐牢"。还有些英国官员对混杂的外国军队太过挑剔，行为"粗暴"，"给人们留下了不可磨灭的印象"①。

然而，他们从普利茅斯（Plymouth）回到法国的那天傍晚，迎接他们的是更大的不幸。6月2日破晓，他们抵达瑟堡（Cherbourg），早晨9点在港口等待码头官员。在战争的后方地区，他们没有看到欢呼的人群，没有三明治，也没有香烟，只有一个正式、冷清甚至带着些许怀疑的接待。他们的休息营地非常肮脏，环境恶劣，短暂停留中，唯一提起他们兴致的是几个红十字会的女志愿者，之后他们便开始了一段崎岖不平、长达120千米的火车旅途。他们在半夜抵达卡昂时无人接待，还好在几家像样的宾馆里落了脚。②

等待布洛赫的还有一次愉悦的团聚。他在瑟堡的时候，就给妻子发了电报，他到卡昂安顿下来不久，妻子便来与他相聚。西蒙发现，经历了诸多磨难的丈夫"黑了，也瘦了"，他"事务繁忙，精力充沛，在很多事情上一马当先，他的部下和同僚们都很仰慕他"。布洛赫有了汽

① 《奇怪的战败》，44、102～103 页。
② 《奇怪的战败》，44～45 页。

车之后，便能在之前由北方军团（Army of the North）把守的战区游走。该军团后来突然被调至后方，没有指挥，没有计划，也没有组织。①

6 月 9 日，布洛赫写信给 83 岁高龄的母亲——她正在经历人生中的第三次外国入侵，他在信中说："我们必须坚持到底；如果我们做到这一点，即使遇到一些挫折，终究会赢得胜利。德国人战线拉得太长，已经吃不消了。不管怎样，总有一天我们要与他们算账。"②

但是一切都太迟了。德国装甲部队在赢得北部战争的胜利后，已经重新整编部署完毕，正准备给盟军以最后的沉重一击。从海边到默兹河之间长达 280 千米的战线上，德国人 104 个师全副武装，严阵以待，而盟军在索姆河与埃纳河之后至多有 60 个师。当时法国百分之九十的国土，包括首都和各主要城市，还未被占领。只要魏刚将军愿意，并能够制定一个新的战略以弥补武器装备、空中力量和人手上的不足，就还有回旋的余地。然而，尽管之前屡遭挫败，年迈的将军仍固执己见，坚持形成连续战线的原则。他既没有制定任何重新部署军队或组织抵抗的撤退计划，也没有任何放弃防线从而赢得战争时间的备用方案。如果索姆河-埃纳河防线崩溃，魏刚将军出于政治和军事原因，更倾向于一种果断的战斗——即使不成功，而不会组织一次前往布列塔尼甚或北非的复杂的战略性撤退。③ 新型战争的支持者提出发挥地理优势、进行机动性局部抵抗的战争策略，他们认为这一策略可与德军

---

① 西蒙·布洛赫致爱丽丝·布洛赫的信，1940 年 6 月 2 日、6 日，还有致艾蒂安的信，1940 年 6 月 5 日，艾蒂安藏品；布洛赫致萨拉·布洛赫的信，1940 年 6 月 9 日，艾蒂安藏品。

② 布洛赫致萨拉·布洛赫的信，1940 年 6 月 9 日，艾蒂安藏品。

③ 巴洛内：《一名法国军官的日记》，77 页；威廉·夏伊勒（William Shirer）：《第三共和国的崩溃》（The Collapse of the Third Republic）（New York，1960），757～760 页；与阿利斯泰尔·霍恩的解释稍有出入，参见《输掉一场战役》，621～624 页。

的快速作战和装甲部队相抗衡，但是这些意见遭到了压制。[①] 早在 70 年前，法国军队瓦解之后，第三共和国才得以诞生。要么由于特权地位而长期脱离民主社会，要么出于完全背弃自身的特殊使命，法国军队宁可被打败，也不愿引发一次民众的起义，或全民总动员(levée en masse)。

6 月 5 日，敦刻尔克沦陷后的第二天，第三帝国开始向西线和南线发动最后的进攻。法军抵抗不久，德军便从各个方位进行突破。6 月 10 日，巴黎三面受围，政府仓皇出逃。6 月 14 日德军长驱直入进入巴黎。当日，隆美尔占领法国西北部海港勒阿弗尔(Le Havre)。一天后，法国东北部城市凡尔登沦陷。

尽管被认为是战区后方，位于诺曼底的第 1 军团余部距离索姆河-埃纳河防线仅有 150 千米的距离。隆美尔的军队每日以惊人的行军速度逐步逼近战区后方，而第 1 军团余部还正在十分缓慢地重新整编和装备。作战部队位置暴露，军队部门办事拖拉，布洛赫心神不定、愤愤不平。他还注意到，长期的内讧和司令员的霸道，对已经做过一次逃兵的将士们来说，在士气上的影响更是雪上加霜。[②] 德国装甲部队呈扇形向三个方向挺进，向东朝马其诺防线；向南朝阿尔卑斯山脉，与已于 6 月 10 日向盟军宣战的意大利军队会合；西南方向朝大西洋海岸。布洛赫不得不再次忍受一系列痛苦、零碎的后撤，向接下来的诺曼城堡(Norman chateaux)移动，然而行军速度比敌军"慢了一拍"。布洛赫相信，若法军能及时移动至夏朗德省(Charente)，而不是加伦河(Garonne)，兴许还能在德军从东部和西部包围整个法军之前完成军队部署，以防止德军形成合围之势。[③]

---

① 《奇怪的战败》，78～79 页。
② 《奇怪的战败》，124～126、138 页。
③ 布洛赫抱怨道，行进十几千米后，他们已远离战场，置身于"被遗忘的角落"，对前途感到愈加迷茫。布洛赫致萨拉的信，1940 年 6 月 13 日，艾蒂安藏品；《奇怪的战败》，69 页。

此时，第 1 军团已失去位于布列塔尼的最后一个军事据点。经过两周的相对闲置，布洛赫指挥部的剩余人员被派往一个新组建的军事团体，负责西半岛的最后防御。6 月 15 日，他们接到最后命令，乘汽车或火车赴雷恩报到。布洛赫完成协助人员撤离的工作后，直到撤离截止时间过后的第二天早晨才离开，原因竟是有一名少校宁可违纪被捕，也不愿忍受种种不便在天黑后到达雷恩！虽没造成大碍，可是对布洛赫而言，这恰恰说明了整个法国战役中法军鲁莽怠惰的致命硬伤。①

满是难民的雷恩，是德军的下一个攻击目标。6 月 17 日，重型空袭导致约二千人死亡、约九百人受伤。在位于上城区的办公室避难所里，布洛赫听着这些熟悉而致命的声音不寒而栗，只因他目前相对安全，才获得了一种"纯粹的动物般的释然"②。法军当天得知，前天晚上已顶替雷诺的贝当元帅要求与德军达成无条件停火协议。被法国领导层抛弃的法国士兵们知道，战争就要结束了，他们根本不愿再冒生命危险继续战斗。③

6 月 18 日，德军将领霍特（Hoth）的装甲军团占领卡昂，并突破了布列塔尼半岛的薄弱防线，之后一路向雷恩而来，俘获了多名法军将领。布洛赫安排勤务兵外出打探，为撤离做好准备。有一次，布洛赫在回办公室的山路上发现，一个德国纵队正从山间走进马路，正好隔在他与目的地之间。"一发子弹也没有打。一堆法国士兵，包括一些军

233

① 《奇怪的战败》，45、70～71 页。
② 关于雷恩轰炸：《奇怪的战败》，45 页；雅克·贝努瓦-梅尚（Jacques Benoist-Méchin）：《震惊西方的六十天》（*Sixty Days That Shook the West*）（New York，1963），379 页。
③ 《奇怪的战败》，148 页。紧急状态下雷诺已在职近六周。

官在内，就站在那里注视着。"①

　　布洛赫必须为下一步行动做决定。很久以前，他"下定决心"，准备"采取任何措施以避免被俘"。如果他感觉自己还能派上用场，就会鼓足勇气坚守岗位。但是现在任何有组织的抵抗都已停止，他也就没有必要继续履行职责。布洛赫断定，当时唯一能为祖国和家人做的就是"确保在圈套合拢之前安全脱身"②。

　　如何才能脱身呢？向西逃的话，他很可能在布列塔尼半岛遭到围堵。他也可以向南逃往南特（Nantes）（他后来得知德军一天后占领了这里），但是他对渡过卢瓦尔河不抱有任何希望。他还考虑过逃往布雷斯特（Brest），然后潜入英格兰，但是他打消了"抛弃儿女进入无期限流亡"③的念头。

　　因此，这才有了"教授方案"。回到驻地后，布洛赫换上便装，一名当地大学的同事帮助他以他本人的名字预订了旅馆房间。他灰白的头发、学者的气度与德国军方要追捕的法国军官判若两人，足够消除德军的任何怀疑。的确，由于德军的轻易取胜，占领雷恩的新主人们耽于享乐，早已厌倦了抓捕俘虏的任务。④

　　布洛赫在雷恩呆了近十天，在街上、饭馆甚至在旅馆中经常与德国军官擦肩而过，他每一次都心痛欲裂，"痛苦地看着祖国的城市拱手让于侵略者"，每一次"都惊奇自己怎么与这些人偶遇时如此相安无事，如果是几天前，肯定早就剑拔弩张了"。最终，他还是有一种"骗过这些德国军官时所产生的恶毒快感"⑤。尽管欺诈不是布洛赫的天性，但

---

① 《奇怪的战败》，45～46 页。
② 《奇怪的战败》，46 页。
③ 《奇怪的战败》，47 页。
④ 《奇怪的战败》，47 页。
⑤ 《奇怪的战败》，47 页。

他还是为自己的高超演技颇感惊讶。[①]

6月22日，德国迫使法国在雷通德（Rethondes）的森林里，在1918年11月11日德国曾作为战败国签署投降书的那节火车车厢里，签署了耻辱的停战协议。虽然法国的主权与其帝国版图原封不动，但法国陆军和海军遭到遣散，三分之二的国土面积，即卢瓦尔河谷以北及整个大西洋沿海地区由德军占领，同时法国承担所有驻军费用。原则上，该停战协议是一个暂时性协议，之后需签订战后和平协议，但协议中苛刻的条件还包括移交德国难民，在占领区须与德国军方合作，以及派遣150万名战俘作为人质。[②]

战争一正式结束，法国就渐渐恢复了生机。铁路刚刚开始运营，布洛赫就向南部出发，6月28日在昂热（Angers）停留，拜访了亲戚朋友。[③] 通过一条迂回路线，他于7月4日抵达盖雷，与他的四个孩子团聚。在战争的最后几天里，他的孩子们都是在轰炸声中度过的。由于妻子缺席，以及为两个被俘的侄子忧虑，这次本该欢喜的相聚多少带着些遗憾。[④]

妻子西蒙也经历了一场奥德赛式的可怕历程。6月13日，她和儿子路易离家，寻找住在玛尔洛特的婆婆。但是在回来的路上，他们带着萨拉及其两个年迈的朋友遇上了巴黎大逃亡，因而被滞留。在一阵阵的轰炸中，二百万平民连同撤退的士兵以及各类车辆把通向南方的所有道路堵得水泄不通。这次逃离德军的计划组织得如此不当，更加

235

236

① "我有说谎的恐惧。"布洛赫致艾蒂安的信，1939年11月11日，艾蒂安藏品。

② "这次可耻的停战……"西蒙·布洛赫致爱丽丝·布洛赫的信，1940年7月4日，艾蒂安藏品；《奇怪的战败》，148页；阿泽玛：《从慕尼黑协定到法国解放》，45～49页。

③ 布洛赫致萨拉·布洛赫的信，1940年6月29日，艾蒂安藏品。

④ 布洛赫致费弗尔的信，1940年7月8日，国家档案馆档案，M1 318 1。

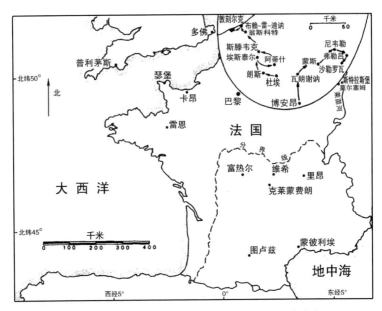

图二十三 1940 年法国地图以及布洛赫的运动路线

深了这场战争给法国人民带来的震撼和无奈。这为假新闻、错误信息、歪曲事实、城乡和南北地区之间相互的敌意提供了温床，加重了广大民众对战败的祖国未能保护他们的愤恨。[①]

西蒙和随行的家人朋友们在乡下待了三天，几乎没有任何食物，也没有外界的消息，晚上他们睡在汽车里，距离战区不远。6月24日，他们终于驱车进入巴黎，在那里住了一个多星期。西蒙从驻巴黎的德国军事政府(Militärbefehlshaber Paris)那里获得通行准许，回到了非占

---

① J. 维达朗(J. Vidalenc)：《1940 年 5—6 月的大迁徙》(L'exode de mai-juin 1940) (Paris，1957)。H. R. 凯德华(H. R. Kedward)：《维希法国的爱国者与爱国主义》，("Patriots and Patriotism in Vichy France")，载《皇家历史学会会刊》系列五(Transactions of the Royal Historical Society 5th ser.)，1982(32)，180~188 页：逃亡的痛苦对贝当主义(Pétainism)的胜利至关重要。

领区，他们7月7日到达盖雷时已精疲力尽，那时布洛赫已在盖雷待了三天。① 吕西安·费弗尔和家人在汝拉省乡下的家里待到6月17日，当时德军距离他们仅有55千米。后来，他们在一辆空的军用卡车里藏身，接着在拥挤的、毫不设防的公路上经历了一段惨淡的逃亡，到达里昂后稍作停留，在那里亲眼目睹了战胜者欢欣雀跃式的到来。②

1940年7月的法国，人们普遍需要回到正常人的生活，希望从近日的恐怖与耻辱中解脱。布洛赫一家在盖雷住了些时日，他的两个儿子还准备夏季晚些时候在那里获得学士学位。小镇上挤满了难民，非当地居民很难获取食物和住所。布洛赫当时正等待复员，主动承担了校外监考员的工作。他担心孩子们的未来，仔细斟酌着学士学位和"不确定的前途"③哪个分量更重。

差不多一到盖雷，布洛赫就开始记录过去十个月所经历的一切。二十五年前，他曾一寻得机会便快速写下在战场上的印象。如今，他又匆忙地记录着那些"鲜活记忆"里的点点滴滴。然而这一回，他要叙述并作出解释的是一场历史的灾难。他将这部著作称作"柏拉图式的"精神之作，打算把它束之高阁，等法国再次获得自由时，再拿出来让人民审视"历史上这场最可怕的战败"的原因。该书在当年9月份已完

① 西蒙·布洛赫致爱丽丝·布洛赫的信，1940年7月4日（巴黎）、8日（盖雷），《通行许可》（Zulassungsbescheinigung），1940年7月5日，艾蒂安藏品。

② 费弗尔致法哈拉的信，1940年7月8日，法兰西公学院档案，c-xii 47；费尔南·布罗代尔：《吕西安·费弗尔》（"Présence de Lucien Febvre"），《活历史：致敬吕西安·费弗尔》（Eventail de l'histoire vivante：Hommage à Lucien Febvre）（Paris，1953），2、7～8页；理查德夫人（Mme. Richard）（费弗尔的女儿）致作者的信，1982年5月。

③ 布洛赫致费弗尔的信，1940年7月8日，9月8日，国家档案馆档案，M1 3181。费弗尔（为感激里昂的同事为他和家人提供避难所，同样志愿承担监考员的工作）致法哈拉的信，1940年7月8日，法兰西公学院档案，c-xii 47。关于回到常态的努力：罗伯特·O. 帕克斯顿（Robert O. Paxton）：《维希法国：保守派与新秩序（1940—1944）》（Vichy France：Old Guard and Neu'Order，1940-1944）（New York，1972），17～19页。

成初稿，在六年后才得以出版，书名为《奇怪的战败》。那时法国已获得解放，而布洛赫也已逝世。①

该书是布洛赫在近乎"炽热的愤怒"中写成的，是一部行文古怪、牢骚满腹的自我剖析之作。书中最富有抒情气息的语句，是他对第一次世界大战梦幻般的回顾和对普通士兵们英勇行为的回忆。最为辛辣的批评则用来描写战争中逃避职责的人，尤其是那些身居高位的玩忽职守者。在国家危难之时，这些人面对困难退缩不前，不能"咬紧牙关，坚持不懈，为他人树立信心"，缺乏"坚定的英雄主义精神"。布洛赫是一个疾恶如仇的爱国者，他不会轻易宽恕自己和他所挚爱的祖国。"让一个人在众人面前揭示深陷痛苦与绝望的母亲的缺点，是一项非常苛刻的任务。"该书充满了"愤怒的恋人"的冲突，他既责骂自己，也埋怨他人。他近乎顽固地袒露自己的怪癖，他对无聊的恐惧和对慵懒的憎恶，他的"游牧式精神"和尖酸的智慧，他对沉闷的厌恶和对军旅生活的热爱，他吹毛求疵的敏感以及对年轻一代不变的信念——他们才是法国的未来。全书透露着他沉重的负罪感，敢于承担个人责任，不愿推卸罪行。在他看来，罪过不会因为忏悔而减轻。②

布洛赫对该书的构思清晰易懂，分为三个部分，构成了法庭审判式的独特结构。首先，他把自己置于证人席上，身份是犹太裔历史学家兼军人和爱国者。布洛赫坦承，个人的观察和自己积累的二手资料具有局限性，但是他坚持认为自己的所见所闻真实可信。"只要将各种所谓的真诚相互比较，真相必然显现。"③第二部分是"一个失败者的证

---

① 布洛赫致费弗尔的信，1940 年 7 月 8 日，1942 年 7 月 26 日，国家档案馆档案，M1 318 1；西蒙·布洛赫致爱丽丝·布洛赫的信，1940 年 7 月 16 日，艾蒂安藏品；《奇怪的战败》，23 页。
② 《奇怪的战败》，218 页。
③ 《奇怪的战败》，48 页。

词"，篇幅超过全书的一半，这部分从军事上对这次战败做了鞭辟入里的分析。最后一部分是"一个法国人的自省"，探讨造成法国政治与社会崩溃的深层根源。为创作一部可靠的文本，面对着隐身的法官、子孙后代和将来的研究者，布洛赫一丝不苟地筛选和整理记忆里的点点滴滴。他没有在书中囫囵吞枣式地追忆，或采用冒险式的流畅叙事，而是在自传体、军事分析和政治调查三个彼此联系的文类上做精细的研究。他克服了"疲惫和失落感"，走的是一条"严厉而又严格"的道路，是证人，是分析家。① 作为一个尽职尽责的历史学家，他在巨大抽象的背后寻求着"唯一有血有肉的现实：人"②。

为什么法国军队的领导没能够从波兰战场吸取教训？德国人在北方战役中几乎完全照搬在波兰战场的战略。布洛赫总结道，正如后来人所认识到的，那是因为当时的法国人错误地阅读了历史，只学习第一次世界大战中的经验，使"昨日之智慧成为明日之愚昧"③。人们让衰老和怯懦占了青春和智力的上风。布洛赫强调：

> 世界属于那些热爱新鲜事物的人。因此，我们的最高司令官在与新鲜事物面对面交涉时束手无策，遭受失败；他就像身体超重、行动迟钝的拳击手。对手仅仅出乎意料地一击，就将他们打倒在地。他们就认输了。④

---

① 《奇怪的战败》，21～22 页。

② 《奇怪的战败》，51 页。参见布洛赫致爱丽丝·布洛赫的信，1940 年 4 月 25 日，艾蒂安藏品："历史学家的技艺……是一门巧妙的艺术……它需要勤恳的工作、丰富的知识和真正的智慧，好奇心、想象力和理性的头脑。最后，它还需要清晰的表述、精确的思考，以及人类的情感。"

③ 《奇怪的战败》，161 页。

④ 《奇怪的战败》，164 页；另见巴洛内：《一名法国军官的日记》，64 页。参看阿泽玛：《从慕尼黑协定到法国解放》，64 页："法国最高指挥官被敌军的战略胜利惊呆了。"

布洛赫思索为什么法国没能把人民动员起来，全力反抗纳粹的威胁。他指责自己的同胞——工人和中产阶级、议会议员、新闻记者，尤其是教师。战前，法国政权曾经是人类自由和创造的领导者，如今却屈服于软弱和自私，成为一种怀旧式的反动形式。他反对简单的、非左即右的二元对立的传统路线，选择更自信、具有批判精神的理性主义。他强调说，教育是未来法国民主的中流砥柱：

> 我们必须做出选择：要么（像德国人那样）把我们的国民变成人云亦云的共鸣板，对少数领导者唯命是从……要么通过教育，让他们能够与他们选择的代表们相互合作。人类文明发展到现在，还没有什么中间路线能解决这一困境……人民大众不会再简单地服从。他们的服从要么是因为催眠法术，要么是出于心知肚明。①

布洛赫还认识到，民主国家必须警惕灌输忠诚思想可能带来的危险。他回想起孔多塞关于公共教育的一篇著名报告："我们中的任何公民群体，都不必被迫遵守《法国宪法》，甚至是《人权宣言》，不能将其视作是来自天上的戒律，尊崇万分，笃信不移。"②

240　　《奇怪的战败》尽管构思匆忙，撰写时间不长，但可称得上是《国王神迹》式的心态史研究。1940 年，布洛赫试图将对个人和民众的心理研究运用到对当前法国战败的分析上，他把纳粹德国战胜法国描述为"智力上的胜利"。德国拥有大量的人力和物力资源，但并非取之不尽，希特勒"有条不紊的机会主义"使这一优势进一步加强。希特勒善于将各种事情付诸行动，决策上灵活机动，对敌人心理的解读精巧到位。法国战败是一个重大错误认识的产物：对民众的误读，对敌人的误读，

---

① 《奇怪的战败》，187 页。
② 转引自《奇怪的战败》，195～196 页。

对历史本身的误读。[1]

近半个世纪之后，布洛赫的军事分析和大部分政治评论依然站得住脚。[2] 然而，他的书存在着一些重大的局限性。他在谈及两次世界大战时，莫名地忽视了俄罗斯的重要地位：1914 年俄国曾积极救助过法国；1940 年苏联的中立对战争的影响是致命的。布洛赫对庞加莱的严厉批评有失公允，对魏玛共和国却不加批判地同情。[3] 他虽然有着专业的训练和个人经历，却几乎没有认识到战间期法国在金融、工业和人口上的弱点。他像古希腊历史学家波力比阿斯（Polybius）那样，将战败原因更多地归结于人为而非决定论的因素。[4] 在人生最黑暗的时刻，布洛赫在《奇怪的战败》一书中界定了两种选择：一种是希特勒所代表的人类罪恶的黑暗视角，另一种是由孟德斯鸠和法国大革命所代表的美德精神（ethos of virtue）。尽管美德与自由是充满危险的事业，他却在它们那里找到了一生的使命。[5]

---

① 布洛赫(致费弗尔的信，1942 年 7 月 26 日，国家档案馆档案，M1 318 1)："我们的历史学家不了解这些法则。"

② 两年后，布洛赫用新发表的文献为《奇怪的战败》做注释，但是原稿保持不变。见约翰·C. 凯恩斯(John C. Cairns)：《新近的某些历史学家与 1940 年"奇怪的战败"》("Some Recent Historians and the 'Strange Defeat' of 1940")，载《当代史学刊》，1974 年 3 月(46)，60～85 页；《法国沦陷探源》("Fall of France：Causes")，哈佛大学欧洲研究中心举办的一次大会会议记录，1980 年 5 月 10 日。

③ 《奇怪的战败》，198～199、215～216 页。参看萨利·马克斯(Sally Marks)：《作为历史学家的爱国者：马克·布洛赫与〈奇怪的战败〉》("The Patriot as Historian：Marc Bloch and *Strange Defeat*")，论文提交于南部历史协会(the Southern Historical Association)，1986 年 11 月。

④ 布赖斯·莱昂：《马克·布洛赫否定了〈年鉴〉历史？》("Marc Bloch：Did He Repudiate *Annales* History?")，载《中世纪史杂志》(*Journal of Medieval History*)，1985 年 9 月(2)，189 页。

⑤ 《奇怪的战败》，220 页。

第十章　维希法国

的确，我身处黑暗时代！

——贝尔托·布莱希特(Bertolt Brecht)，《致后代》(*To Posterity*)

年岁渐长，人性理应渐增。[1]

241　　1940 年 5 月的法军溃败导致新政权建立，第三共和国的统治结束。与 1814 年复辟的君主政权一样，贝当政府不只寻求与胜利者和占领者共存，也代表了近几年来外族的胜利。1940 年夏，反共和一派的传统分子甚至准备用工作、家庭和祖国几个词来取代自由、平等和博爱。

惨败令法国一蹶不振，它几乎放弃了抵抗，甚至还为"新秩序"提供了一定的支持。事实上，当时有两个法国。这个国家三分之二的地区[2]受德国军事部门的统治，即法国占领区的德国军事政府。剩余的"自由区"或未占领地区则由水疗之镇维希统领。第三个法国——戴高乐在伦敦极力统一的流亡力量——尚未成型，或还需要赢得法国人民和此前盟友的承认。1940 年 7 月 10 日，议会以 569 票赞成、80 票反

---

① 布洛赫致费弗尔的信，1942 年 5 月 18 日，艾蒂安藏品。

② 阿尔萨斯和洛林地区除外，不同于停战协议，两地事实上已被第三帝国兼并。东北部的隔离区(*Sperrzone*)也不属此列，该地区包括诺尔(Nord)和加来海峡省，两地直到 1941 年 6 月都归属于布鲁塞尔的军事部门。

对的结果，同意贝当全权废止 1875 年的宪法。在"国家复兴"这一宏伟的旗号下，在副总理皮埃尔·赖伐尔的强硬统治下，在陆军元帅这一聊以慰藉的传说下，维希法国在诞生后的一百天，在迫在眉睫的德国审慎监督之下，已经被转化成了一个右倾、通敌、独裁的政体。[①]

知识分子的私人日记记录了当时的情形：对共和国失败的震惊和愤怒此起彼伏，自我反思不断，还有承认失败但保持希望的微弱声音。安德烈·纪德(André Gide)重读了左拉有关 1870—1871 年战败的描述，还有歌德（德语原文）作品选段和卡夫卡 1914 年的名作《审判》(*The Trial*)。[②] 两大地区都只出现了为数不多的"在第一时间便奋起抵抗的人"，他们零星举行了一些抗议活动，也经营着一家小型地下出版社。譬如，巴黎便在人类博物馆建立了一个人类学知识分子的集会网络。另一方面，希特勒-斯大林协定的签署加上 1940 年 10 月的大规模逮捕大大挫败了共产主义分子，而激进主义和社会主义者则因为溃败而信誉尽失。[③]

法国突然的溃败立即威胁到境内的三十一万名犹太人，其中约有十五万人出生在国外：他们是 1939 年前中欧和东欧的难民，还有 1940 年的一批波兰、比利时和卢森堡移民，其中半数没有国籍。停战协议的条款和维希政府的扣留政策直接威胁到这部分人，他们立马寻求庇护或继续移民。法国本土的犹太人不管身处分界线的哪一边，都体验了一种"特别的焦虑"。国家的灾难令他们痛心，他们希望能分担苦难，

---

① 尤其见帕克斯顿：《维希法国：保守派与新秩序(1940—1944)》，1～50 页；又见戈登·怀特：《近代法国》，406～409 页；让-皮埃尔·阿泽玛：《从慕尼黑协定到法国解放》，50～55 页；亨利·米歇尔(Henri Michel)：《1940 年》(*Année 1940*)(Paris, 1966)。

② 贾斯汀·奥布莱恩(Justin O'Brien)编：《安德烈·纪德日记》(*The Journals of André Gide*)第四卷(New York, 1957)，1940 年 6 月至 9 月。

③ 帕克斯顿：《维希法国：保守派与新秩序(1940—1944)》，38～41 页。

也对法国的保护信心十足。可是，因为对纳粹种族政策不抱有幻想，他们担心统治者会"强加"一些特别的歧视行为。①

正因为有了上述的顾虑，布洛赫决定举家搬迁到美国，前往"自由和友善之国"②避难。1940 年 7 月 25 日，布洛赫刚到富热尔不久，便写信给四名美国同僚求助，谋求一份中世纪、经济或比较历史领域的学术职务。布洛赫只需要一个临时职位，一年或几年即可，但他暗示会带上妻子和六个孩子，或许还有他年满 82 岁的母亲。

眼下，布洛赫打算回到巴黎家中，重拾索邦的教授职务。他事先已有准备，复员后，他争取了带薪休假，时间是 1940 年 7 月 12 日到 8 月 31 日。③ 但是，全家迁回纳粹占领区显然是障碍重重，何况这时候他们已饱受长期分离和此前的轰炸之苦，对未来更是万分忐忑。"变天的政治环境"让布洛赫小心翼翼，他决定将三个年长的孩子留在未占领区，继续读大学。至于年幼的孩子们，布洛赫仔细权衡利弊：他担心孩子们在巴黎遭遇种族清洗或其他困境，否则他就只能孤身返回，忍受又一次的长期分离。④

---

① 耶拉奇米尔（理查德）·科恩［Yerachmiel(Richard)Cohen］:《一名维希法国的犹太领袖（1940—1943）：雷蒙-拉奥·兰伯特日记》（"A Jewish Leader in Vichy France, 1940-1943：The Diary of Raymond-Raoul Lambert"），载《犹太社会研究》（*Jewish Social Studies*），1981 年秋（43），307 页，23 卷，引用见 1940 年 7 月 15 日条目。

② 布洛赫致厄尔·汉密尔顿（Earl Hamilton）教授的信，1940 年 7 月 25 日，洛克菲勒基金会档案（Rec. group 1.1，sec. 200，box 48，folder 550）。同样的信件也寄给了美国学术团体协会（American Council of Learned Societies）主管 W. G. 利兰（W. G. Leland）和佩森·亚瑟（Payson Usher）教授，还有哈佛大学的 N. B. 格拉斯（N. B. Gras）。参见布洛赫致费弗尔的信，1940 年 7 月 8 日，国家档案馆档案，M1 318 1。

③ 国家档案馆档案，AB XIX 3825；1940 年 8 月 7 日才终于裁定准假，国家档案馆档案，AJ 16 4758。

④ 布洛赫返家不久，他十一岁的儿子让-保罗就突然停止玩耍，放声大哭："因为发生的一切"，他怀疑自己也许不应该把妻子和三个幼小的子女留在富热尔或克莱蒙费朗，见布洛赫致费弗尔的信，1940 年 9 月 8 日，国家档案馆档案，M1 318 1。

最终，布洛赫没有回到巴黎。9月初，他前往维希咨询教育部，得到的信息是，作为非雅利安人（non-Aryan），他可能遭遇危险，而政府不能为他提供任何保护。一名主管高等教育的官员同情布洛赫的遭遇，建议他在未占领区谋求职务。于是，布洛赫立刻决定前往流亡克莱蒙费朗的斯特拉斯堡大学。然而，他的喜悦并没有持续太久，反而对重回阿尔萨斯的大学可能遇到的困难忧心忡忡，不得不放弃自己的公寓、藏书和大部分笔记。尤其是聘任他的正式审批程序进展缓慢，用去了整个9月的时间，布洛赫第一次感到自己无能为力。[①]

布洛赫向费弗尔吐露了审慎的乐观情绪。布洛赫"露宿"乡间，与独一无二的档案分开，夹在业已失去的旧世界和尚未获得的新世界之间，此时的他体会到一种并不讨厌的"脱离"感，这种感觉大约在四个月前的斯滕韦克就已萌发，彼时布洛赫正"开始分发他的尘世俗物"，它也许会在流亡时结束，而一切的身外之物都会被抛诸脑后。类似费弗尔的孔泰，克勒兹的居民也用乡村的热情使布洛赫安心（"我们最后的希望"）。在最近的交流中，之前的一位军官朋友也提到了美妙的"斯多葛主义"（"stoicism"）。布洛赫想到，百年战争并未在克雷西（Crécy）结束，甚至也未能在普瓦捷终结，而那些投身沙场的可怜虫们都没能活着看到最后的美好结局。[②] 布洛赫满足了生存在黑暗时代所需要的全部条件：自我放逐、坚持自律、不屈不挠。[③]

① 布洛赫致费弗尔的信，1940年9月8日、26日，国家档案馆档案，M1 318 1。吕西安·费弗尔和保罗·埃塔最终成功地将布洛赫的文件取出，寄给布洛赫，见吕西安·费弗尔：《马克·布洛赫：1939—1940年间的见证：私人通信选》，载《社会史年鉴》，1945；《悼念马克·布洛赫》（"Hommages à Marc Bloch"）-I，26页。

② 布洛赫致费弗尔的信，1940年9月26日，国家档案馆档案，M1 318 1。

③ 布洛赫致艾蒂安的信，1940年9月30日，艾蒂安藏品："我们亟需坚定的信念，尤其是此时即便正处于前所未有的困难之境，国家也会永存——这是一场试炼：考验我们的纪律、意志和坚忍。"

1940年10月3日，维希政府颁布犹太法令（Statut des Juifs），象征着自7月中旬以来发布的一系列法令的高峰，剥夺了未占领区内法国犹太人作为公民的权利，并规范、限制了他们对国家生活的参与。10月4日，维希向外籍犹太人开刀，授权对其进行拘留和警方监视；三天后的10月7日，政府收回了阿尔及利亚裔犹太人的公民身份。和当时及此后犹太与非犹太社会所认为的相悖，这些行动并未受到德国的指使，也不是为了避免更严重的德国行动而打出的烟幕弹。它们更不是对普遍压力的反应。1940年10月一系列的排犹法案皆由维希政府的高级官员拟定，反犹正式成为法国的政策。这些都是"自发的行为，以达成本土的目标"[①]。

虽然贝当尽力安抚，在外媒面前更是如此，但法令还是极大地震颤了法国的犹太人。他们的身份被从种族的角度定义，否认了他们和法国的长期关联。他们一下子便被政府、军队、媒体、教育和文化机构除名，未来还面临着可能丧失公民身份的危险。[②] 法令起草之时，布洛赫正焦急地等待着克莱蒙费朗的正式任命通知。10月23日，教育部门"暂时"将他安置在流亡的斯特拉斯堡大学的文学院。[③]

---

① 引文出自迈克尔·马如思和罗伯特·O. 帕克斯顿：《维希法国和犹太人》(*Vichy France and the Jews*)（New York，1981），13页；详见整个第一章（《最初几步》)和第二章（《维希反犹主义之根》）。法令全文见《官方日志》，1940年10月18日。

② 《这是一场彻头彻尾的打击》("C'était un coup à la tête, au Coeur")，乔治·弗雷德曼(Georges Friedmann)：《犹太人的末日》(*Fin du peuple juif?*)（Paris，1965），8页。《南特敕令再被撤销》("A new revocation of the Edict of Nantes")，科恩：《犹太领袖》("Jewish Leader")，294页，引自《雷蒙-拉奥·兰伯特日记》，1940年10月10日；亦见1940年10月2日、9日、19日，11月6日，12月20日的记录。参见J. 卢贝茨斯基(J. Lubetzski)：《德国占领下的法国犹太人处境(1940—1944)：种族立法》(*La condition des Juifs en France sous l'occupation allemande，1940-1944：La législation racial*)（Paris，1945），11～12、28～63页。

③ 布洛赫的薪金由文学院发放，教育部补贴。通信日期为10月2日、14日、24日，艾蒂安藏品。

1939 年 9 月，战争爆发，按照之前的计划，已有二十年历史的斯特拉斯堡大学需要撤离到克莱蒙费朗。教员保持自治，和当地大学共享新落成的大学城驻地，移居此处的阿尔萨斯人得以享受足够的空间和设施。克莱蒙费朗三面环山，只在北部有一条狭窄的平原，看似也是一处天然的堡垒。虽然因教员和学生被征召而缺席导致规模剧减，但在 1939 年 11 月，流亡的斯特拉斯堡大学仍然恢复了行课。[①]

1940 年，克莱蒙费朗的人口约为十万，是法国的第十七大城市，也是奥弗涅地区（Auvergne）的首府。当地历史悠久。公元前 52 年，在南部的哲哥维高地（Plateau de Gergovie），高卢领袖维钦托利（Vercingetorix）短暂地阻碍了尤利乌斯·恺撒（Julius Caesar）的征服。1095年，教皇乌尔班二世（Pope Urban II）在中部地区发动了第一次十字军东征。1648 年，在西部的多姆山省（Puy-de-Dôme），布莱士·帕斯卡（Blaise Pascal）的实验证明了空气也有重量。自拿破仑时代开始，克莱蒙费朗就是一个大学城，20 世纪则主要因为米其林工厂而闻名，而在1940 年夏季，克莱蒙费朗突然从狭隘的行省身份中觉醒。从 6 月 21 日到 28 日，德国短暂占领了当地。这以后，在 7 月的前两天，法国政府仓皇逃离即将成为德统区的波尔多，暂时驻扎在克莱蒙费朗，之后才前往以北 60 千米的维希安顿。与未占领区的多数城市一样，克莱蒙费朗的人口迅速膨胀，1940 年夏天大批难民涌入，挤压了当地有限的住房和社会服务空间，更引起社会和政治紧张，但此后克莱蒙费朗的人

---

① 文学院例会，1939 年 11 月 18 日，下莱茵省档案馆档案，AL 154，no. 2；亦见让·普拉格涅（Jean Plagnieux）：《克莱蒙费朗教员录（1939—1945）》（"Chronique de la faculté repliée à Clermont-Ferrand，1939-1945"），载《宗教科学评论》（*Revue des Sciences Religieuses*），1969（43），289～290 页；加布里埃尔·莫格温：《1939—1945 年斯特拉斯堡大学文学院教员的生活》（"La vie de la Faculté des Lettres de Strasbourg de 1939 à 1945"），见《1939—1945 年回忆》，3～13 页。

口并未显著减少。①

　　1940年夏，斯特拉斯堡大学被遣散的教员和学生涌入克莱蒙费朗，进一步增加了城市的负担。敌对形势烟消云散，前一年撤去内地247的八十五万名阿尔萨斯人大部分都回到了德国统治下的家乡。占领者宣称要在斯特拉斯堡重开一所国家社会党大学。流亡克莱蒙费朗的人们因此认为，即便孤立无援、与家人分别，还处于德国和维希的微妙境况之中，他们也仍然有必要维持他们的法国阿尔萨斯学校。一部分学生返回故乡，但绝大多数在1939—1940年入学的学生都留守克莱蒙费朗，另有大约两三百名难民加入，这样总共就有大约一千名阿尔萨斯学生，而他们都是坚定的爱国主义者。1940年10月下旬，克服资金和材料困难，还有维希模棱两可的支持，流亡的斯特拉斯堡大学再度复学。②

　　布洛赫和他的家人，还有布洛赫的母亲和一个侄女，都在克莱蒙费朗安顿下来。他们租了一间二楼的小公寓，餐厅充当了布洛赫的书房兼卧室。不论此前失去多少，至少一家人并未分离。布洛赫无笔记、无藏书，只有克莱蒙费朗少得可怜的资料，但之前同事的热情欢迎让

---

　　① 约翰·F. 斯维茨（John F. Sweets）：《维希法国的选择：纳粹占领下的法国》（*Choices in Vichy France：The French under Nazi Occupation*）（Oxford，1986），3～7页。这是一个极好的克莱蒙费朗的本地研究，是对马塞尔·奥菲尔斯（Marcel Ophuls）的电影的补充和修正，后者的电影《悲哀和怜悯》（*The Sorrow and the Pity*）（1971）以克莱蒙费朗为原型，受到广泛好评。亦见芝夫杭夫人（Mme. Monfren，布洛赫在克莱蒙费朗的学生）访谈，1982年。

　　有关维希的选择，见帕克斯顿：《维希法国：保守派与新秩序（1940—1944）》，18～19页。

　　② 应德方要求，维希政府最终被迫归还图书馆藏书和实验室设备。维希政府在允许布洛赫填补教授空缺一事上犹豫不决。见莫格温：《学院》（"Faculté"），20～21页；克雷格：《学术研究与国家建设》，329～331页。关于学生，见让·拉索斯（Jean Lassus）：《一个实验品回忆》（*Souvenirs d'un cobaye*）（Colmar，1973），55～61页；又见斯维茨：《维希法国的选择：纳粹占领下的法国》，10、171、191页。

他开始振作。① 随着朋友们结束假期，返回巴黎，布洛赫也开始教授新课，他为准备学位考试的学生开设了两门课程："中世纪城市"和"意大利、德国与教皇，1056—1152"。② 但未来还很不明朗。

在美国，布洛赫的申请缓慢地通过了学界和行政的渠道，因为新世界新近正接收一大批受到威胁的学者。即便在法国沦陷之前，纵然是精力充沛、资源丰富的艾尔文·约翰逊（Alvin Johnson），也不得不呼吁紧急救助委员会（Emergency Rescue Committee）和洛克菲勒基金会准备迎接一批新移民，而他已是纽约市社会研究新学院（New School for Social Research）的校长，该学院在 20 世纪 30 年代时就为欧洲逃难的知识分子建立了流亡大学（University in Exile）。新学院方面能提供办公设备和赞助名额，约翰逊又成功取得基金会的承诺，救助一百名"顶尖学者"，让他们在主要大学或新学院任教。但是，救助机构和国务院逐渐反对美国接收更多的犹太裔或可能的左翼知识分子，约翰逊自己的机构也出现财政困难。尽管如此，他成功推动一项决议，在1940 年 9 月至 1941 年 12 月期间将五十名欧洲一流学者带到美国，其中包括人类学家克洛德·列维-斯特劳斯（Claude Lévi-Strauss）。③

布洛赫的申请得到了很谨慎的处置，被提交给洛克菲勒基金会，

---

① 布洛赫致费弗尔的信，1940 年 9 月 26 日，国家档案馆档案，M1 318 1。
② 博特鲁齐致布洛赫的信，1940 年 10 月 21 日，国家档案馆档案，AB XIX 3837；《中世纪城市》（"Medieval Cities"），同上。在两名德国研究所（Deutsches Institut）官员布雷默博士（Dr. Bremer）和拉布斯博士（Dr. Rabuse）有关未占领区法国大学事务致德国国外交部的信中（Paris, 21 May 1941），提到了在克莱蒙费朗的布洛赫：一名犹太人在教授"经济历史（原文如此）……不愿或不能回到法国"。美国国家档案和记录管理局（National Archives and Records Service, Washington, D. C.），德国外交部 T-120 K1634/4744/K402927。
③ 彼得·M. 卢特科夫（Peter M. Rutkoff）和威廉·B. 斯科特（William B. Scott）：《新学院》（New School）（New York, London, 1986），128～130 页；又见艾尔文·约翰逊（Alvin Johnson）：《先驱者的历程：一部自传》（Pioneer's Progress: An Autobiography）（New York, 1952），337 页。布洛赫与约翰逊相熟，后者是《社会科学百科全书》的副主编。

说明是一名重要人物的家庭因其犹太血统而受到威胁。约翰逊更以个人名义向美国主要学者写信求援，而学者们则一致支持此事。他们称布洛赫为法国最杰出的中世纪经济和社会史学家之一，"一流的学者"，极具原创性，著作丰富、明晰、精准。① 1940 年 10 月 25 日，洛克菲勒基金会同意支持援助布洛赫，并提供 6000 美元，供新学院邀请布洛赫赴美。②

得知基金会应允后，布洛赫取得维希政府高层的非正式批准，准许他短期赴美任职。他同时促请美方的资助者抓紧时间，因为欧洲事态"快速变化"，"可能会出台更多的旅行限制"。他也要求对方同意其母的移民请求，表示她在"这把年纪，依旧青春洋溢"。③

11 月 19 日，新学院同时以电报和信件的形式任命布洛赫为中世纪史副教授，任期两年，自 1941 年 1 月 1 日开始，或从他到达纽约之日计算，年薪 2500 美元。布洛赫立刻接受了上述条件，开始规划路线，申请假条和签证。④ 布洛赫如约伯一般等待"解救"⑤。

---

① 哥伦比亚大学的奥斯丁·P. 伊万斯（Austin P. Evans）、林恩·桑戴克和 H. H. 伯恩（H. H. Byrne）迅速热忱的回应，1940 年 10 月 14 日、15 日、16 日，芝加哥大学的詹姆斯·李·凯特和埃纳·约兰森（Einar Joranson）的回应，1940 年 10 月 14 日、25 日，伯克利的詹姆斯·W. 汤普森（James W. Thompson）的回应，1940 年 10 月 16 日，哈佛的 N. S. B. 格拉斯（N. S. B. Gras）的回应，1940 年 10 月 14 日、18 日，纽约州立大学奥尔巴尼分校图书馆，美国专业移民委员会档案（Records of the American Council for Emigrés in the Professions，Library of the State University of New York at Albany）。

② 托马斯·B. 阿普尔格特（Thomas B. Appleget）致艾尔文·约翰逊的信，1940 年 10 月 25 日，美国专业移民委员会档案。基金会收到了来自亚瑟、汉密尔顿、格拉斯和约翰·乌尔里希·内夫（John Ulrich Nef）本人的支持信；比如，见格拉斯致 J. H. 威利茨（J. H. Willits）的信，1940 年 9 月 30 日，洛克菲勒基金会档案。

③ 布洛赫致利兰德的信，1940 年 10 月 31 日，洛克菲勒基金会档案。

④ 约翰逊 1940 年 11 月 19 日的电报和信件；布洛赫的回电（11 月 22 日？）（"接受敬谢"）（"Accepte remerciements"）及 12 月 10 日信函，美国专业移民委员会档案。

⑤ 1940 年 11 月 19 日，布洛赫描述自己的处境："我只要在我一切争战的日子，等我被释放的时候来到。"（《约伯记》14：14）见布洛赫：日记（"吾"）（Mea），艾蒂安藏品。

12 月 13 日，布洛赫在里昂的美国领事馆遇到了第一个障碍。主管签证的职员和总领事沃尔特·肖尔斯（Walter Sholes）都表示，布洛赫本人、他的妻子和四个年幼的孩子可以即刻获得非定额签证，但他的母亲、20 岁的女儿和 19 岁的儿子则不符合要求。依据正常程序，三人需要按"时间顺序"审核，其中包括对他们财产状况的严格审查。虽然法国的移民配额一直充裕，但到 1940 年 12 月中旬，已经有超过五百份申请等待处理。里昂领事馆人手严重不足，除要代表比利时和法国的利益外，如今它还要在法国的"第二首都"——作为财政、工业和交流中心的维希——代表美国处理大量的政治、经济和私人问题，因此直到 1941 年 5 月甚至 6 月之前都无法得到结果。① 250

布洛赫和至亲们迅速逃离的计划破灭了。他不能让年满 82 岁的萨拉·布洛赫独居克莱蒙费朗，德国法律禁止身为犹太人的她穿越分界线回到位于玛尔洛特的家中，她也不能去巴黎投奔儿媳。即使布洛赫能勉强把大儿子暂时留在法国，但他无论如何也不能抛下女儿。此外，1941 年 2 月 26 日，布洛赫的次子即将年满 18 岁。布洛赫焦急万分，他思考着是应该将旅途推迟半年，还是应该绕道马提尼克（Marti-

---

① 沃尔特·肖尔斯（Walter Sholes）：《1940—1941 年法国里昂的部分领事工作及条件》(机要)["Some Aspects of Consular Work and Conditions at Lyon, France during 1940-1941(confidential)"]，巴塞尔（Basel），1941 年 9 月 5 日 [美国国家档案和记录管理局，美国国防部 RG 84 美国驻巴塞尔领事馆，机密档案 1941 123-L，涵盖期间为 1940 年 6 月 9 日至 1941 年 4 月 30 日]，详细描述了 1940 年 10 月初至 1941 年 1 月初的这段"艰苦"时期，期间他手下只有寥寥几名未经训练、任务繁重的员工处理签证申请，以及"来自大使馆和每天涌入我们拥挤使馆驻地的数百名美国和外国公民各式各样的要求"。1940 年 12 月底和 1941 年 1 月初，情况稍稍缓解，但在 1941 年仍有一些签证处理迟缓的投诉。1941 年 2 月 10 日，里昂领事馆新增一名副领事和两名文员，预计每月能处理 45 个移民签证和 15 个过境签证，但已经积压了 5000 份申请。见肖尔斯致美领事馆秘书 H. 弗里曼·马修斯（H. Freeman Matthews）的信，1941 年 2 月 10 日，同上；李希（Leahy）致国务院的信，1941 年 2 月 12 日，美国国家档案和记录管理局，美国国防部档案 811.111 Refugees/959。感谢理查德·布莱特曼（Richard Breitman）提供上述文件。

nique），在那里也许可以更快地取得三个非定额签证，但也可能需要三人在法国继续逗留一段时间。布洛赫请求约翰逊尽其所能"解决我们的困难"①。

与此同时，按照犹太法令，布洛赫需要取得继续授课凭证。依据法令条款，凭证颁布的三个月内，或从 1941 年 1 月开始，他可能失去职务，无法维持生计。法令第八条授权政府豁免那些为法国作出"杰出贡献"的个人。在约 4000 名犹太裔大学教授中，125 名凭借其文学、科学和艺术成就以及他们的服役记录向教育部申请豁免。②

维希政府方面则十分谨慎，避免给自己的种族法律设置太多例外，故而只把名额留给重要岗位上的杰出个人。③ 此时，布洛赫的私交派上了用场。1940 年 12 月，他前往巴黎讨论自己的处境。④ 在索邦，代理校长杰罗姆·卡克皮诺负责整理犹太教授的档案和豁免申请，将它们排序后提交维希政府。卡克皮诺师从古斯塔夫·布洛赫，两人也是挚友，因此他极力支持布洛赫。⑤ 雅克·舍瓦利耶（Jacques Chevalier）

---

① "无法留下孩子成行。"无线电报，布洛赫致新学院（1940 年 12 月 15 日接收）；布洛赫致约翰逊的信，1940 年 12 月 14 日，美国专业移民委员会档案。

② 数据见法国管理委员会军事部门的备忘录（Frankreich, Verwaltungssrab, Aktennotiz, Militärbefehlshaber），1941 年 4 月 16 日，国家档案馆档案，AJ 40 555。

③ 两名犹太军官，大流士-保罗·布洛赫（Darius-Paul Bloch）将军和炮兵队长皮埃尔-所罗门-艾萨克·布里萨克（Pierre-Solomon-Isaac Brisac），于 1940 年 12 月 10 日被豁免：载《官方日志》，1940 年 12 月 13 日，1941 年 1 月 1 日，巴黎当代犹太人文献中心（Centre de Documentation Juive Contemporaine, Paris）档案，XCV 100。

④ 有关 12 月的巴黎行程，见布洛赫致费弗尔的信，1941 年 9 月 27 日，国家档案馆档案，M1 318 1；布洛赫致勒内·巴哈内（René Baehrel）的信，1942 年 8 月 30 日，引自《马克·布洛赫的两封信》（"Deux letters de Marc Bloch"），载《经济、社会与文明年鉴》，1947 年 7—9 月（2, no. 3），366 页。布洛赫在致莫格温的信中（1940 年 12 月 8 日，下莱茵省档案馆档案，AL 154 P8/15）提到一次"回归"和一个计划中的"缺席"。
布洛赫会见了他的朋友费弗尔和埃塔，并从公寓中拿出了部分重要藏书。

⑤ 杰罗姆·卡克皮诺：《七年回忆》，247~251、254~257 页。卡克皮诺接替布格勒成为巴黎高师校长，主持接待了 1940 年 9 月贝当的到访，陪同其前往乌尔姆街（rue d'Ulm）。

任维希政府的教育部长，他是一名巴黎高师毕业生、哲学教授、格勒诺布尔(Grenoble)的前院长，也是贝当的教子和亲信，参与了和英国的非正式协商。其子也恰是布洛赫名下最具天赋的学生。舍瓦利耶为布洛赫的豁免申请作保，依据是其在法国和国际学术界的影响力，还有他出色的服役记录。[①] 更看重布洛赫军旅记录的行政法院(Conseil d'Etat)核准了他的请求。[②] 1940 年 12 月 23 日，贝当在维希的公园饭店(Hôtel du Parc)接见了卡克皮诺和舍瓦利耶，讨论了包括犹太法令在内的一系列问题。[③]

　　申请截止后不久，1941 年 1 月 5 日，在教育、内政、青年和家庭几大部长与行政法院的建议下，贝当签署法令，宣布准许十名犹太教授继续保有教授的职位，布洛赫便是其中之一。[④] 十人中有七人来自

---

　　① 《教育部部长意见》("Avis du Secrétaire d'Etat à l'Instruction Publique")，1940 年 12 月 2 日，行政法院档案(Archive, Conseil d'Etat)，224.032，感谢其允许查阅布洛赫的档案。

　　雅克·舍瓦利耶是亨利·柏格森(Henri Bergson)的弟子，但如今被看作极端的保守分子(他立刻在公共教育中引入了强制性宗教教育)，见帕克斯顿：《维希法国：保守派与新秩序(1940—1944)》，88～89、151、159～160 页；亦见罗伯特·阿伦(Robert Aron)：《维希政权》(The Vichy Regime)(Boston，1969)，H. 黑尔(H. Hare)译，128～129、234～236 页。

　　其子弗朗索瓦·舍瓦利耶(François Chevalier)，此后成为著名的西班牙美洲殖民史学家，在布洛赫为巴黎高师开设的讨论课(1937—1938)上修习农村史。复员后，他考虑去西班牙继续学业，于 1940 年 11 月 25 日在克莱蒙费朗拜访了布洛赫。谈话间，他们聊到最近发表的《封建社会》，布洛赫帮助弗朗索瓦·舍瓦利耶梳理研究主题、方法和文献，也提到了西班牙的专业同人。见弗朗索瓦·舍瓦利耶致作者的信，1979 年 5 月 14 日；访谈，1981 年。

　　② 1940 年 12 月 17 日，行政法院档案，224.032。

　　③ 卡克皮诺：《七年回忆》，250～257 页，该部分强调了其将军事履历加入申请之中的努力，以寻求豁免。

　　④ 技术、中等和初级学校老师的申请无一通过。见《依据行政法院政令申请 1940 年 10 月 2 日法律豁免》("Dérogations accordées par décret en Conseil d'État en application de la loi du 2 Oct. 1940")，当代犹太人文献中心档案，CXV 100；有关法国的军事部门，见管理委员会备忘录，1941 年 4 月 16 日，国家档案馆档案，AJ 40 555。

巴黎大学，但只有两人仍然留守当地。名单中包括三位人文学者：布洛赫，布洛赫的竞争对手索邦大学中世纪专家路易·哈尔芬，以及法兰西公学院的语言学家朱尔·布洛赫；两名科学家：化学家保罗·约伯(Paul Job，索邦大学)和生物物理学家勒内·维尔姆塞(René Wurmser)；五名医学教授：巴黎大学的安德烈·马耶尔(André Mayer)和罗贝尔·德布雷(Robert Debré)，还有斯特拉斯堡的保罗·赖斯(Paul Reiss)、马克斯·阿伦(Max Aron)和马克·克莱因(Marc Klein)。对布洛赫嘉奖令中的语言令人震惊。为应和维希政府的基督教与民族主义导向，他被形容为一名中世纪学者，研究法国国王、农村历史和封建社会。至于布洛赫在比较历史、经济历史和《年鉴》方面的工作，则只字未提。①

253　　图二十四　维希：1941 年贝当和达尔朗在公园饭店前检阅第 152 步兵团

---

① 这一嘉奖令由贝当和舍瓦利耶于 1 月 5 日签署，如下："……马克·布洛赫，索邦大学文学院教授，主要研究中世纪史，其人学识渊博，见解新颖，著作等身，研究的领域包括英法国王神圣仪式特征、自远古时期起法国农村财产形式的稳定性，以及与封建社会相关的制度。"文字见美国国家档案和记录管理局，德国外交部 T-120 K1633/4742/K401844。

尽管得知自己已被豁免，但面对族人所受的极不公正待遇，布洛赫却难掩失望之情。不幸之人无论老少都遭到放逐，与贫苦为伴。嘉奖令签署仅仅一天前，法国最伟大的哲学家之一亨利·柏格森猝然离世。布洛赫质问卡克皮诺："若法令在柏格森仅仅只是一名年轻的克莱蒙费朗中学教授时颁布，他的命运又将如何？"①

　　1941年2月，卡克皮诺就任国家教育部长后，全力安抚一些权利被剥夺的同僚。此后一年，出现了一批教育部执法松弛的案例。除此之外，斯特拉斯堡、里昂、蒙彼利埃和图卢兹等地的教员公开表示，他们拒绝参与压迫犹太裔的同僚，这些学者的爱心帮助了几个光荣的家庭渡过饥饿的难关。② 布洛赫了解并欣赏上述行动，但法令仍让他怒火中烧，他也十分清楚自己只是"少数幸存者"③之一。

254

　　1月5日的豁免法案仅是一个特殊、矛盾的现象。维希政府在此事上极端敏感，《官方日志》(*Journal Officiel*)上并未一次性刊登赦免消息，而是采取分期更新的形式，由此可见一斑。1月24日，德国军事部门正式表态，强烈反对在占领区施行豁免，并考虑撤换哈尔芬和马耶尔。巴黎的德国大使馆更诋毁其他得到豁免的人为"犹太宣传的产物"，是让·扎伊的部门人为操控的结果。使馆抗议该法案，称其去除了"犹太和非犹太法国人之间的明晰界限"，并质疑维希政府贯彻其种

---

　　① 布洛赫致费弗尔的信，1941年4月16日，国家档案馆档案，M1 318 1。舍瓦利耶在电台上朗读了送别老师的悼词，但错过了巴黎的追悼仪式，见卡克皮诺：《七年回忆》，260页。

　　② 犹太问题总署致国家教育部，1942年3月14日，当代犹太人文献中心档案，CIX 125；亦见报告(report)，1943年9月25日，当代犹太人文献中心档案，LXXIX 102。关于卡克皮诺，见马如思和帕克斯顿：《维希法国和犹太人》，151、208页。

　　③ 布洛赫致莫格温的信，1941年2月21日，下莱茵省档案馆档案，AL 154 P8/15；亦见布洛赫致乌尔曼(Ullman)的信，克莱蒙费朗，1941年4月2日，及布洛赫致费弗尔的信，1941年8月17日，国家档案馆档案，M1 318 1。

族法律的热情。① 直到 2 月 20 日，布洛赫才直接从卡克皮诺处得知自己被豁免的消息。

255　　同时，布洛赫取得了教育部批准，允许他和妻子、母亲及六个孩子前往美国，"以继续其经济史之研究"②。他本计划带着八人一同"撤离"，这最多只是一个繁重的提议，却因母亲的突然患病而更显困难。虽然约翰逊（已经和国务院取得联系）承诺在马提尼克可以立刻取得非定额签证，布洛赫却不愿和母亲哪怕是短暂地分离。如今，在没有拿到签证或任何切实承诺的前提下，他决意不赶赴西印度群岛（West Indies）。他两次前往马赛，却被告知他的"财产情况无法"支持全家人到达纽约。他的命运已交由里昂和华盛顿决定。③

　　布洛赫再次向纽约求援，希望国务院加快审批，但华盛顿政府显然无能为力，本地的签证机构基本全权掌握进程。④ 在里昂，领事馆

---

① 尽管法国和比利时的德国军事政府反对，马耶尔和德布雷仍保留着巴黎大学的职务，而哈尔芬在卡克皮诺的帮助下，于 1941 年 6 月赴格勒诺布尔大学（University of Grenoble）：见路易·哈尔芬卷宗，国家档案馆档案，AJ 16 6017；又见卡克皮诺：《七年回忆》，360 页。军事部门备忘录，1941 年 1 月 24 日、31 日，2 月 19 日，3 月 11 日、14 日、24 日、28 日，4 月 16 日，5 月 30 日文件，国家档案馆档案，AJ 40 555。

② 布洛赫致莫格温的信，1941 年 2 月 21 日，又见法令（Arrêté），1941 年 2 月 24 日，下莱茵省档案馆档案，AL 154 p8/15。

③ 布洛赫致约翰逊的信，1941 年 2 月 15 日，美国专业移民委员会档案。背景见：约翰逊致美国国务院签证部行政主管艾略特·B. 库尔特（Eliot B. Coulter）的信，1941 年 1 月 15 日、20 日；签证部主管 A. M. 沃伦（A. M. Warren）致约翰逊的信，1941 年 2 月 3 日；约翰逊致布洛赫的电报，1941 年 2 月 7 日、14 日；布洛赫致约翰逊的电报，日期不详；约翰逊致沃伦的信，1941 年 2 月 14 日（"……我恳请您注意，美国大学没有一位历史教授不为布洛赫教授来美而欢欣鼓舞，而且法国正处于瞬息万变之际，我们为美国科学而解救他的机会几乎每小时都在流失"），美国专业移民委员会档案；亦见布洛赫致费弗尔的信，1941 年 2 月 5 日，美国专业移民委员会档案。

④ 沃伦致约翰逊的信，1941 年 2 月 19 日，又见艾尔斯·施陶丁格（Else Staudinger）致米歇尔夫人的信，1941 年 2 月 20 日，美国专业移民委员会档案。

的人手有所增加，但是堆积的卷宗却增长了十倍。[1] 得知情况的布洛赫在 2 月 13 日告诉里昂的美国官员，表示他和他的家人可以在法国继续等待三个月，"直到所有人都能得到最终结果"，之后再一道赴美。约翰逊认为这是一步险棋。为减轻领事对财政的顾虑，约翰逊成功说服洛克菲勒基金会，将布洛赫的旅行经费从 1000 美元增加至 3000 美元。但要一次性预订九人的船票困难重重，取得西班牙和葡萄牙的过境签证也是一个问题。约翰逊勉强同意布洛赫继续等待，但催促布洛赫取道马提尼克，这样便能令所有人"早日离开欧洲"。[2]

256

布洛赫身处两个世界之间，为了拯救孩子，他即将"背弃"故土。但即便如此，面临着未来更为严重的歧视，54 岁的他写出了遗嘱。短短三段话里，布洛赫总结了主导其人生的信仰和坚持，他希望友人能在自己的墓前朗诵遗书——不管他葬在法国还是国外。[3]

伴随布洛赫所有先人入土的都是希伯来祷文，但布洛赫却只想在墓碑上简单刻上 *Dilexit veritatem*（吾固爱真理），他此前也曾用这句话来形容老师普菲斯特。[4] 布洛赫忠于自己的原则，反感一切谎言，即

---

① 李希致国务院的信，1941 年 2 月 12 日，美国国家档案和记录管理局，美国国防部档案 811. 111 Refugees/959。

② 布洛赫致约翰逊的电报，日期不详，1941 年 3 月 9 日的信；威利茨致约翰逊的信，3 月 11 日；约翰逊致威利茨的信，3 月 14 日；约翰逊致布洛赫，3 月 13 日电报；布洛赫致约翰逊的信，3 月 25 日；约翰逊致布洛赫的信，3 月 31 日。美国专业移民委员会档案。

亚历山大·马金斯基（Alexander Makinsky）时任洛克菲勒基金会驻里斯本代表，他与布洛赫和领事馆联系，在 1941 年 4 月 28 日报告中表示布洛赫坚持携家人同行的决定十分鲁莽："除非他愿意等到深秋，否则不可能在同一艘船上订到八个（原文如此）位置。"洛克菲勒基金会档案。

③《最后的愿望》（"Dernières volontés"），克莱蒙费朗，1941 年 3 月 18 日，感谢艾蒂安·布洛赫，重印于《奇怪的战败》，223～224 页。

④ 布洛赫：《克里斯蒂安·普菲斯特（1857—1933）及其著作》（"Christian Pfister, 1857-1933：Ses oeuvres"），载《历史评论》，1933(172)，567 页。

便在"最后一刻",他也拒绝向任何从未认同过的宗教仪式祈愿。

但布洛赫不曾否认自己"生而为犹太人"的事实:

> 在一个受野蛮无情摧残的世界里,希伯来牧师们的优良传统,被最纯粹意义上的基督教吸纳和发展的这一传统,难道不是激励我们生存、信仰和抗争的最好理由之一吗?

但归根结底,布洛赫还是一名"合格的法国人":

> 我与一切信仰教条或所谓的种族团结形同陌路,一生中我首先将自己简单地视为一个法国人。悠久的家族传统将我和这片土地联系在一起,它的精神遗产和历史把我哺育,而我也实在无法设想自己能在另一片国土上如此自如地呼吸,因此我热爱我的国家,愿意为它倾尽所有。我从不觉得我的犹太身份曾有分毫地动摇过上述情感。过去的两次战争中,命运并未让我为法国献身。至少,我可以诚挚地宣布,我作为一名合格的法国人而死,正如我也作为一名合格的法国人而生。[1]

这份温暖、泰然的爱国主义,以及他的希望和镇静随即受到了考验。1942年复活节的周日,布洛赫的母亲中风。此前一天,布洛赫的妻子胸膜炎发作,高烧不退。布洛赫被迫留在富热尔照顾二人,并推迟返回克莱蒙费朗的日期,还取消了自己的课程。4月27日,他的母亲萨拉·布洛赫去世,葬于勒布尔登(Le Bourg d'Hem)的乡村公墓。妻子西蒙卧病在床,5月中旬才有好转。从现实角度考虑,这些不幸

---

[1] 此后布洛赫叮嘱,若能找到文件,则宣读他的五项军事荣誉。

既简化又复杂了他们的未来。布洛赫一家的移民队伍减少一员，但是妻子的健康状况无法再熬过一个克莱蒙费朗黑暗、潮湿的漫漫冬季，因此一旦布洛赫的移民计划无法成行，他便不得不另谋他就。从更深的层次来说，在这样一个与祖国的联系岌岌可危的时刻，布洛赫痛失其母，而母亲乃布洛赫直系家族中仅存的亲人，也是他和美好过去的唯一关联，是他长久以来的知己和向导，因而母亲的逝世对于布洛赫来说无疑是一个沉重打击。[①] 在过去二十二年间，妻子一直是布洛赫生活的支柱和心爱的伴侣，她的痼疾和一直虚弱的身体也影响了布洛赫的健康，拖垮了他的精神和意志。[②]

　　但战事远未结束，布洛赫表面上仍勉强保持乐观。尽管德国已入侵萨洛尼卡(Salonika)，对苏伊士运河虎视眈眈，但"如果他们能入侵伦敦，他们就不会去萨洛尼卡；如果他们能进入利物浦，他们便不会袭击运河"[③]。同之前遭遇困难时的情形一样，布洛赫的忘忧剂仍是工作。他投入到教学之中，而那时教学顶多能以混乱两字来形容。尽管与几名准备学位考试的学生多次中断联系，布洛赫仍然坚持上课。他

260

　　① "我心如刀割，无法动弹。我甚至都不能自我安慰，说至少母亲的老年过得十分平静。"布洛赫致费弗尔的信，1941 年 5 月 16 日，国家档案馆档案，M1 318 1；亦见1941 年 8 月 17 日，同上。
　　② 布洛赫致艾蒂安·布洛赫的信，1941 年 4 月 19 日，艾蒂安藏品；布洛赫致费弗尔的信，1941 年 4 月 16 日，5 月 7 日、16 日，国家档案馆档案，M1 318 1；布洛赫致博特鲁齐的信，1941 年 5 月 7 日，由博特鲁齐夫人提供；布洛赫致卡克皮诺的信，1941年 5 月 12 日，国家档案馆档案，3W 122/78；布洛赫致洛特的信，1941 年 8 月 10 日，洛特档案，法兰西公学院档案。
　　③ 摘自致学生罗伯特·弗尔兹(Robert Folz)的信，引自罗贝尔·博特鲁齐：《学生眼中的马克·布洛赫》，206 页。

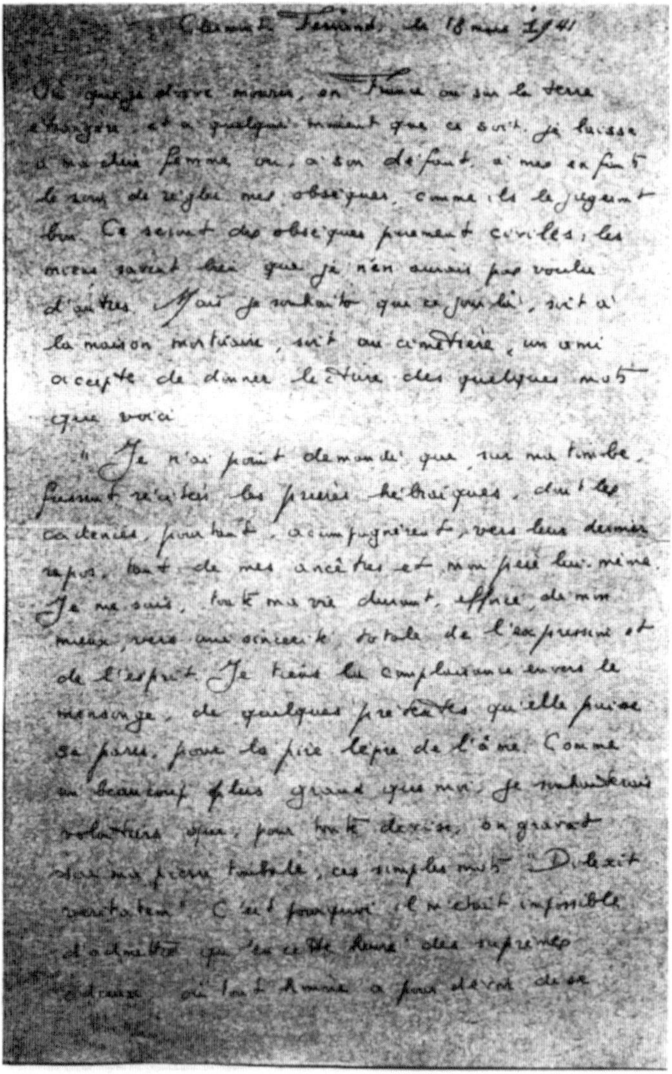

图二十五　1941年3月，马克·布洛赫遗嘱

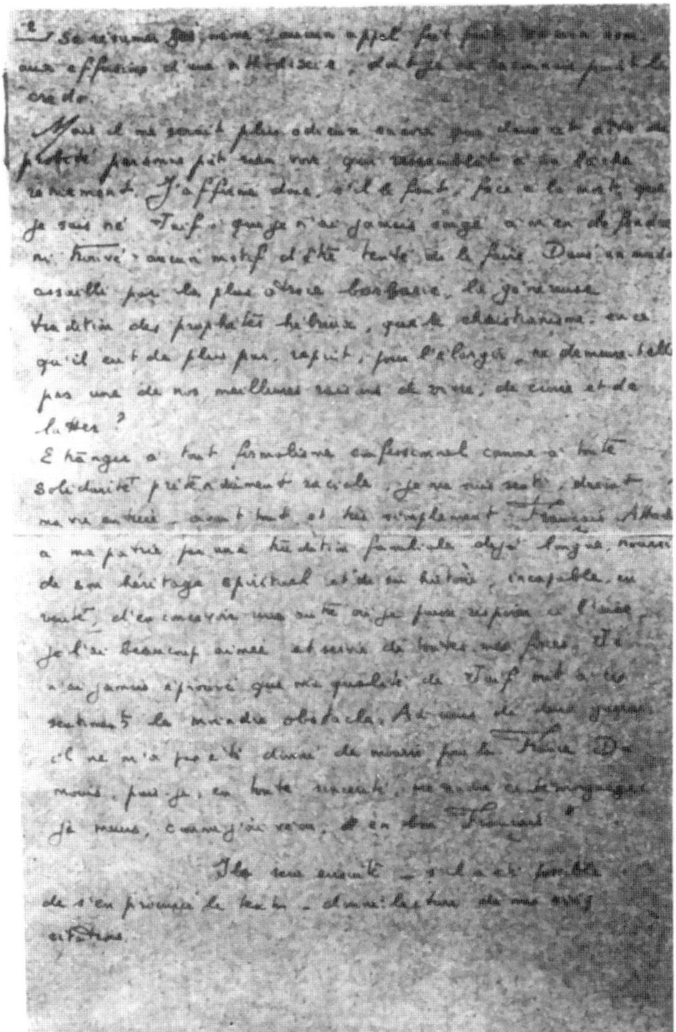

尽可能谨慎、主动地参与流亡中的斯特拉斯堡大学的生活。① 5 月上旬，他希望成为罗贝尔·博特鲁齐的评定报告人，后者曾是他的学生，如今则是他的同事，他在过去几年里指导了博特鲁齐的博士论文，现在更大力举荐其发表。② 布洛赫坚持阅读伊拉斯谟、斯宾诺莎和孟德斯鸠，也保持着记日记的习惯，他将日记命名为"吾"，其中有他对当下事件的历史和哲学思考。1941 年的寒春，布洛赫罗列了几个计划，但发表的可能性微乎其微，其中包括一本有关法国形成的小册子③、法国货币史、德意志第一帝国研究，美国殖民研究、一起谋杀迷案，还有自"假战"期间开始的研究，或他关于历史和历史方法的思索，即后来的《为历史学辩护》（*Apologie pour l'histoire*）。④

到了需要决定《年鉴》命运的时候。10 月起，费弗尔心事重重，勉强回到巴黎，再次承担起刊物的主要工作，并主持印刷了 1940 年的两期刊物。布洛赫前往美国的计划令杂志的未来继续悬置。⑤ 来年春，为了继续两人开创的事业，他们需要在占领区首都解决一系列问题。因其所有者并非雅利安人种，《年鉴》随时可能被德国或法国政府没收

---

① "克莱蒙费朗的阿尔萨斯人对未来充满信心，坚韧无比，勇气十足，令人敬佩。他们是我们所有人的榜样。我完全相信他们有理性，而那些所谓的'现实'则荒谬绝伦。"见罗贝尔·博特鲁齐：《学生眼中的马克·布洛赫》，206 页。

② 布洛赫致莫格温的信，1941 年 5 月 7 日，和莫格温致特拉彻（Terracher）的信，1941 年 5 月 14 日，下莱茵省档案馆档案，AL 154 P8/15。基于其目前的发表和调动，并根据最新规定，博特鲁齐无须再提交第二篇论文。布洛赫：《报告》（"Rapport"），同上。有关布洛赫参与教员活动的情况：下莱茵省档案馆档案，AL 154 P2/3。

③ 此前共事的对手阿尔贝·格勒尼耶的要求令布洛赫既欢欣又忧虑，前者显然并未意识到将布洛赫的名字与该主题联系的敏感性。见布洛赫致费弗尔的信，1941 年 4 月 16 日，5 月 16 日，国家档案馆档案，M1 318 1。致葛尔尼的信件草稿（"这实在是一个颇有勇气的行为，在这一时机邀请我……论述关于法国的形成"），国家档案馆档案，AB XIX 3824。

④ "为写而生"，见日记（"吾"），艾蒂安藏品。

⑤ 费弗尔致布洛赫的信，1940 年 10 月 3 日，国家档案馆档案，M1 318 2。

或取缔。①

此时，布洛赫妻子和母亲先后患病，他去美国的计划也被推迟，但他仍被迫和费弗尔就《年鉴》的未来进行了长达一个月的密集讨论，这是他们合作以来第三次也是最激烈的一次争吵。② 复活节的周日，费弗尔致信布洛赫，让他解除合约，放弃职位，将《年鉴》的所有权全部移交给自己。③

布洛赫起初拒绝了这一提议。在占领区继续合作与将他从刊头除名的做法，使他的自尊和荣誉受到了双重不公正的打击。布洛赫认为，决不能在纳粹的铁十字下妥协。他拒绝效仿梅尼克屈从决议，离弃岗位。在法国解放以前，《年鉴》必须转移到未占领区，不然只能停刊，或者暂时拆分为布洛赫与费弗尔各自名下的两个独立刊物。布洛赫表示：

> 倘若我们的工作有任何意义，那一定是它的独立，它拒绝接   262
> 受贝玑所谓的压力——这个奇怪的保护人，将会被自己的拥护者
> 所震惊——他称之为"世俗"，那种狭隘的学院做派，忠于特定的
> 思想学派，或一切类似事物。将我除名便是一种失职……④

---

① 费弗尔致布洛赫的信，1940 年 10 月 3 日，国家档案馆档案，M1 318 2。布洛赫致费弗尔的信，1941 年 2 月 5 日，国家档案馆档案，M1 318 1。早在 1940 年 5 月 20 日，德国便发布法令，设想在占领区域对敌对财产实施监管，6 月 21 日，该措施正式在法国北部实施。当年秋季，占领区政府开始登记犹太财产，任命临时官员，防止出逃的犹太人回到占领区。1941 年 4 月 26 日，新法令给予官员出售或清算所有犹太财产的权力。维希政府意图从德国手中争取雅利安化，12 月初，组建临时官员服务控制处 (Service du Contrôle des Administrateurs Provisoires)。而在 1941 年 3 月 23 日，维希政府任命扎维埃·瓦拉为犹太事务总长，他起草了 7 月 22 日维希政府自己的雅利安化草案。帕克斯顿：《维希法国：保守派与新秩序 (1940—1944)》，176～180 页。

② 费弗尔：《马克·布洛赫：1939—1940 年间的见证：私人通信选》，21～25 页。

③ 费弗尔致布洛赫的信，复活节 (1941 年 4 月 13 日)，国家档案馆档案，M1 318 3。

④ 布洛赫致费弗尔的信，1941 年 4 月 16 日，国家档案馆档案，M1 318 1；梅尼克问题参考：布洛赫致费弗尔的信，1941 年 5 月 7 日，同上。

费弗尔对布洛赫宣判《年鉴》"死刑"一事反应强烈。他悲恸于同僚的"逃亡"，背弃他的（而不是"我们的"）国家；这将送给敌人"又一场胜利"。在分界线这边，费弗尔撕毁了布洛赫和解的建议。现有的占领条款规定不可筹办新刊物。即便《年鉴》搬迁至未占领区，审查想必也会尾随而至。另外，在未占领区发行的刊物无法触及法国的大部分（三分之二）地区，不能直达主要城市和学术中心，也很难到达荷兰、比利时和德国等国外读者的手中，因为这需要取得特殊的、几乎是无法获取的核准。

费弗尔呼吁布洛赫承担责任，牺牲自我，他坚称只有《年鉴》才是唯一重要的名号。他试图唤起布洛赫的爱国主义。在那段困难时期，他们必须团结，拒绝分裂。"团结"则意味着选择巴黎，而在承受着占领区内最痛苦压迫的巴黎，"坚持"（*maintenir*）是共识。费弗尔提到，两人最亲密的友人们痛心于布洛赫的牺牲，但他们一致认为《年鉴》需要继续在首都刊行。其他期刊，比如《历史评论》，已经作出调整。他们的同僚马塞尔·莫斯（Marcel Mauss）爽快地答应为《年鉴》匿名撰文。费弗尔起誓将"勇往直前，至死方休"，保证作出努力，贡献劳动，秉持希望。他大肆赞扬伏尔泰和狄德罗，二人在另一个压迫政权下英勇地进行出版活动。费弗尔承诺，布洛赫仍能以非官方的形式继续参与他们的事业。最终，费弗尔孤注一掷，嘲弄布洛赫说，一个请求朋友拯救自身自由之人，不应亲手毁灭超越物质存在的精神自由。①

一开始，布洛赫不为所动，承受着合作伙伴暴风骤雨般的责备和非难。而费弗尔却更进一步，他强调刊物面临随时被取缔的危险，坚

---

① 费弗尔致布洛赫的信，1941 年 4 月 19 日（两份手稿），5 月 3 日，日期不明（《春季》；两份手稿）（"printemps"；2 draft），国家档案馆档案，M1 318 3(887—907)。

称不能为了一个原则而牺牲一个[刊物的]生命。① 5 月 16 日，布洛赫勉强接受了费弗尔的现实"政治"，但警告说，他在此刻背离的原则一定会在今后以压抑和排斥的形式萦绕周围。②

费弗尔的论述远未说服布洛赫，因而很难判断布洛赫为何让步。两位主事人之间嫌隙渐生，如同一分为二的法国。也许出于责任、忠诚和爱国，或者因为悲悯，布洛赫无力控制事态发展，他对未来感到迷茫，不得已地屈服了。

此时布洛赫的旅行计划愈发显得不切实际。在向费弗尔让步的第二天，他便联系了洛克菲勒基金会的董事长，告知自己与日俱增的困难。首先，他不能为所有家庭成员订上跨洋旅行的船票，从里斯本到美国需要过境签证，取道马提尼克则不仅需要殖民部长签署的特殊安全通行凭证，也要在同样拥挤的航线上预订舱位。其次，新通过的法国法律禁止 18 岁至 49 岁的男性移民，布洛赫的两个儿子如今需要出境签证，很可能还得前往马提尼克，因为当地签证比国际签证更容易获取。再次，布洛赫妻子尚未康健，恢复缓慢，无法立刻动身。最后，布洛赫依然在等待仍未获批的美方签证。③

布洛赫坚持取得所有签证，但他并非毫无怨言，因为等候里昂的处理结果看似遥遥无期，马赛（Marseille）方面也不能提供帮助，这阻   *264*

---

① 布洛赫致费弗尔的信，1941 年 5 月 7 日，国家档案馆档案，M1 318 1；费弗尔致布洛赫的信，日期不明(1941 年 5 月 9 日左右)，国家档案馆档案，M1 318 3。

② 布洛赫致费弗尔的贺卡和信，1941 年 5 月 16 日，国家档案馆档案，M1 318 1；费弗尔致布洛赫的信，1941 年 5 月 25 日，6 月 2 日，国家档案馆档案，M1 318 3。

③ 斯特罗德(Strode)致洛克菲勒基金会的电报，1941 年 4 月 10 日，转引自彼得·M. 卢特科夫和威廉姆·B. 斯科特：《致信美国：马克·布洛赫的通信，1940—1941》("Letters to America：The Correspondence of Marc Bloch，1940—1941")，载《法国历史研究》，1981 年秋(12)，296 页(包括此封信的重要选段)；布洛赫致威利茨的信，1941 年 5 月 17 日，美国专业移民委员会档案。

碍了他趁法国方面阻力较小时尽早离开的计划。虽然布洛赫仍然希望接受新学院的慷慨资助，也在竭尽全力促成这一目标，但他其实已不再确定自己能够成功。①

因此布洛赫不得不为当下打算，包括在一个更适宜的环境中谋求来年的教职。他的朋友卡克皮诺自告奋勇，将他推荐到蒙彼利埃大学（University of Montpellier）。布洛赫三十年前便知道当地。这个城市的"吸引力胜过克莱蒙费朗不止一筹"，当地气候也更适合他的妻子，而布洛赫还很可能与新同事一起开展有益的合作。1941 年 6 月，布洛赫第一次到访蒙彼利埃，顺道参观了附近的图卢兹，许多巴黎犹太裔知识分子流亡此处，他在此得到不少支持。流亡中的朋友们赞成布洛赫有关《年鉴》的立场，为他的最终失败而扼腕叹息。布洛赫也受邀参加新成立的心理学研究会（Société d'Etudes Psychologiques）研讨会，其中涉及布洛赫关心的一大问题，即工作和科技的心理。他也与之前在《年鉴》的合作者乔治·弗里德曼重逢，后者因犹太法令而被剥夺教职，适时正在参与反抗活动。②

布洛赫意识到迁居蒙彼利埃的计划并不容易。蒙彼利埃大学只有少量迁移自巴黎的知识分子，但在 1941 年 2 月，它却是第一所正式邀请贝当和达尔朗访问的大学。文学院院长由同是师范生的奥古斯丁·

---

① 布洛赫致威利茨的信，1941 年 5 月 17 日，美国专业移民委员会档案。

② 布洛赫致费弗尔的信，1941 年 6 月 26 日，艾蒂安藏品。关于弗里德曼，见 H. R. 凯德华：《维希法国境内的抵抗》（*Resistance in Vichy France*）（Oxford, 1978），158 页；《全新的文明？向乔治·弗里德曼致敬》（*Une nouvelle civilisation? Hommage à Georges Friedmann*）（Paris, 1973）。有关研究会：国家档案馆档案，AB XIX 3851。

布洛赫向研究会发表的演说：《作为集体心理学问题的技艺之演进》（"Les transformations des techniques comme problème de psychologie collective"），在其逝世后发表于《常态与病态心理学杂志》（*Journal de Psychologie Normale et Pathologique*），1948 年 1—3 月（41），104～115 页。

弗利什担任，他是一名极端保守的教会历史学家，因为一篇负面评论而一直对布洛赫怀恨在心，并尽其所能阻碍布洛赫的任命。弗利什警告上级，由布洛赫开设的公共课程可能会引发恶意游行，更表示他本人绝不会为此负责。[①] 与此同时，1941 年 6 月 2 日，维希政府再次修订了犹太法令，修正了其中的漏洞，准备对犹太人开展"大清洗"，将他们逐出公共生活。犹太人口普查即将进行，而未占领区的犹太财产将被雅利安化。[②] 忠诚的卡克皮诺继续帮助他的同僚。由于布洛赫此前已取得豁免，1941 年 7 月 11 日，卡克皮诺签署正式决议，准许布洛赫继续授课。7 月 15 日，布洛赫被分配至蒙彼利埃。[③]

　　7 月底，新学院给予布洛赫的延期聘书行将失效，而在富热尔，他仍未能给业已成年的孩子们办好签证。也正是在那时，布洛赫致信约翰逊，告知对方自己无法赴美，并准备在新学年去蒙彼利埃就职。虽然未来并非全无危险，但克莱蒙费朗乡间邻里的"希望和勇气"一如既往地鼓舞着布洛赫，他向约翰逊表达了乐观的估计，表示他相信法

---

　　① 弗利什致布洛赫的信，1941 年 6 月 12 日、18 日，布洛赫致弗利什的信，1941 年 6 月 17 日，艾蒂安藏品；布洛赫致卡克皮诺的信，1941 年 6 月 18 日，国家档案馆档案，3W 340/68；蒙彼利埃大学校长致国家教育部长办公室副主任(Chef-adjoint du Cabiner de M. le Secrétaire d'Etat à l'Education Nationale)乌利亚克(Ourliac)的信，1941 年 7 月 19 日，埃罗省档案馆档案；卡克皮诺：《七年回忆》，361 页。关于蒙彼利埃大学的教员，见布雷默和拉布斯的报告，美国国家档案和记录管理局，德国外交部 T-120 K1634/4744/K402928—402930；亦见《蒙彼利埃史》(Histoire de Montpellier)(Toulouse, 1984)，349~350 页。

　　② 《官方日志》，1941 年 6 月 14 日；马如思及帕克斯顿：《维希法国和犹太人》，96~101 页。

　　③ 根据卡克皮诺，1941 年 1 月 5 日的法令并未发布，但也没有被 1941 年 6 月 2 日新的种族隔离政策取代，因此实际上依然有效；卡克皮诺致布洛赫的信，1941 年 6 月 17 日、18 日，艾蒂安藏品；卡克皮诺致斯特拉斯堡大学校长的信，巴黎大学，6 月 28 日，以及卡克皮诺，《决议》(Arrêté)，1941 年 11 月、15 日，艾蒂安藏品。布洛赫致洛特的信，1941 年 8 月 10 日，洛特档案，法兰西公学院档案。

国犹太人的情况终将改善。另一方面，只要能带上两个儿子，他随时可以移民。[①] 在大西洋的另一头，由于跨洋旅行与日俱增的不确定性和巨大开销，再加上他的"签证问题"，布洛赫的延误显得不可理喻。

美方无疑想要解救更有行动力的候选人。收到布洛赫来信后，一直耐心的约翰逊取消了新学院的邀请，布洛赫赴美的选项就此画上了句号。[②]

布洛赫一年来赴美的努力最终落空，具体情形至今仍不明晰。此后几个月，有关他抵达美国和改变决定的传言层出不穷。关于后者的猜测至今仍未平息。[③] 当时美国官员们焦头烂额，不堪工作重负，为上千名受到威胁的外国人处理文件，那么等待迟迟未能发给成年孩子

---

① 布洛赫致约翰逊的电报，日期不明（1941 年 8 月 1 日接收）和信，1941 年 7 月 31 日，美国专业移民委员会档案。参见布洛赫致费弗尔的信，1941 年 4 月 16 日，有关乡村邻里的舒适（"一群内心悠然之人"），以及 1941 年 5 月 7 日，国家档案馆档案，M1 318 1。

② 约翰逊致布洛赫的信，1941 年 8 月 18 日，及约翰逊致阿普尔格特（Appleget，洛克菲勒基金会档案）的信，1941 年 8 月 18 日，基特里奇（Kittredge）致约翰逊的信，1941 年 9 月 23 日（撤回布洛赫的资助），美国专业移民委员会档案。

按照 1941 年 6 月 5 日国务院出台的新规，布洛赫仍可赴美，新政扣发那些被迫将直系亲属留在欧洲的人的非定额签证（彼得·M. 卢特科夫和威廉姆·B. 斯科特：《新学院》，133 页），但这一限制并不适用于"本土出生的法国公民"：萨姆纳·威尔斯（Sumner Welles）致富勒顿（Fullerton，美国驻马赛领事）的信，1941 年 6 月 21 日，致埃莉诺·罗斯福（Eleanor Roosevelt）的信，1941 年 7 月 6 日，美国国家档案和记录管理局，美国国防部档案 811. 111 Refugees/1623。

③ 1941 年秋，包括林恩·怀特（Lynn White）、西尔维娅·斯拉普和奥斯丁·伊万斯（Austin Evans）在内的多名学者，向基金会和新学院打听布洛赫的消息。约翰逊向伊万斯表示，布洛赫"无法离开法国，他不能抛下一个已到参军年龄的儿子"。约翰逊致伊万斯的信，1941 年 12 月 8 日，美国专业移民委员会档案。

新泽西州普林斯顿大学高等教育学院的吉尔斯·康斯特布尔（Giles Constable）教授保存着威廉·孟德尔·纽曼的日记，其中记录了布洛赫由外国学者协会（Institute for Foreign Scholars）带入美国的谣言（1940 年 11 月 25 日），以及他虽未离开法国却已经取得加州大学职位的说法（1941 年 5 月 2 日），这一猜测目前仍有人信服。

们的签证是否算一个谨慎而现实的策略？① 另一方面，他是否能更早到达蒙彼利埃，让自己希望保护的人们免受威胁？取道安的列斯(Antilles)是否给维希政府带去错误的信号，怀疑他借口去新学院的旅程并不是为了暂时的教职？——而布洛赫还得依赖维希政府的支持。假设布洛赫一家成功迁居国外，布洛赫会疏离法国吗？② 事实上，也许美国只是一个模糊的幻想，布洛赫拖家带口，觉得自己有义务去调查，但他并未全身心投入其中，难道因为这代表着另一场撤退、又一次"背弃"？不论他在当时或在可预见的未来遭遇何种考验，布洛赫都想要留在法国。③

然而，这个法国正变得愈发充满敌意。在富热尔度过一个寒冷的"芜菁之夏"后，学生的来访令布洛赫打起几分精神，但他仍旧气馁、疲惫，只是全身心投入到《为历史学辩护》的写作中，同时也等待着蒙彼利埃职务的确切消息。布洛赫虽后悔离开了斯特拉斯堡的杰出同僚，但他执意要为妻子和家庭寻得一个更温暖的住处定居。不出意料，弗利什的阻挠令事态复杂。卡克皮诺担心出现恶意游行，延迟签署任命

①　李希致威尔斯的信，维希，1941 年 2 月 12 日，美国国家档案和记录管理局，美国国防部档案 811.111 Refugees/959；亦见富勒顿致威尔斯的信，马赛，1941 年 4 月 11 日，美国国家档案和记录管理局，811.111 France/26；佩克(Peck)致威尔斯的信，1941 年 5 月 5 日，美国国家档案和记录管理局，811.111 Refugees 1481。

②　布洛赫的长子表示："我坚信即便成行，父亲在美国短暂逗留后仍将返回伦敦。"艾蒂安·布洛赫：《马克·布洛赫：一名父亲、爱国者和教师》(*Marc Bloch*：*Father*，*Patriot*，*and Teacher*)(Poughkeepsie，N. Y.，1987)，10 页。

③　"至少你我之间没有大洋分隔——你我所在的国家也是如此。"布洛赫致费弗尔的信，富热尔，1941 年 8 月 17 日，国家档案馆档案，M1 318 1。十个月后："无论如何，不管遇到什么，我都很高兴来到这里，而不是去我不应去的地方。这几个月，我预见了种种困难，它们都发生在我希望生活的国家中，而不是某个避难之处。"布洛赫致费弗尔的信，蒙彼利埃，1942 年 6 月 22 日，艾蒂安藏品。亦见费弗尔，写于 1945 年("他确实不愿离去")，见《马克·布洛赫：1939—1940 年间的见证：私人通信选》，25 页；艾蒂安·布洛赫：《马克·布洛赫：一名父亲、爱国者和教师》，10 页。

267

书，提议为布洛赫另谋一职。① 布洛赫对此犹豫不决。作为两次世界大战的老兵，布洛赫拒绝在暴力威胁或弗利什的憎恶面前示弱。他拒绝继续在克莱蒙费朗任职，利用周末往返蒙彼利埃。即便处在一个并不友善的环境中，他也希望保持家庭的团结。② 布洛赫前往维希政府施压的旅程无果而终后，他取得了一场小小的胜利：8 月底，他终于确定可以在蒙彼利埃任教，唯一的条件是他不能开设任何公共课程。③

将孩子一起带离克莱蒙费朗令布洛赫懊丧，而蒙彼利埃则坏消息不断。1941 年 6 月 21 日，新出台的法律进一步升级了犹太法令，规定法国高等教育机构中犹太学生的比例不得超过百分之三。先不论布洛赫本人的特殊状况，他还得为长子在蒙彼利埃大学修习法律而申请额外名额。④ 如此，他不得不搜集资料，证明父母双方上溯五代都是法

---

① 卡克皮诺致布洛赫的信，维希，1941 年 8 月 16 日，艾蒂安藏品。布洛赫致费弗尔的信，富热尔，1941 年 8 月 17 日，国家档案馆档案，M1 318 1。

② 布洛赫致莫格温的信，富热尔，1941 年 8 月 5 日，莫格温致雷克托的信，1941 年 8 月 9 日，下莱茵省档案馆档案，AL 154 P8/15；布洛赫致卡克皮诺的信，1941 年 8 月 21 日，国家档案馆档案，3W 340/68。见布洛赫告别斯特拉斯堡教师议会的致辞（Bloch's farewell remarks to the Strasbourg Faculty Council），1941 年 7 月 11 日，下莱茵省档案馆档案，AL 154 P1/2。

③ 布洛赫致费弗尔的信，1941 年 8 月 25 日，国家档案馆档案，M1 318 1；卡克皮诺致布洛赫的信，1941 年 8 月 26 日，艾蒂安藏品；布洛赫致卡克皮诺的信，1941 年 8 月 28 日，国家档案馆档案，3W 340/69。这一禁令同样适用于敌视德国的法国文化专家埃德蒙·费尔迈尔（Edmond Vermeil）：见布雷默和拉布斯的报告，美国国家档案和记录管理局，Germany 德国外交部 T-120 K1634/4744/K420928；罗伯特·迈登（Robert Minder）:《埃德蒙·费尔迈尔（1878—1964）》（"Edmond Vermeil, 1878-1964"），载《德意志研究》（Etudes Germaniques），1964 年 4—6 月（19，no. 2），i～iv 页。

④ 6 月 21 日法律复本（1941 年 9 月 9 日，斯特拉斯堡大学文学院发布），艾蒂安藏品。相关背景见马如思和帕克斯顿:《维希法国和犹太人》，123～125 页。布洛赫致费弗尔的信，1941 年 6 月 26 日，10 月 8 日、31 日，艾蒂安藏品；布洛赫致瓦拉的信，富热尔，1941 年 8 月 11 日，及内阁总长、犹太事务总长办公室主任（Chef de Cabiner, Commissariat Général aux Questions Juives）致布洛赫的信，维希，1941 年 8 月 18 日，艾蒂安藏品。

国公民，而且为法国作出了杰出的贡献。这是一个很长的辉煌的族谱，显示西蒙·布洛赫的祖辈——一名尼姆(Nîmes)商人，于 1786 年获得路易十六的君主制诰(*lettres patentes*)，而布洛赫的曾祖父则在 1793 年参加过美因茨之战。但这份文件也代表着维希法国的生存成本正日渐增加。[①]

　　还有布洛赫的藏书。过去一年，德国领导人罗森堡的特别任务小组(Einsatzstab Reichsleiter Rosenberg)大肆掠夺犹太艺术品和藏书室，如今他们也将魔掌伸向知识分子，其中包括布洛赫的前辈，在雷恩(Rennes)任教的经济史学家亨利·豪塞。[②] 布洛赫向巴黎的亲属和同僚求援，还聘请了一名法律顾问，试图将他的藏书转移到未占领区，但最终无果。由于蒙彼利埃的朴素住处没有足够作为藏书室的空间，

---

　　① "我怀疑他帮我准备申请时是否快乐。"艾蒂安·布洛赫：《马克·布洛赫：一名父亲、爱国者和教师》，9 页。参见瓦拉致布洛赫的信，维希，1941 年 9 月 26 日，及《决议》(由卡克皮诺签署)，1941 年 10 月 9 日，《额度条款》("Numerus clauses")文件，艾蒂安藏品。

　　② 布雷默：大使先生的笔记(Abetz)，"此外，罗森堡特别任务小组横行期间，历史学家亨利·豪塞藏书室遭到破坏，这与我们的文化政策彻底冲突"，1941 年 3 月 7 日，关于此次不明智的专项活动的怨言("……顺便说一句，这完全违背我们的文化政策")，美国国家档案和记录管理局，德国外交部 T-120 4742/K1673/E208974；E208973，975～976 页。豪塞向威斯巴登(Wiesbaden)的停战委员会(Armistice Commission)抗议对其的掠夺，政府也随即抗议，但毫无结果。费弗尔致布洛赫(更新于 1941 年 7—8 月，国家档案馆档案，M1 318 3)的信中，提到埃米尔·涂尔干所有文稿和书籍的遗失。

　　有关罗森堡的特别任务小组：见美国控方首席律师(U. S. Chief of Counsel for Prosecution)：《纳粹的阴谋和侵略》(*Nazi Conspiracy and Aggression*)(Washington，D. D.，1946-1948)第三卷，184～203 页，及《补遗 B，审讯阿尔弗雷德·洛特菲德》(supp. B, Interrogation of Alfred Rosenberg)，1333～1337 页；亦见唐纳德·E. 柯林斯(Donald E. Collins)和赫伯特·P. 洛特菲德(Herbert P. Rothfeder)：《第二次世界大战期间德国领导人罗森堡的特别任务小组和掠夺犹太人与共济会藏书室》("The Einsatzstab Reichsleiter Rosenberg and the Looting of Jewish and Masonic Libraries during World War II")，载《图书馆史杂志》(*Journal of Library History*)，1983 年冬(18，no. 1)，21～36 页。

他希望能将书籍转移到富热尔的乡间居所。[①]

1941年秋，布洛赫在三十年后重回蒙彼利埃，这是又一次在临时居所孤立却坚决的流放。他致信费弗尔，表示他已决意履行一名"法国教授"的职责，教授"一种在当今状况下并非百无一用的历史"。他开设了现代欧洲和法国经济与货币史的新课程，但可供备课的资料却不充足。他去图书馆查阅资料的行程"十之八九都一无所获"[②]。

270　　蒙彼利埃涌入了大量难民，此处论面积虽逊于克莱蒙费朗，但居住条件却更优越。布洛赫遇到了友善的邻居和一些同僚。当地虽没有克莱蒙费朗阴郁的天空，却十分寒冷。该年冬天供暖不足，无法助他们抵御持续的密史脱拉风（mistral）——法国南部沿海地带盛行的一种干冷北风。另外，食物短缺在蒙彼利埃已是常态，布洛赫需要往来富热尔的乡间居所搜集食物，但这也只是杯水车薪。新学年伊始，布洛赫满腹牢骚：关于自己的风湿病、"懈怠"以及对费弗尔的思念——此

---

① 卡克皮诺：《七年回忆》，363~364页；布洛赫致费弗尔的信，1941年9月27日，11月19日，艾蒂安藏品。

② "我发现我失去了自己大部分的日常工作。我只有一个缺陷明显的图书馆。"布洛赫，课程介绍，国家档案馆档案，AB XIX 3839；研究笔记见3824，3838~3839；布洛赫致费弗尔的信，蒙彼利埃，1941年9月27日，国家档案馆档案，M1 318 1；1941年10月31日，11月19日，艾蒂安藏品；1941年12月11日，国家档案馆档案，M1 318 1。西蒙·布洛赫致爱丽丝·布洛赫的信，1941年11月20日，艾蒂安藏品；布洛赫致博特鲁齐的信，1941年11月20日，由博特鲁齐夫人提供。

有关布洛赫在经济与货币史上的研究，见布洛赫致学生勒内·巴哈内的书信节选，蒙彼利埃，1942年3月1日；《价格货币曲线》（"Prix-monnaies-courbes"），载《经济、社会与文明年鉴》，1946年10—12月（I, no. 4），355~357页。关于他的教学：艾蒂安·布洛赫访谈；弗朗辛·穆叙（Francine Moussu）致艾蒂安·布洛赫的信，1983年9月3日。

时二人分别已近两年。①

公共和私人层面的反犹主义，令布洛赫愈发忧虑，它正暗中一步步将法国犹太人从国家生活中驱除。最新出台的人口普查奠定了一个危险的基调，暗示进一步的排斥和抢夺。布洛赫相信，即便在最优秀的人群里，也存在一种"歧视的精神"，而这比种族主义各种愚蠢和暴力的形式更加致命。这些人将不同的个体按照种族划分（"犹太财主"，或就此事而言，"犹太知识分子"），以其所获的利益为由，将其从法国剥离，因此，他们以微妙的方式强力地支持了官方的歧视政策。布洛赫反对一切区分，他告诉费弗尔，一旦所谓的文明公众能够不带宗教偏见，一视同仁地谴责无赖和资本家，那么反犹主义将会走向消亡。而当法国显贵们意识到他们固有的谬误，明白两个群体中没有一方能 *271* 单独统治时，反犹主义终会灭亡。② 布洛赫认为，真正的法国存在于

① 布洛赫致费弗尔的信，蒙彼利埃，1941 年 9 月 27 日，10 月 31 日，国家档案馆档案，M1 318 1，1941 年 11 月 19 日，艾蒂安藏品；亦见西蒙·布洛赫致爱丽丝·布洛赫的信，1941 年 11 月 13 日、20 日，艾蒂安藏品。关于食物短缺（1942 年 2 月，面包、糖和奶酪的配额降低引发妇女抗议）；凯德华：《维希法国境内的抵抗》，221 页；让·鲍梅尔（Jean Baumel）：《集中营的战争》(*De la guerre au camps de concentration*)（Montpellier，1974），44 页；罗杰·奥斯丁（Roger Austin）：《维希法国的宣传和舆论：埃罗省（1940—1944）》("Propaganda and Public Opinion in Vichy France：The Department of Hérault，1940-1944")，载《欧洲研究评论》(*European Studies Review*)，1983 年 10 月（13），466～469 页；有关补给：布洛赫致安德烈·布洛赫(André Bloch)的信，1942 年 2 月 19 日，艾蒂安藏品。

已知费弗尔致布洛赫的最后一封信，未注明日期(1941 年 7—8 月)，写在法语百科全书委员会(Comiré de l'Encyclopédie Française)的信纸上(国家档案馆档案，M1 318 3)，这是一封长信、一份火药味十足的公函，涉及《年鉴》的未来、反犹主义和当代的政治与人物。

② "如果有一天，如你所言，在那些最'富同情心的'领域，人们不再有这样的想法：'犹太人品行恶劣'，而是'这一类高高在上的资产阶级不过与其他高高在上的资产阶级表现类似'；'懦弱者采取懦弱的行动'；我们还应加上一句，'此外，我们只看到了懦夫。至于其他，我们有充分的理由不去注意'。到那一天，我们之中最可怖的潜在反犹主义将会消亡。"布洛赫致费弗尔的信，1941 年 8 月 17 日，国家档案馆档案，M1 318 1。

他在乡间的邻里和此前军中的伙伴中，在那里并没有类似的偏执。①

布洛赫也关注法国犹太人的反应。他担心，虽然自己有幸免受伤害，但一开始的偏执和迫害可能会引发分裂的倾向。在里昂，他并未从美领馆处取得签证，但他遇到了一群落难的知识分子，这些人试图在掌管法国犹太事务的犹太教会(Consistoire)的支持下，建立犹太研究中心。② 布洛赫受邀加入，他建议了该中心研究的触及范围，以使其不会被破坏，也建议首先要真正地去强化他们"在法国社会的合法地位，因为我们从未正式脱离法国"。他们必须避免在那些"意图将我们随意扔向贫民窟"的人面前落下口实。③

布洛赫为该中心的研究计划提供了一些具体意见。他呼吁人们将思虑和成果公开，更强调要拒绝"犹太财主"的支持和领导，避免再次遭遇"辛迪加"的指控。他们应当接纳具有同情心的基督教徒，不遗余力地代表整个法国犹太人的意见。最后，在不否认法国和法国犹太人为他国犹太人提供支援和帮助的前提下，他们必须明确他们的事业"并非完全属于我们自己"④。

272　　虽然无法积极参与其中，布洛赫却提出了一个三步计划，来应对一个危险的想法，即"全部犹太人构成了一个坚固、同一的群体，他们

---

① 布洛赫致费弗尔的信，1941 年 8 月 17 日，国家档案馆档案，M1 318 1。亦见布洛赫致费弗尔的信，蒙彼利埃，1941 年 9 月 27 日，国家档案馆档案，M1 318 1。如同其父，布洛赫坚信当前法国种族主义的根本源头和实践参照都在莱茵河的对岸。

② 布洛赫致费弗尔的信，富热尔，1941 年 8 月 17 日，国家档案馆档案，M1 318 1。

③ 布洛赫致 J·乌尔曼的信，克莱蒙费朗，1941 年 4 月 2 日，国家档案馆档案，M1 318 1。

④ 布洛赫：《处理犹太问题的方法》("La méthode pour traiter du problème juif")，国家档案馆档案，M1 318 1，469~470 页；乌尔曼致布洛赫的信，1941 年 5 月 7 日，同上，468 页。

拥有相同的特征，服从同样的命运"。首先，他们必须付诸理性，分析有关"卑劣的犹太人"这一广为人知的原始抽象概念，知晓这个概念造成的最严重后果之一便是：它迫使部分目标人群将其进行所谓的分别与内化，接受一个"领土的"解决方案(驱逐)。其次，在揭穿这些"美妙的幻象"之后，他们必须理解一系列复杂的历史现实。最后，他们将意识到有两种截然不同的犹太社区：被同化的(法国)和未被同化的(异国)。前者的生存依赖彻底的融合及合法地位的保有，而后者的生存则完全可以依靠某些形式的移民。①

可是，维希政府——毫无疑问，在德国的密集督促下——致力于隔离所有犹太人，控制他们的存在。1941 年 11 月 29 日颁布的法律成立了法国犹太人联合总会(Union Générale des Israélites de France)，这是一个庞大的强制性犹太议会，它总领全国，将所有的社会和慈善机构纳入统一的行政框架，并依附于扎维埃·瓦拉领导的犹太问题总署(Commissariat Générale aux Questions Juives)。法国犹太人联合总会名义上负责"代表犹太人与官方权威交涉"福祉问题，但这个组织明显是一个奴役整个犹太社区的工具。②

几十年后我们了解到，在纳粹德国和维希政府对待特定的人群方

① 布洛赫：《处理犹太问题的方法》，国家档案馆档案，M1 318 1，469～470 页；亦见提纲，《三重分野》(Trois divisions)，国家档案馆档案，M1 318 1，471～472 页。

② 《官方日志》，1941 年 12 月 2 日；卢贝茨斯基：《德国占领下的法国犹太人处境(1940—1944)》，102～109 页；亦见辛西娅·J. 哈夫特(Cynthia J. Haft)：《谈判和枷锁：法国犹太人联合总会(1941—1944)》(*The Bargain and the Bridle*：*The General Union of the Israelites of France*，*1941-1944*)(Chicago，1983)，6～9 页；理查德·I. 科恩(Richard I. Cohen)：《良心的负担：大屠杀期间的法国犹太领导层》(*The Burden of Conscience*：*French Jewish Leadership during the Holocaust*)(Bloomington，1987)，第三章；马如思和帕克斯顿：《维希法国和犹太人》，107～111 页。

面，犹太问题是一个罕见的敌对与合作并存的交叉点。这不仅事关大
量德国和东欧难民的命运——他们涌入两个区域，承受着被围捕或驱
逐的威胁，也和法国犹太人息息相关——他们被自己的政府和纳粹一
点点地剥夺了权利、工作和财产。讽刺的是，维希政府最初成立法国
犹太人联合总会以树立其在两个区域内的权威，但在 1942 年 5 月，迫
于德方的压力，独立的民族主义者瓦拉离职，更为激进的反犹主义者
路易·达奎尔·德沛拉波(Louis Darquier de Pellepoix)上台，联合总会
已经从根本上成为纳粹的工具，操控和支配着法国境内的所有犹
太人。[1]

　　法国犹太人震惊于这一强制性种族机构的诞生，如今它成为他们
新的法律代表。法国犹太人联合总会使用"法属犹太人"而非"法国犹太
人"这一称谓，蓄意将其和别国的犹太人混为一谈，将其要求和权利混
入后者更庞大的数量和更危急的境况之中，并威胁对其进一步限制和
没收。譬如，1942 年 1 月 16 日，新出台的法令宣示一个噩兆：法国犹
太人联合总会禁止将犹太财产转移到未占领区。[2] 犹太教会激烈地反
对这一法令，因其拥有强烈的国别认同，担心自身会被迫从法国社会、

---

　　① 哈夫特:《谈判和枷锁：法国犹太人联合总会(1941—1944)》，43～44 页；马如
思和帕克斯顿:《维希法国和犹太人》，108～111、283～286 页；耶拉奇米尔(理查德)·
科恩:《维希—德国迫害下的法国犹太社区(1940—1944)》("The Jewish Community of
France in the Face of Vichy-German Persecution，1940-1944")，见《近代法国的犹太人》
(The Jews in Modern France)，弗朗西丝·马利诺和伯纳德·瓦萨斯坦(Frances Malino
and Bernard Wasserstein)编(Hanover，N. H.，1985)，181～206 页。
　　② 《官方日志》，1942 年 1 月 18 日；布洛赫:《关于法国犹太人联合总会》("Note
au sujet de l'Union des Israélites de France")，1942 年 5 月 1 日，当代犹太人文献中心档
案，CCXIV-75。亦见勒内·马耶尔(René Mayer)致瓦拉的信，1941 年 12 月 2 日，转引
自马如思和帕克斯顿:《维希法国和犹太人》，109 页；卢贝茨斯基:《德国占领下的法国
犹太人处境(1940—1944)》，110 页。

310 | 为历史而生：马克·布洛赫传

法律和体制中剥离。可是，法国犹太人联合总会的争议并未让法国公民简单地与外族针锋相对。无数难民拒绝加入，而与处在纳粹阴影下的欧洲人民类似，一批法国犹太领袖同意担任法国犹太人联合总会两大地区的议会成员，充当中间人，以"规避最坏结果"①。

布洛赫决意公开反对法国犹太人联合总会。在与南部地区的朋友和同僚商议后，他起草了反对联合总会领袖的抗议书。② 布洛赫以"法国犹太人"的名义发声，他们因为爱、传统和为天主教与新教同胞服务而联合，他宣布这些人是他们"共同母亲"法国的"忠实子民"。尽管有近期的立法，但他们不承认自己是法国公民之外的任何人群。③ 布洛赫称赞法国犹太人联合总会官方的谋福祉这一任务之高尚和必要，但他敦促该机构避免采取任何"制裁或加重""法国犹太人在道义上之孤立"的行动，因其可能刺激或疏离他们忠诚的法国同胞。虽然对于他们和后代而言，当前危机重重，他仍坚持道："我们不关心超越我们与法

---

① 索萨·扎考斯基(Zosa Szajkowski)：《纳粹占领法国下的"法国犹太人联合总会"的组织》("The Organization of the 'UGIF' in Nazi-Occupied France")，载《犹太社会研究》，1947(9)，239~256 页。科恩：《一名维希法国的犹太领袖(1940—1943)：雷蒙·拉奥·兰伯特日记》，296~299 页；西蒙·施瓦茨夫希：《法国犹太人》，299~308 页。

② 手稿(1942 年 2 月 19 日)，国家档案馆档案，AB XIX 3838。

③ "我们竭尽全力效忠的法国，我们如此多人为之团结一致的法国，我们愿意明天再一次献出我们和我们后代热血的法国，这是我们的祖国，正如这是我们同胞的祖国。无论天主教徒还是新教徒，其中都有许多我们亲密的朋友和此前的战友，我们同为一个母亲之忠实、虔诚的子民。"

"法国的希望恰如法国的哀恸，就是我们的希望与哀恸。我们一直倾慕的文明之价值，由她为我们教导。法国的人民就是我们的人民。我们不承认其他任何说法。"布洛赫致乔治·弗里德曼信件的副本，日期为 1942 年 2 月 1 日，犹太问题总署，卷宗 11013 M45，如今为当代犹太人文献中心档案，XXVII a22。

国纽带的事宜。我们是法国人⋯⋯我们想不到一个非法国的命运。"①

1942 年 5 月 1 日，最后一稿刊发，即《关于法属犹太人联合会的说明》("Note au sujet de l'Union des Israélites de France")，只有区区三位名流署名：文学学者本雅明・克雷米厄(Benjamin Crémieux)[1942 年被遣送至贝尔根-贝尔森(Bergen-Belsen)和布痕瓦尔德(Buchenwald)，在魏玛(Weimar)逝世]②，前法国律师和图卢兹上诉法庭律师会主席——勒内・米约(René Milhaud)，还有布洛赫本人。他们原封不动地重复了布洛赫一开始的抗议，效忠法国，宣布拒绝将法国犹太人联合总会的领袖认作他们的代表，呼吁同胞们"做好准备，准备保护"他们唯一可能的未来——"一个法国的未来"。③

布洛赫对维希政府政治上的有力攻击值得深入解析。他明显不愿

① "故而，我们相信您和您政府议会的同僚们，相信您们的努力，尽可能维持法国弟兄和我们之间的紧密联系，不为建议，不说行动，在为缓解这一最为不幸之状况的意图下，不去尝试任何效果的直接或间接行动，将我们从国家道德中孤立，即便是以法律的名义。我们想继续充当忠实的伙伴；请您以您认为方便的形式，在您权力的范围之内，反对任何可能引起、加剧或美化这一分裂的建议。我们了解雪中送炭的必要和美德。我们心甘情愿为他们服务。但我们认为，即便全然不出于本意，他们也首先应当避免为分裂铺路，因其违背了法国犹太人最深厚的情感。我们深知与我们并不同源的同胞们灵魂内的慷慨。我们从他们那里已经收到了太多感人肺腑的团结宣言，这些并非毫无用处，也不会令人恐惧，设若要去憧憬，便是一致的相互重合。"

"总而言之，无论我们中多数人在这一刻的命运如何残酷，无论我们的子孙承担着何种恶意，我们都不会怀疑自己和法国的纽带。我们是法国人。我们不曾设想过终结这一身份。对于自己，对于后代，我们都不能想象一种非法国的未来。这就是我们要求您准备、维护的未来。"

② 路易・派洛特(Louis Parrot)：《智力战争：秘密行动的法国思想家全景》(L'intelligence en guerre：Panorame de la pensée française dans la clandestinité)(Paris, 1945)，54~58 页。

③ 犹太问题总署将这份文件命名为《三个犹太人的反(原文如此)维希政令宣言》["Déclaration de trois personnalités juives contre (sic) la politique de Vichy"]，当代犹太人文献中心档案，CCXIV 75。

意挑衅政府，他仍有公职，而政府官员也定期阅读他的信件。[①] 但是，法国犹太人联合总会的领导层令布洛赫感到惊恐，他怀疑其中一部分人是犹太复国主义者，而另一部分人只是天真地相信这仅仅是一个福利机构。1942 年 2 月，最终解决方案已经开始实施，布洛赫意识到法国犹太人联合总会只是"敌对策略"的一部分，为的是剥夺法国犹太人的"真正国籍"。该组织将他们分解，与外国难民一道，归入牵强附会的"犹太人群"中，并备好了一条通往"贫民窟和驱逐"的道路。[②]

　　布洛赫一贯拒绝接受与德国和东欧犹太人的种族联系，也因而拒绝和部分法国犹太人的关系，但这并非是他不忠或反复的表现。[③] 布洛赫意识到，纳粹的苛政勒索和维希的模棱两可正变得愈加危险。他承认犹太祖籍是永恒的负担，但并未因此退缩，这一血统令他追求卓越，同时也使他在后代问题上殚精竭虑，倍感压力。[④] 面对法律和公正的崩塌，以及反德雷福斯一派迟来的报复，布洛赫比以往更坚定地抓住自己的法国身份，不给同胞传达任何退缩的信号，不论排犹法令还是其他任何事物，都无法摧毁他对法国的忠诚和正义诉求。[⑤]

　　这一信念又要经受藏书室的艰难试炼。一年又将过去，布洛赫对

---

　　① 布洛赫致雅克的信，1941 年 11 月 23 日，《前言》，A. V. 雅克《拒绝抵达：见证小说》(*Refus de parvenir*：*Roman-témoignage*)(Blainville-sur-Mer, 1956)，13 页。

　　布洛赫致亨利·列维-布吕尔和乔治·弗里德曼的信，及 1942 年 2 月 1 日的手稿，该手稿被当地犹太问题总署办公室获得：当代犹太人文献中心档案，XXVII a 22。亦见布洛赫致费弗尔的信，1942 年 9 月 29 日，国家档案馆档案，M1 318 1。

　　② 信件草稿，1942 年 2 月 19 日，国家档案馆档案，AB XIX 3826。

　　③ "父亲账目上记录了多处房产，但实际上只是误记。"布洛赫致费弗尔的信，1941 年 4 月 16 日，国家档案馆档案，M1 318 1。

　　④ "这不完全是个坏时代。生命不能事事如意。"布洛赫致艾蒂安·布洛赫的信，富热尔，1942 年 9 月 13 日，艾蒂安藏品。

　　⑤ 布洛赫将其抗议笔记的副本寄给了法国犹太人联合总会委员会和卡克皮诺(1942 年 4 月 1 日，国家档案馆档案，3W 122/86)。

取回藏书一事已经开始绝望。1941 年 12 月 31 日，希特勒批准阿尔弗雷德·罗森堡（Alfred Rosenberg）的提议，清理所有撤离巴黎的犹太人的财产，特别任务小组更将行动升级，闯入无人居住的民宅。布洛赫做好了最坏的打算，意识到他目前的损失可能不过是"巨大悲剧的冰山一角"①。卡克皮诺提议：将藏书赠予蒙彼利埃大学，以便将其从占领区转移。但布洛赫不愿与财产分开，坚持书籍归后代所有这一原则。②

1942 年 2 月初，一个忠实的学生告知布洛赫，他位于塞夫尔街十七号公寓楼上的第七层已被第三帝国军人占用。他所有的藏书和部分家具都被转移至六楼。4 月初前后，他的全部藏书和四个书架都被移除。两个月后，身处蒙彼利埃的布洛赫才获知此事。③

这次失窃的原因不明，一名党卫队联络官员在事后第一时间就向军事部门报告。④ 罗森堡的办公室是最不可能的祸首，他们一般都会大肆掠夺犹太财产。党卫队很有可能处于幕后，将这一行动作为对流亡者和敌人的惩罚性举措，或者用于增加名下日益壮大的"科学研究"藏品。军队也可能插手，仅仅是为了清理下层楼层，为更多的居民腾出空间。从知情人那里，布洛赫只是得知他的书籍已被"占领当局没

---

① 布洛赫致费弗尔的信，1942 年 1 月 16 日；亦见 1941 年 12 月 24 日，1942 年 1 月 5 日，艾蒂安藏品；布洛赫致博特鲁齐的信，1942 年 1 月 6 日，由博特鲁齐夫人提供。关于罗森堡行动的升级：Rademacher, Aufzeichnung, Berlin, 31 Jan, 1942，美国国家档案和记录管理局，德国外交部 T120 2257/1205/478671。

② 布洛赫致卡克皮诺的信，1942 年 1 月 5 日、22 日，及卡克皮诺致布洛赫的信，1942 年 1 月 13 日，国家档案馆档案，3W 122, 340/70, 71, 84；参见卡克皮诺：《七年回忆》，363～364 页。

③ 西蒙·布洛赫致爱丽丝·布洛赫的信，1942 年 2 月 1 日；布洛赫致费弗尔的信，1942 年 2 月 14 日，6 月 6 日；C. 马西哈西（C. Marcilhacy）致布洛赫的信，1942 年 6 月 18 日，7 月 4 日，艾蒂安藏品。

④ 见保安警察的首席代表和法国巴黎地区军事指挥官服务中心 L 20 736 z。头目冯·赫特恩·豪普特曼·罗密（巴黎：罗森堡宫），巴黎，1942 年 4 月 2 日："兹证明，从巴黎第六区塞夫尔街十七号，犹太移民马克·布洛赫家中，没收四个简易书架。"艾蒂安藏品。

收，移出公寓，转运到了未知目的地"①。

这是另一场不公平的较量、又一处明显的失误、再一次的失败，还是一个引起布洛赫和费弗尔互相怨恨的原因，而费弗尔显然曾尝试提供帮助。② 经过短暂的思虑，布洛赫接受了既定的事实。不过，他草拟了一封信给新任的国家教育部长、亲纳粹的散文家阿贝尔·波纳尔（Abel Bonnard），抗议非法没收他珍贵的教学和研究工具。"因公离开巴黎，受命于"波纳尔的前任（1942 年 4 月，赖伐尔重新掌权，布洛278赫之友卡克皮诺便是贝当一派中离任的人员之一），布洛赫拒绝承认己方任何为行动辩解的疏漏。他谴责这一破坏行为既"违反人权"，也违背教育部的服务宗旨。但相对于法国犹太人受到日益严峻的侵害之现实，布洛赫的损失不值一提，更不能再受到特殊关照。在赖伐尔政府的统治下，维希政府如今已完全与第三帝国合作，可能会针对犹太公民出台更为严酷的措施。③

过去一年中，维希政府的含糊其辞和多次背叛令布洛赫恼怒，而

---

① 信件草稿，未注明日期，致国家教育部抗议没收藏书，艾蒂安藏品。大部分但并非全部藏书在战后都归还给了布洛赫的后代：法国外交部（Minitère des Affaires Etrangères），清偿文书（Formules de décharge），1948 年 2 月 17 日，1949 年 5 月 4 日、9 月 30 日，艾蒂安藏品。

② 布洛赫致费弗尔的信，1942 年 6 月 22 日，7 月 26 日，国家档案馆档案，M1 318 1。

③ 布洛赫致部长（未注明日期），签名为"索邦经济史教授，荣誉军团骑士军功，1914—1918 年战争十字勋章；1940 年战争十字勋章"。副本见当代犹太人文献中心档案，CCXXXIX 153，艾蒂安藏品。

离任前，卡克皮诺于 1942 年 3 月 17 日授权将布洛赫提升为"二级"；参见埃罗省档案馆档案，485-w-49。但布洛赫仍旧无法顺利支取薪金，尤其是因为他的薪水来自巴黎：布洛赫致索邦财长的信，1942 年 3 月 31 日、6 月 30 日，国家档案馆档案，AJ 16 5876。

有关维希在 1942 年春夏之交的转折点：阿泽玛：《从慕尼黑协定到法国解放》，117～120 页；帕克斯顿：《维希法国：保守派与新秩序（1940—1944）》，131～135 页；马如思和帕克斯顿：《维希法国和犹太人》，第六章；约瑟夫·比利希（Joseph Billig）：《法国犹太人的处境》（"La condition des Juifs en France"），载《第二次世界大战史》（*Histoire de la Deuxième Guerre Mondiale*），1956 年 1 月（6，no. 21），45～53 页。

维希政府的领导更让他震怒，他开始找寻法国复兴的源泉。虽然强大的大联盟军(Grand Alliance)正在与纳粹德国作战，他认为法国也需要从内部重获自由，以牺牲和鲜血净化腐朽。[①] 在黑暗的日子里，布洛赫在他习惯的环境之外，在乡间，在法国的青年中，有时也在他们的老师处寻得安慰。布洛赫在给独立、倔强的中学校长雅克的长信中，高度赞扬了牢固的乡村理念与个人自我修养的结合。[②]

和费弗尔一样，布洛赫担心令法国分裂的"两个地区的问题"。虽然如今所处的境况已大不相同，但有一个因素是一致的，"我们无法得知一墙之隔邻居的所思所想。我们被各种单子所包围"。相比于纳粹德国，维希政府的统治更为温和，但它也加大了在当地的鼓吹和宣传力度。布洛赫所处的南部一隅看似平静，但他依然能感知到细微的"震颤"[③]。平静的表面之下是无处不在的暴力威胁，布洛赫照例被护送到课堂，而在 1942 年 3 月，右翼学生在学校暴动。另一方面，蒙彼利埃零星的抵抗队伍人数已然翻倍。[④]

279

---

① 《奇怪的战败》，218～219 页；参见布洛赫致萨拉·布洛赫的信，1940 年 6 月 9 日，艾蒂安藏品："此后有许多想法需要调整。"

② 布洛赫致雅克的信，1941 年 11 月 23 日，转引自致雅克的《前言》；《拒绝抵达》，8～12 页；又见布洛赫致费弗尔的信，1941 年 12 月 10 日，艾蒂安藏品。

③ 布洛赫致费弗尔的信，1942 年 5 月 8 日，国家档案馆档案，M1 318 1；又见 1942 年 5 月 18 日，艾蒂安藏品。1942 年 5 月 11 日，蒙彼利埃举办了一场强制的游行活动，纪念圣女贞德(Jeanne d' Arc)的诞辰，她是最受维希喜爱的象征之一。西蒙·布洛赫致爱丽丝·布洛赫的信，1942 年 5 月 8 日，艾蒂安藏品；又见尼克·阿金(Nick Arkin)：《法国学校的贞德崇拜(1940—1944)》("The Cult of Joan of Arc in French Schools, 1940-1944")，见 R. 凯德沃德和 R. 奥斯丁(R. Kedward and R. Austin)编：《维希法国和抵抗运动：文化与理念》(Vichy France and the Resistance：Culture and Ideology)，(Totowa, N. J.，1985)，265～273 页。

6 月贝当到访埃罗，7 月菲利普·昂里奥(Philippe Henriot)在佩鲁(Peyrou)发表演说，8 月达尔朗视察第 16 军团。见奥斯丁：《维希法国的宣传和舆论：埃罗省(1940—1944)》，473 页。

④ 《蒙彼利埃史》，350 页。鲍梅尔：《集中营的战争》，54 页，据估计，1940 年底，约有 200 名抵抗分子，而到 1942 年年底，这一数字增加至 300～400 名之间。

诚然，布洛赫对未占领区内出现的反抗力量了然于心。在克莱蒙费朗时，他便结交了"战斗"组织的领袖。"战斗"在蒙彼利埃的领导人是布洛赫的年轻同事勒内·库尔坦（René Courtin）和皮埃尔-亨利·泰金（Pierre-Henri Teitjen），二人也创办了审查常委会（Comité Général d'Etudes，CGE），这是一个政治讨论小组。[①] 他也和几名年轻的抵抗分子有私交：中世纪研究大家费迪南·洛特的两个女婿——乔治·弗里德曼（George Friedmann）和让·卡瓦耶（Jean Cavaillès），还有他自己的两个侄儿——让·布洛赫-米歇尔和亨利·布洛赫-米歇尔。[②]布洛赫的

---

　　① 《勒内·库尔坦先生的见证》（"Témoignages de M. René Courtin"），1946 年 5 月 27 日，《H. 米歇尔搜集的勒内·库尔坦先生谈话笔记》（"Notes de conversations recueillies auprès M. René Courtin par H. Michel"），1950 年 3 月 13 日，国家档案馆档案，72 AJ 45 CGE；又见凯德华：《维希法国境内的抵抗》，74、245 页和书中多处；迪亚娜·德·贝莱西泽（Diane de Bellescize）：《抵抗运动九贤人：地下的审查常委会》（Les neuf sages de la résistance：Le Comité géneral d'études dans la clandestinité）（Paris，1979），第二章；鲍梅尔：《集中营的战争》，43、48～49 页和书中各处。

　　② 关于弗里德曼：布洛赫致费弗尔的信，1941 年 6 月 26 日及文中多处，艾蒂安藏品。关于卡瓦耶：布洛赫致费弗尔的信，1941 年 10 月 17 日，国家档案馆档案，M1 318 1，与致博特鲁齐的信，蒙彼利埃，1942 年 10 月 20 日，由博特鲁齐夫人提供；又见乔治·弗里德曼：《超越"契约"：马克·布洛赫与让·卡瓦耶》（"Au delà de 'l'engagement'：Marc Bloch, Jean Cavaillès"），载《欧洲》（Europe），1946 年 10 月（10），32～43 页（笔记内容，280 页）。

　　鲍里斯·维尔德（Boris Vildé）是洛特的女婿，巴黎人类博物馆集会一员，1942 年 2 月 25 日在瓦莱利山（Mt. Valerien）被捕，后遭击毙[6 周后，洛特本人被盖世太保逮捕，在弗雷纳（Fresnes）关押了三天]；让-伯托尔德·曼（Jean-Berthold Mahn）后来赴摩洛哥，加入自由法国（Free French）：布洛赫致洛特的信，1941 年 8 月 10 日，洛特档案，法兰西公学院档案；布洛赫致费弗尔的信，1942 年 4 月 11 日，5 月 8 日，国家档案馆档案，M1 318 1；马丁·布吕芒松（Martin Blumenson）：《维尔德事件：法国抵抗之始》（The Vildé Affair：Beginnings of the French Resistance）（Boston，1977），62～64、80、92、95、222～223、254 页，夏尔-埃德蒙·佩兰：《法国历史学家费迪南·洛特》（Un historien français：Ferdinand Lot）（Geneva，1968），114 页。

　　乔塞特（Josette）和亨利·布洛赫-米歇尔访谈（1980），和让·布洛赫-米歇尔访谈（1982）；亨利·布洛赫-米歇尔：《见证》（"Témoignage"），1956 年 10 月 29 日，国家档案馆档案，72 AJ 47；西蒙·布洛赫致艾蒂安·布洛赫的信，富热尔，1942 年 6 月 25 日，艾蒂安藏品。

280 两个大儿子也是"战斗"的成员，这一小型组织的活动包括蓄意破坏，印刷并散发反赖伐尔和反希特勒的传单，在蒙彼利埃墙上刻洛林十字和"V"字符号，还有在佩鲁花园（Peyrou garden）的路易十四雕像底部公然涂鸦写出"我永不妥协！"①

这期间，布洛赫本人自然没有采取任何明显的行动，但他绝非完全被动。他可能帮助组建了"战斗"。他多次参加审查常委会的会议，讨论战后法国政治和经济的重建，也许还参与起草了一份报告。②
1942 年 4 月，布洛赫受此前在斯特拉斯堡大学的著名同僚之邀，在克莱蒙费朗进行了一系列演讲。在给费弗尔的信中，布洛赫稍稍透露了
281 他的主题（"当代英格兰"）和他"非学界"的听众。③ 他的挚友之一、蒙彼利埃的同事此后称布洛赫为隐秘的高等军事学院（École Supérieure

---

① 布洛赫致费弗尔的信，蒙彼利埃，1942 年 4 月 18 日，国家档案馆档案，M1 318 1；有关蒙彼利埃之战：米萨（Missa）：《见证》（"Témoignage"），1948 年 10 月 5 日，和叙塞尔（Sussel）：《见证》，1946 年 3 月 21 日，国家档案馆档案，72 AJ 132（Hérault）。参照艾蒂安·布洛赫的访谈，艾蒂安·布洛赫：《马克·布洛赫：一名父亲、爱国者和教师》，14 页；《蒙彼利埃史》，315 页。

② 在一个标记为"邮资"（"Affranchissements"）的旧研究档案中（国家档案馆档案，AB XIX 3806）夹着如下审查常委会的文件：《有关英国胜利和法国新生可能的讨论》（"Thèses à discuter pour l'éventualité d'une victoire anglaise et d'une résurrection de la France"）（作者：布洛赫?），《蒙彼利埃学界经济和职业负担项目的观察》（"Observations du cercle d'études de Montpellier sur le projet de charge économique et professionnelle"）（作者：库尔坦?），《蒙彼利埃工作报告》（"Rapport sur les travaux du cercle de Montpellier"）（作者：库尔坦或泰金）。感谢艾蒂安·布洛赫提供作者信息。有关布洛赫在贝里赛斯参加审查常委会会议，见《抵抗运动九贤人：地下的审查常委会》，39、66 页；又见 1983 年文森特·巴迪耶（Vincent Badie）访谈，前蒙彼利埃社会党副手，1940 年夏季曾是少数反对取缔 1875 年宪法的人士之一。

③ "听众们：我们致辞的一小部分人，将在很长的一段时间内，生活在莱茵河教堂的阴影下"（参加美因茨德国研究中心学习的法国军官）。布洛赫致费弗尔的信，1942 年 4 月 11 日，国家档案馆档案，M1 318 1；亦见 1942 年 4 月 18 日，5 月 8 日，同上；布洛赫致安德烈·布洛赫的信，1942 年 4 月 25 日，艾蒂安藏品。

de Guerre)服务，该机构专为培养秘密军队（Armée Secrète）的高官而建。① 布洛赫请求和费弗尔重归于好，他在信中多次暗示了自己有趣且重要的行动，希望能和费弗尔讨论。他写道："你明白，我不只在思考中世纪。"②

事实上，布洛赫独自一人搜集着自己和法国所受苦难的资料。③ 他和英国同僚通信，大量阅读德国和国外报刊，并从巴黎和维希媒体上掌握此前显赫人士出尔反尔的证据。他详细研读了关于溃败的剖析文献。1942 年夏，依据自己的结论，结合最新发布的总参谋部的秘密文件，布洛赫为私下写作的回忆录《奇怪的战败》增添了注脚。④

犹太人问题和法国之应对仍然是布洛赫的关注点。初秋时节，在

---

① 保罗·马尔（Paul Marres）：《抵抗志士：马克·布洛赫教授》（"Un martyr de la résistance：Le professeur Marc Bloch"），载《自由南部报》（*Midi Libre*），1945 年 3 月 10 日。

② 布洛赫致费弗尔的信，1942 年 4 月 11 日、18 日，国家档案馆档案，M1 318 1。

③ 《战前、战时和战后的几个文件》（"Quelques documents sur l'avant-guerre, la guerre et l'après-guerre"），艾蒂安藏品，包括《1942 年 1 月中旬贡比涅官方拘留统计》（"Stastique des internés de Compiègne établie officiellement au milieu de janvier 1942"）。另一个文件中，布洛赫搜集了《纳粹党各类剪报资料》（"Extraits de diverse journaux de la N. S. D. A. P."），1941 年 9 月。

④ 布洛赫致费弗尔的信，富热尔，1942 年 7 月 26 日，国家档案馆档案，M1 318 1。《奇怪的战败》，50、68～69、106、114 页；参见《法国总参谋部机密文件》（*Les documents sécrets de l'Etat-Major général français*）（Berlin，1941），240、130、98、57、132 页。布洛赫也引用了《S. D. N 年度军事报告》（*L'annuaire militaire de la S. D. N*）；保罗·雷诺（Paul Reynaud）：《法国军事问题》（*Le problème militaire français*）（Paris，1937）；让·德皮埃尔弗（Jean de Pierrefeu）：《普鲁塔克谎言》（*Plutarque a menti*）（Paris，1923）；伯特伦特·德·尤未奈（Bertrand de Jouvenel）：《自由欧洲之解体》（*La décomposition de l'Europe libérale*）（Paris，1941）；和乔福瑞（Joffre）：《回忆录》（*Mémoires*）（2 vols.，Paris，1932）。他刚接触（太晚了）并从雅克·贝努瓦-梅尚（Jacques Benoist-Méchin）的著作《德国军队史（1919—1936）》（*Histoire de l'armée allemande，1919-1936*）（2 vols.，Paris，1936-1938)中受益：布洛赫致费弗尔的信，富热尔，1941 年 9 月 27 日，艾蒂安藏品。

282 他那宁静的克勒兹乡间，再度掀起了逮捕、驱逐外籍犹太人的浪潮。布洛赫亲眼见到了运送的卡车，即便是他最不"政治"的邻居们也愤愤不平。克莱蒙费朗也传来了令人不安的消息，斯特拉斯堡大学学生因被指参与颠覆活动而遭开除。①

在这黯淡的几个月里，布洛赫勉力继续自己的学术研究，他克服了一次次长时间的阻挠和干扰，还有年岁渐长与现实条件带来的疲惫和虚弱的身体。他探索法西斯主义和纳粹主义的根源，阅读 J. M. 凯恩斯(J. M. Keynes)、沃尔特·李普曼(Walter Lippmann)、歌德和瓦莱里的作品。尽管他遍寻档案，勤阅最新资料，他仍将自己的努力称为"储备"而非重要产出。② 他的授课再次唤起了他对经济史和理论的痴迷，他的旅程激发了他对当地的热爱。他探访、研究了周边的纳博讷(Narbonne)市，这里在中世纪曾是一个活跃的犹太社区，一年以后，布洛赫的名字将与这座城市合而为一。③

布洛赫的诗歌也展现出另一个维度。诗歌的主题包括写给妻子的

---

① 布洛赫致费弗尔的信，富热尔，1941 年 8 月 17 日，9 月 28 日、29 日，国家档案馆档案，M1 318 1。

② 布洛赫致费弗尔的信，蒙彼利埃，1942 年 1 月 5、22 日，2 月 14 日，艾蒂安藏品，及 1942 年 4 月 11 日，5 月 8 日，国家档案馆档案，M1 318 1；布洛赫致博特鲁齐的信，1942 年 1 月 6 日，由博特鲁齐夫人提供；布洛赫致勒内·巴哈内的信，1942 年 2 月 14 日，见《马克·布洛赫的两封信》("Deux lettres de Marc Bloch")，载《经济、社会与文明年鉴》，1947 年 7~9 月(2)，364~365 页；西蒙·布洛赫致爱丽丝·布洛赫的信，1942 年 1 月 8 日，3 月 11 日，艾蒂安藏品；布洛赫致菲利普·沃尔夫的信，1942 年 3 月 14 日，感谢菲利普·沃尔夫。

③ 布洛赫致费弗尔的信，蒙彼利埃，1942 年 6 月 6 日，及西蒙·布洛赫致爱丽丝·布洛赫的信，1942 年 6 月 10 日，艾蒂安藏品。有关课程：国家档案馆档案，AB XIX 3838。

布洛赫的纳博讷资料，包括有关让·热格内(Jean Régné，洛特的学生)论文的翔实笔记，《公元 5 世纪至 14 世纪纳博讷犹太人境况研究》(*Etude sur la condition des Juifs de Narbonne du Ve au XIVe siècle*)(Narbonne, 1912)，国家档案馆档案，AB XIX 3826。

情歌、梦想、死亡之冥思，和悼念一名在佛兰德斯死去的同人。① 布洛赫的智慧跃然纸上。在蒙彼利埃的一次论文答辩会上，作为外部(巴黎)评审出席的布洛赫，写下了一首诙谐的小诗：

记一次论文答辩

答辩人开坛布道，絮絮叨叨，
他把双肘撑桌上，(灯罩)绿玻璃摇摇晃晃，
他高声宣布："先生们，据我所知，毋庸置疑……"
评审无情打断："纯属臆断，一派胡言……"

哦，神啊！哦，天啦！如此无聊！
倘若，我为愉悦身心，拿出《战斗》，
或伸展手指，塞满烟丝，舞弄烟斗，
要不就干脆去打断弗利什的讲话！

可是不要，我要继续强装正经
于是一切终将变得"十分体面"
即便我们心知肚明，杰作不过虚幻
依循惯例，我们也会大加称赞。②

尽管布洛赫不再积极主导《年鉴》的发展方向，他仍旧投身其中。③

———————————

① 《三重抒情曲》("Ballade triste")、《狂热》("Fièvre")、《抒情诗》("Stances")、《记夜色》("Ecrit la nuit")、《谁会遗憾死去》("A qui regrettant de mourir")、《墓志铭》("Epitaphe")、《梦》("Rêves")、《我有一个伙伴》("Ich hatte einen Kamarad")，艾蒂安藏品。

② 文本见艾蒂安藏品。答辩会，1942 年 5 月，25～36 页，埃罗省档案馆档案；参见布洛赫致洛特的信，1942 年 5 月 16 日，洛特档案，法兰西公学院档案。

③ 布洛赫致费弗尔的信，1941 年 8 月 17 日，国家档案馆档案，M1 318 1，以及 1941 年 11 月 19 日、20 日，12 月 10 日、24 日，艾蒂安藏品。

直到 1942 年年初，他才收到 1941 年第一期刊物，他虽然高度称赞本
期，但在看到"执行总编：吕西安·费弗尔"这一刺眼的公告时，他也
不免情绪难平。1941 年的两期刊物大幅缩水，总共只有 27 篇文章、调
查和评论长文。其中，费弗尔撰文 13 篇，而布洛赫以新笔名"富热尔"
撰文 4 篇。勒内·莫尼耶（René Maunier）在一篇时文中，将这一序列
当作一个"社会群体"①来研究。

　　战时的《年鉴》远不及之前锋芒毕露。费弗尔报道了两名同人朱
尔·西翁和阿尔贝·德芒戎的逝世，他的行文也明显更为慎重。"富热
尔"主要关注农村历史，而费弗尔经过考量，也用笔名发表了一些文
章，涉及多个主题，包括情感与历史、路易十一时期的政治和经济，
并分析了亚眠在改革与反改革时期的财产清单。

　　费弗尔在《年鉴》上宣布发行一个崭新的系列——"农民与土地"，
由伽利玛出版社在布洛赫的指导下刊发，如今编辑一栏已没有布洛赫
的名字。费弗尔为该系列的法国分册写了一篇非常得体的评论，强调
此前的老搭档为法国农村史作出了"杰出的"贡献，即《法国农村史》，
然而布洛赫本人并未接受。② 费弗尔也评论了布洛赫《封建社会》的第
二卷，他的语气远不如第一卷尖锐。费弗尔指出，作者无疑才高八斗，
但在"情感"方面略有欠缺，使其在理解过去居民的内心和精神时，尚

---

　　① 布洛赫致费弗尔的信，蒙彼利埃，1942 年 1 月 22 日，艾蒂安藏品，费弗尔：
《马克·布洛赫：1939—1940 年的见证：私人通信选》，24 页。
　　② 《社会史年鉴》(1941 年)，179～181 页；参见布洛赫致费弗尔的信，1942 年 2
月 7 日，艾蒂安藏品；1942 年 5 月 8 日，国家档案馆档案，M1 318 1；1942 年 5 月 18
日，艾蒂安藏品。布洛赫翔实、重要的文件《国家与土地》("Le paysan et la terre")，艾
蒂安藏品。

存有明显断层。至少在私人层面上，布洛赫很快便开始为自己辩护。[1]

布洛赫感激费弗尔为保存刊物而作出的坚实努力，但他仍然希望 *285*
能在幕后参与总编工作，并修复两人渐渐稀疏的联络。但是，他并非
没有去指责费弗尔赋予了《年鉴》一套崭新的"外交"辞令。[2] 即便在暂
时停刊的时候，布洛赫依旧寄出自己的稿件和评论。1942 年 8 月中旬，
杂志复刊，改名为《社会史论丛》(*Mélange d'Histoire Sociale*)。这一
命名折射了费弗尔的策略，他希望绕过维希和纳粹对期刊的规定。《论
丛》并未定期发行，因此可以摆脱上述控制。[3]

《论丛》的第一卷规模不大，主推两名年轻作者夏尔·莫拉泽
(Charles Morazé)和菲利普·沃尔夫，以及两名前辈学者乔治·埃斯皮
纳(Georges Espinas) 和夏尔-埃德蒙·佩兰(Charles-Edmond Perrin)，
费弗尔撰写了 5 篇长文，"富热尔"则贡献 1 篇。布洛赫还撰写了一批
短评，涉及作品的主题包括法国、英国、德国、意大利与欧洲东南部
地区，文章的风格一如既往，直截了当，要求术语精准，批评人为的

---

① "在我看来，对于马克·布洛赫而言，这些封建地主确实太不敏感，在维护关系
这样一个复杂的问题上，他们处于那个遥远的时代，能意识到比我们如今更为喧闹的种
种表征，紧绷的意识，还有人性中的专横与原始的野蛮。这本书行文有些草率。"费弗
尔：《封建社会》，载《社会史年鉴》，1941，241 页。布洛赫的回应，1942 年 5 月 8 日，
国家档案馆档案，M1 318 1。

② 布洛赫致费弗尔的信，1942 年 4 月 11 日(3 张明信片)，4 月 18 日，5 月 3 日、
8 日，国家档案馆档案，M1 318 1，与 1942 年 5 月 18 日，艾蒂安藏品："相比彬彬有礼，
你更偏爱猛烈批判。"

③ 布洛赫致费弗尔的信，1942 年 5 月 8 日，7 月 17 日，国家档案馆档案，M1 318
1，费弗尔：《马克·布洛赫：1939—1940 年的见证：私人通信选》，24 页；布洛赫致费
弗尔的信，1942 年 8 月 17 日，国家档案馆档案，M1 318 1，"……一个美妙的成就。我
认为全世界都能理解。如果一些蠢货不愿睁大双眼，我也懒得向他们指明。"

时代分野，并强调比较相似和不同之处。① 费弗尔将一篇题为《坚持》（"Maintenir"）的评论放在显著位置，该文评论之作品研究了巴黎古建筑外形的损毁。② 他也宣布了三名同人的离世③，另有三人被德国战犯营收押④，此外还有几则人事任命信息，其中包括C. - E. 拉布鲁斯（C. -E. Labrousse）履职索邦，"取代在蒙彼利埃任教的马克·布洛赫"⑤。

虽然费弗尔为《论丛》撰写了大批的稿件，但"富热尔"却贡献了几篇关键的文章。第二卷中，他细致、公正地评判了学生安德烈·德莱亚热（André Deléage）的两卷本巨著《十一世纪初期勃艮第的农村生活》（*La vie rurale en Bourgogne，jusqu'au début du XIe siècle*），他也仔细、热情地评价了蒙彼利埃同僚勒内·库尔坦的作品。⑥ 第三卷中，"富热尔"使《调查》栏目重生。基于最近在奥弗涅与埃罗档案馆内的研

---

① 《一个危险的词语》（"Un mot dangereux"），载《社会史论丛》，1942(1)，III 页；《中世纪罗马：意大利领主和租地》（"De Rome au Moyen Age：Seigneurie et tenure en Italie"），112～113 页；《保加利亚的村庄和土地》（"Village et terroirs de Bulgarie"），118～119 页；《关于一个英国大修道院的土地》（"Sur les terres d'une grande abbaye anglaise"），108 页。

② 《巴黎将亡》（"Paris qu'on tue"），《社会史论丛》，1942(1)，89 页。

③ 亨利·劳伦特（Henri Laurent）在战场牺牲，卢西·瓦尔加和安德烈-埃米尔·萨尤则突然辞世。

④ 亨利·布伦瑞克、P. 维拉尔（P. Vilar）和费尔南·布罗代尔："这一令人敬慕之人，纵然身陷囹圄，也写出一本跨时代著作，即《菲利普二世时期的地中海地区》"。

⑤ 《社会史论丛》，1942(1)，87～88 页。费弗尔也宣布此前的同僚与合作者、来自索邦大学的安德烈·皮卡尼奥尔，当选法兰西公学院罗马文明研究主席。

⑥ 《我们农村社会的起源》（"Origines de notre société rurale"），载《社会史论丛》，1942(2)，45～55 页(布洛赫致费弗尔的信，1942 年 2 月 14 日，4 月 11 日、18 日，国家档案馆档案，M1 318 1)；《经济诊断和治疗》（"Diagnostic et thérapeutique d'économiste"），96～97 页(布洛赫致费弗尔的信，1942 年 4 月 11 日，国家档案馆档案，M1 318 1)。

究，他修正了布洛赫 1929 年关于法国土地分区规划的文章。① 他还发表了其他 23 篇评论。

　　毫无疑问，费弗尔是主导者，而布洛赫并未参与《论丛》的日常工作，他经常抱怨没有收到利摩日（Limoges）印刷厂的校样。布洛赫尴尬地回应莫拉泽的询问，说当他看到文章时，"《年鉴》（原文如此）成品已经到手"。费弗尔却以大量的指责反击，再次撕开十八个月前二人争吵的伤疤。拿到第二卷刊物后，虽然主要文章的作者是其老对手埃米尔·科奈尔，布洛赫也表现得十分温和。他为刊物的生存而欢欣，也为"他们"（与费弗尔）能够继续合作而鼓舞。1942 年秋，在他最后一个开学日的晚上，他请求他们能忘记过去，共同为未来而奋斗。②

　　布洛赫将其最后一部手稿《为历史学辩护》带回蒙彼利埃，他断断续续地准备这部作品已经三年，更在上一个夏天全身心投入其中。③ 　　287
与《奇怪的战败》类似，从许多方面来看，《为历史学辩护》更像一部回忆录，取材于他在黑暗时期的痛苦和坚定的希望。1941 年 5 月，布洛赫写下献词，以本书纪念去世不久的母亲："致亲爱的母亲"。在布洛赫与费弗尔为《年鉴》的未来和自己放弃赴美逃脱计划而吵得不可开交

---

　　① 《古代政权的地籍制度》（"Les plans cadastraux de l'ancien régime"），载《社会史论丛》，1943(3)，53～70 页（布洛赫致费弗尔的信，1942 年 4 月 11 日、7 月 26 日、8 月 17 日，国家档案馆档案，M1 318 1；国家档案馆档案，AB XIX 3852）。

　　② 布洛赫致费弗尔的信，蒙彼利埃，1942 年 5 月 18 日、6 月 22 日，艾蒂安藏品；富热尔，1942 年 9 月 29 日，蒙彼利埃，1942 年 10 月 9 日、17 日、22 日，国家档案馆档案，M1 318 1；1942 年 10 月 20 日、11 月 9 日，艾蒂安藏品。

　　③ 见 296 页注释 3 及布洛赫致费弗尔的信，1941 年 8 月 17 日，国家档案馆档案，M1 318 1（"我只写了一点和历史相关的东西"）；1942 年 1 月 12 日，艾蒂安藏品（"我再次远离目标"）；1942 年 8 月 17 日，国家档案馆档案，M1 318 1（"困难的练习，有益的练习"）；1942 年 9 月 29 日，同上（"确是一本有趣的书……能告诉我一点——内在的需要"）；1942 年 10 月 9 日，同上（"……在我这种情况下，我呼唤缪斯"）。布洛赫致艾蒂安·布洛赫的信，1942 年 9 月 13 日，艾蒂安藏品（"一开始进展缓慢。但最终，有了进展；并且——尽管有习惯性的怀疑时刻——我并非对其漠不关心"）。

之时，布洛赫还写下第二版致费弗尔的献词：

> 长期以来，我们并肩战斗，将历史推向更加宏伟、更为人性
> 的方向。如今，我们的共同目标遭到威胁……但我坚信，我们会
> 等到一个时机，令我们的合作可以如过去一样再次开诚布公，无
> 拘无束。书中每一页都有你的影子，就我而言，合作会继续
> 下去。[①]

全书以布洛赫儿子的一个问题开篇："爸爸，告诉我，历史有什么
用？"面对这个天真却根本的问题，布洛赫效仿苏格拉底，决定"引出他
的结论"。最终的答案不仅要为其终身的追求辩护，更需要证明他对西
方文明的根本信仰，而其中的根基便是一直与历史保持密切的关系。
就在几个月前德国人进入巴黎当日，一名年轻的总参谋部官员脱口而
出："我们要相信历史背叛了我们吗？"[②]

布洛赫表示，研究历史的第一个原因是历史对想象和智慧的持续

---

① 《致吕西安·费弗尔：关于奉献的方式》（"A Lucien Febvre：en manière de
dédicace"），富热尔，1941 年 5 月 10 日，与布洛赫 1942 年 10 月 17 日的信件一起寄给了
费弗尔，国家档案馆档案，M1 318 1；参见《为历史学辩护》，17 页。同样的自传性质也
在 A. J. P. 泰勒（A. J. P. Taylor）的作品中出现：《历史智慧：〈历史学家的技艺〉》（"His-
torical Wisdom：*The Historian's Craft*"），载《新政客与国家》（*New Statesman and Na-
tion*），1954 年 6 月 5 日；W. M. 布鲁尔（W. M. Brewer）：《〈历史学家的技艺〉》（*The
Historian's Craft*），载《黑人历史杂志》（*Journal of Negro History*），1954（39），71 页；
约翰·拉纳（John Larner）：《马克·布洛赫与历史学家的技艺》（"Marc Bloch and the
Historian's Craft"），载《哲学杂志》（*Philosophical Journal*），1965（2），123～132 页；特
别见 A. J. 古列维奇（A. J. Gurevich）：《马克·布洛赫的〈为历史学辩护〉》（"Marc Bloch i
'Apologija istorii'"），俄语版后记，《为历史学辩护或历史学家的技艺》（*Apologija istorii
ili remeslo istorika*）（2d ed.，Moscow，1986）第二版，182～231 页。

② 《为历史学辩护》，19～21 页。有关这一痛苦问题的另一种解释，见《奇怪的战
败》，155～156 页。在没有前提条件的情况下，布洛赫无法开始工作。由于他无法控制
的"厄运"，他失去了藏书室，只能依赖自己的记忆与笔记（《为历史学辩护》，21 页）。

追求。作为一名老练、热心的实践者，他不否认历史的诗意成分，即"对陌生之物的巧妙美化"。第二个更重要的原因是，在一个饱受战乱、行将迎接原子或星际爆炸的世界里，历史能明晰人类故事，使之易于理解。诽谤历史之人攻击历史的肤浅和危害。在书中，布洛赫如古希腊师者一般，避开深奥的哲学辩论。他转而提供了自己的工具和方法。如此便成就了本书副标题——也是更为人知的标题：《历史学家的技艺》(*Métier d'historien*)。布洛赫让读者决定历史的用处。本书甫一开篇，他便承认，历史仍是一门"年轻"的学科，它与当代物理学一样，缺乏永恒的规律。他的结论令他背离了"羞怯的"老师瑟诺博斯（"自我提问永远有益，回答问题则危险万分"）[1]，也将他置于一切人为决定论的对立面，包括涂尔干的社会学。对于布洛赫来说，抓住这一机会，运用自己的智慧、胆识和高度的责任心，去应对爱因斯坦式不确定世界的挑战和危险，无疑就是他为这门技艺作出的关键贡献。[2]

该书分为四个章节和一篇残文。布洛赫将历史定义为"研究时间中的人的科学"，并继续攻击此前的恶习，即"源头崇拜"，过去与现实的人为分野，宣扬"历史的敏感性"。和他许多课程的引言一样，布洛赫跨越时空的界限，自由地选取新近的例证和轶事穿插其中。他勾勒了一名历史学家工作程序的个人版本，即在各种文献中搜集证据以发掘"路径"；对来源进行严格的批判；在分析数据时，极力追求恰当的措辞，做到不偏不倚。本书最后一章讨论历史因果论，却在抵达结论前戛然而止："和所有事物一样，历史的原因无法臆断。我们需要去找

289

---

① 《为历史学辩护》，29 页，基于瑟诺博斯在 1907 年 5 月辩论中的陈述。参照《法兰西哲学协会通讯》，1907 年 7 月（7，no. 7），304 页。

布洛赫也指出，朗格卢瓦和瑟诺博斯在文中认为其子的问题"毫无价值"（《为历史学辩护》，165 页注释 1）。

② 《为历史学辩护》，21～30 页。

寻……"无论是命运作祟，抑或某种内在逻辑使然，布洛赫将这一探寻留给了后来者。①

布洛赫在书中极力褒扬他所推崇的大师们，公正地指出历史学究与非史学理论家的缺陷：前者沉迷于编年纪事，后者则忽略变化；他还讲述了自己过去三十年的研究成果；书中时时透露出动人的智慧、乐观和自信的精神。《为历史学辩护》是一部独树一帜的作品，受到拥有不同理念和背景的学者的推崇。布洛赫是一名杰出的历史学家，拥有渊博的社会科学知识，可以对双方阵营持续地构成挑战。虽然各个学科都有意识地在历史中寻求解释，但它们不能忽视一切个体、社会现象和观察者角度中普遍存在的流动性。

虽然布洛赫的二版献词极为殷切，但若将该书看作与费弗尔合作的产物，则有点不太合适。② 如果把该书看作"年鉴学派历史"的先驱，就无疑犯了时代错误，虽然它极力强调社会和行为科学、物质因

---

① 布洛赫致费弗尔的信，1943 年 3 月 2 日(艾蒂安藏品)，为《为历史学辩护》勾勒出提纲。参见费弗尔：《关于〈历史学家的技艺〉的评述》("Comment se présentaient les manuscrits de 'Métier d'historien'")，载《为历史学辩护》，161~164 页。原定还有两章——"历史解释"("Historical Explanation")和"干预的问题"("The Problem of Prevision")(费弗尔认为本章应包含布洛赫最具独创性的贡献)，结论部分为历史在公民和教育中的角色研究，还有关于历史教学的附录。

原始手稿现存于三处：国家档案馆档案，法国人文科学之家基金会(Maison des Sciences de l'Homme)和艾蒂安藏品。参见马希莫·马斯特罗格雷戈里(Massimo Mastrogregori)：《未完的手稿：马克·布洛赫的〈历史学家的技艺〉》("La manuscript interrompu：Metier d'historien de Marc Bloch")，载《经济、社会与文明年鉴》，1989 年 1—2 月(44，no. 1)，147~159 页；又见马斯特罗格雷戈里：《关于文本的说明》("Nota sul testo dell")，《马克·布洛赫的〈为历史学辩护〉》("'Apologie pour l'histoire' di Marc Bloch")，载《近代历史杂志》(Rivista di storia della Storiografia Moderna)，1986(7，no. 3)，5~32 页。

② 尤其参见布洛赫致费弗尔的信，1942 年 5 月 18 日，艾蒂安藏品；1942 年 10 月 9 日、17 日，国家档案馆档案，M1 318 1。

素与结构分析。① 布洛赫的文章并非凭科学、方法或哲学独创性而出众，它也并未收录任何勾勒"总体"历史的具体蓝图或策略。面对野蛮和毁灭的巨大力量，布洛赫仍对生存与自由充满信心，在岁月的阻碍和困难之前，他试图理解不同代际、众多文明、过去和现实之间意义深远的联系，这本《为历史学辩护——历史学家的技艺》——无论它以何种间接或残缺的形式呈现给我们——是一位睿智、勤奋的大师级工匠的冥思成果。他如蒙田一样，用信仰中最真诚的信条启迪、激励读者。这也是他对未来希望的见证。②

这个夏天比预期中更轻松，也更多产。布洛赫的心情稍有好转，苏联在斯大林格勒的反击也让他振奋。10 月初，他满怀信心地结束假期，回到蒙彼利埃。和所有人一样，布洛赫热切关注进攻北非之前组建同盟国的消息。③

然而，陈年的问题再度浮现。7 月，配给削减，食物短缺，价格

---

① 马斯特罗格雷戈里：《关于文本的说明》，31 页；又见弗雷德里希·J. 卢卡斯 (Friedrich J. Lucas)：《写给德语读者的导言》("Einleitung für den deutschen Leser")。见马克·布洛赫：《为历史学辩护，或历史学家的技艺》(*Apologie der Geschichte，oder der beruf des Historikers*)(Stuttgart，1974)，7～18 页；A. 古列维奇 (A. Gurevich)：《法国新历史学里的中世纪文化和心理》("Medieval Culture and Mentality According to the New French Historiography")，载《欧洲社会学档案》(*Archives Européennes de Sociologie*)，1983(1)，168 页。

② "善良之人负担几何！若要抵达职业最深处，务须重新修订教学，从头至尾，彻彻底底。必得协同行动，这将会十分艰苦。只有我们彼此信赖，理解先于自我评断，接受多元，才可能达成目标。"布洛赫致费弗尔的信，1942 年 10 月 9 日，国家档案馆档案，M1 318 1。又见乔治·勒费弗尔的评论，载《历史评论》，1953 年 7—9 月 (210)，94 页，及娜塔莉·泽蒙·戴维斯 (Natalie Zemon Davis) 的评价，《历史的两个身体》("History's Two Bodies")，载《美国历史评论》，1988 年 2 月 (93，no. 1)，23～25 页。

③ 布洛赫致费弗尔的信，蒙彼利埃，1942 年 6 月 6 日、22 日 (2 张卡片)，1942 年 9 月 28 日，艾蒂安藏品；富热尔，1942 年 7 月 17 日、26 日，8 月 17 日，9 月 29 日，10 月 9 日，国家档案馆档案，M1 318 1；布洛赫致艾蒂安·布洛赫的信，富热尔，1942 年 9 月 13 日，艾蒂安藏品。

昂贵。从基本营养(奶、肉、脂肪、蛋和面包)的保障来看，蒙彼利埃属于最困难的八个城市之一，城中也缺乏布匹、鞋、燃油和轮胎，黑市生意则蒸蒸日上。布洛赫牵挂体质脆弱的妻子，然而她每天5点不得不排队领取食物，这进一步拖累了她的身体。[①] 他忧心成年孩子们的事业和安全，尤其是在9月维希通过了强制劳动法案后。秋季的美丽天气带来了希望，但表面看去，人们都小心翼翼、互不往来、沉默寡言。媒体受到严格监控，禁止报道任何有意义的新闻。盖世太保(Gestapo)出没的证据，在愈演愈烈的信件拦截和逮捕中可见一斑。1942年11月5日，在蒙彼利埃大学的开学典礼上，弗利什院长告诫听众，要"多做"而"慎言"。在关于教员年度成就的报告中，他对布洛赫的作品只字不提。[②]

布洛赫原定开设两门课程：一门是美国经济发展，另一门是中世纪法国农民与庄园。[③] 课程甫一开始，便传来盟军在11月7日至8日晚间登陆北非的消息，此后则是阿提拉行动("Operation Attila")，德国入侵未占领区，时间恰恰是1942年11月11日。[④] 敌人直接侵入，

---

① 有关富热尔日益恶化的物质条件，见让·萨涅(Jean Sagnes)：《战时埃罗(1939—1945)：占领期间的日常生活》(*L'Hèrault dans la guerre*, *1939-1945*: *La vie quotidienne sous l'occupation*)(Les Etines, 1986)，32~42页；鲍梅尔：《集中营的战争》，50~65页。

② 返校(Rentrée)，1942年11月5日，蒙彼利埃大学，埃罗省档案馆档案；又见布洛赫致费弗尔的信，1942年10月9日、17日、20日、23日，艾蒂安藏品；布洛赫致博特鲁齐的信，1942年10月20日，由博特鲁齐夫人提供。

关于弗利什，见布洛赫的睿智小诗《墓志铭》：长眠此处之人/曾是市政议员，院长/甚至院士/简而言之，他曾有太多头衔/他则自认为是历史学家。

③ 《美国历史和移民》("Histoire et peuplement des Etats-Unis")，艾蒂安藏品；《农业社会与农村庄园》("La société paysanne et la seigneurie rurale")，国家档案馆档案，AB XIX 3841；参见布洛赫致费弗尔的信，1942年10月17日，国家档案馆档案，M1 318 1。

④ 萨涅：《战时埃罗(1939—1945)：占领期间的日常生活》，77~84页，其中涉及对法国公民和外国公民的逮捕和驱逐。

官方警告布洛赫立即离开，他带着家人分成两队，只留大女儿爱丽丝在靠近西班牙边境的地区照顾 79 名孤儿，仓皇出逃至富热尔，同布洛292赫妻子的姐姐和孩子会合。①

布洛赫再度失去了仅剩的藏书和全部笔记，匆匆逃离时，它们连同许多东西一起被丢弃。不过，令他欣慰的是，自己并没有被敌人逼迫得毫无用处。在年龄最大的两个儿子的帮助下，他很快便在乡间居所内建起一所名副其实的学院，在剩余的学期里教导青少年。他也打听过函授课程和广播授课，还为未来制订了计划。②

由于阿提拉行动以及贝当和赖伐尔的顺从，维希政府独立的面纱被无情地剥离。对于工作或为自身和孩子提供保护，布洛赫不再有任何幻想。12 月，法令要求在身份卡及配额领取卡上打上"犹太男子"或"犹太女子"的印记，两种卡片对于生存都必不可少，这也将所有外籍和法国犹太人置于危险的境地。当盟军就近调配资源准备袭击法国城市时，希特勒下令逮捕、驱逐帝国的敌人、犹太人、共产主义分子和戴高乐主义者（Gaullists）。③ 在这一紧要的节点，布洛赫若要保持对未来的信念，必须去亲手打造未来。④

---

① 布洛赫致费弗尔的信，1942 年 11 月 16 日，艾蒂安藏品。

② 从周一到周六，8：30—12：30 和 5：00—7：00 的安排是布洛赫教授希腊语、拉丁语、西班牙语和历史。布洛赫致爱丽丝·布洛赫的信，1942 年 11 月 23 日，艾蒂安藏品。信中也提到，他曾向部长咨询能否在克莱蒙费朗将大儿子征召入伍，还有自己能否再去当地任教。

③ 卢贝茨斯基：《德国占领下的法国犹太人处境(1940—1944)：种族立法》，110～111 页，马如思和帕克斯顿：《维希法国和犹太人》，302～305 页。至少有 23000 名法国犹太人被驱逐。

④ 日记（"吾"）记录，艾蒂安藏品，在 1940 年 12 月至 1941 年 2 月，布洛赫记下了这段话，出自米什莱为《人民报》(Le peuple)作的介绍："我相信未来，因为我亲自将其打造"。

第十一章 "纳博讷"

吾等静观其变，秉持希望，全力准备。[1]

293   等待盟军拯救的法国，如今基本完全陷入了德国的统治。未占领区及其仅存的一点安全消失殆尽。直到 1943 年夏季意大利投降，罗讷河(Rhône)以东的八个省才摆脱占领。[2] 除此之外，法国再不存在领土上的分裂。但是，分裂存在于国人之中、在顽固或消极的合作者与积极或缄默的反抗者之间，前者依然忠于贝当—赖伐尔政权，数量渐增的后者则反抗懦弱的统治者。毫无疑问，第三帝国必将失败，但问题在于如何取胜、何时取胜以及胜利的代价。[3]

    此时的法国命悬一线。当盟军发布宣言，缓慢积蓄进攻力量以解放西欧时，纳粹德国则如一头受到致命伤害的野兽，展开搏命行动：进攻抵抗运动，并大规模逮捕、驱逐犹太人。1942 年 11 月，党卫军上

---

[1]   布洛赫致艾蒂安与路易·布洛赫的信，里昂，1944 年 2 月 28 日，艾蒂安藏品。

[2]   八个省分别为德龙(Drôme)、伊泽尔(Isère)、上阿尔卑斯(Hautes-Alpes)、下阿尔卑斯(Basses-Alpes)、滨海阿尔卑斯(Alpes-Maritimes)、萨瓦(Savoie)、上萨瓦(Haute-Savoie)和瓦尔(Var)。

[3]   夏尔·里斯特(Charles Rist)：《糟糕的平民：战争和占领时期日记(1939—1945)》(*Une saison gâtée*：*Journal de la guerre et de l'occupation*，*1939-1945*)(Paris，1983)，289~290 页(1942 年 11 月 11 日一条)。

级突击队领袖（*Obersturmführer*）克劳斯·巴比（Klaus Barbie）抵达里昂领导盖世太保。维希政府则与第三帝国合作，积极贯彻其强制劳动法案，即《强制劳动条例》（Service du Travail Obligatoire）。1943 年 1 月，维希政府组建法兰西民兵（Milice），以打击犹太人、共产主义分子、共济会员和其他军事反革命行动的敌人。①

1942 年年末的事件，促进了法国地下组织的团结。在此之前，南北方运动分别针对两组敌人，保留了各自的战略和领导层。此外，在德军越过分界线之前，南部鱼龙混杂，独立领袖们统率着旗下迥异、自主的部队。团结并非一蹴而就，而是依靠在国内、国际建立联系而逐步实现。让·穆兰（Jean Moulin）是最早的设计师，他甚至在盟军登陆前便为以夏尔·戴高乐为首的国内团结奠定了坚实基础。1942 年年末，民意开始反对严苛依旧而如今脆弱的统治者和日益羸弱的维希政府。在北非小心翼翼平衡各敌对政治派别的盟军，开始更多地关注和支持法国城市内的反抗组织。戴高乐逐渐成为自由法国公认的不屈代表，他将全部精力投入到团结行动之中。法国国内几乎出现了一股不可压抑的势头，推进成立国家反抗军，融合南北，平衡中央和地方控制，协调军事、政治、社会服务和劳动者的力量，并将内部领导层与组织同阿尔及尔和伦敦整合。1943 年年初，在穆兰的激励下，南部三大主要非共产主义组织一起并入统一抵抗运动（Mouvements Unis de la Résistance），这也是此后全国抵抗运动委员会（Conseil National de la

---

① 有关盖世太保的新任首领，详见阿兰·A. 瑞恩（Alan A. Ryan）：《克劳斯·巴比和美国政府：呈交美国司法部长的报告》（*Klaus Barbie and the United States Government: A Report to the Attorney General of the United States*）（Washington，D. C.，1983），3～22 页。有关针对外国与法国犹太人的高压政策，见迈克尔·马如思和帕克斯顿：《维希法国和犹太人》，302～310 页。

Résistance)的雏形。①

作为一名"老派的中世纪学者"，布洛赫认为，"救世主降临前必有反基督者"②，他意识到了当前的危机和希望。56 岁的他待业在家，另谋教职几近无望，但他还不准备退休。他的积蓄已经耗去大半，更负担着一个庞大、年轻的家庭，还有几名投靠他的亲属。他的妻子疾病缠身，他本人也体质虚弱。布洛赫本可隐居乡下，一边照顾家人，继续从事研究，一边等待着救援。然而，这一消极的路线明显危机四伏，存在着许多个人障碍，其中不只包括布洛赫对自己"百无一用"的强烈感觉。当然，还有另一条出路——行动。③

1942 年年末或 1943 年年初，布洛赫决定加入抵抗运动。在这之前的半年，逃过了《强制劳动条例》或德国人侵略的"第二代"年轻志愿者，在地下组织内平步青云。此前的许多南方首领都去了巴黎、阿尔及尔和伦敦。一个崭新的局部和地区性的领导层正在成形，它的主要任务是构建政治体制，为法国解放发展武装力量。布洛赫决定把主要的精

---

① 有关统一抵抗运动和全国抵抗运动委员会成立的资料，国家档案馆档案，72 AJ 65（AIII）。亦见亨利·弗勒奈（Henry Frenay）：《夜之将逝：一名革命者的回忆录》（The Night Will End：Memoirs of a Revolutionary），D. 霍夫施塔特（D. Hofstadter）译（New York，1976），223～243 页；亨利·米歇尔（Henri Michel）：《团结者让·穆兰》（Jean Moulin l'unifuateur）（Paris，1964）；约翰·F. 斯维茨（John F. Sweets）：《法国抵抗运动之政治：统一抵抗运动的历史》（The Politics of Resistance in France：A History of the Mouvements Unis de la Résistance）（De Kalb，1976），18～60 页（注释目录，295 页）。

法国抵抗者的数量估计占整个成人社会的 2%到 5%不等。玛格丽特·罗西特（Margaret Rossiter）在《抵抗女战士》（Women in the Resistance）（New York，1986），220～222 页中统计了情报网络、逃亡路线、出版和外围军事活动，认为仅在情报网络中，便有 5 万名男女工作。

② 布洛赫致费弗尔的信，蒙彼利埃，1942 年 10 月 9 日，国家档案馆档案，M1 318 1。

③ 布洛赫致爱丽丝·布洛赫的信，1942 年 11 月 23 日，艾蒂安藏品；致博特鲁齐的信，1943 年 1 月 6 日，由博特鲁齐夫人提供；致费弗尔的信，1943 年 1 月 22 日，艾蒂安藏品。

力贡献在此。

爱国主义和荣誉感想必推动了布洛赫的决定。身为抵抗运动的一员，布洛赫得以在此存亡之际为法国效力，表现出对祖国的忠诚。当然，他也有个人的诉求，要维持五代以来的联系，将他的犹太身份和法国连在一起。在抵抗运动中，布洛赫和大批同化的爱国犹太人一道重拾被剥夺的公民身份，可以骄傲地宣称"吾为高卢人"（"civis gallicus sum"）①。布洛赫对行动的热忱和个人的雄心，也影响了他的决定。被 *296*

---

① 参阅乔治·弗里德曼：《犹太人之末路?》(*Fin du peuple juif?*)(Paris，1965)，8～10 页；又见克劳德·列维(Claude Lévy)：《法国国内和犹太人的抵抗》("La résistance intérieure et les Juifs")，及多米尼克·韦永(Dominique Veillon)：《自由射手和犹太人》("Franc-Tireur et les Juifs")，见《法国和犹太问题(1940—1944)》(*La France et la question juive，1940-1944*)(Paris，1981)，297～314、315～329 页；克劳德·辛格(Claude Singer)：《抵抗运动中的犹太大学》("Des universitaires juifs dans la Résistance")，见当代犹太历史研究会(Association pour la Recherche sur l'Histoire Contemporaine des Juifs)编《抵抗运动和解放运动中的犹太人》(*Les Juifs dans la Résistance et la Libération*)(Paris，1985)，71～81 页。

在其他法国主流抵抗运动中担任领导的犹太人包括："解放南方"(Libéartion-Sud)的雅克·博尔迪耶-布伦瑞克(Jacques Bordier-Brunschwig)、雷蒙·奥布拉克(Raymond Aubrac)、莫里斯·克里格尔-瓦尔利蒙(Maurice Kriegel-Varlimont)；"铁路抵抗"(Résistance-Fer)的马克斯·埃尔布龙(Max Heilbronn)；自由射手(Franc-Tireur)的让-皮埃尔·列维(Jean-Pierre Lévy)、乔治·阿特曼(George Altman)；"抵抗"(Ceux de la Résistance)的安德烈·坎(André Kaan)、乔吉特·列维(Georgette Lévy)，巴黎解放委员会战斗工人行动(Action Ouvrière de Combat，Comité Parisien de Libération)的莱奥·阿蒙(Léo Hamon)；社会主义者(Socialists)的丹尼尔·马耶尔(Daniel Mayer)、让-莫里斯·埃尔曼(Jean-Maurice Hermann)；伦敦"战斗法国"(France Combattance，London)的勒内·卡辛(René Cassin)、乔治·鲍里斯(Georges Boris)、安德烈·魏尔-居里埃尔(André Weill-Curiel)、勒内·马耶尔(René Mayer)、皮埃尔·孟戴斯-弗朗斯(Pierre Mendès-France)，还有海军上将路易·卡恩(Louis Kahn)，他代表自由法国在大西洋协助盟军的反潜战斗。见《抵抗运动和解放运动中的犹太人》，47～89 页与全书各处；马塞尔·包多特(Marcel Baudot)：《迫害犹太人之前的抵抗运动》("Les mouvements de Résistance devant la persécution des Juifs")，见《法国和犹太问题(1940—1944)》，294 页。

捕和死亡的危险显而易见，布洛赫无疑做了一场豪赌。设若成功，布洛赫可能进入新生共和国的领导阶层；如果失败，他的家庭至少可以在殉道者的遗产中获取安慰。

如今，布洛赫彻底迈进了他之前竭力避免的公共领域，但他并没有特定的政治理念。与抵抗运动中的许多人一样，他依旧鄙夷政党、派系和第三共和国名存实亡的议会制度。布洛赫作为一名个体和历史学家，驱动他的是强烈的反法西斯情感，以及某种认为法国是人类自由之翘楚的信念。他在乡下重读了蒙田，后者在四百年前的黑暗时代中，便是人文主义和自由精神唯一的坚定代言人。① 鉴于布洛赫的背景、智慧、活力、雄心和强烈的责任感，加入抵抗运动的决定同时出自理性的考量和深层的需要。虽然命运的谷底恰逢参与国家重建的时机，但这在任何层面上都未能减损布洛赫选择中的真诚度、洞察力甚至是必然性。类似的重要决定，即便很少被提及或解释透彻，却实实在在有着闪耀整个生命的力量。②

297　　加入之前，布洛赫尚需处理现实中的一些细节。为避免两个最大的儿子和一名侄儿遭遇《强制劳动条例》或其他更恶劣的危险，也为了能让他们加入北非或伦敦的自由法国，12 月底，布洛赫陪伴三人抵达蒙彼利埃，在一名抵抗运动联络人的护送下进入西班牙边境。③ 他的

---

① 布洛赫致费弗尔的信，富热尔，1943 年 3 月 2 日，艾蒂安藏品；有关蒙田的笔记见国家档案馆档案，AB XIX 3852，与日记（"吾"），艾蒂安藏品。

② 有关抵抗者动机之讨论，推荐罗德里克·凯德华：《维希法国的抵抗运动》（*Resistance in Vichy France*）（Oxford，1978），75～81 页；斯维茨：《法国抵抗运动之政治：统一抵抗运动的历史》，9～17 页；尤见阿尔班·维斯特尔（Alban Vistel）：《抵抗运动的精神遗产》（*L'héritage spirituel de la Résistance*）（Lyon，1955），56～90 页。参见布洛赫致费弗尔的信，1943 年 3 月 2 日，艾蒂安藏品。

③ 弗朗西斯·米萨：《见证》，1948 年 10 月 5 日，国家档案馆档案，72 AJ 132（埃罗）；艾蒂安·布洛赫：《马克·布洛赫：一名父亲、爱国者和教师》（*Marc Bloch：Father，Patriot，and Teacher*）（Poughkeepsie，N. Y.，1987），8 页。

长女如今在利摩日一个儿童之家工作。他的妻子和三名年幼的子女，与她的小妹和其三名幼子一起，住在富热尔乡下的家里。布洛赫内弟阿诺尔德·汉夫（Arnold Hanff）是邮政部门的高级工程师，也是活跃的抵抗运动成员，他将成为布洛赫夫妇之间的主要联络人。

1943 年初，想要跻身地下组织的领导层并不容易。南部抵抗组织由微小、紧密的网络组成，其基础是私人关系和心腹伙伴，时刻受到监控和背叛的威胁，因此并不准备暴露给外人，更何况此人还是一名上了年纪的中产阶级知识分子。布洛赫的主要联络人都在克莱蒙费朗，当地的抵抗和逮捕行动近期均有增加。在地区领袖亨利·安格朗博士（Dr. Henry Ingrand）的有力领导下，新成立的奥弗涅统一抵抗运动正在团结"战斗"（Combat）、"自由射手"（Franc-Tireur）和"解放"（Libération）三大团体，在乡间组织游击行动，在城区发展学生—工人运动，并根除间谍。[1] 在这一狂热而危险的阶段，一个外来的申请者需要强力的支持和特定的关系，才可获准加入。

布洛赫经由斯特拉斯堡大学（克莱蒙费朗）的老友罗贝尔·威兹博士（Dr. Robert Waitz）（在当地的领导人之一）介绍，加入了人数最少的一支统一抵抗运动。[2] "自由射手"的前身是"法国解放"（France-Liberté），后者是 1940 年年末在里昂自发成立的组织，经常发布驳斥

---

① 亨利·安格朗（Henri Ingrand）：《见证》，1956 年 5 月 17 日，国家档案馆档案，72 AJ 55；约翰·F. 斯维茨（John F. Sweets）：《维希法国之选择》（*Choices in Vichy France*）（New York，1986），210～214 页；让-皮埃尔·列维访谈，1983 年。

② 西蒙·布洛赫致爱丽丝·布洛赫的信，富热尔，1943 年 4 月 4 日、16 日，艾蒂安藏品；莫里斯·佩西斯（Maurice Pessis）的访谈，1981 年、1983 年。斯维茨在《法国抵抗运动之政治：统一抵抗运动的历史》第 48 页上估算，至 1943 年 1 月，"战斗"成员数为七万五千名，"自由射手"为三万名，"解放"的人数介于二者之间。六个月后的 1943 年 7 月，威兹［其化名"普吕当"（"Prudent"）］被捕，此后被驱逐，但在战后回归。见乔治·阿特曼［"沙博"（"Chabot"）］，《见证》，1946 年 6 月 14 日，国家档案馆档案，72 AJ 55。

维希政府宣传的言论。"自由射手"组织成立于1941年年初，由前激进分子、左翼天主教徒和共产主义者联合建立。其领导人是年轻的复员后备炮兵中尉让-皮埃尔·列维（Jean-Pierre Lévy），此人原是阿尔萨斯难民商人，复员后来到里昂，他遍游南部各地，为组织争取到流亡中产阶级群体的联系和支持。在"自由射手"的历史上，它的核心就是自己的秘密报纸，"一份尽量按月发行的报纸，取决于大元帅政策的容忍度"（1942年11月后，还要加上"盖世太保"）。《自由法国》利用忠诚的印刷人、发行者链条，由专业记者撰稿，以简练、尖锐的文风著称。其报头写着"自由——平等——博爱"。①

与"战斗"和"解放"类似，"自由射手"代表着一个相对广泛的政治意见群体，虽然它基本被视作一个温和、独立的共和组织：民主、亲欧、反对种族主义、反布尔什维克。② 1942年，"自由射手"向戴高乐靠拢，开始时小心翼翼，随后便满腔热情，并且加入统一抵抗运动，

---

① 据安托万·阿弗南（Antoine Avenin）的数字，国家档案馆档案，72 AJ 55，第一期报纸发行于1941年12月8日，印刷6000份。后续发行如下：1942年4月，35000份；1943年1月，50000份；1943年9月，100000份；1944年1月（含一期巴黎和北部特刊，在巴黎发行），150000份。

② 创刊号上刊发了报纸的政策："我们反对无产阶级专政，反对资产阶级专政，反对军事独裁，反对宗教独裁……我们希望有一个强大的政府，代表所有阶级，代表一切趋势，每一种诉求都可以表达，且不会令某一个体或组织的利益凌驾于其他个体或组织的利益之上。我们希望有一个代表性的体系，不会再犯之前的错误。我们拒绝虚伪的强制工会主义，其中的工人不过是统计数字而已……我们坚决摒弃极权和杀人的布尔什维克主义。我们希望看到一个人民团结联合的共同体，超脱于国际资本主义和任何寡头政治。"

在抵制反犹主义和报复性和平方面——有可能重复"凡尔赛错误"，该报表示："我们并不认为真正的和平能实现，除非希特勒主义覆灭，或德国痛改前非。"

报纸拒绝附庸于任何党派，宣传其目标乃是成为法国的解放运动："我们希冀成为纯法国人的集合，无关信仰，无关观念，只为解放之使命。目前，使命只有一个：抵抗、组织，为国家复兴而准备，成为吾辈命运之新主人。"

成为各主要团体之间的协调者。
1943 年统一抵抗运动成立后，"自
由射手"不无意外地刻意削弱其成
员的特征。可是，"自由射手"之名
不免令人想起 1870—1871 年热忱
的志愿军，它也一直保留着鲜明的
反维希立场，这也符合布洛赫的
意愿。①

　　威兹将布洛赫引见给 21 岁的
哲学系学生莫里斯·佩西斯（Mau-
rice Pessis），后者是运动的中坚分
子之一，依附于里昂的领导层。佩
西斯用了整整十天，说服上级接受
这个热切而尊贵的候选人。这之后
的 1943 年 3 月，更有可能是在 4

图二十六　布洛赫的最后一张照片，
1944 年

300

月，佩西斯骄傲地向大家介绍了他"新招募的队员"。《自由射手报》主
编乔治·阿特曼（Georges Altman）在两年后回忆道：

---

　　① 《阿维南情报搜集》（"Renseignements fournis par Avinin"），1945 年 3 月，自由
射手，国家档案馆档案，72 AJ 55；诺埃尔·克拉维耶（Noel Clavier）：《"自由射手"：我
见证了它的诞生》（"Franc-Tireur：Tel que je l'ai vu naître"），载《奥弗涅统一抵抗运动通
讯》（*Bulletin des AMUR*），1947 年 6 月（6），4 页；多米尼克·韦永：《"自由射手"的秘
密刊物和抵抗运动（1940—1944）》（*Le Franc-Tireur：Un journal clandestin，un mouve-
ment de Résistance 1940-1944*）（Paris，1977）（极其重要）；与马克·格舍尔（Marc Ger-
schel，1983）、让-皮埃尔·列维（Jean-Pierre Lévy，1981，1983）和欧仁·克洛迪厄斯·
珀蒂（Eugène Claudius Petit，1981）的访谈。马塞尔·吕比（Marcel Ruby）：《里昂的抵抗
运动》（*La résistance à Lyon*）（Lyon，1979）第一卷，215 页上视"自由射手"为"南方三大
组织中最具里昂特色者"。该组织有时会与共产主义的"自由射手与游击队"（Franc-
Tireurs et Partisans Français）混淆。

一名 50 岁的绅士，纽扣上别着一朵小玫瑰花结，灰白的头发下是精致的面庞，犀利的眼神透过镜框，他一手拎包，一手挂杖；刚开始，来访者略显拘束，但不久他便展露笑容，伸出手掌，礼貌开口说："没错，我就是莫里斯的'新队员'。"①

里昂是布洛赫的出生地。两年前，他在里昂的美国领事馆经历几番面签申请无果，如今，这里成为布洛赫的最后一处居所。尽管早期的领袖大批离去，然而这座古高卢首都——当时法国第三大城市，仍然保有"抵抗运动之都"的称号。里昂基本上位于巴黎和马赛的中点，罗讷河与索恩河交汇处，法国主要铁路和公路在此会合，因此，里昂的地理位置优越，是一个地下活动相对安全的地区。在两条大河岸边的老屋和仓库内，在富维耶（Fourvière）山的建筑里，在红十字区（Croix Rousse）看似没有尽头的台阶上，在各层级的入口和小巷（traboules）中，在那迷宫般的小道和工人阶级居住的街区内，有足够的机会去发散、搜集信息，寻求庇护和秘密调动。抵抗运动最重要的媒体和秘密部队（Armée Secrète）指挥部仍设在里昂。1942 年的巴士底日（Bastille Day），十万里昂人在下午六点半至晚八点之间在市中心聚集，宣示强烈的共和信念。②

① 乔治·阿特曼（"沙博"）：《抵抗运动里我们的"纳博讷"》（"Notre 'Narbonne' de la Résistance"），载《政治手册》，1945 年 3 月（8），2 页。阿特曼的回忆转印于《社会史年鉴》，1945，《悼念马克·布洛赫》-I，11～14 页，并在《奇怪的战败》中有更详尽的描述，7～18 页。参见莫里斯·佩西斯的访谈。

② 更多"里昂：抵抗之都"的细节，见记录（Aufzeichnung），1942 年 7 月 14 日（美国国家档案和记录管理局，德国外交部 T-120 5800/2723/E422538—422539）；亦见杜邦：《阴影下的斗争》（Combats dans l'ombre）；保罗·加尔桑（Paul Garcin）：《被审查禁止的 1942—1944》（Interdit par la censure，1942-1944）（Lyon，1944）；亨利·阿莫雷蒂（Henri Amoretti）：《都城里昂 1940—1944》（Lyon capitale 1940-1944）（Paris，1964）；贝尔纳·奥拉（Bernard Aulas）：《战时里昂人之生死（1939—1945）》（Vie et mort des Lyonnais en guerre，1939-1945）（Roanne，1974）。

图二十七　里昂：罗讷河，约 1944 年 2 月

1942 年 11 月德国人重占里昂后，城内的气氛极度紧张。虽然居所、食物和基本物资极度短缺，里昂仍旧维持了一个活跃的黑市，警察也只是偶尔处罚。不时出台的惩罚性宵禁遏制不了里昂人的抱怨。他们恼怒于维希或纳粹拙劣的权力展示，也厌恶法国和德国警察对犹太人的定期突击——要么为了清点人数，要么为了劳动营强征——更反感对抵抗运动成员的大规模周期性围捕。很少有人再相信合作，但大多数人都畏惧统治者的暴力和报复的实力。[①]

302

---

　　①　省长（Prefect）报告，1942 年 12 月 8 日，1943 年 2 月 12 日，3 月 7 日，4 月 8 日，5 月 9 日，6 月 10 日，国家档案馆档案，F1 CIII 1200；抵抗运动战略情报处文件：《法国城市内部境况一瞥》（"Aperçu sur la situation intérieure en France métropolitaine"），阿尔及尔，1943 年 5 月 26 日，美国国家档案和记录管理局，RG 226 38267，与《法国南部情况》（"Conditions in Southern France"），1943 年 6 月 1 日，美国国家档案和记录管理局，RG 226 37711；亦见雅克·纳塔利（Jacques Natali）：《1940—1944 年里昂的占领者和德国占领时期》（*L'occupant et l'occupation allemande à Lyon de 1940 à 1944*）（Mémoire de Maîtrise；Unirersité de Lyon 11）（1975）。

布洛赫的抵抗生涯一开始并不顺利。他先被分配到阿特曼手下，在找到自己的位置以前，他能做的不多，都是一些杂务，主要是传信和送报。他既要打消新同志的忽视和顾虑，也要克服自身的怀疑和沮丧。在里昂的前几周，他化名"洛林先生"（"Monsieur Rolin"），游走在各大精致的公寓之间。这是在相对陌生环境中的守望和寂寞的新生活。杂乱、危险的通信路线，极少前往富热尔的旅行，都令他与妻子、家庭的首次分离更加难耐。布洛赫本有一线希望赴利摩日高层任职，但最终也未能成行。①

但布洛赫并未消沉。他以"富热尔"为笔名，完成了《历史作品集》第四、第五卷的审阅。复活节时，他终于第一次去费弗尔在勒索盖的乡间小屋拜访。② 布洛赫还通过秘密渠道和英国友人们保持联系。③

另外，布洛赫如今专注于政治和经济变化，二者在法国重生之时可能成为关键。④ 他尤其希望在法国教育界开展一场"革命"。作为国家教育部部长阿贝尔·波纳尔的后继者，雄心勃勃的他意图废除所有

---

① 亨利·法尔克（Henri Falque，1982）、莫里斯·佩西斯、伊雷娜·阿特曼·阿利耶（Irène Altman Allier，1981）、尤金·克洛迪于斯·珀蒂、让-皮埃尔·列维（Jean-Pierre Lévy）访谈；布洛赫致费弗尔的信，1943 年 5 月 12 日，艾蒂安藏品；韦永：《"自由射手"的秘密刊物和抵抗运动（1940—1944）》，175、382 页。

② 布洛赫致费弗尔的信，1943 年 5 月 12 日、28 日，费弗尔致布洛赫的信，1943 年 8 月 28 日，艾蒂安藏品；尤其见《在救助与怜悯之间：中世纪城市联盟》（"Entr'aide et piété：Les associations urbaines au Moyen Age"），载《社会史论丛》，1944(5)，100～106 页，此为布洛赫的最后一篇长评。

③ 致博斯坦和理查德·亨利·托尼的信件草稿，以"法国某处"（"somewhere in France"）开始，1943 年 6 月 14 日，吕西安·费弗尔文稿，人文科学之家基金会；M. M. 博斯坦（M. M. Postan）：《马克·布洛赫讣告》（"Marc Bloch：An Obituary Note"），载《经济史评论》，1944(14，no. 2)，161～162 页。

④ 布洛赫有关"胜利后"政治党派和政治生活的笔记，见吕西安·费弗尔文稿，人文科学之家基金会。参见布洛赫致洛特的信，1943 年 6 月 29 日，洛特档案，法兰西公学院档案。

特殊学校，结束以考试为纲和拉丁、希腊文化至上的情况，引入国际研究，鼓励教学创新并重组研究。①

布洛赫的教改计划载于抵抗运动新刊《政治手册》(*Les Cahiers Politiques*)第三期。② 此刊原本由研究总委员会在里昂创立和发行，受到穆兰启发，穆兰则意图为《审查常委会》(*New Statesman*)找到一个秘密伙伴，并对抗《两个世界评论》(*Revue des Deux Mondes*)。《政治手册》面向少数的法国知识分子，向其宣传解放和战后政权的"政治、经济与社会"方向。通过审查常委会的关系，布洛赫被任命为《政治手册》主编，他为之贡献了自己所有的出版经验和强烈的"历史学家"旨趣，来处理重组的诸多实际问题。③

304

晚春时节，里昂刮来一阵舒心的"南风"，英美在突尼斯接连取胜，盟军部队持续逼近欧洲大陆。④ 但是占领者很快反击，里昂人心惶惶，

---

① "梦想，期待。但此刻能做什么，倘若不是梦想?"布洛赫致费弗尔的信，1943年5月28日，艾蒂安藏品；又见布洛赫致费弗尔的信，1943年3月2日，艾蒂安藏品。

② 《有关教学改革的笔记》("Notes pour une révolution de l'enseignement")，载《政治手册》，1943年8月(3)，17～24页。据艾蒂安·布洛赫(致爱丽丝·布洛赫的信，1944年11月17日，艾蒂安藏品)回忆，他到达伦敦后，读到匿名文章，确定为其父所作。

③ 布洛赫：《紧接我们6月9日的谈话》("Suite à notre conversation du 9 juin")，日期不明，吕西安·费弗尔档案，人文科学之家基金会；弗朗索瓦·德·芒东(François de Menthon)：《回忆马克·布洛赫》("A la mémoire de Marc Bloch")，载《政治手册》，1945年3月(8)，1页；亦见迪亚娜·德·贝莱西泽：《抵抗运动九贤人：地下的审查常委会》，80～85页。米歇尔·德布雷(Michel Debré)致作者的信(1981年9月16日)提到与布洛赫就此评论交换编辑意见。

根据《自〈政治手册〉创建以来的材料分析表》("Table analytique des matières publiées dans *Les Cahiers Politiques* depuis leur création")，载《政治手册》，1945年12月(16)，92页，布洛赫被认为撰写了《我为何是共和派：一名历史学家的回答》("Pourquoi je suis Républicain：Réponse d'un historien")，载《政治手册》，1943年7月(2)，9～11页(亦见《历史作品集》第二卷，1101页)；但是该文风格与其不符，而贝莱西泽亦反对此观点。

④ 布洛赫致费弗尔的信，1943年5月12日，艾蒂安藏品；省长报告，1943年5月9日，6月10日，国家档案馆档案，F1 CIII 1200。

抵抗运动的主要领袖屡遭逮捕。6 月 21 日，穆兰更是在卡鲁尔（Calu-ire）郊区被捕，惨遭杀害。这一悲剧虽然疑点重重，却在全国和地区范围内阻碍了抵抗运动的融合进程。①

按照合并的协商，由统一抵抗运动统筹全国范围内的行动，但三大创始组织保留对各自媒体和宣传的控制。在责任划分上，"战斗"的领袖亨利·弗利雷（Henri Frenay）主管军事，"解放"的领袖伊曼努尔·德阿斯迪尔·德拉维热里（Emmanuel d'Astier de la Vigerie）统筹政治，列维则负责情报、安全和物质补给。从金字塔顶向下至各大重要地区，则需投入时间、精力和策略，才能让新生的统一抵抗运动逐渐战胜各大创建组织的"封建"倾向和敌对情绪。②

在里昂，统一抵抗运动的领袖或是离开，或是即将转移，后进人员迅速被提拔到领导岗位。布洛赫的测试期在 1943 年 7 月突然结束，他接替皮埃尔·加孔（Pierre Gacon），成为"自由射手"在罗讷-阿尔卑斯地区的领袖，也是其在统一抵抗运动三人地区领事会的代表。③ 新任的罗讷-阿尔卑斯地区领事会包括"自由射手"的布洛赫（如今代号"纳博讷"）、"战斗"的马塞尔·佩克［Marcel Peck，代号"巴特斯蒂"（"Bat-testi"）］、"解放"的 A·马拉雷［A. Malleret，代号"博杜安"（"Bau-

---

① 吕比：《里昂的抵抗运动》第一卷，499～505 页；亨利·诺盖尔（Henri Noguères）：《1940—1945 年法国抵抗运动史》（*Histoire de la Résistance en France de 1940 à 1945*）第三卷（Paris，1972）。

② 吕比：《里昂的抵抗运动》第一卷，492～496 页；韦永：《"自由射手"的秘密刊物和抵抗运动（1940—1944）》，331～348 页；阿尔班·维斯特尔：《无影之夜：统一抵抗运动及其在解放东南部过程中的作用》（*La nuit sans ombre：Histoire des mouvements unis de résistance，leur rôle dans la libération du sud-est*）（Paris，1970），375～378 页。

③ 加孔代号"休斯"（"Hughes"），是资历略长于布洛赫的另一名教授，被全国委员会任命为统一抵抗运动驻里昂青年组织青年团结力量（Forces Unies de la Jeunesse）的代表。见韦永：《"自由射手"的秘密刊物和抵抗运动（1940—1944）》，176 页；吕比：《里昂的抵抗运动》第一卷，519～523 页。

doin")，此后为"布德尔"（"Bourdelle"）]。在法国南部的领导问题上，"战斗"因其规模最大、组织最完备，在统一抵抗运动的六名地区领袖中占有五席。但是，在罗讷-阿尔卑斯地区，"解放"的代表却在1943年3月被全国委员会提名为地区领事会领袖。这既体现了里昂三大组织根基深厚、十分活跃的特征，也暴露出"战斗"候选人出现了政治和安全问题。"自由射手"似乎支持"解放"的候选人"博杜安"。即便"自由射手"的代表在严格意义上是一名联合伙伴，但他常在领袖和其竞争对手之间充当观察人、调解者，二者之间既有私人恩怨，也有对抵抗运动在东南部中心地带之领导与组织的两套完全不同的观念。①

7月，布洛赫继承前任的责任，成为地区社会服务的组织者和地区十大部门的监督员。他同时维持着统一抵抗运动与当地各区域组织的联系，包括情报和假文书、秘密部队和游击队，还有铁路和邮政服务。在里昂与维勒班（Villeurbanne）郊区交界的办公室里，布洛赫和几名特工解码、编码信息，再交予里昂街头的其他特工。他去办公室时总是随身携带一本书，里面的纸条记载着布洛赫的职责，为保护联络人，纸条都经过仔细伪装。②

如今，布洛赫的主要抵抗生涯已经展开，这些任务符合其能力和

306

---

① 吕比：《里昂的抵抗运动》第一卷，289～296 页；第二卷，990～991 页；韦永：《"自由射手"的秘密刊物和抵抗运动（1940—1944）》，345～348 页；维斯特尔：《无影之夜：统一抵抗运动及其在解放东南部过程中的作用》，377～379 页；亦见玛丽·格拉内（Marie Granet）与亨利·米歇尔（Henri Michel）：《抵抗运动组织"战斗"的历史：1940 年 7 月至 1943 年 7 月》（*Combat*：*Histoire d'un mouvement de résistance，de juillet 1940 à juillet 1943*）(Paris，1957)。

② 韦永：《"自由射手"的秘密刊物和抵抗运动（1940—1944）》，175～177 页；丹尼丝·韦奈（Denise Vernay）（"米尔卡"）（"Miarka"）致作者的信，1981 年 8 月 19 日，莫里斯·拉福格（Maurice Laforgue）博士（"卡迪姆"）（"Cadum"）致作者的信，1982 年 6 月 15 日；雅克·戈德肖（Jacques Godechot）访谈（1980），雷蒙·佩吕（Raymond Péru）访谈（1982），塞西尔·埃尔曼（Cecile Hermann）访谈（1983）。

秉性。他迅速脱颖而出，将秩序和纪律带到这个此前混乱的组织。①
他的责任瞬间成倍积累，他的联系人也在增加，而他的自由度和权威
性亦随之提升。布洛赫被委以特殊任务，准备该地区的"登陆日"（Jour-
J）——盟军登陆日——届时十大部门都将发动起义。他筹划设立"自由
委员会"（"Liberation Committee"），统领里昂和该地区，他也负责所有
行动的细节，如人员、交通和联络，他还可能期待自己能出任委员会
主席。②

　　作为秘密组织的领导，布洛赫过着双重生活。出于抵抗运动的经
验，他以旅游商人"布朗夏尔"（"M. Blanchard"）的身份在卡鲁尔找到了
一处安全的长期居所。布洛赫居住的橘园街（rue de l'Orangerie）静谧如
乡村，远离喧嚣市区，不受猎狝的盗窃和恼人的宵禁影响。他的妻子
可以来访，他也可以在这里用餐，过上一种更加"正常"的生活。西蒙
经常从乡下给他送去食物、衣服、书籍和补给，使他能够坚持、过得
舒适。"布朗夏尔"用壁炉烧毁了成堆的文件。邻居完全没有察觉到布
洛赫的行动。③

　　布洛赫也有难以忍受的大段孤独期。他独自度过了 57 岁生日。他

---

　　① 阿特曼：《抵抗运动里我们的"纳博讷"》，2 页；负责宣传扩散的亨利·法尔克
（"戈谢"）（"Gaucher"）致作者的信，1982 年 1 月 1 日、5 月 6 日，及其访谈；另见伊雷
娜·阿特曼·阿利耶的访谈。

　　② 布洛赫致西蒙·布洛赫的信，1943 年 8 月 20 日，艾蒂安藏品；拉福格博士致
作者的信，1982 年 6 月 15 日；爱丽丝·布洛赫致作者的信，1982 年 12 月 22 日；雷
蒙·佩吕（Raymond Péju）、让-皮埃尔·列维访谈。另见《马克·布洛赫的抵抗运动生涯
说明》（"Notice sur la vie de Marc Bloch dans la Résistance"），感谢爱丽丝·布洛赫提供
资料。

　　③ 布洛赫致西蒙·布洛赫的信，1943 年 7 月 9 日，8 月 4 日、8 日、22 日，艾蒂
安藏品；阿特曼：《抵抗运动里我们的"纳博讷"》，3～4 页；另见让-克劳德·魏尔（Jean-
Claude Weill，他在 1944 年住在卡鲁尔的布洛赫居所附近）致米歇尔·巴里顿（Michel
Barridon）的信，1988 年 3 月 13 日，感谢巴里顿博士提供此信息。

通过联系人，迫切地关注被流放的两个儿子的消息：从他们在西班牙监狱的漫长刑期到释放，再到逃往北非的自由法国（Free French）。[1] 他也一直担忧长女爱丽丝的安危，彼时她是约八十四名 4 至 12 岁孩子的监护人，而他们在马斯基里尔（Le Masgelier）的儿童之家已经两度"被访"，一次是法国警方来搜寻武器，一次则是德国士兵来搜捕犹太人。[2] 另一个儿子丹尼尔即将年满 18 岁，受到强制劳动法的威胁，布洛赫非常担心他的学习，要求他考入一所不错的农业学校，位于阿尔代什的讷维克（Neuvic in Ardèche）。[3] 幼子让-保罗于 1943 年秋季成为古尔赫（Guéret）高中的走读生，但让-保罗身体欠佳，无法让布洛赫放心。[4] 他思念着孩子和妻子。在与他们分离的这段漫长时期，他发觉人生"沉重"，苦闷于自己"抛弃了他们"。[5]

里昂有两种抵抗分子：一种过着普通人的生活，也参与地下活动；另一种则是全职的秘密队员。前者大都是里昂本地人，后者则是法国

---

[1] 有关"奇怪的"生日：见布洛赫致西蒙·布洛赫的信，1943 年 7 月 7 日，艾蒂安藏品。有关儿子们：见布洛赫致西蒙·布洛赫的信，1943 年 6 月 22 日（境况并未变化），艾蒂安藏品；致费弗尔的信，1943 年 8 月 15 日，国家档案馆档案，M1 318 1（谈及路易·布洛赫前往北非）；致爱丽丝·布洛赫的信，1943 年 12 月 5 日，艾蒂安藏品（谈及艾蒂安·布洛赫"已收到命运的召唤"）；另见西蒙及布洛赫致路易和艾蒂安的信，1943 年 10 月 7 日，艾蒂安藏品。

　　路易成为戴高乐手下一名情报员。艾蒂安到达摩洛哥，加入法国第二装甲师（2nd French Armoured Division），此后参与盟军在法国和德国的战斗。西蒙的表亲勒内·马耶尔（René Mayer）是北非省政府内阁成员，似乎是通知布洛赫儿子消息的联系人。

[2] 布洛赫致洛特的信，1943 年 12 月 29 日，洛特档案，法兰西公学院档案；爱丽丝·布洛赫致作者的信，1982 年 12 月 22 日。

[3] 布洛赫致丹尼尔·布洛赫的信，1943 年 7 月 5 日，9 月 5 日，11 月 4 日，艾蒂安藏品；布洛赫致西蒙的信，1943 年 7 月 3 日、27 日，8 月 1 日，9 月 11 日、23 日，10 月 11 日，艾蒂安藏品。

[4] 诸如，见布洛赫致西蒙的信，1943 年 8 月 1 日、4 日、22 日，9 月 11 日、19 日、23 日，艾蒂安藏品。

[5] 布洛赫致西蒙的信，1943 年 8 月 8 日，10 月 16 日、24 日，艾蒂安藏品。

和国外难民，与当地人联系甚少。布洛赫即属于后者，他有一"帮"姻亲。好客、善良的魏尔（Weill）一家，他为他们着想、提供建议。他也和在战斗中十分活跃的两名侄儿与一名侄女保持联系。他在抵抗运动同僚中建立了一个亲密的友谊圈子，包括阿特曼和埃利·佩吕（Elie Péju），还有经常和他一起用餐的年轻人佩西斯。

布洛赫展现出令人惊异的适应能力，如今的他有了一群年轻、热忱的战斗员与之共事。为了安全起见，所有的抵抗分子都隐藏了自己的身份，但布洛赫却很容易辨识。一名年轻的前通信员形容布洛赫是一名"小个子的年长绅士，笑容可掬、和蔼可亲"，在里昂众多桥梁中的一座，她假装和布洛赫偶遇，以传递信息。① 在办公室里，布洛赫对所有任务一视同仁，很快大家便发现他是运动中最实际、锐利和善辩的长者。多数的年轻同志都和这位优雅的巴黎绅士保持着忠诚、信任、敬重的关系，但他避免泛用亲密的称呼"你"。在一个需要胆量与计划、个人主义与集体合作、缄默与交流技巧，还有最重要的对某一事业献身精神的时代，布洛赫是一名模范领袖。他热爱练兵，是一名负责的军官。虽有众多缺憾，布洛赫大都保持了轻松愉悦的姿态，似乎还悠然自得于个人自由和地下活动者的生理与物质匮乏。②

309 新生活令布洛赫再度四处奔走。作为地区领袖，他要巡查全区，这也让他得以短暂地探访家人。③ 不久，他亦要每月前往巴黎，和审

---

① 丹尼丝·韦尔奈致作者的信，1981 年 8 月 19 日。

② 有关 1943—1944 年里昂地下生活之重要描述见汉斯·休伯·冯·兰克［Hans Hubert von Ranke，一名德国难民，活跃于战斗，与阿特曼及乔治·比道尔特（Georges Bidault）关系密切］的档案，当代历史研究所（Institue für Zeitgeschichte），慕尼黑，载《奇怪的战败》，161 页；"莉莉"萨里（"Lillie" Szary，1983），莫里斯·佩西斯，让·布洛赫-米歇尔和亨利·法尔克的访谈。另见阿特曼：《抵抗运动里我们的"纳博讷"》。

③ 布洛赫致费弗尔的信，1943 年 8 月 15 日，国家档案馆档案，M1 318 1。布洛赫的暗语是"去图书馆和档案馆"。

查常委会的全国领导们会面，讨论解放后的行政事宜，以及《政治手册》的转移工作。① 三年后他重回首都，巴黎正值美丽的夏季，比里昂具有更为怡人的气息，塞纳河的瑰丽灯光让布洛赫流连。尽管这里有德国鬼子，议会大厦上依然高扬着万字旗，街道上禁行汽车和公交，地铁拥挤不堪，不时传来恼人警报，但是布洛赫宁愿留在这里。② 接下来的五个月里，他六次前往巴黎，最后一次更是携妻同行。他在上好的餐厅用餐，光顾电影院，遥望此前的住所——如今那里住着德国军官，阳台上还装有防空照明灯。布洛赫也走访亲戚，每次都拜访费弗尔，后者认为其一如往昔："思维清晰、乐观积极、精力旺盛"③。这些旅途时常是最后一刻才定下，也是危机重重、令人不适，但它们却为这个里昂抵抗运动的领袖带去了难得的人际交流、影响、信息和决心。

布洛赫发表作品众多。他显然在为《自由射手报》撰文。他也和阿

---

① 布洛赫致西蒙的信（1943 年 8 月 8 日、11 日、16 日、20 日，艾蒂安藏品）中，预告了他的首次巴黎之行；爱丽丝·布洛赫 1982 年 12 月 22 日给作者的信中，提到了布洛赫的部分活动。

② 布洛赫致西蒙的信，1943 年 9 月 16 日，艾蒂安藏品，其中也记有他在一家（黑市）餐厅中昂贵、美味的一餐。

③ 布洛赫致西蒙的信，1943 年 9 月 9 日、26 日，10 月 11 日、28 日，11 月 28 日、30 日，1944 年 1 月 24 日，2 月 21 日；布洛赫致路易和艾蒂安的信，1944 年 2 月 28 日，艾蒂安藏品。又见费弗尔：《马克·布洛赫与斯特拉斯堡》（"Marc Bloch et Strasbourg"），见《为历史而战》（*Combats pour l'histoire*）（Paris，1953），405～406 页："在焦虑不安的那几个月里，我时常见他，每次他都从里昂前往巴黎，为了协助组织的几次中央会议。一天晚上，我突然接到一通电话：'嘿，是我！……我明天能来你家吃晚饭吗？'出于谨慎，他在街区内、拉雪兹神父公墓（Père Lachaise）旁绕了一个大圈。他对索邦和师范学院周围持非常怀疑的态度，而我是在他防备和观察的这些地方唯一能借宿的人。有时候，他请我带来一两位朋友——保罗·埃塔、乔治·勒费弗尔。我又找到了之前那个头脑清晰、乐观积极、活力十足的他，他满脑子装的都是解放的未来，尤其是必要的改革，不，应该是启蒙之必要革命。"另见理查夫人（Mme. Richard，费弗尔之女）致作者的信，1982 年 5 月。布洛赫至少两次留宿在费弗尔书房的矮沙发床上。

特曼一起创办、编辑新刊《自由评论》（*La Revue Libre*），成功发行了两期。《自由评论》的学术式结构由文章、档案、见证、评论和其他抵抗运动刊物的通告组成，其文风简练，一针见血，也向"法国社会的革命性转型"致辞，故明显带有布洛赫的印记。① 此外，布洛赫还匿名为《政治手册》撰稿，评论 1940 年溃败的原因②、纳粹主义的宣传基础③、法国学界的种族主义和精英主义④、战后世界经贸合作的前景⑤，还有解放后进行彻底、全面净化之必要，他更坚持"审判的真正时机……尚在明日"⑥。布洛赫的这番倾斜甚至比其学术文章更为激烈，反映出一个比此前更加激进的政治倾向。他还可能写作、集成或编辑了统一抵

311 抗运动的匿名传单，多次号召各自由委员会的人民进行动员，强调起

---

① "自由来到之时，我们将乐于公布共事者之名。"载《自由评论》，1943 年 12 月 (1)。第二期于 1944 年 2 月发行。见《新近法国秘密刊物》（"Recent Clandestine French Publications"），1944 年 1 月 13 日，美国国家档案和记录管理局，抵抗运动战略情报处 RG 226，53747；另见韦永：《"自由射手"的秘密刊物和抵抗运动（1940—1944）》，91～92 页。

② 《一本鲜为人知的书：肖维诺将军的〈入侵还可能吗？〉》（"A propos d'un livre trop peu connu：Général Chauvineau, *Une invasion est-elle encore possible?*"），载《政治手册》，1944 年 4 月 (6)，22～25 页。

③ 《戈培尔博士对德国人民的心理分析》（"Le Dr. Goebbels analyse la psychologie du peuple allemand"），载《政治手册》，1943 年 11 月 (4)，26～27 页。

④ 《一种积极运动的哲学》（"Un pilisophe de bonne compagnie"），载《政治手册》，1943 年 12 月 (5)，27～29 页。

⑤ 《温泉之辩后的人道供应和国际交流问题》（"L'alimentation humaine et les échanges internationaux d'après les débats de Hot Springs"），载《政治手册》，1943 年 11 月 (4)，20～25 页。

⑥ 《审判的真正时机》（"La vrais saison des juges"），载《政治手册》，1943 年 11 月 (4)，28～30 页，针对前部长阿纳托尔·德·蒙齐的著作《审判的时机》（*La saison des juges*）(Paris，1943) 的尖锐评论："复苏的法国将是一个蓬勃、坚韧的法国，一个能够拒绝的法国，拒绝同那些在此前犯下不可饶恕罪行之人一起，这些人出卖、欺骗、暗杀不畏继续前行者和贯彻平等法律规范之人。"(30 页) 参见布洛赫致西蒙的信，1943 年 8 月 22 日，艾蒂安藏品。

义必须成为一起当地深得人心的起义。①

1943 年 9 月布洛赫收获了两次喜悦和希望，先是盟军在意大利南部两栖登陆的消息，之后是苏联收复斯摩棱斯克（Smolensk）。② 但随着秋日益深，白日渐短、渐灰、渐潮，冷风日起，寒意和孤寂给布洛赫的精神带来了负担，他也如被占领的法国一般，受困于普遍蔓延的疲乏感，其中更夹杂着苦涩和急躁。自由何时来到?③

冬日带来更多的等候与绝望，更伴有日益增加的危险。1943 年 12 月，预计到盟军登陆和国内起义，狂热分子约瑟夫·达尔南（Joseph Darnand）被任命为法兰西民兵头目。他上任后立即与德国人全面合作，向抵抗运动发起大范围的野蛮行动。④ 伴随着这一波恐怖逐渐接近里昂，布洛赫谨慎地策划出逃。他坚韧而勇敢，静候自己的命运。他已做好必要的财务安排，也知会妻子打理他希望发表的学术作品。参加抵抗运动将近一年后，布洛赫即将迎来最大的危机，他知道太多人、冒过太多险、太不注意自身安危。他察觉到各种信号，知道自己行将 *312*

---

① 斯维茨：《法国抵抗运动之政治：统一抵抗运动的历史》，93 页。

② 布洛赫致西蒙的信，1943 年 9 月 9 日、26 日，艾蒂安藏品。

③ 尤见布洛赫致西蒙的信，1943 年 10 月 12 日、20 日；布洛赫致爱丽丝的信，1943 年 12 月 5 日，艾蒂安藏品。

④ 《达尔南和维希警察》（"Darnand and the Vichy Police"），1944 年 1 月 15 日；《法国内部局势》（"The Internal Situation in France"），里斯本，1944 年 3 月 3 日；《达尔南反法国抵抗运动的行动》（"Darnand Campaign against the French Resistance"），1944 年 3 月 16 日；《维希民兵》（"The Vichy Militia"），1944 年 3 月 30 日，美国国家档案和记录管理局，抵抗运动战略情报处 RG 226 62163，73925，62365，66600。希姆莱（Himmler）：《德国安全警察打击猖獗敌对势力和法国的总体安全局势》（"Bekämpfung der reichs-feindlichen Bestrebungen durch die deutsche Sicherchitspolizei und Folgerungen für die allgemeinen Sicherheitslage in Frankreich"，for Hitler，美国国家档案和记录管理局，德国外交部 T-120 712/350/262402-27；Militärbefehlshaber in Frankreich，Sicherheit-spolizei，SD，1922-1944），记录了 1944 年 3 月德国逮捕数量的增加，国家档案馆档案，AJ 40/1632。另见帕克斯顿：《维希法国：保守派与新秩序（1940—1944）》，297~298 页；亨利·诺盖尔：《1940—1945 年法国抵抗运动史》第四卷，454~455 页。

被捕。①

　　被捕前晚，布洛赫挂念的全是他人：他勇敢坚忍的导师费迪南·
洛特②，他之前的学生们③，尤其是他的家人。他试着安慰女儿，给予
她未来的希望——后者的工作随儿童之家的关闭而结束。④ 对远方的
儿子们，他说自己对必需的生活方式还不习惯，虽然劳顿却仍然感到
满足。⑤ 虽然极不情愿，他仍勉强同意丹尼尔加入游击队的决定，并
立刻展开工作，帮助儿子。被捕当天早上，布洛赫请求妻子原谅他的
"远行"⑥。

　　布洛赫被严重暴露。近两个月来，他一直是罗讷—阿尔卑斯地区
人员的实际领袖，鉴于马拉雷（"博杜安"）在 1 月初匆匆赶赴巴黎，而
他的继任者阿尔班·维斯特尔［Alban Vistel，代号"弗朗索瓦"（"Fran-
çois"）］又罹患肺炎，现在的布洛赫是两名新任的地区领袖——来自"战
斗"的维斯特尔和 R. 布朗克［R. Blanc，代号"德拉克"（"Drac"）］的上级
领导。布洛赫的副手让·布洛赫-米歇尔［Jean Bloch-Michel，代号"隆
巴尔"（"Lombard"）］，他代替了11月被捕的佩克］是布洛赫哥哥的长

　　① 布洛赫致西蒙的信，1943 年 12 月 22 日，1944 年 1 月 4 日、10 日，2 月 27 日、
28 日，艾蒂安藏品。计划之一是暂避在费弗尔的乡间小屋。有关布洛赫"恐怖结局"的预
感，见费弗尔：《马克·布洛赫与斯特拉斯堡》，406 页。
　　② 布洛赫致洛特的信，富热尔，1943 年 12 月 29 日，洛特档案，法兰西公学院档案。
　　③ 布洛赫致"米耶"（"Mlle"），富热尔，1943 年 12 月 30 日，感谢接收人芒夫杭女
士。布洛赫提供了一份两页长的书单，但拒绝同她会面，认为"近似我过着一种游牧的
生活，你在这里经常找不到我"。
　　④ 布洛赫致爱丽丝的信，1944 年 2 月 7 日、27 日，艾蒂安藏品。
　　⑤ "我志愿奉献。这至少是此时应做之事。"布洛赫致艾蒂安和路易的信，1944 年 2
月 28 日，艾蒂安藏品。
　　⑥ "虽然你勇敢、理智，我却能想象你做所有决定时的艰难。原谅我离你如此之
远。"布洛赫致西蒙的信（布洛赫的最后一封信），1944 年 3 月 8 日，艾蒂安藏品。参见布
洛赫致丹尼尔（后者于 1944 年 3 月 11 日年满 18 岁）的信，1944 年 1 月 31 日，2 月 7 日，
艾蒂安藏品。

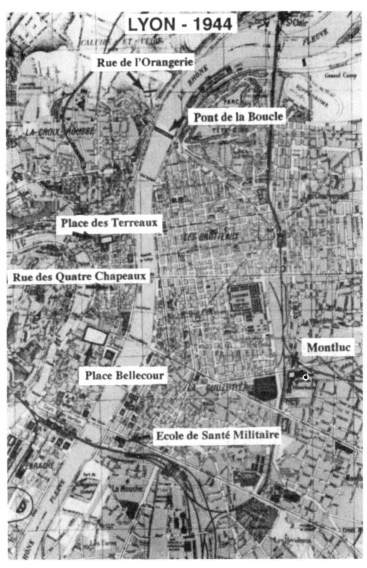

图二十八 里昂中心及主要地点

子，布洛赫之前曾帮助抚养他。1944 年 2 月，布洛赫在里昂中部的喀特夏普（Quatre Chapeaux）街一号（科尔得利大厦，the Cordeliers Building）的一家缝纫工厂的六层建立了新的支部。经由当地一所大学的关系，他以 M. 布朗夏尔的身份将该办公室转租，用作科学研究，里面散落着一些德国书籍和学术文章。布洛赫化名"纳博讷"，与秘书和两名助手一起勉力保全并维持着统一抵抗运动组织。1944 年 3 月 8 日下午 3 点，原定举行地区人员全体大会，讨论多项事宜，其中包括解决继任者难题。①

大规模逮捕的序幕在 3 月 7 日拉开。当天 12 点 15 分，"弗朗索瓦"原定与"德拉克"会面，准备 8 日的全体大会。四十五分钟后，维斯特尔在"战斗"的伙伴仍未现身，他便感觉不妙。实际上，当他抵达会面地点时，盖世太保已经逮捕了五名重要人员："杰奎琳"（"Jacqueline"，当地"工人行动"领袖）、"维林"（"Velin"，宣传和发行事务）、"伯纳德"（"Bertrand"，地区联络人）、"隆巴尔"和"德拉克"。②

此前一小时，布洛赫和"沙尔东"（"Chardon"）碰面，后者刚从上萨瓦省（Haute-Savoie）抵达，是战斗的一名成员，他告诉布洛赫，盖世太保突查了"德拉克"的办公室。③ 布洛赫的侄儿"隆巴尔"未能在午餐时

---

① 维斯特尔：《无影之夜：统一抵抗运动及其在解放东南部过程中的作用》，393～404 页。布洛赫（"纳博讷"）致维斯特尔的信，1944 年 1 月 26 日，维斯特尔文档，国家档案馆档案，72 AJ 626。

② 维斯特尔：《无影之夜：统一抵抗运动及其在解放东南部过程中的作用》，404 页。维斯特尔的文件《关于里昂 1944 年 3 月逮捕的文档，包括马克·布洛赫（纳博讷）被捕的文件》["Dossier concernant les arrestations de mars 1944 à Lyon, dont celle de Marc Bloch(Narbonne)"，国家档案馆档案，72 AJ 626]是记录这些事件的主要资源。

③ "沙尔东"此前曾与"普兰"（"Poulain"，亨利·布洛赫-米歇尔博士）共事，后者是布洛赫年轻的侄子好友。见"沙左"致"马尼"（"Magny"，维斯特尔的新化名）的信，1944 年 4 月 17 日。维斯特尔：《关于里昂 1944 年 3 月逮捕的文档，包括马克·布洛赫（纳博讷）被捕的文件》。

出现，"德拉克"则错过了与布洛赫在沃土广场（Place des Terraux）的会面。布洛赫搜寻二人无果，之后便从"沙尔东"处得知二人被捕的消息，"沙尔东"更提出在下午五点到五点半之间将"德拉克"的档案移交布洛赫。此后，布洛赫与"沙尔东"和忠心的"莫里斯"一同用餐，再去卡鲁尔的邻居家参加一场小聚会。[①]

次日清晨大约八点半，一辆盖世太保的汽车抵达布洛赫所在的街区，车里人向各店主问询一位名叫布朗夏尔的老居民。一个面包店老板指了指某个方向，而此时，拎着小皮包的布洛赫正从那里走来。大约九时，布洛赫在环形桥（Pont de la Boucle）上被捕。[②]

因"纳博讷"未能出席午间会面，他的副手勒内·塞鲁[René Seyroux，代号"沙左"（"Chazaud"）]拉响了警报。"纳博讷"和"德拉克"均未出席当日下午的地区会议，"弗朗索瓦"深感不祥，迅速撤离。"沙尔东"担心布洛赫保管的重要文件。下午五点，布洛赫的秘书"娜塔莉"["Nathalie"，即尼娜·莫格乐夫（Nina Morgueleff）]抵达科德利埃（Cordeliers），乘私人电梯到达六层，告知"沙尔东"和首席裁缝雅科托女士（Mme. Jacotot）布洛赫被捕的消息。"沙尔东"建议她把与政治、财务和盟军登陆日（Jour-J）等相关的重要文件藏好。雅科托同意与将她引见给布洛赫的弗洛伦斯教授（Professor Florence）一道将部分档案用小

①　"巴卡拉"（"Baccarat"，即"沙尔东"）致"弗朗索瓦"的信，1944 年 3 月 26 日，"沙左"报告，1944 年 4 月 17 日，维斯特尔：《关于里昂 1944 年 3 月逮捕的文档，包括马克·布洛赫（纳博讷）被捕的文件》。另见让-克劳德·魏尔致米歇尔·巴里顿（Michel Barridon），1988 年 3 月 21 日（魏尔参加了此次集会，他记得在第二天早上布洛赫被捕之前几分钟还和布洛赫打了招呼）。

②　《报告》（"Rapport"），未标页码；"沙左"报告，1944 年 4 月 17 日，维斯特尔：《关于里昂 1944 年 3 月逮捕的文档，包括马克·布洛赫（纳博讷）被捕的文件》。马塞尔·丰弗雷德（Marcel Fonfrede）致艾蒂安·布洛赫的信，1987 年 8 月 11 日。

提箱保管。[1]

第二天，即 3 月 9 日早上，盖世太保突击检查布洛赫的办公室，宣布查获一个接收装置和一系列不法文件，"证明羁押者乃抵抗运动之一员"。德国人也搜查了布洛赫的住处。"娜塔莉"提前收到消息，在德国人到达她住处之前成功逃离。同一天，科德利埃店主布伦女士（Mme. Brun）被捕；当天下午，雅科托和弗洛伦斯在一家咖啡厅被捕。搜查办公室和居所的行动持续了一周。总共有约 63 人被捕，包括统一抵抗运动的主要负责人，及其附属的行政、工程、铁路、邮政、劳工、情报和军事人员。[2]

3 月 15 日，信息部长菲利普·昂里奥在维希宣布，逮捕大批人员，收缴大量资金、文件和武器，并宣称"抵抗运动之都里昂已经覆灭"[3]。通敌的媒体"额手称庆"，宣扬"警察和法兰西民兵"剿灭了里昂的"毒蛇窝点"，称这是一群意图发动内战的恐怖分子，月开支 1.73 亿法郎，攻击法国人民超过 3000 次（而仅有 80 次攻击针对占领者），他们披着戴高乐支持者的外衣，实际上是莫斯科的走狗。[4]

媒体主要关注的是被捕领袖的身份，称"恐怖分子总司令"是一个

---

[1] 《报告》，未标页码；"巴卡拉"致"弗朗索瓦"的信，1944 年 3 月 26 日；"沙左"报告，1944 年 4 月 17 日，维斯特尔：《关于里昂 1944 年 3 月逮捕的文档，包括马克·布洛赫（纳博讷）被捕的文件》；维斯特尔：《无影之夜：统一抵抗运动及其在解放东南部过程中的作用》，407 页。有关弗洛伦斯，见 81 页。

[2] 《里昂 3 月逮捕》（"Arrestations mars à Lyon"），未标页码；《有关 G. 报告之摘录》（"Extraits d'un rapport de la G."）；"科潘"（"Copin"）致"马尼"的信，1944 年 4 月 13 日；《报告》，未标页码；维斯特尔：《关于里昂 1944 年 3 月逮捕的文档，包括马克·布洛赫（纳博讷）被捕的文件》。亦见诺盖尔：《1940 年至 1945 年法国抵抗运动史》第四卷，454～456 页。

[3] 《劳动报》（L'Oeuvre），1944 年 3 月 16 日；《纽约时报》，1944 年 3 月 16 日；亦见维斯特尔：《无影之夜：统一抵抗运动及其在解放东南部过程中的作用》，405～407 页。

[4] 比如，《小巴黎人报》（Le Petit Parisien），1944 年 3 月 16 日。

"化名法国南部城市的犹太人"。①《人民观察家报》(*Völkischer Beobachter*)盛赞赖伐尔打击法国恐怖势力的积极行动,强调布洛赫作为"暗杀队伍的领导",受伦敦和莫斯科的慷慨资助,为国家社会主义者的诉求即犹太群体旨在覆灭欧洲其他各国,提供了充分的论证。②

三月围剿的规模大、花费高,但其并未如维希宣传者所鼓吹的一般"歼灭"了抵抗运动。维斯特尔接过大旗,迅速向同志们保证:"抵抗运动仍在继续……"3 月 11 日,他公开表态,驳斥昂里奥的夸耀和其针对地下组织的"谎言"。3 月 17 日到 22 日之间,十万份维斯特尔的发言副本被广泛传播,这位新任地区领袖迅速行动,复兴、重整抵抗运动的力量。③

对于德国人而言,这些逮捕行动喜忧参半。昂里奥的讲话凸显了维希政府和占领者站在坚决镇压抵抗运动的同一阵线,但他在讲话中夸下的海口未经党卫队高层的审批,故而夸大了达尔南和赖伐尔的作用。④ 这些扫荡确实卓有成效,截获了当地大量的政治、行政、经济、

---

① 《今日》(*Aujourd'hui*),1944 年 3 月 16 日;亦见《晨报》(*Le Matin*),1944 年 3 月 16 日;《巴黎报》(*Pariser Zeitung*),1944 年 3 月 16 日;《巴黎晚报》(*Paris Soir*),1944 年 3 月 17 日;《辩论报》(*Journal des Débats*),1944 年 3 月 17 日。另一个犹太人富尔德队长(Captain Fould,显然化名为法国国家领袖)也被逮捕。

② "犹大在法国带领谋杀团伙",《人民观察家报》(*Völkischer Beobachter*,Munich ed.),1944 年 3 月 18 日。阿贝茨(Abetz)大使在给柏林德国外交部的 3 月 21 日报告中称:"法国里昂抵抗运动首脑乃一名为布洛克(Block,原文如此)的法籍犹太人,化名纳博讷。"美国国家档案和记录管理局,德国外交部 T-120 K1500/4668/K435470。

③ 维斯特尔:《无影之夜:统一抵抗运动及其在解放东南部过程中的作用》,408~411 页;省长报告,1944 年 3 月 15 日,4 月 14 日,国家档案馆档案,F1 CIII 1200。《游击队之歌》(*chant des partisans*)里唱道:"朋友,若你倒下,会有朋友接替你的位置。"

④ 参见《德国国防军最高统帅部的战争日记》(*Kriegstagebuch des Oberkommandos der Wehrmacht* IV,1944 年 1 月 1 日—1945 年 5 月 22 日,Frankfurt am Main:Bernard and Graefe,1961),294 页("法国警察")("Die französische Polizei"),其中一条记录提到了布洛赫被捕的电台广播。亦见德国国防军最高统帅部(Oberkommandos der Wehrmacht),党卫队报告节选"破获统一抵抗运动—中央机关"(机密),1944 年 3 月 18 日,波茨坦中央档案馆(Zentrales Staatsarchiv,Potsdam)。

媒体、劳工和反间谍材料。另一方面，党卫队和军方情报机构已经取得了盟军登陆日的全国纲领，如今他们掌握了更多的地方细节。因此，当局倾向于将里昂行动视作一系列地区打击的一环。事实上，这激化了当地人民和法国地方官员的矛盾，且并未在登陆日前夕降低里昂和周边地区的"恐怖"级别。①

维斯特尔即刻便针对布洛赫被捕发起了问询，并销毁了地区名册。由于损失严重，大量人员失踪，虚假消息层出不穷，调查遭遇阻碍，但也因为意料之外的释放以及关键证人的突然出现和作证，调查得以318 继续。② 最初的嫌犯是局外人"沙尔东"，其所属的组织"战斗"所受打击最为严重。他与"纳博讷"联系密切，后者被捕不久，他即消失不见。但"沙尔东"的解释并无漏洞。故事确实更为复杂。③

---

① 希尔格(Hilger)致德国巴黎使馆，1944 年 3 月 16 日、20 日，阿贝茨致德国外交部，巴黎，1944 年 3 月 18 日，普菲斯特致德国外交部，巴黎，1944 年 3 月 29 日，美国国家档案和记录管理局，德国外交部 T-120 255/234/165856，876，882，915—916；在法国的德国军事政府(机密)(Militärbefehlshaber in Frankreich)(geheim)："盟军登陆日抵抗运动的组织和计划"("Organisation und Pläne der Widerstandsbewegung für den Tag 'J'")，巴黎，1944 年 3 月 9 日，德国联邦档案馆军事档案，弗莱堡(Bundesarchiv/Militärarchiv，Freiburg/Biersgau)RW 35/84［维斯特尔《关于里昂 1944 年 3 月逮捕的文档，包括马克·布洛赫(纳博讷)被捕的文件》有缩减版译文］。有关省长报告的后果，1944 年 3 月 16 日，国家档案馆档案，F1 CIII 1200；多诺万(Donovan)致总统的备忘录，1944 年 6 月 16 日，战略勤务室(抵抗运动战略情报处)法国形势报告，1944 年 6 月 7 日，罗斯福总统图书馆，纽约州海德公园。

② 于 3 月 9 日获释的"维亚雷"("Vialley")首先报告五名主要领袖——"德拉克""纳博讷""隆巴尔""杰奎琳"和一未具名者("维林"?)——均被羁押于蒙吕克(Montluc)监狱。《报告》，未标页码；《里昂 3 月逮捕》，见维斯特尔：《关于里昂 1944 年 3 月逮捕的文档，包括马克·布洛赫(纳博讷)被捕的文件》。

③ "沙左"于 1944 年 4 月 17 日的报告中提出指控。"巴卡拉"致"弗朗索瓦"的信，1944 年 3 月 26 日，否认上述指控，"普兰"("Poulain")的证词同样如此；见《里昂 3 月逮捕：联合页面 A-"沙尔东"》("Arrestations mars à Lyon：Feuille Joint A.-'Chardon'")，维斯特尔：《关于里昂 1944 年 3 月逮捕的文档，包括马克·布洛赫(纳博讷)被捕的文件》；参见维斯特尔：《无影之夜：统一抵抗运动及其在解放东南部过程中的作用》，413 页。

显然，布洛赫被捕是统一抵抗运动遭到一系列抓捕、泄密甚至可能是叛变的结果，它们始于 3 月初的巴黎，并迅速蔓延到里昂。① 维斯特尔的调查指向了"沙图"（"Chatoux"）。沙图负责发行《战斗》报刊，认识所有领袖，3 月 6 日被捕后，他似有泄密。第二天，据称他曾被目击在盖世太保车内指认会面地点。"隆巴尔"则指控 3 月 7 日被捕的"德拉克"不堪刑讯，吐露信息。"隆巴尔"此后承认在严刑之下说出了叔叔的地址。② 另一名嫌疑人是雅科托女士，她于 3 月 11 日获释，此后被目睹乘坐盖世太保的车辆，据称她熟知拘押在六层的显赫长者，还以此夸耀。③ 一旦盖世太保得以拼凑几个禁不起推敲的细节，以审慎和不计个人安危而著称的布洛赫便很容易落网了。

　　被捕后，布洛赫被带到盖世太保位于贝特洛（Berthelot）大街内军医学院（École de Santé Militaire）的总部，这座以克劳斯·巴比为首的机构以其众多冷酷的刑讯方法——烧灼、冷水浴、棒击——和地下室处决而 　319

---

　　① 《关于逮捕地区领导的报告》（"Rapport sur l'arrestations des chefs régionaux"）和《里昂 3 月逮捕：编年纪事摘要》（"Arrestations mars à Lyon：Résumé chronologique des faits"），维斯特尔：《关于里昂 1944 年 3 月逮捕的文档，包括马克·布洛赫（纳博讷）被捕的文件》；亦见维斯特尔：《无影之夜：统一抵抗运动及其在解放东南部过程中的作用》，403 页。

　　② "维林"证词；《隆巴尔获释后报告；1944 年 3 月至 6 月初的事件》（"Rapport de Lombard après sa libération；affaire mars-début juin 1944"）；参见"德拉克"致"前-弗朗索瓦"（"ex-François"）的信，1944 年 7 月 18 日，维斯特尔：《关于里昂 1944 年 3 月逮捕的文档，包括马克·布洛赫（纳博讷）被捕的文件》。

　　③ 《里昂 3 月逮捕》；"科潘"致"马尼"的信，1944 年 4 月 13 日；"沙左"致"马尼"的信，1944 年 4 月 17 日，维斯特尔：《关于里昂 1944 年 3 月逮捕的文档，包括马克·布洛赫（纳博讷）被捕的文件》。

　　店主布伦女士及其员工最终获释。为抵抗运动提供地区医疗服务的加布里埃尔·弗洛伦斯，是里昂大学医学和药学系教授，据报为盖世太保刑讯，在转移途中死亡。罗贝尔·德布雷：《生之荣耀：见证》（L'honneur de vivre：Témoignage）（Paris，1974），244 页。

著称。① 第二天，历经审问和刑讯的布洛赫被转移至蒙吕克（Montluc）监狱，侄儿"隆巴尔"看到他处于"极其不好的健康状态"。在第二次审问和刑讯之后，布洛赫饱受双侧支气管肺炎和严重挫伤的折磨，在医务室待了四周。②

布洛赫只是告知了德国人自己的真名，这也许是期望外界干预，也许是出于自尊或争取更好对待的愿望。离开医务室后，3 月 22 日和25 日，布洛赫两度受审，但他仍拒绝泄露信息。盖世太保似乎对大部分羁押者都失去了兴趣，释放了一部分人，但对于如布洛赫一般涉嫌同审查常委会和其他政府官员有来往的显要，却尤其关注。蒙吕克副典狱长数次审问布洛赫，但他明显未能如意。③

漫长的痛苦之中，布洛赫保持冷静，坚忍如故。在距离里昂中心不到两千米的地方，他被羁押在一座拥挤不堪、难以逾越的 19 世纪军事要塞之内，此处因劣质食品和肮脏环境而闻名。为了"打发时间"，

---

① "隆巴尔"在报告中坚称"德拉克"在盖世太保总部指认了"纳博讷"；"德拉克"在1944 年 7 月 18 日致"前—弗朗索瓦"的信中否认该指控[维斯特尔：《关于里昂1944 年 3 月逮捕的文档，包括马克·布洛赫（纳博讷）被捕的文件》]。有关军医学院内的刑讯，参见美国国家档案和记录管理局苏特兰文件中心，法国内政部犯罪调查局翻译，"战争罪"（"War Crimes"）：查尔斯·佩兰报告，1950 年 6 月 13 日；感谢大卫·马韦尔（David Marwell）提供该文件。有关法国协助冰火浴和拷打，见《里昂盖世太保审判》（"Au procès de la Gestapo lyonnaise"），载《人民之声（里昂）》[*Voix du Peuple* (Lyon)]，1946 年 7 月 18日。亦见阿莫雷蒂：《都城里昂 1940—1944》，306 页。

② "隆巴尔"报告，维斯特尔：《关于里昂 1944 年 3 月逮捕的文档，包括马克·布洛赫（纳博讷）被捕的文件》；让·布洛赫-米歇尔访谈；让·盖伊（Jean Gay）致艾蒂安·布洛赫的信，1983 年 3 月 30 日；马塞尔·丰弗雷德的证词，1984 年 3 月 6 日，常设军事法庭（Permanent Military Tribunal），里昂，有关克劳斯·巴比一案的记录，艾蒂安藏品。

③ 5 月 24 日，盖世太保总部遭到轰炸，大部分因犯藏身洞穴，之后返回蒙吕克，但布洛赫并不在其中。"隆巴尔"（五月底获释）报告；维斯特尔：《关于里昂 1944 年 3 月逮捕的文档，包括马克·布洛赫（纳博讷）被捕的文件》；让·布洛赫-米歇尔访谈。

布洛赫重拾索邦教授的角色，向一名青年抵抗者讲授法国历史，解释土地类型。布洛赫据称十分警惕牢内的告密者。① 他获释无门、逃脱 无方，静候自身的命运。

盟军的进攻日益临近，准备撤退的德国人开始处理大量囚犯，其中一些被转移到第三帝国的集中营。但自 4 月开始，尤其是进入 6 月初以后，为避免抵抗力量的觉察和报复，大批囚犯在夜间被转移至里昂周围的各大独立地点，执行枪决。②

从新近的收押者处，蒙吕克的人们几乎立刻便知道了盟军 6 月 6 日登陆诺曼底的消息。这一久候的喜讯通过敲击墙壁，以密语的形式如海潮般在各牢房传播。几天后，6 月中旬，布洛赫被转移到另一间囚室。③

6 月 16 日晚约 8 时许，羁押在蒙吕克不同牢房的 28 人集合在一起，两两铐牢，登上一辆敞篷卡车（小卡车）。德国军官和士兵装备汤姆逊冲锋枪，乘坐汽车在前后护卫，将他们运到白莱果广场（Place Bellecour），这里在 5 月轰炸后成为盖世太保的新总部。他们在车内等了大约 20 分钟，期间一名烂醉的德国军官辱骂他们，还吹嘘伦敦即将

---

① "隆巴尔"报告；维斯特尔：《关于里昂 1944 年 3 月逮捕的文档，包括马克·布洛赫（纳博讷）被捕的文件》；让·布洛赫-米歇尔尔访谈。亦见丰弗雷德证词，丰弗雷德致艾蒂安的信，1987 年 8 月 11 日。蒙吕克的情况见克里斯蒂安·皮诺（Christian Pineau）：《简单真相，1940—1945》（*La simple vérité*，*1940-1945*）（Paris，1960）。

② 自 4 月 21 日和 5 月 6 日第一批枪决至 9 月 1 日最后一批枪决，约七百一十三名囚犯被杀，罗讷-阿尔卑斯其余八个设施内的羁押者生还，总人数稍逊于牺牲者：法国罗纳-阿尔卑斯区委员会里昂纪念馆（République Française, Commissariat Regional Rhône-Alpes, Memorial Lyon）。1944 年 9 月 25 日，美国国家档案和记录管理局苏特兰文件中心，抵抗运动战略情报处 RG 226129 558。省长报告，1944 年 7 月 13 日（国家档案馆档案，F1 CIII 1200），表明上述"大规模处决"在里昂激起"强烈的情绪"。

③ 丰弗雷德致艾蒂安·布洛赫的信，1987 年 8 月 11 日。

图二十九　圣迪埃尔-德-福尔曼（Saint-Didier-de-Formans）：枪决地点。
背景为受害者纪念碑

被 V-1 火箭摧毁。[①]

　　　确定方向后，一行人沿着索恩河向北前进，途经卡鲁尔、索恩河畔讷维尔（Neuville-sur-Saône）和特雷乌（Trévoux）。卡车在经过特雷乌后又向北行驶了几千米，最终抵达圣迪埃尔德福尔曼村外一处叫拉鲁西永（La Roussille）的地方，停在一个周围长满高灌木的牧场旁。其余两辆车一前一后，停在 50 米以外，和卡车成一直线。此时已将近 9 点。德国人下令让四名囚犯下车。松开手铐后，他们被指引由一个狭窄的入口进入牧场，几秒后，便传来重机枪的声音。之后又有四人被带走，其中一人做着无谓的努力，逃脱未果。就这样，四人一组，他们被依次带进牧场，由四名身着统一制服的士兵在近距离射杀，直到

---

　　① 圣迪迪尔德弗尔曼：6 月 16 日枪决两名生还者之一夏尔·佩兰（"Vauban"）的证词，《关于压迫的回忆》（"Mémorial de l'oppression"），艾蒂安藏品。

二十八人全部倒下。过程中没有出现求饶的声音，有人高喊着"法国万岁""永别了，我的妻"之类的话语。①

行刑持续了 10 到 20 分钟。行刑后，德国人巡视尸体，在头部和后颈处补上最后一击。毁灭了一切身份信息后，德国人登上卡车和两辆汽车，迅速离去。屠杀现场惨不忍睹、混乱不堪——尸体有的仰卧，有的俯卧，有的侧卧，还有的扭作一团。其中一位盲人握着手杖，一位受害者右臂装着义肢，还有一具尸体佩戴着荣誉军团（Legion of Honour）勋章。让·克雷斯波（Jean Crespo）和夏尔·佩兰（Charles Perrin）两人奇迹生还，得以重述此事。②

次日上午，当地学校校长、圣迪埃尔市长助理马塞尔·普瓦黑（Marcel Pouvaret）发现了尸体。市长调来特雷乌的宪兵队（gendarmerie）。因为无法辨识尸体，警察从里昂召来权威法医，拍摄照片，提取指纹，搜集二十六具尸体上的零散证据。之后，尸体被收殓，葬于圣迪埃尔。③

布洛赫在 1944 年 3 月的失踪自然敲响了警钟。他最亲密的同僚"莫里斯"坚信布洛赫的力量和沉稳，并未出逃，而是在得知布洛赫的

---

① "所有人都向德国佬表明，法国人知道怎么死去。"佩兰证词。乔治·阿特曼表示，布洛赫是第一组被带去的四人之一，他在最后一分钟还安慰一名惊恐的青年，告诉后者吃枪子不会疼。据说布洛赫是第一个倒下的人，他高呼："法国万岁！"《政治手册》，1945（8），2 页。

② 克雷斯波和佩兰证词，1946 年 1 月 31 日，2 月 2 日，PMT，V1-1/30/6，9。

③ 《手册 7：1944 年 6 月 17 日于圣迪埃尔-德-福尔曼发现二十八具（原文如此）尸体》["Cahier no. 7：28（Sic）cadavers découverts à St. Didier-de-Formans（Ain）le 17 juin 1944"]；《1944 年 10 月 31 日编号 29/2 报告副本，特雷乌宪兵旅》("Cpoie du rapport no. 29/2，31 Oct. 1944，de la brigade de gendarmerie de Trévoux")；普瓦黑证词，1946 年 1 月 27 日，PMT V1/30/3，8。

痛苦后，试图解放他却未果。① 布洛赫的妻女在为两名幼子找到庇护所后，去里昂寻找他的下落。西蒙此时罹患胃癌，虽未确诊，但在布洛赫去世后不到一个月，西蒙也黯然离世，没能去辨别布洛赫的照片。西蒙的弟弟阿诺尔德·汉夫几乎于同一时间在利摩日被捕，1944 年 3 月 26 日，他在布朗多姆(Brantôme)挖好自己的坟墓后，死于大规模枪决。其妻珍妮(Jeanne)被转移到奥斯维辛(Auschwitz)，在那里去世。② 布洛赫在富热尔的住所于 1944 年 5 月被废弃后，曾受到占领和掠夺，罪魁祸首据称是激进的共产主义分子。里面的家具都保存完好，但许多珍贵的私人物品却再无踪影。③

　　费弗尔从一名认识两人的同僚处得知布洛赫被捕，他谨慎地在巴黎传播该消息。④ 他起初希望布洛赫能被遣送至德国。但经由另一名可靠的联系人，费弗尔成为最先得知圣迪迪尔枪决的几人之一。1944 年 9 月 3 日，美国、自由法国和抵抗运动的部队终于解放了里昂。此

---

　　① 莫里斯·佩西斯访谈。阿特曼：《抵抗运动里我们的"纳博讷"》，1～2 页，记录下布洛赫友人和抵抗运动同志得知布洛赫受刑后的反应："[他]口吐鲜血(恐怖的一刻之前，我在街角遇到他，他冲我顽皮一笑，那笑容已被血淋淋的伤口取代)……他在流血。我们眼中泛起愤怒的泪水。"

　　② 西蒙·布洛赫于 1944 年 7 月 2 日在里昂医院接受手术后逝世，享年 50 岁(第 3 区编号 1998 号证明，市长签署)，葬于平民墓穴。爱丽丝访谈(1982 年)，让·布洛赫-米歇尔访谈。亦见加布里埃尔·富尼耶(Gabriel Fournier)：《讣告：马克·布洛赫(1886—1944)》["Nécrologie：Marc Bloch(1886-1944)"]，《克勒兹考古和自然科学学会回忆》(Mémoires de la Société des Sciences Naturelles et Archéologiques de la Creuse)，1945 年，289 页。汉夫：爱丽丝致作者的信，1982 年 12 月 22 日；《我们的烈士》("Nos martyrs")，民族解放运动的地区部门中央马赛(La Marseillaise du Centre，Le Mouvement de Libération Nationale，前身是统一抵抗运动的地区部门)，1944 年 9 月 30 日。

　　③ 埃莱娜·魏尔致费弗尔的信，1944 年 10 月 18 日，国家档案馆档案，M1 318 1。

　　④ 瑞斯特：《糟糕的年代：战争和占领时期日记，1939—1945》，398 页(1944 年 4 月 3 日一条)。

后不久，费弗尔心情沉痛，独自前往里昂，搜寻失踪老友的消息。^①

两个月后的 1944 年 11 月上旬，布洛赫之死获得官方认定，女儿爱丽丝和西蒙的妹妹埃莱娜·魏尔（Hélène Weill）终于确认了他的私人物品：眼镜，夹克和领带的碎片，常佩戴的三个装饰物，还有指纹这一坚实的证据。^② 此刻几乎完全从德国占领下解放的法国，传出了一位伟大的历史学家、教师、士兵和爱国志士惨遭杀害的消息。对于布洛赫的孩子们来说，这是一个更为惨痛的损失，而他尚有三子仍在军中。^③

---

① 费弗尔从阿尔贝·巴耶（Albert Bayet）处获悉布洛赫被捕的消息。巴耶是《自由射手》编委会的成员，布洛赫的同僚，有时候也是对手。此人在 20 世纪 30 年代曾是师范生、索邦教授、激进分子和记者。因停战而停职后，他在未占领区避难，遇见阿特曼，和他一起合办抵抗运动的报纸。韦永：《"自由射手"的秘密刊物和抵抗运动（1940—1944）》，散见各处；亨利·法尔克访谈。

费弗尔从此前的《年鉴》同僚皮埃尔·亚伯拉罕（Pierre Abraham）处得知 6 月 16 日的枪决。亚伯拉罕一友人认识其中的一名生还者（克雷斯波或佩兰，更可能是后者），证实遇难者中有"一个上了年纪、灰白头发、短小身材之人，戴金边眼镜，叫做'马歇尔·布朗夏尔'（Marcel Blanchard），是一名索邦教授"。费弗尔（尚不知西蒙之死）致西蒙的信，1944 年 7 月 23 日，艾蒂安藏品；费弗尔致"秘书长先生"（"Monsieur le Secrétaire General"）的信，未标日期（约为 1944 年 10 月），国家档案馆档案，M1 318 1。

② 魏尔致费弗尔的信，1944 年 9 月 30 日，国家档案馆档案，M1 318 1；《马克·布洛赫（纳博讷）》["Marc Bloch(Narbonne)"]，《自由里昂》（Lyon Libre），1944 年 11 月 1 日；爱丽丝访谈。

③ 艾蒂安致爱丽丝的信，1944 年 11 月 17 日，艾蒂安藏品。

第十二章 历史遗产

好的历史学家，就像童话故事里的食人巨怪。不管何时，只要嗅到一丝气息，他就知道他的猎物要来了。①

325 　　法国解放以及 1945 年 5 月的盟军胜利，给人们带来了一阵狂喜。但在这阵短暂的狂喜背后，是一幅凄凉的画面：巨大的伤亡、崩溃的经济、瘫痪的交通，以及为了对付维希政府四年统治期间那些里通外国者而大面积展开的清洗。由戴高乐和前抵抗运动领袖们组成的临时政府，一直到 1946 年 10 月才结束自己的管治。在这段管理期内，临时政府就社会和经济方面进行了重要立法。但关于法国未来政治走向的问题，抵抗运动势力同传统政党之间，左翼力量同右翼力量之间，都存在着激烈冲突。②

　　在法国政府清点遇难者的同时，祭奠、敬拜英雄布洛赫之死的活

---

　　① 《为历史学辩护》，35 页。

　　② 让-皮埃尔·里乌(Jean-Pierre Rioux)：《1944—1958 年间的法兰西第四共和国》(*The Fourth Republic，1944-1958*)，G. 罗杰斯(G. Rogers)译(Cambridge，1987)，3～94 页；让-雅克·贝克：《法国 1945 年以来政治史》(*Histoire politique de la France depuis 1945*)(Paris，1988)，5～40 页；也可参见赫伯特·R. 洛特曼(Herbert R. Lottman)：《第二次世界大战之后法国对里通外国者的大清洗》(*The Purge：The Purification of French Collaborators after World War II*)(New York，1986)。

动也在国内外展开。① 比如，出版界发布悼词；索邦大学大剧院举行了一场官方的追悼活动；《政治手册》以及重新刊行的《社会史年鉴》等刊物发表悼念专文。② 为了追念自己这位消逝的伙伴，费弗尔在《年鉴》和《综合评论》上刊登了布洛赫讨论德国入侵的讲稿以及他就近代法国起源那场历史大讨论而撰写的文稿，这都是些很合当时语境的文章。③

1946 年，《自由射手》出版了布洛赫之前一直不曾示人的《奇怪的战败》，这是布洛赫就法国沦陷所做的见证。乔治·阿特曼为该书撰写的前言，讲了文艺复兴时"纳博讷"生活中的不少细节，很是动人。在当时的语境下，发行一本痛苦、难读的书给那些刚刚重获自由的法国

---

① 参见：M. M. 博斯坦：《马克·布洛赫讣告》，载《经济史评论》，1944（2），161～162 页；《悼念马克·布洛赫》（"Hommage à Marc Bloch"），1945 年 5 月 5 日在尼姆宣读于"考古与历史学会"（Société d'Historie et d'Archéologie）；夏尔·帕兰（Charles Parain）：《马克·布洛赫》（"Marc Bloch"），载《思想》（La Pensée），1946（6），65～72 页；弗里德曼：《超越"契约"：马克·布洛赫与让·卡瓦耶》，载《欧洲》，1946 年 10 月（10），24～46 页；布勒蒂亚努（G. I. Brătianu）：《学者与士兵：马克·布洛赫（1886—1944）》["Un savant et un soldat：Marc Bloch（1886—1944），Communication à l'Institut d'Histoire Universelle 'N. Iorga,' Bucharest"]，载《东南欧历史评论》（Revue Historique de Sud-Est Européen），1946（23），5～20 页；斯特拉斯堡大学文学院：《从大学到集中营：斯特拉斯堡的见证》（De l'université aux camps de concentration：Témoignages strasbourgeis）（Paris，1947）等资料。

② 《大学与抵抗运动向已故的马克·布洛赫庄严致敬》（Hommage solennel de l'Université et de la Résistance à la mémoire de Marc Bloch），载《世界报》（Le Monde），1944 年 6 月 26 日；《政治手册》，1945（8），1～11 页。1945 年的《社会史年鉴》有两期的副标题就是"悼念马克·布洛赫"。

③ 《马克·布洛赫：遗产。入侵：两种经济结构》（"Marc Bloch：Reliquiae. Les invasions：Deux structures économiques"）以及《入侵：土地占有与移民》（"Les invasions：Occupation du sol et peuplement"），载《社会史年鉴》，1945，《悼念》（"Hommages"）-I，33～46 页；《悼念》-II，13～28 页；《关于大入侵：几个问题立场》（"Sur les grandes invasions：Quelques positions de problèmes"），载《综合评论》，1945（60），55～81 页。

人去消化，可看成是一种对布洛赫的致敬之举。之后，《奇怪的战败》倒是慢慢成了布洛赫最长盛不衰也是最易接受的作品之一。此书日后的多次出版、译介，尤其是它数量惊人的被引用，都显示出人们对他历史洞见的欣赏和接受。学者们已经接受《奇怪的战败》这一名称，用它来描绘近代法国史上最惨重的失败之一，尽管这并非布洛赫的本意。[①]

布洛赫的身后形象很早就在战后被塑造成了一位学者、殉道者、对第三共和国毫不留情的批评者，以及为数不多的几个为了祖国而献出自己生命的法国学者。他成了一个兼具史学大家和爱国烈士两种身份的人。

　　1947 年开始运作的第四共和国，只坚持了十一年。[②] 这是一个不受欢迎的妥协下产生的政府，有着同第三共和国相仿的政党对抗和僵化官僚化的顽疾。在冷战的阴影下，法国已经褪去了昔日列强的光环。它取得的经济繁荣和人口昌盛等成就，被自己相互掣肘的领导现状导致的外交、殖民地事务等方面的失败抵消了。另一方面，在这个政治受挫

---

　　① 可以参见诸如约翰·C. 凯恩斯：《新近的某些历史学家与 1940 年"奇怪的战败"》，载《当代史学刊》，1974(46)，60～85 页。

　　1949 年就已经有了英语译本；1957 年第二个法语版本发行，此版中选入了 1941 年的遗嘱和其他几篇未曾公开的文章；1968 年有了美国版；1970 年有了意大利版；日语版也已经发行。但直到现在还没有德语版。

　　重要的书评及学者论述有：大卫·汤姆逊(David Thomson)在《国际事务》(International Affairs)，1974(23)，413 页的文章；阿尔多·加罗希(Aldo Garosci)在《意大利历史杂志》(Rivista Storica Italiana)，1959(71)，163～169 页的文章；戈登·怀特在《美国历史评论》，1958—1959(63)，487 页的文章；埃尔薇拉·真卡雷利(Elvira Gencarelli)：《布洛赫和历史的见证》("Bloch e la testimonianza storica")，见《意大利解放运动纪录》(Quaderni del Movimento di Liberazione in Italia)，1971 年 4—6 月，99～114 页；安东尼·切尔·皮尤(Anthony Cheal Pugh)：《1940 年 5 月战败：克劳德·西蒙、马克·布洛赫与灾难书写》("Defeat May 1940：Claude Simon, Marc Bloch, and the Writing of Disaster")，载《现代语言研究论坛》(Forum of Modern Language Studies)，1985(1)，59～70 页。

　　② 法兰西第四共和国成立于 1946 年，维持了十二年，作者此处有误。——译者注

的十年间，法国保持甚至增强了自己在艺术、人文以及社会科学等方面的鲜明特色，并慢慢为现代、民主的"多元文化"打下了基础。①

费弗尔身处另一个"荒芜的世界"中：年轻的朋友和合作者已然不在身边，头上还顶着众多尚未结项的研究课题。虽然如此，他还是决心将《年鉴》办下去。为了回应原子化和全球化带来的挑战，他革新了杂志的形式，并起了一个涵盖面更广的新名字：《经济、社会与文明年鉴》。② 费弗尔召集了布罗代尔、弗里德曼以及莫拉泽等年轻同事组成杂志的指导委员会。同时，他还招揽了一群来自其他领域的新合作者。已经 68 岁的费弗尔奋力十年，以充满斗志的宣言"我们的历史，真实的历史"，鼓舞自己全力以赴地重燃服务人文的激情。③ 1950 年在巴黎举行的战后第一次"国际历史科学大会"，是费弗尔及其追随者取得胜利的标志，也是对缺席但备受爱戴的马克·布洛赫的一次致敬之举。④

战后的法国发展非常显著，个人、官方以及国际团体对研究的资助力度不断增加。20 世纪 30 年代，布洛赫和费弗尔能为自己课题取得的资源还相当有限。但到了第二次世界大战之后，情形已然不同：历史学此时也加入了社会学、生物学、物理学等科学类学科壮观的扩

328

———————————

① 请参阅戈登·怀特：《近代法国》，420～433 页；里乌：《1944—1958 年间的法兰西第四共和国》全书，尤其是第十八和十九章。

② 看问题时的切入点不同，导致不同的人对"将历史从杂志名字中去掉"这一做法的理解不同：有人认为这意味着历史学已成功地收编了其他社会科学，而另外的人则认为这意味着历史学自身已经被消解掉了。弗朗索瓦·多斯(François Dosse)：《碎片历史："年鉴"之于"新历史学"》(*L'histoire en miettes：Des "Annales" à la "nouvelle histoire"*)(Paris，1987)，96、118 页。

③ 吕西安·费弗尔：《直面风向：新〈年鉴〉宣言》("Face au vent：Manifeste des *Annales* nouvelles")，载《经济、社会与文明年鉴》，1946(1)，1～8 页。

④ 卡尔·迪特里希·埃德曼(Karl Dietrich Erdmann)：《历史学家的普世教会主义：历史学家国际代表大会与科技史国际协会》(*Die Ökumene der Historiker：Geschichte der Internationalen Historikerkongresse und des Comité International des Sciences Historiques*)(Göttingen，1987)，265～298 页。

张行列，获得大量资助。当然，这在催生更多研究机构的同时，也导致了学者之间、学科之间的激烈斗争。而且，在争夺学术影响力的过程中，无疑也伴随着政治及意识形态等因素的较量。①

1947 年，一个新机构——高等研究应用学院第六分部设立，法国史学研究随之出现了一个新动向。在费弗尔麾下能量充足的三巨头布罗代尔、弗里德曼，尤其是莫拉泽的努力下，第六分部同历史学以及《年鉴》紧密联系在了一起。他们能从洛克菲勒基金会获取资助，也能在同其他社会科学学科的激烈竞争中脱颖而出，赢得政府对他们研究项目的首肯。他们是新成长起来的一代：在 20 世纪 20 年代和 30 年代早期接受训练，但被经济大萧条耽搁，又经历了第二次世界大战战火的淬炼。但他们现在渴望掌舵指挥。虽然费弗尔基本没参与前期的磋商，但还是同意担任第六分部的首任主席。莫拉泽建立了"马克·布洛赫学会"，并筹集个人资金来资助其教学、研究和出版等活动。在这些聚集于《年鉴》旗下的学者们的经营下，第六分部成了这本战后杂志非常重要的体制内阵地。它虽是一个设有经济与社会史学和其他社会科学学科的研究院校，但并不授予学位。从某种程度上说，它实现了布洛赫和费弗尔的早期愿望，即让历史学家和其他社会科学研究者之间

① 参见布丽吉特·马宗（Brigitte Mazon）：《美国基金会与法国社会科学（1920—1960）》（"Fondations américaines et sciences sociales en France：1920-1960"），社会科学高等研究院第三阶段博士论文，1985 年；另见弗雷德里克·布朗潘（Frédéric Blancpain）：《国家科学研究中心的创立：关于决策的始末》（"La création du CNRS：Histoire d'une décision"），载《公共行政管理国际学院通讯》（*Bulletin de l'Institut International d'Administration Publique*），1974（34），99～143 页；罗伯特·F. 阿诺夫（Robert F. Arnove）：《慈善与文化帝国主义：国内外的基金会》（*Philanthropy and Cultural Imperialism：The Foundations at Home and Abroad*）（Boston，1980）；阿兰·德鲁阿尔（Alain Drouard）：《关于一个时代的反思：法国 1945 年至 60 年代末的社会学发展》（"Réflexions sur une chronologie：Le développement des sciences sociales en France de 1945 à la fin des années soixante"），《法国社会学评论》，1982(23)，55～85 页。

图三十　吕西安·费弗尔(1878—1956)

能够开展多学科合作。①

---

　　① 费弗尔:《二十年之后》("Vingt ans après"),《经济、社会与文明年鉴》, 1949
(4), 1~3 页; 马宗:《美国基金会与法国社会科学(1920—1960)》, 110~131、232~
256 页; 朱丽亚娜·杰梅利(Giuliana Gemelli):《高等研究应用学院第六分部与法国经济
社会学科的整合》("La Ⅵ Sezione dell' 'École Pratique des Hautes Etudes' e l'unificazione
delle scienze economico-sociali in Francia"), 载《调查》(Inchiesta), 1984 年 1—6 月,
129~144 页。

　　罗贝尔·博特鲁齐和菲利普·多兰热曾是布洛赫的学生，他们发表的追忆布洛赫在教学方面所做卓越贡献的文章，丰富了布洛赫留赠的遗产。[1] 这位令人尊敬的学者、抵抗运动的英雄，现在也成了一位睿智、热心的大师而受人敬仰。那些精心准备的课程、严格的标准以及偶尔苛刻的批评背后，是一个终其一生都对史学新人充满耐心、尊重和激励的人。不同研究领域和教学岗位都有布洛赫指教过的门生，他们以自己的方式作出了令人瞩目的贡献。对布洛赫给予的心血和启迪，他们表达了自己难忘的颂扬之情。其中包括安德烈·德莱亚热[2]、弗朗索瓦·舍瓦利耶、米歇尔·莫拉、罗贝尔·福尔茨（Robert Folz）、罗贝尔·博特鲁齐、亨利·布伦瑞克、菲利普·多兰热、皮埃尔·古贝尔、美国博士生威廉·孟德尔·纽曼（William Mendel Newman）[3]，以及两位他未曾教过但全心爱戴他的年轻同事：菲利普·沃尔夫、夏尔·莫拉泽。

　　布洛赫学术方面的成就，尤其是他在历史地理学和农村历史学方面的突出贡献，也得到了人们的赞扬。[4] 布洛赫以前在斯特拉斯堡和

---

　　① 菲利普·多兰热：《我们的烈士马克·布洛赫：历史学家和他的方法》（"Notre maître Marc Bloch：L'historien et sa méthode"），载《经济与社会史评论》，1948—1949（27），109～126 页；罗贝尔·博特鲁齐：《学生眼中的马克·布洛赫》，见《1939—1945 年回忆》，195～207 页。

　　② 1944 年 12 月，他在德国最后一次进攻阿登高地期间去世。

　　③ 虽然他在做布洛赫的学生时，同老师之间有些摩擦，但是纽曼十分尊敬布洛赫在中世纪和经济历史方面的学者地位，并且因老师的去世而深感哀伤。详见纽曼 1947 年 3 月 26 日，1948 年 2 月 14 日和 4 月 4 日的日记。在此感谢普林斯顿大学高级研究所的贾尔斯·康斯特布尔（Giles Constable）教授提供的资料。

　　④ 亨利·鲍利希：《马克·布洛赫：地理学者》（"Marc Bloch：Géographe"），载《社会史年鉴》，1945，《悼念》-II，5～12 页；G. 德比安（G. Debien）：《马克·布洛赫与农村史》（"Marc Bloch and Rural History"），载《农业史》（Agricultural History），1947 年 7 月，187～189 页。

巴黎的同事夏尔-埃德蒙·佩兰(Charles-Edmond Perrin),在 1948 年发行的第一版学术简传中细致地阐述了布洛赫新颖的方法,并赞叹他一生的学术著作之丰富广博。[①] 那时刚进入学界的年轻学者们,则表达了对布洛赫为人和治学方面的成就以及其持久影响的激赏。[②]

布洛赫的长子艾蒂安致力于处理父亲遗产的事业。为了成为一名专注人权以及刑法改革的法官和作家,他曾放弃了早期研究历史的兴趣。他把父亲大量未完成的手稿以及教学、研究笔记都给了费弗尔。经过他和费弗尔的努力,尚未成稿的《为历史学辩护》终于在 1949 年面世了。这本书的出版,令世人为布洛赫的人格和历史信念而倾倒。[③] 虽然是以节选本的形式面世,但此书却已成为布洛赫最著名的作品。现在它的法语版本已经是第七版。除此之外,意大利语、葡萄牙语、英语、德语、俄语、捷克语、波兰语、匈牙利语以及日语版本也纷纷

---

① 《马克·布洛赫的历史著作》,载《历史评论》,1948(199, no. 2),161~188 页。佩兰致卡尔·斯蒂芬森的信,1948 年 1 月 31 日,斯蒂芬森档案(Stephenson papers)(Cornell University, Ithaca, N. Y)。佩兰在该信中提到,因为自己在索邦的职责繁重,导致全集出版长时间被耽搁。

② 菲利普·艾利斯(Philippe Ariès),《现存的历史(1949)》["L'histoire existentielle (1949)"],见《历史的时代》(*Le temps de l'histoire*)(Monaco, 1954),291~311 页;又见朱利亚诺·普罗卡奇(Giuliano Procacci):《马克·布洛赫》("Marc Bloch"),载《贝尔法哥》(*Belfagor*),1952,662~675 页;I. S. 科恩和 A. D. 柳布林斯卡亚(I. S. Kon and A. D. Ljublinskaja):《法国历史学家马克·布洛赫的历史作品》("Raboty francuzskogo istorika M. Blocha"),载《历史问题》(*Voprosy Istorii*),1955(8),147~159 页。

③ "马克·布洛赫是一个英雄,我很荣幸他认为我配得上他的尊重与友谊。"乔治·勒费弗尔于《历史评论》,1953 年 7—9 月(210),94 页。

翻译出版。① 1952 年，新版《法国农村史的基本特征》发行。此书的增订版于 1956 年再次发行。这一过程中，艾蒂安·布洛赫起到了重要作用：此书新增的第二卷就是取自他父亲的笔记。布洛赫以前的一位学生编辑了这些内容。②

---

① 吕西安·费弗尔：《走另一种历史》("Vers une autre histoire")，《为历史而战》，419～438 页。其他重要的评论还有：丹尼斯·海(Dennis Hay)：《英国历史评论》，1950(65)，384～387 页；比阿特丽斯·F. 希斯洛普(Beatrice F. Hyslop)：《美国历史评论》，1950(55)，866～868 页；R. 弗兰基尼(R. Franchini)：《意大利观察家》(*Lo Spettatore Italiano*)，1951(5)，128～131 页；G. 詹南托尼(G. Giannantoni)：《哲学评论》(*Rassegna di Filosofia*)，1952(2)，182～183 页；让·史坦杰尔(Jean Stenghers)：《经济、社会与文明年鉴》，1953(8)，329～337 页；迈克尔·克劳斯(Michael Kraus)：《美国历史杂志》(*Journal of American History*)，1954（40），721～722 页；A. J. P. 泰勒(A. J. P. Taylor)：《新政客与国家》(1954 年 6 月 5 日)等文章。

重要的介绍性文章有：弗兰迪斯克·格劳斯(František Graus)：《后记》("Doslov")，见《为历史学辩护或历史学家的技艺》(*Obrana historie aneb hisorik a jeho remeslo*)(Prague, 1967)；弗雷德里克·J. 卢卡斯(Freidrich J. Lucas)：《给德语读者的序言》("Einleitung für den deutschen Leser")，见《为历史学辩护或历史学家的技艺》(*Apologie der Geschichte oder der Beruf des Historikers*)(Stuttgart, 1974)；A. J. 古列维奇(A. J. Gurevich)：《马克·布洛赫的〈为历史学辩护〉》俄语版后记，见《为历史学辩护或历史学家的技艺》(*Apologija istorii ili remeslo istorika*)(Moscow, 1986)。

下面这篇文章详细提供了《为历史学辩护》一书在编辑出版时的各种困难和不足：马西莫·马斯特罗格雷戈里(Massimo Mastrogregori)：《关于马克·布洛赫〈为历史学辩护〉文本的说明》("Nota sul testo dell' 'Apologie pour l'histoire' di Marc Bloch")，载《近代历史杂志》，1986(7, no. 3)，5～32 页。

② 还有它的英语、西班牙语、意大利语以及俄语的译本。参见吕西安·费弗尔：《马克·布洛赫对法国农村史的一个新贡献》("Une nouvelle contribution de Marc Bloch à l'histoire rurale de la France")，载《经济、社会与文明年鉴》，1956 年 10—12 月(Ⅱ)，499～501 页；A. D. 柳布林斯卡亚：《〈法国农村史〉俄语版前言》("Préface à l'édition russe des *Caractères originaux de l'histoire rurale française*")，载《经济、社会与文明年鉴》，1959 年 1—3 月(14)，92～105 页。也可参阅以下的评论：《经济史评论》，1957(17)，85～86 页(法国版)；《经济史评论》，1967(N. S. 20)，411～412 页；《经济史评论》，1967(27)，400～401 页；《农业史》，1968(42)，279～280 页；《历史学家》(*The Historian*)(美国版)，1968(30)，254～255 页。

费弗尔计划出版《欧洲货币史概论》(*Esquisse d'une histoire*
monétaire de l'Europe)(1954),也就是布洛赫有关罗马帝国以来欧洲
货币历史的讲义时,事情却不太顺利。《欧洲货币史概论》序言的主要
内容都是基础知识。从中可以看出,此书面向的读者并不是专家学者,
而是刚起步的学生。这本不到一百页的货币史概论,是布洛赫尚未系
统化的演讲笔录,但书中不时闪现布洛赫的洞见,折射出他处理货币
演变之性质、影响这类问题时的好辩和驾轻就熟。不过,实话实说,
该书还是有如下瑕疵:结构杂乱、注释简略以及少许讹误。①

1954 年,在布洛赫逝世十周年之际,费弗尔撰文怀念老友,《年
鉴》杂志和出版社发表了一些纪念布洛赫的文章。不过,他也承认,新
《年鉴》中研究历史的方法已经显著改变。② 时下的世界形势也与布洛
赫的个人经验大不相同。1954 年,法国在印度支那的军队被困奠边府
(Dien Bien Phu),阿尔及利亚起义也已爆发。随着斯大林的去世,新
的改革派势力在苏联和东欧出现。这在两年后促生了赫鲁晓夫宣布结
束长期暴政,也导致苏联对波兰和匈牙利的抗议活动进行了镇压。法
国左翼势力感到困惑,士气低落。法国温和派因为苏伊士运河较量中
的失败、阿尔及利亚日益加剧且不断侵蚀第四共和国之脆弱威权的冲

---

① 吕西安·费弗尔:《两个解释词条》("Deux mots d'explication"),见布洛赫:《欧
洲货币史概论》。批评文章有:《经济史评论》,1956(9),158 页;《经济史评论》,1956
(16),243~244 页;《英国历史评论》,1957(72),727 页。1975 年出现了意大利语译本。
② 吕西安·费弗尔:《马克·布洛赫:十年之后》("Marc Bloch: Dix ans après"),
载《经济、社会与文明年鉴》,1954(8),145~147 页。参见《战斗》,1954 年 6 月 6 日。
[由吕西安·费弗尔、费尔南·布罗代尔、埃内斯特·拉布鲁斯(Ernest Labrousse)、克
洛德·戴尔马(Claude Delmas)以及国家教育部长安德烈·马里(André Marie)等撰写];
也可参阅《费加罗文艺》(*Le Figaro Littéraire*),1954 年 6 月 12 日;《自由射手》,1954
年 6 月 12 日。

突而大为震惊。①

    1956 年秋，国内外局势依旧紧张。9 月 26 日，78 岁的吕西安·费弗尔因心脏病发作，在他深爱的故乡勒索盖逝世。在生命最后的日子里，他依然相当活跃地专心于研究和写作，积极指导第六分部、《年鉴》以及其他一长串很有影响的编辑和管理工作。② 费弗尔将半个多世纪的时间贡献给了历史学。虽然并未忽略经济史和社会史，但他将自己的精力大都贡献给了文化史、思想史和心理史。布洛赫去世之后的十二年里，费弗尔凭借自己的能量和领导力终于打败了他们的梦魇——德国历史主义和法国实证主义，形成了一种同蒸蒸日上的社会科学相结合的方法，并确保了《年鉴》在法国历史学界强有力的地位。③

    费弗尔的门生兼朋友费尔南·布罗代尔（1902—1985）将费弗尔推上了《年鉴》以及高等研究应用学院第六分部的领导地位，他的博士论文《地中海与菲利普二世时代的地中海世界》（*La Méditerranée et le*

---

    ① 里乌：《1944—1958 年间的法兰西第四共和国》，第十四章；贝克：《法国 1945 年以来政治史》，52～72 页。

    ② 作为法兰西科学院人文及政治学院（Académie des Sciences Morales et Politiques）的院士，费弗尔去世时还身兼再度兴盛的《百科全书》委员会主席、国家科学研究中心历史部主席、国家政治科学基金会副主席、第二次世界大战历史协会（Comité d'Histoire de la Seconde Guerre Mondiale）主席、联合国教科文组织发行的《世界历史杂志》（*Cahiers d'histoire mondiale*）主编、《世界的命运》（"Destins du monde"）丛书主编。罗伯特·芒德鲁：《吕西安·费弗尔：1878—1956 年》，载《大学评论》，1957 年 1—2 月（66），3～7 页。

    ③ 费尔南·布罗代尔：《吕西安·费弗尔：1878—1956 年》，载《经济、社会与文明年鉴》，1956 年 7—9 月（II, no. 3），289～291 页；夏尔·莫拉泽：《吕西安·费弗尔与活的历史》（"Lucien Febvre et l'histoire vivante"），载《历史评论》，1957（217），1～19 页。也可参阅《活历史：致敬吕西安·费弗尔》；汉斯-迪特尔·曼（Hans-Dieter Mann）：《吕西安·费弗尔：一个历史学家的活思想》；盖伊·马西科特（Guy Massicotte）：《历史问题：吕西安·费弗尔的方法》（*L'histoire problème：La méthode de Lucien Febvre*）（Saint-Hyacinthe，Paris，1981）。

monde méditerranéen à l'époque de Philippe II)广受赞誉。[①] 该论文的构思受惠于第二次世界大战前费弗尔的影响，其大部分内容是布罗代尔在德国俘虏集中营度过五年牢狱之灾时写的。那时，布罗代尔没有笔记或任何档案可查。论文于 1949 年，也就是《为历史学辩护》出版的那一年刊行第一版。《地中海》的出版开创了一个新的方向，它不仅有别于编年纪事的历史，也不同于以问题为导向的历史，而是一种从根本上指向理解这个"长时段"的历史，即一种有着宏大视野和综合方法的整体的或者说全球式历史。与布洛赫不同，布罗代尔的历史世界被分成了"短时段""中时段"和"长时段"进程，并且倾向于轻视行为（act）和个人的作用。[②]

334

《年鉴》1945 年之后的复兴中，布罗代尔一直起着关键作用。被指定为第六分部历史研究中心（Centre de Recherches Historiques）主任之后，他在 1949 年又被选为法兰西公学院近代文明史系主任，并被任命为很有影响力的国家教师评委会中的历史学科主席。54 岁时，布罗代尔不仅是布洛赫的直接继承者，而且他本人也已经成为卓越的名人，

① 布罗代尔：《年鉴继续……》（"Les *Annales* continuent..."），载《经济、社会与文明年鉴》，1957 年 1—3 月（12，no. 1），1～2 页。

见《近代史杂志》布罗代尔专刊，1972 年 12 月（44）：布罗代尔：《个人证词》（"Personal Testimony"），448～467 页；H. R. 特雷弗-罗珀（H. R. Trevor-Roper）：《费尔南·布罗代尔，〈年鉴〉与〈地中海〉》（"Fernand Braudel，the *Annales*，and the *Mediterranean*"），468～479 页；J. H. 赫克斯特（J. H. Hexter）：《费尔南·布罗代尔与〈布罗代尔式的世界〉……》（"Fernand Braudel and the *Monde Braudellien*..."），480～539 页。

② "不要发生意外，尤其是那些令人头疼的事件！我坚信，历史和命运的展开会更加地深刻。"布罗代尔：《个人证词》，454 页。参见费弗尔《地中海》的书评，载《历史评论》，1950（203），217 页；另有伯纳德·贝林（Bernard Bailyn）：《布罗代尔的地理历史学再思考》（"Braudel's Geohistory-A Recosideration"），载《经济史杂志》，1951（11），277～282 页；布罗代尔于《经济、社会与文明年鉴》，1958（13），725～753 页。

吸引了不少学者运用他的理论研究法国地区和其他特定国家的历史。①

费弗尔去世两年之后的 1958 年，夏尔·戴高乐再次执政并建立了第五共和国，他用了四年的时间，终于把法国从消耗国力、引起混乱的阿尔及利亚冲突中解脱了出来。受惠于欧洲共同市场成员的地位，奉行戴高乐政策的法国将经济蓬勃发展的势头一直保持到 1968 年，使法国重新获得了处理国际事务的威望，维护了自己在知识界、文化界的高度。法国结构主义成为众多不同学科的一个主导力量，围绕它的影响力以及有用性而展开的争论，使巴黎再次成为世界最重要而且最"热烈的思想孵化器"②。

布罗代尔担任《年鉴》主编的任期，正好同这光辉的十年重合。他又负起费弗尔的工作和使命，并同其他社会科学并肩作战。布罗代尔于 1963 年获得了福特基金会的资助和国家教育部专项基金，申请这些资助时，计划将其用于"人文科学之家基金会"(Maison des Sciences de l'Homme)的建设，以便使众多的"人文科学"研究拥有一个对话的平台。1966 年，《地中海》一书得以修订、扩充并再版，很快它就被译成了好几种外语。《年鉴》研究的课题和使用的方法，不仅影响了东欧和西欧的学术，而且也影响了北美学界。③

虽说现在掌管着这个名望威重的组织，但布罗代尔一直把自己看成是一个普通的继承者。他坚持说，《年鉴》的"决定性阶段"即奠定了《年鉴》战后伟业的开创性发展的阶段，都是在他还未完全成长起来的

335

---

① 多斯：《建构者布罗代尔》("Braudel le bâtisseur")，载《历史》，105～138 页；F. 罗伊·威尔斯(F. Roy Willis)：《年鉴学派对农村史的贡献：一篇回顾评论》("The Contribution of the *Annales* School to Agrarian History：A Review Essay")，载《农村史》，1978 年 10 月(52, no. 1)，543～546 页。

② 戈登·怀特：《近代法国》，473 页。

③ 特拉扬·斯托亚诺维奇：《法国史学方法：〈年鉴〉的范式》，43～46 页。

时候，即 1929—1940 年，就已经根基坚固了。在将"新历史"胜利的功劳归于他的前辈们时，布罗代尔为布洛赫和费弗尔加上了反抗法国学院派机制的经典光环。布罗代尔视这两位先生为模范合作者，认为是他们之间的长期合作造就了《年鉴》的多样性和高雅。既无对手也无同伴的布罗代尔默默地行进着，用自己的皇皇巨著在工业革命之前的 15至 18 世纪的资本史研究领域留下了重重一笔。①

虽然布罗代尔坦承自己同布洛赫的直接接触并不多，但他和费弗尔一样一直致力于保持布洛赫的声名长存。② 1961 年，新版《国王神迹》出版，此书的国外译本也随后发行。但是，在决定出版《卡佩王朝末期的法国（1223—1338）》(*La France sous les derniers Capétiens, 1223-1338*)(1958)和《法国与英国庄园之比较》(*Seignurie française et manoir anglais*)(1960)一事上，布罗代尔可能有些轻率。这两本书是以布洛赫之前在斯特拉斯堡和索邦大学的两种讲义为基础而整理出的断简残篇。学者们承认，这些内容让人们再次看到布洛赫有着敏锐的

---

① 《物质文明与资本主义：15 世纪至 18 世纪》(*Civilisation matérielle et capitalism, XVe-XVIIIe siècle*)(Paris, 1967)；《15 至 18 世纪的物质文明、经济和资本主义》(*Civilisation matérielle, économie et capitalism, XVe-XVIIIe siècle*)(3 vols., Paris, 1979)。

布罗代尔：《个人证词》，461～467 页；特拉扬·斯托亚诺维奇：《法国史学方法：〈年鉴〉的范式》的前言，10～13 页；约翰·戴伊：《费尔南·布罗代尔与资本主义的兴起》("Fernand Braudel and the Rise of Capitalism")，载《社会研究》(*Social Research*)，1980 年秋(47)，507～518 页；莫里斯·埃玛尔(Maurice Aymard)：《费尔南·布罗代尔》，见《历史科学词典》，98～101 页。

② "遗憾的是，我基本可以说和马克·布洛赫没有私交。我只在 1938 年和 1939 年同他在巴黎见过三次面。"布罗代尔：《个人证词》，464 页；布罗代尔访谈(1983)。另见布罗代尔：《马克·布洛赫(1944—1964)》("1944-1964：Marc Bloch")，载《经济、社会与文明年鉴》，1964 年 9—10 月(19)，833～834 页，以及《马克·布洛赫》，载《国际社会科学百科全书·卷十一》，93～95 页；相关信函见国家档案馆档案，M1 318 1，476～486 页。

视角和深入的问题意识，但是对这些水平参差不齐、部分内容已经过时的基础调研所体现的学术价值，就持怀疑态度了。①

较为成功的出版是 1963 年的《历史作品集》。该书共分两卷，由佩兰撰写阐释性的序言，收录了布洛赫的重要文章，并附有七十二页的参考书目。② 依照布洛赫 1934 年竞选法兰西公学院院士时命名自己参考书目的标准，《历史作品集》将他的四十二篇文章分为九类。这九个类别分别是：历史和历史学家们、中世纪盛期社会、封建制度、欧洲社会的农奴制、德国与神圣罗马帝国、农村生活、历史地理学、经济史与技术史、中世纪心态的诸多方面。《历史作品集》将诸多零散作品、重要思想汇集到一处，清楚地将布洛赫"明晰而复杂的智慧，广博而深刻的知识以及超常的写作能力"③展示了出来。《历史作品集》有许多译本，这让更多读者接近布洛赫的重要作品变得容易起来。④

60 年代中期，是社会历史学和其他社会科学的成长期，也是布洛

---

① "阅读马克·布洛赫的著作却无甚收获！"大卫·赫利希（David Herlihy）评《卡佩王朝末期的法国（1223—1328）》，载《经济史学刊》（*Journal of Economic History*），1959（19），622 页。类似的评论还有评《法国与英国庄园之比较》，载《宝鉴》（*Speculum*），1961（36），459～460 页；《英国历史评论》，1962（77），135 页。

② 1963 年由巴黎 S. E. V. P. E. N. 出版社出版。艾蒂安藏品中有相当多的艾蒂安与佩兰之间有关此次出版的信件。

③ 弗吉尼亚·拉乌（Virginia Rau）的评论，载《经济史学刊》，1964（24），390～391页；另参见 R. H. 希尔顿（R. H. Hilton）的评论，载《英国历史评论》，1965（80），345～348 页。

④ 英语版：《中世纪欧洲的土地与劳动：马克·布洛赫论文选》（*Land and Work in Medieval Europe：Selected Papers by Marc Bloch*），J. E. 安德森（J. E. Anderson）译（Berkeley and Los Angeles，1967）；《中世纪的奴隶与农奴：马克·布洛赫作品选》（*Slavery and Serfdom in the Middle Ages：Selected Essays by Marc Bloch*），威廉·R. 比尔（William R. Beer）译（Berkeley and Los Angeles，1975）。匈牙利语版：《为历史学辩护》（*A Történelem Védelmében*）（Budapest，1974）。

赫开始名声大振的时期。虽说他作为中古历史学家的地位受到了质疑和挑战，但他在当代经济与农村史、比较历史学、心态历史学等方面依然被人们看成先驱。在纪念布洛赫逝世二十周年的时候，他以前的同事和学生们以追随他的学术范式、批评性地评估他的学术结论在当下的地位等方式向他致敬。① 法国之外的历史学者们，也都称颂布洛赫非凡的精神、方法以及贡献。② 效仿《年鉴》的那些期刊，比如《过去与现在》(*Past and Present*，1952 年创刊)、《社会史杂志》(*Journal of Social History*，1966 年创刊)，证实了《年鉴》在国际上的卓越影响力。它的历史已成为欧洲知识分子历史的一部分，更是布洛赫的博学以及他同费弗尔之间在学术研究、精神气质方面所形成的远非常人可比的共生型关系的浓缩。它使得两次世界大战之间"人的研究有了新的完整

---

① B. 盖内(B. Guenée)：《马克·布洛赫二十年后》("Marc Bloch vingt ans après")，载《斯特拉斯堡大学文学院通讯》，1964—1965(43)，419～420 页。另可参见亨利·布伦瑞克：《二十年后(1964)：纪念马克·布洛赫》["Vingt ans après(1964)：Souvenirs sur Marc Bloch"]，后出版于《非洲研究：致敬亨利·布伦瑞克》(*Etudes Africaines：Offertes à Henri Brunschwig*)(Paris，1982)，xiii～xvii 页。

② 可参见以下内容：布莱斯·李昂：《布洛赫的封建主义》，载《历史杂志》，1963(76)，275～283 页；卡洛·金兹伯格：《关于马克·布洛赫的历史文集》("A proposito della raccolta dei saggi storici di M. Bloch")，载《中世纪研究》(*Studi Medioevali*)，1965年，335～353 页；菲利克斯·吉尔伯(Felix Gilbert)：《三个 20 世纪的历史学家：梅尼克、布洛赫和沙博》("Three Twentieth Century Historians：Meinecke，Bloch，Chabod")，见约翰·海曼、莱昂纳德·克律格和菲利克斯·吉尔伯特(John Higham，Leonard Krieger，and Felix Gilbert)编：《历史》(*History*)(Englewood Cliffs，N. J.，1965)，359～381 页；R. R. 戴维斯(R. R. Davies)：《马克·布洛赫》，载《历史》，1967 年 10 月(52)，267～282 页；小威廉·H. 休厄尔：《马克·布洛赫与比较历史的逻辑》，载《历史和理论》，1967(6)，208～218 页；奥斯卡·穆拉(Oscar Mourat)：《马克·布洛赫》(*Marc Bloch*)(Montevideos，1969)。

性”①。

1968 年五六月份期间，法国的工人和学生联合示威，反对戴高乐领导的共和政府。这些示威运动以及同时发生的其他事件，削弱了戴高乐将军的影响力和地位，最终导致了他的辞职。在他的继任者乔治·蓬皮杜（Georges Pompidou）以及瓦莱里·吉斯卡尔·德斯坦（Valéry Giscard d'Estaing）的统治下，法国改变了戴高乐式的高调和独立，转而采取更为灵活的多党政体和欧洲导向的自我定位。改革尤其是教育改革浪潮涌起，比如，曾经大一统的索邦大学被改组为较小的一些分散单元。②

1968 年，66 岁的布罗代尔辞去《年鉴》的主编职位，将其交给了三个专攻中世纪史、近代史和当代史的年轻历史学家。1969 年之后，《年鉴》有了较大的开本，更强调当代的历史和社会，讨论更多的是（语言学、语义学、比较神话学、人类学以及气候学等）一些相关的方法问题。还有几期专门刊发了历史学及跨学科研究的重要课题。"第三代"《年鉴》的主编们是一小群彼此较为相似的历史学家，他们有天赋、有雄心，也很自信。费弗尔和布洛赫的成功，促使他们从事历史学研究。最引人注目的例子，是埃马纽埃尔·勒华拉杜里（Emmanuel Le Roy Ladurie）。拉迪里是布罗代尔的法兰西公学院近代文明史一教席的继任者，在十二卷的论文《朗格多克的农民》（*Les paysans de Languedoc*）（1966）中，他全面考察了一个地方农民社区的个案，将其作为从中世

---

① 有一本关于布洛赫、费弗尔以及《年鉴》杂志相互关系的重要著作：H. 斯图亚特·休斯：《荆棘之路：绝望年代中的法国社会思想》，第 2 章。1975 年发现了同《年鉴》相似的德文杂志《历史与社会》（*Geschichte und Gesellschaft*）。

② 贝克：《法国 1945 年以来政治史》，122～129 页。

| 为历史而生：马克·布洛赫传

纪到启蒙时代之间的欧洲和法国经济转变的典型。①

当然，也不乏物质方面的成功。1970 年，新的法国人文科学之家总部在拉斯帕伊(Raspail)大道 54 号面世。这是一个钢铁加玻璃结构的多层建筑，建在曾审判德雷福斯案件、后于 1961 年被拆除的舍尔什-米蒂监狱(Cherche-Midi)的旧址上。在布罗代尔的任期内，人文科学之家集中举办了很多学术活动。这里有《年鉴》的办公室，也有第六分部的办公室。作为后戴高乐时代改革的结果，第六分部于 1975 年成为了一个可以独立授予博士学位的机构，即"社会科学高等研究院"(École des Hautes Etudes en Sciences Sociales)②。

20 世纪 70 年代，以《年鉴》和社会科学高等研究院为核心的"年鉴历史学派"在巴黎牢固地确立了地位并将其影响传播国外。③ 如今的"年鉴学派"只与布洛赫和费弗尔维系着松散的联系(其学术方法日益显 *339* 得过时)，也逐渐开始放弃以前的主战场——农业历史、技术、地理以及经济，转而关注另外两个方向：一个是用语言学、人口统计学以及量化的手段进行物质和社会生活的微观分析，另一个是借助人类学、

---

① 约翰·戴伊：《朗格多克的农民》(*The Peasants of Languedoc*)，英文序言约翰·戴伊(John Day)译(Urbana，1974)，ix～xii 页；埃马纽埃尔·勒华拉杜里：《历史学家的领地》(*Le territoire de l'historien*)(Paris，1973)，《巴黎-蒙彼利埃：从共产党到统一社会党(1945—1963)》(*Paris-Montpellier：P.C.- P.S.U.，1945—1963*)(Paris，1982)；弗朗索瓦·费雷(François Furet)：《超越〈年鉴〉》("Beyond the *Annales*")，载《近代史研究》，1983(55，no.3)，389～394 页；特拉扬·斯托亚诺维奇：《法国史学方法：年鉴学派的范式》，40～61 页。

② 布丽吉特·马宗：《美国基金会与法国社会科学(1920—1960)》，第三阶段论文，199～231 页。马克·布洛赫协会于 1984 年解散(255～256 页)。

③ 费尔南·布罗代尔：《"新"〈年鉴〉》("Les 'nouvelles' *Annales*")，《经济、社会与文明年鉴》，1969 年 5—6 月(24)，1 页。

流行文化以及心态研究来剖析大众意识。比较历史学已经基本同费弗尔看重思想史的处理方式一同消失不见了。

1972 年，布罗代尔辞去了研究院的领导职位，但依然主管着人文科学之家。虽然也遭遇过批判，但直到 1985 年去世，布罗代尔一直都是法国最德高望重的历史学家。[①] 后起的年鉴学人（*Annalistes*）放弃了他的"全景式"画布和强调物质生活对研究法国区域、乡村历史的重要性，转而专注性、死亡等主题。关注度高、资金充足的《年鉴》学派赢得了钦慕者和模仿者，也引起了批评者们的注意。他们叹息布洛赫、费弗尔整体历史观的解体，抗议它使用的行话以及晦涩的微观研究，也指出了它在学术、体制方面的激进主义同政治上的保守主义之间的

---

① 参见杰弗里·帕克（Geoffrey Parker）：《布罗代尔的"地中海"：杰作的形成与销售》（"Braudel's 'Mediterranean'：The Making and Marketing of a Masterpiece"），载《历史》，1974（59），238～243 页；《费尔南·布罗代尔（1902—1985）》，载《经济、社会与文明年鉴》，1986 年 1—2 月，3～6 页；奥尔文·哈夫滕（Olwen Huften）：《费尔南·布罗代尔》，载《过去与现状》，1986 年 8 月（112），208～213 页；参见 H. 凯尔纳（H. Kellner）：《行为不端：布罗代尔〈地中海〉中的讽刺》（"Disorderly Conduct：Braudel's *Mediterranean* Satire"），载《历史与理论》，1979（2），197～222 页；S. 金瑟（S. Kinser）：《资本主义的神龛：布罗代尔近代经济史的三联画》（"Capitalism Enshrined：Braudel's Triptych of Modern Economic History"），载《法国研究杂志》（*Journal of French Studies*），1979（16），419～423 页；《〈年鉴〉的范式：费尔南·布罗代尔的地缘历史结构主义》（"*Annales* Paradigm：The Geo-Historical Structuralism of Fernand Braudel"），载《美国历史评论》，1981（86），63～105 页。伊曼纽尔·沃勒斯坦（Immanuel Wallerstein）是布罗代尔的一个追随者，他于 1977 年在宾汉顿的纽约州立大学创立了"费尔南·布罗代尔经济、历史制度和文明研究中心"。受布罗代尔作品的某些启发，他还创办了《评论》（*Review*）杂志。

矛盾。① 《年鉴》为拉斯帕伊大道赢得了国际性的声誉。它的地位日渐

---

① 关于"年鉴学派"的海量文献中包括：曼弗雷德·维斯特迈尔（Manfred Wüstemeyer）：《"年鉴学派"："新史学"的原则和方法》（"Die 'Annales'：Grundsätze und Methoden ihren 'neuen Geschichtswissenschaft'"），载《社会与经济史季刊》，1971(58)，1～45 页；迪尔特·格罗（Dieter Groh）：《结构历史作为"整体历史"？》（"Structurge-schichte als 'totale' Geschichte?"），载《社会与经济史季刊》，1971(58)，289～322 页；莫里斯·埃玛尔：《"年鉴学派"与法国史学》，载《欧洲经济史杂志》，1972(1)，491～511 页；福尔克尔·里特纳（Volker Rittner）：《历史系统化的尝试："年鉴学派"》（"Ein Versuch systematischer Aneignung von Geschichte：Die 'Schule der Annales'"），见伊曼纽尔·盖斯、雷纳·塔姆齐纳（Immanuel Geiss and Rainer Tamchina）主编：《未来历史学的瞻望（一）》（*Ansichten einer künftigen Geschichtswissenschaft 1*）（Munich，1974），153～172 页；格奥尔格·伊格尔斯：《"年鉴学派"与其批评：近代法国社会史的问题》（"Die 'Annales' und ihre Kritiker：Probleme moderner französischer Sozialgeschichte"），载《历史杂志》，1974 年，578～608 页；克劳迪娅·霍内格（Claudia Honegger）：《创造中的历史：有关年鉴学派发展历程的几条注释》（"Geschichte im Entstehen：Notizen zum Werdegang der *Annales*"），见克劳迪娅·霍内格编：《马克·布洛赫、费尔南·布罗代尔等：历史的书写和材料》（*Marc Bloch，Fernand Braudel，u.a.：Schrift und Materie der Geschichte*）（Frankfurt，1977）；M. 赛德罗尼奥和 F. 迪亚兹：《法国史学的昨天与今天》；罗伯特·福斯特（Robert Forster）：《年鉴学派的成就》（"Achievements of the *Annales* School"），载《经济史学刊》，1978(38)，58～76 页；理查德·埃尔莫尔（Richard Elmore）：《左岸视野：评〈年鉴〉史学》（"View from the Rive Gauche：A Comment on *Annales* Historiography"），载《心理·史学评论》（*Psychohistory Review*），1978(7)，30～35 页；J. 斯蒂芬·黑兹利特（J. Stephen Hazlett）：《"新史学"和法国学校教育》（"The New History and French Schooling"），载《教育史季刊》（*History of Education Quarterly*），1978 年秋(18)，323～347 页；M. 哈斯戈（M. Harsgor）：《整体历史与年鉴学派》（"Total History：The 'Annales' School"），载《经济史学刊》，1978(13)，1～13 页；M. 厄博（M. Erbe）：《法国近期社会历史研究：年鉴学派》（*Zur neueren französischen Sozialgeschichtsforschung：Die Gruppe um die "Annales"*）（Darmstadt，1979）；伊曼纽尔·沃勒斯坦：《年鉴学派：两个阵线的战争》（"The *Annales* School：The War on Two Fronts"），载《学术年鉴》，1980(3)，85～91 页；I. N. 阿凡纳斯夫（I. N. Afanas'ev）：《年鉴学派理论基础的演变》（"Evoliutsiia theoreticheskikh osnov sh-koly 'Annalov'"），载《历史问题》（*Voprosy Istorii*），1981(9)，77～92 页；尤其推荐"费尔南·布罗代尔经济、历史制度和文明研究中心"成立大会上的论文集：《年鉴学派对社会科学的影响》（"Impact of the *Annales* School on the Social Sciences"，纽约州立大学宾汉顿校区，1977 年 5 月 12—15 日），在《评论（一）》，1978(3—4)上刊出。

巩固的过程，也造就了自身历史的一个家庭工坊，并于1979年庆祝它成立五十周年时达到了顶峰：各种展览、会议以及出版物重新激活了有关两位创立人的记忆。①

在《年鉴》凯歌高奏的时代，马克·布洛赫从鲜活的存在变成了一个遥远的令人尊敬的长者。他时常因为个人胆识、渊博的学识、刚毅的品格而受人赞扬；当然，也有学者会时不时地修订或矫正这个大人物。②

---

① 保罗·勒侬罗：《"经济与社会史年鉴"的起源：对法国史学的贡献》，317～324页[作者此处将出版年份误写为1979年，前文为1973年。——译者注]；雅克·勒维尔：《历史与社会科学：年鉴学派的范式》("Histoire et sciences sociales：Les paradigmes des *Annales*")，载《经济、社会与文明年鉴》，1979年11—12月（34，no. 6），1360～1376页；安德烈·比尔吉埃尔：《历史中的历史：〈年鉴〉的诞生》，载《经济、社会与文明年鉴》，1979年11—12月（34，no. 6），1347～1359页；F. 瑞兹·马丁（F. Ruiz Martin）：《〈经济、社会与文明年鉴〉五十周年》("El cincuentenario de 'Annales E. S. C.'")，载《西班牙语社会学研究杂志》(*Rivista Española de Investigaciones Sociologiques*)，1980(12)，9～14页；乔治·胡珀特（Georges Huppert）：《吕西安·费弗尔和马克·布洛赫：〈年鉴〉的诞生》("Lucien Febvre and Marc Bloch：The Creation of the *Annales*")，载《法国评论》(*French Review*)，1982(4)，510～513页。另请参见文集《新史学》；1978年11月巴黎国家图书馆"吕西安·费弗尔(1878—1956)"展；1979年5月社会科学高等研究院"马克·布洛赫(1886—1944)"展。另有1979年10月11—13日在斯特拉斯堡为纪念《年鉴》发行五十周年而举办的研讨会之会议记录，该记录后来刊行在由查尔斯-奥利弗·卡尔博内尔与乔治·里维合编的《〈年鉴〉的诞生》中。

② 参阅《为历史学辩护》中乔治·迪比（Georges Duby）撰写的前言；R. C. 罗德（R. C. Rhodes）：《埃米尔·涂尔干与马克·布洛赫的历史思想》("E. Durkheim and the Historical Thought of Marc Bloch")，载《理论与社会》(*Theory and Society*)，1978(5，no. 1)，45～73页；劳伦斯·沃克（Lawrence Walker）：《试论历史语言学与马克·布洛赫比较法》("A Note on Historical Linguistics and Marc Bloch's Comparative Method")，载《历史与理论》，1980(2)，154～164页；伊丽莎白·A. R. 布朗：《暴政的建构：封建主义和欧洲中世纪史学家》，载《美国历史评论》，1974年10月(79)，1063～1088页；詹姆斯·A. 亨瑞塔（James A. Henretta）：《作为体验与书面的社会史》("Social History as Lived and Written")，载《美国历史评论》，1979年12月(84)，1293～1322页；《马克·布洛赫与比较史学》("Marc Bloch and Comparative History")，文章与答复由阿莱特·希尔和博伊德·希尔（Arlette Hill and Boyd Hill）完成；威廉·H. 休厄尔和西尔维娅·L. 思拉普（William H. Sewell and Sylvia L. Thrupp）评论，载《美国历史评论》，1980年10月(85)，828～857页。

第一次世界大战之前成长起来的人，在 20 世纪最后 30 年的历史学家眼中看起来越来越遥远，也是人之常情。这些后来成长起来的历史学家们接受了新的训练和方法，有了他们自己的新课题，比如女性历史、围绕如何看待大屠杀以及第三帝国而展开的激烈的政治争论等。不过，布洛赫一直保持着"国家英雄"应有的特殊地位。对于正在经历现代化、开始学着接受自己过去那段维希统治历史的法国而言，他依然是一位矢志不渝的爱国者和悲剧性的献身者。1977 年，也就是他去世之后三十三年，人们在克勒兹举行了一次重葬，参加的人员有高校系统、法国抵抗运动以及政府的代表。布洛赫的遗嘱第一次由他在世的最年长的学生亨利·布伦瑞克公开诵读。[①]

1981 年，获胜的社会党总统候选人弗朗索瓦·密特朗（François Mitterrand）吊诡地将法国导向了更为保守的方向。紧随着法国半世纪以来第一次左翼势力执政而来的激动、幸福，很快就被传统主义的复兴代替了，经济、外交、政治以及文化等方面无不如此。倾心颂扬民族遗产、主流价值以及（历史学方面的）传统性主题和叙事的复活，是此时整个西方社会关注的新动向。此种情形之下，《年鉴》学派以往的成功付诸东流。其在社会史、心态史方面影响甚广的胜利，几乎不可避免地引起了分裂、竞争和挑战。[②]

342

---

① 同年有关"自由射手"的第一篇深入研究，详细地揭示了布洛赫的贡献。参见多米尼克·韦永：《"自由射手"的秘密刊物和抵抗运动（1940—1944）》。

② 居伊·布尔代和埃尔维·马丁（Guy Bourdé et Hervé Martin）：《史学流派》（Les écoles historiques）（Paris，1983）；埃韦尔·库尔托-贝加里（Hervé Coutau-Bégarie）：《新史学的现象：新史学的方法与思想》（Le phénomène 'Nouvelle Histoire'：Stratégie et idéologie des nouveaux historiens）（Paris，1983）；A. 古列维奇：《法国新史学里的中世纪文化和心理》，载《欧洲社会学档案》，1983（1），167～195 页；林恩·亨特：《20 年以来的法国史：〈年鉴〉范式的兴衰》，载《当代史学刊》，1986 年 4 月（21），209～224 页；哈特穆特·凯博（Hartmut Kaelble）：《法国与德国的社会科学：年鉴学派历史反社会科学？》（"Sozialgeschichte in Frankreich und der Bundesrepublik：Annales gegen historische Sozialwissenschaften?"），载《历史与社会》（Geschichte und Gesellschaft），1987（13，no. 1），77～93 页。

随着统一性和领导地位的慢慢削弱，《年鉴》学派的独一性和影响力也相对降低。它在贫困者、弱势者、失语者研究方面的领导地位，跨学科的偏好，以及对结构和方法的特别强调消退了。一些主要的代表人物已经实实在在地放弃了统一团体常有的一致步调，转向了更为传统的研究对象和方法。① 学界开始讨论"回归事件"、重回描述性和叙述性的历史研究甚至传记研究的话题。② 因回避现当代历史中的重要课题，未能有成效地研究短期危机问题，亦未能直面与人事有关的政治核心问题，这个群体长期经受左右两派的批评。现在，它终因长久漠视权力、冲突和变革等问题而逐渐失去了自己的核心地位。③

布洛赫的声誉并未因为这些延续其学统的"后人"的式微而有所消³⁴³减，他的生平、学术以及他与费弗尔的关系一直是研究者的重要课

---

① 雅克·勒维尔：《年鉴学派的延续和断裂》，载《评论》，1978(1)，9～18 页；弗朗索瓦·费雷：《超越年鉴学派》，载《近代史研究》，1983(55，no. 3)，389～410 页。

② 劳伦斯·斯通(Lawrence Stone)：《叙事的复兴：反思新的老历史》("The Revival of Narrative：Reflections on a New Old History")，载《过去与现在》，1979(85)，3～24 页；埃里克·霍布斯鲍姆(Eric Hobsbawm)：《点评叙事的复兴》("The Revival of Narrative：Some Comments")，载《过去与现在》，1980(86)，3～8 页；巴里·M. 拉特克里夫(Barrie M. Ratcliffe)：《法国史学中传记的衰落：年鉴学派传统的矛盾遗产》("The Decline of Biography in French Historiography：The Ambivalent Legacy of the 'Annales' Tradition")，载《西方法国史协会会刊》(*Western Society for French History：Proceedings*)，1980(8)，556～567 页；M. 莫雷蒂(M. Moretti)：《关于"事件"：第二次世界大战以来围绕年鉴学派的历史争论之一》("Parlando di 'eventi'：Un aspetto del dibattito storiografico attorno alle 'Annales' dal secondo dopoguerra ad oggi")，载《社会与历史》(*Società e Storia*)，1985(6)，373～442 页。

③ 有关两种迥异但也有相通之处的批评，请参阅伊丽莎白·福克斯-吉诺维斯和尤金·D. 吉诺维斯(Elizabeth Fox-Genovese and Eugene D. Genovese)：《社会史的政治危机：马克思主义视角》("The Political Crisis of Social History：A Marxist Perspective")，载《社会史杂志》(*Journal of Social History*)，1976 年冬(10)，205～219 页；以及格特鲁德·希梅尔法布(Gertrude Himmelfarb)：《新历史与旧历史》(*The New History and the Old*)(Cambridge，1987)，第 1、2、5 章。

题。① 从 1978 年开始，社会科学高等研究院每年都会举办一次关于布洛赫的讲座。到目前为止，该讲座已经邀请到不少全球最卓越的博学之士来纪念布洛赫而在巴黎开讲。1983 年，《国王神迹》再版，这次附上了中世纪史专家雅克·勒高夫撰写的长篇序言。勒高夫在序言中着重指出了布洛赫在政治史方面的重要贡献。② 1986 年 6 月，为纪念布洛赫百年诞辰，巴黎高师协同社会科学高等研究院以及德国历史研究所（巴黎）召开了三天的研讨会。著作颇丰的中世纪史专家卡尔·费迪南·维尔纳（Karl Ferdinand Werner）当时正担任德国历史研究所（巴黎）的主任，他的老师罗贝尔·博特鲁齐曾是布洛赫的学生。委内瑞拉和

---

① 参见：约翰·坎农（John Cannon）：《马克·布洛赫》（"Marc Bloch"），见《历史学家的业绩》（*The Historian at Work*）（London，1980），121～135 页；彼得·M. 鲁科夫和威廉·B. 斯科特（Peter Rutkoff and William Scott）：《致美国：1940—1941 年马克·布洛赫的通信》（"Letters to America：The Correspondence of Marc Bloch，1940-1941"），载《法国历史研究》，1981，277～303 页；尤金·韦伯：《关于马克·布洛赫》，载《美国学者》，1981—1982(51)，80 页；伊凡娜·霍尔茨巴霍娃（Ivana Holzbachovai）：《马克·布洛赫——作为事实与科学的历史》（"Marc Bloch-Historie jako skutečnost a jako věda"），载《捷克历史评论》（*Československy Časopis Historicky*），1982(30)，426～447 页；A. S. 霍东诺夫（A. S. Hodonov）：《马克·布洛赫与苏联史学》（"Marc Bloch v sovetskoy istoriografii"），载《通史与历史编纂学问题》（*Voprosy vseobschei istorii i istoriografii*）（Tomsk，1982），122～129 页；皮耶·路易吉·奥尔西（Pier Luigi Orsi）：《布洛赫和费弗尔的心态史》（"La storia delle mentalità in Bloch e Febvre"），载《经济史学刊》（*Rivista di Storia Contemporanea*），1983 年，370～385 页；安德烈·比尔吉埃尔：《马克·布洛赫与吕西安·费弗尔的心态史观：两种概念、两种渊源》，载《综合评论》，1983 年 7 月（3d ser.，no. 111），333～348 页；约翰·戴伊：《马克·布洛赫作品中的货币史》，见《中世纪伊比利亚地区的货币问题》第二卷，15～27 页。

② 《历史：马克·布洛赫的伟大之处。对话雅克·勒高夫》（"Histoire：Le grand air de Marc Bloch. Un entretien avec Jacques Le Goff"），载《新观察家》（*Le Nouvel Observateur*），1983 年 8 月 26 日。也可见新版《法国农村史》（Paris，1988）中由皮埃尔·图贝尔（Pierre Toubert）撰的序。

美国也举行了布洛赫百年诞辰的纪念活动。①

现在，人们对布洛赫的认识更为全面和客观。由于最新公开的私人信件和其他档案，以及人们对他生活环境的全新认知，使他在很大程度上被从《年鉴》的神秘光环中解放了出来，开始发出自己的声音。②学者们研究他的犹太身份，以及该身份同他在抵抗运动中承担角色之间的关系。布洛赫热烈的爱国情怀中，带有对理性的传统依恋和对民主的现代诉求，这使他同渴求并依然在探索依据血统分割不同民族的法国人和犹太人区别开来。③

---

① 美国的纪念仪式由南方历史学会(Southern Historical Association)和美国历史学会(American Historical Association)分别于 1986 年 11 月和 12 月举行。

② 参见卡萝尔·芬克：《法国爱国者马克·布洛赫的生平与思想》("Marc Bloch: The Life and Ideas of a French Patriot")，载《加拿大民族主义研究评论》(Canadian Review of Studies in Nationalism)，1983 年秋(10)，235～252 页；丹尼尔·希罗(Daniel Chirot)：《马克·布洛赫的社会和历史图景》("The Social and Historical Landscape of Marc Bloch")，见西达·斯考切波(Theda Skocpol)编：《历史社会学的视野与方法》(Vision and Method in Historical Sociology)(Cambridge，1984)，22～46 页；马伦·韦塞尔：《个人因素：布洛赫与费弗尔关系新解》，载《稿本：历史杂志》，1985 年 12 月(7，no. 4)，251～263 页；布赖斯·莱昂：《马克·布洛赫否定了〈年鉴〉历史?》，载《中世纪史杂志》，1985 年 9 月(2)，181～191 页；娜塔莉·泽蒙·戴维斯：《历史的两个身体》，载《美国历史评论》，1988 年 2 月(93，no. 1)，18～30 页。

③ 参见大卫·戴蒙(David Diamont)：《抵抗运动的斗士、英雄和烈士》(Combattants，héros et martyrs de la Résistance)(Paris，1984)；《抵抗运动和解放运动中的犹太人》(Les Juifs dans la Résistance et la Libération)(Paris，1985)；弗朗西丝·马里诺、华百纳编：《现代法国的犹太人》(The Jews in Modern France)(Hanover，N. H.，1985)；让-皮埃尔·里乌：《马克·布洛赫：历史学家和斗士》("Marc Bloch, historien, combattant")，见《抵抗运动面面观(精神自由，16 辑)》[Visages de la Résistance (La liberté de l'esprit, no. 16)](Lyon，1987)。

有关批评布洛赫局于狭隘的法国的文献，请参阅利奥·特雷普(Leo Trepp)：《犹太视角下的马克·布洛赫》("Marc Bloch Seen in Jewish Perspective")，载《保守派犹太教》(Conservative Judaism)，1971 年春(25，no. 3)，64～74 页。该文批判布洛赫的葬礼上取消了犹太祷文的仪式，并认为他为祖国作出的牺牲"完全徒劳，毫无意义"。

布洛赫不仅是"新史学"浪潮的奠基人之一，还成为了一个能对 20 世纪上半叶遇到的那些广泛而普世的问题作出敏锐而勇敢的回应的人。布洛赫能将研究和生活保持一致，所给的答案切中肯綮。布洛赫最著名的学生之一——极有才华和勇气的波兰中世纪史专家布罗尼斯拉夫·盖雷梅克(Bronislaw Geremek)，写过好几部关于中世纪穷人和边缘人的重要作品，还是"团结工会"(Solidarity)领导人莱赫·瓦文萨(Lech Walesa)智囊团的重要顾问。因为华沙警方的阻挠，盖雷梅克未能参加布洛赫百年诞辰纪念，这一点也不令人意外，但他送去了一条联结他们信念的讯息："为了但泽，赴汤蹈火。"①

　　布洛赫是一个有天分、很勤奋、一丝不苟而又有创新精神的历史学家，涉猎范围覆盖了社会和自然背景下人类经验的广袤领域。他提出了很多基本的、常常也是很应时的历史问题。虽然他恳切地说自己的研究资料(以及自己的资源)有限，但不管是农业生产、货币与财政、

345

---

　　① 罗杰·夏蒂埃(Roger Chartier)：《盖雷梅克："为了但泽，赴汤蹈火"》("Gere-mek：'On peut mourir pour Dantzig'")，载《解放报》(*Libération*)，1986 年 6 月(20)。盖雷梅克的第八次布洛赫讲座，题为"马克·布洛赫：一名历史学家和反抗者"("Marc Bloch, historien et résistant")，由社会科学高等研究院资助。1986 年 6 月 17 日，由于主讲人被迫前往华沙，该演讲由雅克·勒高夫宣读。文本发表在《经济、社会与文明年鉴》，1986 年 9—10 月，1091~1105 页。

　　盖雷梅克小时候被人从华沙的犹太隔离区解救了出来。第二次世界大战之后他成了一名马克思主义者。1968 年因为反对入侵捷克斯洛伐克，他退出了波兰统一工人党。1980 年，他曾帮助罢工的格但斯克(但泽)矿工。1981 年罢工被镇压之后，他经历了长期的监禁和牢狱之苦，但依然以知识分子活动家的身份行事。

　　作为中世纪社会历史的研究人员，他的著作包括：《13—14 世纪巴黎手工艺人的收入》(*Le salariat dans l'artisanat parisien aux XIII-XV siècles*)(Paris，1968)；《14—15 世纪巴黎的边缘人》(*Les marginaux parisiens aux XIV et XV siècles*)(Paris，1976)；《现代欧洲的真实与痛苦》(*Truands et misérables dans l'Europe moderne*)(Paris，1980)；《无主之人：前工业时代的边缘社会》("Men without Masters：Marginal Society during the Pre-Industrial Era")，载《第欧根尼杂志》(*Diogenes*)，1977 年夏(98)，28~54 页。

技术变迁，还是乡村社会、封建关系、王室权力，他都出类拔萃地从历史角度成功对这些课题展开研究。

对于布洛赫来说，历史无疑是一个政治性课题。他秉持着贯穿自己一生并不断升华的坚定信念，在一个特殊的时期进入历史学领域。一开始，他就矢志用鲜活的人类史，而不是用社会科学理论程式，去取代法国实证主义和德国历史主义。他不会为了追求精致的技巧而牺牲历史的个性。他虽曾受惠于一大批博学的历史大师并竭力效仿和赶超他们，但这并不能阻止他打破时间、空间和方法论之间的传统分界；他对"辅助科学"（auxiliary sciences）的迷恋和力挺止步于一种泛科学理念。虽然在用"比较历史学家"这个标签向法兰西公学院推荐自己时并不成功，但这个身份还是使布洛赫成为一种新型的历史学家：看到事物的正面时也能看到事物的反面；能完整地看到现实难以驾驭的特征；在抓住常态的同时也能抓住动态的一面。

布洛赫是个已经融入到第三共和国以及西欧资本主义、帝国主义的犹太人，曾亲身经历了两次世界大战、法西斯主义以及激进反犹主义等浪潮。他的精神世界上下贯穿了数百年历史，横亘不同的大洲、风物及语言。他是一名真正的法国爱国主义者、坚韧的国际主义者，倾向于将其历史和成就置于更为广阔的世界背景下进行衡量。他是一个理性主义者，能敏锐地意识到非理性力量的威力和普遍性。尽管神话无所不在并且不无裨益，但布洛赫还是毕其一生同造神行为做斗争，不仅是因为神话会扭曲现实，还因为它是当权者任意用来维护对自己有利现状的重要手段——虽然这样的做法最后常常是徒劳之举。

布洛赫是一个用理性的方式理解人间世事变革的历史学家。他认为，任何变革都既有内因也有外因。变革是人类持续且惊人适应能力的体现，没有任何既定模式可循，但通过批判性和比较式的考察，人们又能察觉到它们。这是自由主义者的信条，蕴含着珍视过程和看重

346

结果两种取向之间的强烈张力。[①] 布洛赫天生有着将现实呈现为动态和静态两种形式的才能。[②] 他回避了一心只读圣贤书的生活，就像童话故事里的食人魔，他追索着各个时代中的凡人生命，完全不在乎其地位、活动、群体和环境。秉持"变化的科学"的信念，这位历史学家理解、掌握了现在，也帮着塑造了未来。

布洛赫本人的现实生活，浸满了历史学家的智慧、经验和成就。他的身份包含诸多成分：儿子、丈夫和父亲；老师、编辑和研究者；犹太人、法国人和欧洲人。如果说他的个人世界相当传统，那么他的学者生活就很大胆、新派。布洛赫以"纳博讷"的形象进入了历史自身，同长久以来戒备人类追求知识和自我认知行为的天使展开了角力。可能他赢了。

---

① "贝玑的意思就是说，好的农夫认为耕种和收获一样快乐。"《为历史学辩护》，30 页。

② "在历史实践中，布洛赫的作品形成了一种特权时刻，[掌握了]空间与时间、实体性与理论性、结构性与动态性之间彼此矛盾的诉求。"伊丽莎白·福克斯-吉诺维斯和尤金·D. 吉诺维斯：《社会史的政治危机》，载《社会史杂志》，1976 年冬(10)，208 页。

附录　马克·布洛赫作品精选目录

本目录包含了布洛赫撰写的全部书籍、大部分文章和少量的书评（他的书评有数百篇）。各个部分和各种作品类型（图书、文章、评论）内部，均按照时间顺序排列。布洛赫的《历史作品集》第二卷几乎囊括了他所有的作品目录。

前12部分是布洛赫1934年申请法兰西公学院时自己所列的书目。

带星号的条目是布洛赫去世之后出版的，只有《奇怪的战败》是完整且准备出版的。

1. 王权(Royalty)

Les rois thaumaturges: *Etude sur le caractère surnaturel attribué à la puissance royale*, *Particulièrement en France et en Angleterre* (Strasbourg, 1924; Paris, 1961, 1983). English trans. *The Royal Touch* (London and Montreal, 1973).

Review of Fritz Kern, *Gottesgnadentum und Widerstandsrecht im früheren Mittelalter*: *Zur Entwicklungsgeschichte der Monarchie*, in *Revue Historique* 138 (1921):

247-253.

Review of H. Mitteis, *Die deutsche Königswahl*, and P. Schramm, *Geschichte des englischen Königtums im Lichte der Krönung*, in *Annales d'Histoire Sociale* 2 (1940): 143-145.

2. 中世纪盛期社会 (Societies of the High Middle Ages)

* *La France sous les derniers Capétiens* (*1223-1328*) (Paris, 1958).

"L'organización de los dominios reales Carolingios y las teorias de Dopsch," *Anuario de Historia del Derecho Español* 3 (1926): 89-119.

"La société du haut moyen âge et ses origins," *Journal des Savants* (1926): 403-420.

* "Les invasions: Deux structures économiques," *Annales d'Histoire Sociale* (1945), "Hommages à Marc Bloch" - I: 33-46.

* "Occupation du sol et peuplement,"

Annales d'Histoire Sociale (1945),"Hommages à Marc Bloch" - II：13-28.

＊"Sur les grandes invasions：Quelques positions de problèmes," *Revue de Synthèse* 60 (1945)：55-81.

Review of G. Des Marez, *Le Problème de la colonisation franque et du régime agraire dans la Basse-Belgique*, in *Revue de Synthèse Historique* 42 (1926): 93-99.

Review of Erna Patzelt, *Die fränkische Kultur und der Islam*, in *Annales d'Histoire Économique et Sociale* 5 (1933)：399-400.

Review of J. R. Strayer, *The Administration of Normandy under Saint Louis*, in *Annales d'Histoire Économique et Sociale* 6 (1934)：196-197.

Review of Henri Pienne, *Mahomet et Charlemagne*, in *Annales d'Histoire Économique et Sociale* 10 (1938)：25-30.

Review of G. Espinas, *Les origins de l'association*, in *Mélanges d'Histoire Sociale* 5 (1944)：100-106.

3．"封建"制度
（"Feudal" Institutions）

La société Féodale, vol. 1：*La formation des liens dépendance* (Paris，1939)；vol. 2：*Les classes et le gouvernement des hommes* (Paris，1940). English trans. *Feudal Society*, 2 vols. (London：1961).

＊*Seigneurie française et manoir ang-*

lais (Paris，1960).

"Les forms de la rupture de l'hommage dans l'ancien droit féodal," *Nouvelle Revue Historique de Droit Français et Etranger* 36 (1912)：141-177.

"M. Flach et les orignies de l'ancienne France," *Revue de Synthèse Historique* 31 (1920)：150-152.

"Feudalism：European," *Encyclopedia of the Social Sciences* VI (1931)，pp. 203-210.

"The Rise of Dependent Cultivation and Seignorial Institutions," *The Cambridge Economic History of Europe* (Cambridge，1941)，1 Chap. VI，pp. 224-277.

4．中世纪社会的阶级与群体
（Classes and Groups
in Medieval Society）

Rois et serfs：*Un chapitre d'histoire capétienne* (Paris，1920).

"Blanche de Castille et les serfs du chapitre de Paris," *Mémoires de la Société de l'Histoire de Paris et de l'Ile-de-France* 38 (1911)：224-272.

"Serf de la glèbe：Histoire d'une expression toute faite," *Revue Historique* 136 (1921)：220-242.

"Les 'colliberti'：Etude sur la formation de la classe servile," *Revue Historique* 157 (1928)：1-48，225-263.

"Un problème d'histoire comparée: La ministérialité en France et en Allemagne," *Revue Historique de Droit Français et d'Etranger* ·ser. 4, 7 (Jan. – Mar. 1928): 46-91.

"Liberté et servitude personnelles au Moyen Age, particulièrement en France," *Anuario de Historia del Derecho Español* 10 (1933): 19-115.

"De la cour royale à la cour de Rome: Le procès des serfs de Rosny-sous-Bois," *Studi di storia e diritto in onore di E. Besta* (Milan, 1939), II, pp. 149-164.

Review of Henri Pirenne, *Les villes du Moyen Age*, in *Revue Critique d'Histoire et de Littérature* (1928): 203-206.

Review of G. I. Brătianu, *Recherches sur "Vicina" et "Cetatea Alba ,"* in *Annales d'Histoire Économique et Sociale* 8 (1936): 107-108.

Review of Peter von Váczy, *Die erste Epoche des Ungarischen Königtums*, in *Revue Historique* 177 (1936): 187-188.

5. 德国与神圣罗马帝国 (Germany and the Holy Roman Empire)

"L'empire et l'idée d'empire sous les Hohenstaufen," *Revue des Cours et Conférences* 60 (1929): 481-494, 577-589, 759-768.

Review of Georg von Below, *Der deutsche Staat des Mittelalters*, vol. 1, in *Revue Historique* 128 (1918): 343-347.

"Bulletin historique: Histoire d'Allemagne. Moyen Age" (review essays), *Revue Historique* 158 (1928): 108-158; 163 (1930): 331-373; 164(1930): 134-160; 169 (1932): 615-655; 170 (1932): 61-101; (with C.- E. Perrin) 181 (1937): 405-458; 184 (1938): 79-112, 146-190.

Review of P. Ernst Schramm, *Kaiser, Rom, und Renovation*, in *Revue Critique d'Histoire et de Littérature* (1931): 9-11.

Review of G. Dumézil, *Mythes et Dieux des Germains*, in *Revue Historique* 188 (1940): 274-276.

Review of F. Markmann, *Zur Geschichte des Magdeburger Rechtes*, in *Mélanges d'Histoire Sociale* 6 (1944): 123-124.

6. 英国(Great Britain)

"La vie de saint Edouard le Confesseur, par Osbert de Clare, avec Introduction sur Osbert et les premières vies de saint Edouard," *Analecta Bollandiana* 41 (1923): 1-131.

* "La structure politique et sociale de la Grande-Bretagne: Leçons professées au Centre d'Etudes Européennes de l'Université de Strasbourg en 1940-1941 [1942]," *Bulletin de la Faculé des Lettres de l'Université*

de Strasbourg 32，no. 5（Feb. 1954）：191-
206；no.（Mar. 1954）：233-258；no. 7（Apr.
1954）：281-290.

Review of W. Stubbs，*Histoire consti-
tutionnelle de l'Angleterre*，vol. III，in *Le
Moyen Age* 29（1928）：72-76.

Review of W. A. Morris，*The Medie-
val English Sheriff to 1300 and The Early
English County Court*，in *Le Moyen Age*
29（1928）：76-78，343-344.

Review of F. M. Powicke，*Medieval Eng-
land，1066-1485*，in *Annales d'Histoire Écon-
omique et Sociale* 5（1933）：418-419.

Review of Elie Halévy，*Histoire du
peuple anglais au XIX siècle. Epilogue
（1895-1914），vol. II：Vers la democratie
sociale et vers la guerre（1905-1914）*，in
Annales d'Histoire Économique et Sociale 5
（1933）：430-431.

Review of Elieen Power and Michael
Postan，*Studies in English Trade in the
Fifteenth Century*，in *Annales d'Histoire
Économique et Sociale* 6（1934）：316-318.

Review of H. R. Trevor-Roper，*Arch-
bishop Laud：1573-1645*，in *Mélanges
d'Histoire Sociale* 1（1942）：110.

7．意大利(Italy)

"Une expérience historique：La Sar-
daigne médiévale，" *Annales d'Histoire
Économique et Sociale* 10（1938）：50-52.

Review of Gino Luzzato，*La commen-
da nella vita economica dei secoli XIII e
XIV con particolare riguardo a Venezia*，
in *Annales d'Histoire Économique et Socia-
le* 8（1936）：110-111.

Review of Roberto Lopez，*Storia delle
colonie genovesi nel Mediterraneo*，in *Mélanges
d'Histoire Sociale* 1（1942）：114-115.

8．农村生活(Rural Life)

*Les caractères originaux de l'histoire
rurale française*（Oslo，1931；Paris，
1952，1988）. English trans. *French Ru-
ral History：An Essay on Its Basic Char-
acteristics*（Berkeley and Los Angeles，
1970）.

＊ Vol. II：*Supplément établi d'après
les travaux de l'auteur*，by Robert Dauver-
gne（Paris，1956）.

"La lutte pour l'individualisme agraire
dans la France du XVIIIe siècle，" *Annales
d'Histoire Économique et Sociale* 2（1930）：
329-383，511-543，543-556.

"Le problème des régimes agraires，"
Bulletin de l'Institut Français de Sociologie
（1932）：45-92.

"Les plans cadastraux de l'ancien
régime，" *Mélanges d'Histoire Sociale* 3
（1943）：55-70.

Review of G. G. Coulton，*The Medie-
val Village*，in *Revue Critique d'Histoire*

et de Littérature (1926)：281-283.

9．区域研究与历史地理学问题
(Regional Studies and Problems of Historical Geography)

L'Ile-de-France：*Les pays autour de Paris* (Paris，1913). English trans. *The Ile-de-France*：*The Country around Paris* (Ithaca，N. Y.，1971).

"Cerny ou Serin?" *Annales de la Société Historique et Archéologique du Gâtinais* 30 (1912)：157-160.

Review of Lucien Febvre，*Histoire de Franche-Comté*，in *Revue de Synthèse Historique* 28 (1914)：354-356.

Review of Lucien Febvre，*La terre et l'évolution humaine*，in *Revue Historique* 145 (1924)：235-240.

Review of Albert Demangeon and Lucien Febvre，*Le Rhin*，2 vols.，in *Annales d'Histoire Économique et Sociale* 5 (1933)：85-87；7 (1935)：505-506.

Review of André Deléage，*La vie rurale en Bourgogne*，*jusqu'au début du XIe siècle*，in *Mélanges d'Histoire Sociale* 2 (1942)：45-55.

10．经济史问题种种[包括发明]
(Diverse Problems of Economic History) [includes inventions]

Aspects économiques du règne de Louis XIV (Paris：Les Cours de Sorbonne，1939).

* *Esquisse d'une histoire monétaire de l'Europe* (Paris，1954).

"Technique et évolution sociale. A propos de l'histoire de l'attelage et celle de l'esclavage," *Revue de Synthèse Historique* 41 (1926)：91-99.

"La force mortice animale et le rôle des inventions techniques," *Revue de Synthèse Historique* 43 (1927)：83-91.

"Le problème de l'or au Moyen Age," *Annales d'Histoire Économique et Sociale* 5 (1933)：1-34.

"Le salaire et les fluctuations économiques à longue période," *Revue Historique* 173 (Jan. - June 1934)：1-31.

"Avènement et conquêtes du moulin à eau," *Annales d'Histoire Économique et Sociale* 7 (1935)：538-563.

"Economie-nature ou économie-argent：Un pseudo-dilemme," *Annales d'Histoire Sociale* 1 (1939)：7-16.

Review of J. H. Clapham，*An Economic History of Modern Britain*：*The Early Railway Age*，*1820-1850* in *Revue de*

Synthèse Historique 44 (1927): 157-159.

Review of J. Rutkowski, *Histoire économique de la Pologne avant les partages*, in *Annales d'Histoire Économique et Sociale* 1 (1920): 147-150.

Review of Henri Hauser, *Les débuts du capitalism*, in *Revue de Synthèse Historique* 47 (1929): 112-113.

Review of A. Payton Usher, *A History of Mechanical Inventions*, in *Annales d'Histoire Économique et Sociale* (1931): 278-279.

Review of E. F. Heckscher, *Der Merkantilismus*, in *Annales d'Histoire Économique et Sociale* 6 (1934): 160-163.

Review of Fritz Rörig, *Mittelalterliche Weltwirtschaft*, in *Annales d'Histoire Économique et Sociale* 6 (1934): 511-512.

11. 中世纪心态的诸多方面
(Several Aspects of the Medieval Mentality)

"Saint Martin de Tours: A propos d'une polémique," *Revue d'Histoire et de Littérature Religieuse* 7 (1921): 44-57.

"La vie d'outre-tombe du roi Salomon," *Revue Belge de Philologie et d'Histoire* 4 (1925): 349-377.

Review of Ernest Tonnelat, *La chanson des Niebelungen*, in *Revue Historique* 151 (1926): 256-259.

Review of Johann Huizinga, *Herbst des Mittelaters*, in *Bulletin de la Faculté des Lettres de l'Université de Strasbourg* 7 (1928-1929): 33-35.

Review of E. Faral, *La légende arthurienne*, in *Revue de Synthèse* 51 (1931): 95-111.

Review of Guy de Tervarent, *La légende de sainte Ursule*, in *Revue Historique* 171 (1933): 626-628.

Review of Lucie Varga, *Das Schlagwort vom "finsteren Mittelalter,"* in *Revue Historique* 170 (1932): 345.

12. 作品的方法与结构问题：
历史与历史学家
(Problems of Method and Organization of Work: History and Historians)

Critique historique et critique du témoignage (Amiens, 1914), reprinted in *Annales: Economies, Société, Civilisations* 5 (Jan. – Mar. 1950): 1-8.

Projet d'un enseignement d'histoire comparée des sociétés européennes (Strasbourg, 1933).

* *Apologie pour l'histoire, ou Métier d'historien* (Paris, 1949). English trans. *The Historian's Craft* (New York, 1953).

"Réflexions d'un historien sur les fausses nouvelles de la guerre," *Revue de*

Synthèse Historique 33 (1921): 41-57.

"Pour une histoire comparée des sociétés européennes," *Revue de Synthèse Historique* 46 (1928): 15-50.

"Comparasion," *Bulletin du Centre International de Synthèse-Section de Synthèse Historique* 9 (June 1930): 31-39.

"Henri Pirenne, historien de la Belgique," *Annales d'Histoire Économique et Sociale* 4 (1932): 478-481.

"Christian Pfister, 1857-1933: Les oeuvres," *Revue Historique* 172 (1933): 563-570.

"Henri Pirenne (23 déc. 1862-24 oc. 1935)," *Revue Historique* 176 (1935): 671-679.

"Que demander à l'histoire?" *Centre Polytechnicien d'Etudes Economiques* 34 (1937): 15-22.

"Technique et évolution sociale: Réflexions d'un historien," *Europe* 47 (1938): 23-32.

* "Les transformations des techniques comme problème de psychologie collective," *Journal de Psychologie Normale et Pathologique* 41 (Jan.-Mar. 1948): 104-115.

Review of Maurice Halbwachs, *Les cadres sociaux de la mémoire*, in *Revue de Synthèse Historique* 40 (1925): 73-83.

Review of Charles Blondel, *Introduction à la psychologie collective*, in *Revue Historique* 160 (1929): 398-399.

Bibliographical note: "*L'Année Sociologique*, Nouvelle série, t. II (1924-1925)," in *Revue Historique* 165 (1930): 380-381.

Review of Maurice Halbwachs, *Les causes du suicide*, in *Annales d'Histoire Économique et Sociale* 3 (1931): 590-592.

Review of M. Schelle, *Wesen und Glaube in der Geschichtswissenschaft*, in *Revue Historique* 170 (1932): 553.

Review of Georges Lefebvre, *La grande peur de* 1789, in *Annales d'Histoire Économique et Sociale* 5 (1933): 301-304.

Review of Paul Harsin, *Comment on écrit l'histoire*, in *Annales d'Histoire Économique et Sociale* 8 (1936): 51-52.

Bibliographical note: "*Allemagne: Bericht über der 18. Versammlung deutschen Historiker in Göttingen, 2-5 August 1932*," in *Revue Historique* 180 (1937): 362.

Review of Maurice Halbwachs, *Morphologie sociale*, in *Annales d'Histoire Sociale* 1 (1939): 315-316.

Review of Friedrich Meinecke, *Die Entstehung des Historismus*, in *Annales d'Histoire Sociale* 1 (1939): 429-430.

13. 当代历史、社会和政治（Contemporary History, Society, and Politics）

* *L'étrange défaite: Témoignage écrit en 1940* (Paris, 1946, 1957). English trans. *Strange Defeat* (New York, 1953).

* *Souvenirs de guerre, 1914-1915* (Paris, 1969). English trans. *Memoirs of War, 1914-1915* (Ithaca, N. Y., 1980; Cambridge, 1988).

(With Lucien Febvre) "Pour le renouveau de l'enseignement historique: Le problème de l'agrégation," *Annales d'Histoire Économique et Sociale* 9 (1937): 113-129.

"Notes pour une revolution de l'enseignement," *Les Cahiers Politiques* 3 (Aug. 1943): 17-24.

"Le Dr. Goebbels analyse la psychologie du peuple allemand," *Les Cahiers Politiques* 4 (Nov. 1943): 26-27.

"La vraie saison des juges," *Les Cahiers Politiques* 4 (Nov. 1943): 28-30.

"L'alimentation humaine et les échanges internationaux d'après des débats de Hot Springs," *Les Cahiers Politiques* 4 (Nov. 1943): 20-25.

"A propos d'un livre trop peu connu: Général Chauvineau, *Une invasion est-elle encore possible?*" *Les Cahiers Politiques* 8 (Apr. 1944): 22-25.

Review of H. Labouret, *A la recherche d'une politique indigène dans l'Ouest Africain*, in *Annales d'Histoire Économique et Sociale* 5 (1933): 397-398.

14. 文集收录文章（Collected Articles）

* *Mélanges historiques*, 2 vols. (Paris, 1963). Selections in *Land and Work in Medieval Europe* (London, 1967) and in *Slavery and Serfdom in the Middle Ages* (Berkeley and Los Angeles, 1975).

文献来源说明

本书所参考的各种观点，均已在脚注中注明出处。为方便读者，下面列出了本书所依据的主要材料。在此，我要向为我提供过帮助的个人和机构，表达最诚挚的感激之情。

1. 私人收藏

艾蒂安·布洛赫收藏(*Eitenne Bloch collection*)——位于法国拉-艾埃(*La Haye，France*)。布洛赫的长子和作品继承人艾蒂安，慷慨地分享了细心整理过的大量家庭和学术通信、个人和官方档案，以及各种学术材料和相片。这些资料完整地诠释了其父生平和事业的各个时期，是本研究不可或缺的宝贵材料。在我从事研究时，他仍持有布洛赫与费弗尔的部分通信——它们与国家档案馆的馆藏互为补充(见下文)。

布洛赫和费弗尔致皮朗的信。承蒙雅克-亨利·皮朗伯爵(Jacques-Henri Pirenne)的允许，美国布朗大学(位于罗得岛州普罗维登斯)布莱斯·李昂教授(Bryce Lyon)为我复印了布洛赫、费弗尔和皮朗在1920年至1935年之间的通信，这对于理解《年鉴》的历史起了非常重要的作用。

罗贝尔·博特鲁齐收藏(*Robert Boutruche collection*)。在十年的时

间里，布洛赫给自己的学生和在克莱蒙费朗的同事写过 52 封信，涉及了一些私人和专业问题。感谢蒙彼利埃的博特鲁齐夫人允许我查看博特鲁齐先生的档案，其中包括几张照片以及博特鲁齐先生悼念他先师的作品。

人文科学之家基金会吕西安·费弗尔收藏（*Lucien Febvre collection，Maison des Sciences de l'Homme*）。感谢已故的费尔南·布罗代尔的通融。其中包括《为历史学辩护》的草稿，布洛赫所做的研究笔记——由艾蒂安提供，大量的资料和通信，以及费弗尔准备出版布洛赫作品时存留的草稿。

其他。布洛赫是个多产之人，感谢以下通信人慷慨地分享他们的信件：亨利·布伦瑞克、克劳德·安妮·洛佩斯夫人（Claude Anne Lopez，与罗伯托·洛佩斯）、米歇尔·莫拉、芒夫杭女士、厄纳·帕策尔特、让·斯唐热（Jean Strenghers）以及菲利普·沃尔夫。

2. 档案：文件和通信

法国巴黎国家档案馆（*Archives Nationales*）。这里藏有布洛赫的专业资料 56 箱：AB XIX 3796-3852（需经艾蒂安的批准方能查阅），涵盖了布洛赫三十五年间卷帙浩繁的研究笔记，也包括他的课堂材料、演讲、评论以及信件和出版物的草稿。虽然个别资料有所遗漏，但这是研究布洛赫思想发展过程的宝贵资源。

国家档案馆还将布洛赫与费弗尔之间的原始通信——由布罗代尔和艾蒂安所捐赠——存储到微缩胶片里（M1 318 1-3）。两人在 15 年间的通信有 200 多封，其中不乏对个人、专业和政治问题细致而又坦率的评论。在希拉·托马斯（Hilah Thomas）教授的努力下，布洛赫和费弗尔的资料有所增订，其中的材料包括布洛赫的教育档案，他在梯也尔基金会的奖学金，他的军事嘉奖令，各种各样的通信，他对犹太问题的看法，与他的死亡有关的档案，以及布罗代尔在《国际社会科学百科全书》上的文章材料。

古斯塔夫·科恩收藏(Gustave Cohen collection)包含布洛赫的几封来信，以及科恩的几个斯特拉斯堡大学同事的信件。

法国巴黎法兰西学院(*Institut de France*)。这里藏有古斯塔夫和布洛赫致杰罗姆·卡克皮诺、布洛赫致费迪南·洛特的多封通信，还包括布洛赫与亨利·德埃林和勒内·卡纳讨论《学者杂志》的通信。

法国巴黎国家图书馆(*Bibliothèque Nationale*)。在亨利·奥蒙的资料中，含有布洛赫1928年申请资助研究法国农业制度的相关材料。

加拿大多伦多中世纪宗座研究所(*Pontifical Institute of Medieval Studies*，*Toronto*)。承蒙 J. 安布罗斯·拉夫提斯的帮助，我从该所获得布洛赫和费弗尔致艾蒂安·吉尔松信件的复印件——其谈及布洛赫在法兰西公学院的竞选事宜。

其他。布洛赫和费弗尔致安德烈·西格弗里德的信，存放于巴黎国家政治科学基金会(Fondation Nationale des Sciences Politiques)西格弗里德收藏(Siegfried collection)。位于纽约伊萨卡的康奈尔大学图书馆，为我寄来布洛赫和夏尔-埃德蒙·佩兰致卡尔·斯蒂芬森的信。布洛赫与路易吉·埃诺迪的通信，由意大利都灵市路易吉·埃诺迪基金会(Fondazione Luigi Einaudi，Turin)提供；他与理查德·亨利·托尼的通信，由伦敦经济学院档案馆提供。

3. 档案：文献史料

法国国家档案馆。这里存有布洛赫在巴黎高师(École normale Supérieure，61 AJ 110-115，119，157，197，205-206，233，236 等)

和巴黎大学（Université de Paris，学生时期：AJ 16 4764X，4766；教授时期：AJ 16 5876）的相关资料。

其他重要的收藏包括古斯塔夫、路易·布洛赫-米歇尔和保罗·维达尔，以及布洛赫的同事哈尔芬、哈布瓦赫和勒费弗尔的官方记录。阿尔贝·托马斯的文件含有斯特拉斯堡大学重建的资料。

管辖法国占领区的德国军事政府（Militärbefehlshaber in Frankreich）截获的材料中，涉及了对法国抵抗运动的镇压和罗森堡特别任务小组的活动。1934 年至 1944 年，里昂市长的报告（F1 CIII 1200）详细地描绘了该市状况。卡克皮诺卷宗（The Carcopino dossier）提到了1940—1941 年间卡克皮诺为布洛赫所做的努力[经特许得以查阅"高等法院针对杰罗姆·卡克皮诺"的档案（La Haute Cour de Justice contre Jérôme Carcopino），3W 122，230，78-86]。

此前，当代史研究所（Institut d'Histoire du Temps Présent）藏有大量法国抵抗运动的资料可供查阅，其中包括自由射手、统一抵抗运动、审查常委会以及阿尔班·维斯特尔的记录。

斯特拉斯堡下莱茵省档案馆（*Archives Départementales du Bas-Rhin*，*Strasbourg*）。这里藏有布洛赫在斯特拉斯堡大学期间的大量档案，包括他与院长的通信、全体教师大会和理事会的会议记录、官方文件、预算和报告。

华盛顿特区美国国家档案和记录管理局（*National Archives and Records Service*，*Washington*，*D. C.*）。最重要的收藏是一些微缩胶片，涉及德国外交部（German Foreign Ministry）（AA T-120），德意志国防军（Wehrmacht），以及法国被占领期间纳粹党卫队的档案。这里还有国家处理难民问题办公室和抵抗运动战略情报处（Office of Strategic Services）的文件。

纽约塔里敦洛克菲勒基金会档案（*Rockefeller Foundation Ar-*

chives，Tarrytown），纽约州立大学奥尔巴尼分校图书馆美国专业移民委员会档案（*the Records of the American Council for Emigrés in the Professions，Library of the State University of the New York at Albany*）。它们收藏了关于 1940 年至 1941 年布洛赫申请社会研究新学院（New School for Social Research)的大量通信(有很多复制品，但不全)。

有一部分通信发表在彼得·M. 鲁特科夫、威廉·B. 斯科特：《致美国：1940—1941 年布洛赫的通信》，载《法国历史研究》，1981 年秋：277—303。

文森堡陆军历史档案处（*Service Historique de l'Armée de Terre，Château de Vincennes*）。这里藏有布洛赫的军事档案和一些关于两次世界大战的重要地图、叙述和出版物。

法兰西公学院（Collège de France)。除与布洛赫和费弗尔有关的申请文件外，还有教授大会的评议记录。

巴黎当代犹太人文献中心（*Centre de Documentation Juive Contemporaine*）。这里的资料很少却非常重要，包括布洛赫抗议法国犹太人联合总会和 1944 年被拘捕的档案。

埃罗省档案馆（*Archives Départementales de l'Hérault*）。这里包括与布洛赫中学教师(1912—1913)和大学教授(1941—1942)任命有关的少数文件。

慕尼黑当代史研究所（*Institut für Zeitgeschichte，Munich*）。这里藏有与艾希曼(Eichmann)审判有关的全部档案，包括最终解决方案在法国的实施。还有汉斯·休伯·冯·兰克(经冯·兰克夫人)，他曾以"卡米尔"("Camille")的身份，成为里昂地下运动的积极分子。

4. 口述历史：访谈

我非常荣幸地采访了许多与布洛赫相识的人。其中包括布洛赫的家人爱丽丝、艾蒂安、路易、丹尼尔和让-保罗·布洛赫；让、亨利和乔赛特·布洛赫-米歇尔；凯瑟琳·汉夫；他以前的学生及家属玛丽-德瑞丝·阿尔凡尼、博特鲁齐夫人、让·布劳恩、亨利·布伦瑞克、弗朗索瓦·舍瓦利耶、菲利普·多兰热、皮埃尔·古贝尔、弗朗索瓦-雅克·伊姆利、安德烈·厄普夫内、费尔南·吕利耶、保罗·勒依罗、乔治·里维、芒夫杭夫人、让·施耐德和皮埃尔·苏德勒；他年轻的同事雷蒙·阿隆、维克托·巴蒂、费尔南·布罗代尔、勒内·布鲁伊莱、雅克·戈德肖、欧内斯特·拉布鲁斯、夏尔·莫拉泽和菲利普·沃尔夫。

我采访了一些与抵抗运动有关的人员：伊蕾娜·阿特曼·阿利耶、尤金·克洛迪厄斯-珀蒂、亨利·法尔克、让-皮埃尔·列维、塞西尔·埃尔曼、雷蒙·佩吕和布洛赫挚爱的"莫里斯"["Maurice"(Pessis)]。

丹尼丝·韦尔奈、勒内·库尔坦女士(Mme. René Courting)、(费弗尔)理查德女士[Mme. (Fevbre) Richard]、莫里斯·拉福格、让·盖伊、威尔海姆·科尔哈斯和米歇尔·德布雷为我提供过很有用的书面资料。

非常感激北卡罗来纳州汉普斯特德(Hampstead，North Carolina)的"莉莉"萨里。她虽然不认识布洛赫，但曾写过两篇长篇报道，详细地讲述过自己在里昂抵抗运动中的生活和工作。

索 引

233

reparations，German 德国赔偿，101

La république romaine（G. Bloch）《罗马共和国》（古斯塔夫·布洛赫），10

Resistance 抵抗运动（又见 Bloch：Resistance work；Combat；Comité Général d'Etudes；Franc-Tireur；Libération；Mouvements Unis de la Résistance），264，294，296，304，311

    Montpellier 蒙彼利埃的抵抗运动，279

    Clermont-Ferrand 克莱蒙费朗的抵抗运动，297

    Lyon 里昂的抵抗运动，298，299，301，304，305，306，308，315

    leadership after war 战后抵抗运动的领导权，325

Revue Critique d'Histoire et de Littérature《历史与文化评论》，29

Revue de Synthèse《综合评论》，130n，149，180，326

Revue de Synthèse Historique《综合历史评论》，34，45，129，134

Revue d'Histoire Economique et Sociale《经济与社会史评论》，133，134

Revue d'Histoire Moderne《近代史评论》，149

Revue Historique《历史评论》，19，29，128，145，176，193，262

La Revue Libre《自由评论》，310

Reynaud，Paul 保罗·雷诺，215，217，233

Rhineland：German troops enter 德军进入莱茵兰地区，186

Rist，Charles 夏尔·里斯特，134，161n

Rivet，Paul 保罗·里韦，161n，181

Rockeffeller Foundation 洛克菲勒基金会，248，255，263，329

Rois et serfs（Bloch）《国王与农奴》（布洛赫），44，92-94

Les rois thaumaturges（Bloch）《国王神迹》（布洛赫），48，88，109-111，240，335-336，343

Rörig，Fritz 弗里茨·罗利格，147

Rosenberg，Alfred 阿尔弗雷德·罗森堡，276

royalty，English：and miracles 英国王室与神迹，109-111

royalty，French 法国王室

    rituals 法国王室仪式，48-49

    and miracles 法国王室与神迹，109-111

Ruhr：French invasion 法国入侵鲁尔区，85，101

Russia，Soviet：nonaggression pact with Germany，1939 1939 年苏联与德国签订互不侵犯条约，204，205

Russo-Finnish war 苏芬战争，214，215

Saar：reunification with Germany 萨尔州与德国统一，184

Sayous，André-Emile 安德烈-埃米尔·萨尤，147，285n

Scheurer-Kestner，Charles Auguste 夏尔·奥古斯特·修雷尔-凯斯纳，19

译后絮语

北温带的冬日天寒地坼，冷风刺骨，很多生物都在蛰伏。大苏河（Big Sioux River）早已结冰，就连上面的瀑布都被冻住。然而在寒冰之下，仍有一股小水在流，顺着凝固的瀑布，淌出一摊涟漪。可见，万物虽然一片沉寂，却绝非死寂，大自然依旧在默默地运行，只不过换了一种方式：储蓄着自身的脂膏，缓缓地流向人间，为将来培育慰藉的花儿和快乐的果子。古人曾说"业精于勤，荒于嬉"，连亘古的大自然都不曾停歇，这让生而有涯的我情何以堪？

自 2014 年 7 月拿到本书，至今已两年半。北师大出版社谭徐锋先生主持引进此书中文版，经我的同窗好友赵雯婧介绍，我得以翻译此书。我虽无缘一睹谭兄的风采，却久闻其大名，私下交谈也颇为投契。他不急着催稿，给我充足的时间，让我很是感激。可是，我却总如做贼一般心虚，采取鸵鸟策略，能躲则躲；实在躲不下去了，就埋头苦干一番。每次改稿累了，一抬头就看到墙上的一个标语："Eat the elephant：one bite at a time"（一次一小口，可以吃掉大象）。这曾是拙荆读博时的座右铭，如今让我深有感触。平时我虽大把挥霍时间，但每天都会翻译一点，日积月累，集腋成裘。当谭兄催稿之时，书稿其实已完成良久，只是一直懈怠，不曾认真校对。若非平时一次一小口，如今即便如孙悟空一般七十二般变化，也不可能在截稿日期前完工。

本欲单枪匹马，独力完成该书，然而北大外院世界文学所所长凌建侯教授以切身的经验正告我，翻译学术专著一定要学会分工，切莫逞匹夫之勇：加快进度、减轻负担倒在其次；最重要的是，各个译者之间可以互校。在他看来，一个人很难摆脱自己的思维模式和语言习惯，一些显而易见的问题，也往往因为缺少旁观的视角而一叶障目。于是，我便组了一个翻译"四人帮"，全书的具体分工如下：郑春光负责第一至四章，第七、八章以及附录和索引；黄蓉负责第五、六、十、十一章；岳文侠负责第九章；代学田负责第十二章。全书由我统一校订，所有人都有所参与，尤其是黄蓉，任劳任怨，随时充当救火队员，而且极为出色，可以让我毫无后顾之忧。

全书涉及语言繁多，英语、法语、德语、俄语、意大利语、荷兰语、拉丁语、捷克语等，不一而足。感谢法国阿尔多瓦大学金丝燕教授，英国牛津大学翟韵尧硕士，塞浦路斯大学宇宸博士、北大外院彭倩博士、王荃博士、张凌燕博士，精通多语的摩尔多瓦好友 Katja Yurdik 等人，帮我们解决各种语言问题。感谢本书作者卡萝尔·芬克多次回复我的邮件，讨论各种问题。感谢责编李春生先生的认真工作。

感谢北大政管学院张健副教授，他勤力经营的民族研究中心，为我提供了一个绝佳的练笔机会。之前曾偶尔做过零散的翻译，当初加入中心本想挣个香油钱，哪知一真正下海，才发现翻译绝对是个苦差事，不但无法糊口，还累得半死，有时在梦里都会咬文嚼字。不过，无心插柳柳成荫，自 2014 年 7 月以来，每月万把字的译稿，到现在也蔚然可观，这极大地磨砺了我的翻译能力。德国美因茨大学英语系教授 Alfred Hornung，美国佐治亚州立大学历史系教授 Glen Eskew、英语系教授 Reiner Smolinski，对外经贸大学外语学院的邹兰芳教授，多次为我分忧解难，解答各种问题。

素日，每周都与几位道友酌酒品茗，纵横捭阖，讨论各种困惑和心得，也多次切磋翻译之事。这样的每周一聚，必定无法与布洛赫当时的"礼拜六聚会"相比，但我从这些人身上受益良多，他们包括北大历史系博士韩策（现为社科院博士后），北大外院博士刘发开、蒙曜登，辅人书院班彦龙老师。感谢隋长春和翟钰莹成为本稿最早的读者，并提出了不少意见。

当然，在专业方面最该感谢的，还是我的导师——赵白生教授。他提倡世界文学，倡导"新五四"模式，即心系五大洲，掌握四门语言（其中两门东方语言，两门西方语言）；不断对我敲打锤击，要把我塑造成一个学术超男。只可惜，顽徒生性愚钝，虽勉力而为，却总不能遂师之愿。不过在严师教诲之下被熏陶多年，纵然是愚者，也终有一得。本书算是一个检验。俗话说，隔行如隔山，我的专业本是比较文学，却翻译一本史学家的传记，这看起来多少有越俎代庖之嫌。不过，我自硕士以来，随赵师和 Alfred Hornung 教授专治传记文学，翻译本书也算分内之事。况且，史学家亨利·贝尔提倡"综合精神"，传主布洛赫标榜比较史学，中国也素有文史哲不分家之说。想来，即便传主再世，也不会对我横加指责。虽说如此，但囿于才识浅薄、学力不逮，译稿中想必疏漏、舛误之处良多，诚望方家及读者斧正。

最后要感谢家人。岳父许肖宁、岳母马玉宏，通情达理、善解人意，为我创造了良好的翻译环境；姑父马平，姑姑许颖俐、许冬莉，叔叔许利群，给我提供物质和精神上的鼓励。交稿当日，正值我的婚礼，也算双喜。妻子许冰自始至终对我呵护备至，本书有她一半的功劳。双亲虽识字甚少，却始终支持我的事业。家严于不久前意外身故，无缘见到本书付梓，谨将译作献给他老人家，以慰他在天之灵。

郑春光 2017 年 1 月于美国苏瀑

图书在版编目（CIP）数据

为历史而生：马克·布洛赫传/（美）卡萝尔·芬克著，
郑春光等译；—北京：北京师范大学出版社，2019.6
（2021.7 重印）
（新史学译丛）
ISBN 978-7-303-24004-3

Ⅰ.①为… Ⅱ.①卡… ②郑… Ⅲ.①马克·布洛赫—传
记 Ⅳ.①K835.655.81

中国版本图书馆 CIP 数据核字（2018）第 182463 号

营 销 中 心 电 话 010-58808006
北京师范大学出版社谭徐锋工作室微信公众号 新史学 1902

WEI LISHI ER SHENG：MAKE BULUOHE ZHUAN
出版发行：北京师范大学出版社 www.bnup.com
　　　　　北京市西城区新街口外大街 12-3 号
　　　　　邮政编码：100088
印　　刷：鸿博昊天科技有限公司
经　　销：全国新华书店
开　　本：890 mm ×1240 mm　1/32
印　　张：14.125
字　　数：380 千字
版　　次：2019 年 6 月第 1 版
印　　次：2021 年 7 月第 2 次印刷
定　　价：79.80 元

策划编辑：谭徐锋　　　　　责任编辑：王　强　李春生
美术编辑：王齐云　　　　　装帧设计：王齐云
责任校对：段立超　丁念慈　责任印制：马　洁